한비자, 법과 정치의 필연성에 대하여

# 한비자, 법과 정치의 필연성에 대하여

ⓒ 임건순, 2019

**초판 1쇄** 2019년 11월 29일 펴냄

**지은이** 임건순
**펴낸이** 김성실
**책임편집** 박성훈
**디자인** 석운디자인
**제작** 한영문화사

**펴낸곳** 시대의창　　**등록** 제10-1756호(1999. 5. 11)
**주소** 121-816 서울시 마포구 연희로 19-1
**전화** 02)335-6121　　**팩스** 02)325-5607
**전자우편** sidaebooks@daum.net
**페이스북** www.facebook.com/sidaebooks
**트위터** @sidaebooks

ISBN 978-89-5940-721-7 (03100)

* 이 도서는 한국출판문화산업진흥원의 '2019년 우수출판콘텐츠 제작 지원' 사업 선정작입니다.
* 잘못된 책은 구입하신 곳에서 바꾸어드립니다.

이 도서의 국립중앙도서관 출판시도서목록(CIP)은
서지정보유통지원시스템 홈페이지(http://seoji.nl.go.kr)와
국가자료공동목록시스템(http://www.nl.go.kr/kolisnet)에서 이용하실 수 있습니다.
(CIP제어번호: CIP2019047072)

# 한비자, 법과 정치의 필연성에 대하여

임건순 지음

시대의창

| 일러두기 |

1. 중국 고유명사는 국립국어원의 외래어표기법에 따라 표기했다.
2. 한자어는 처음 나올 때와 의미에 혼동을 줄 경우에 한자를 달았다.
3. 일부 용어는 저자의 역사관을 존중해 표기했다. 예) 한반도 → 조선반도 등

# 책 앞에

## ·1·

성안은 하와이, 성 밖은 시베리아. 양극화·이중화가 너무 심화된 사회. 다시 찾아온 빈곤. 오늘날 한국 사회는 어지럽습니다. 비판의 목소리가 높습니다. 사회의 재생산성이 날로 곤두박질치고 있습니다. 시스템을 갈아엎어야 한다, 대수술을 해야 한다는 목소리가 높습니다. 그런데 실행은 없고 기득권의 저항은 만만치 않습니다.

마침 제자백가 사상가 가운데 힘주어 개혁을 주장한 사상가가 있습니다. 기득권 세력이 아무리 저항해도 그 반발을 뚫고 개혁해야 한다고 주장했지요. 그래야만 나라와 인민이 살 수 있다고 했습니다.

바로 한비자입니다.

이 책은 한 조선 젊은이의 한비자에 대한 사색의 여정과 단상을 모은 책입니다. 이중화·양극화가 대세인 시대에 이 모순의 중심에 있는 중간계급에 대한 비판 의식을 가진 젊은이가 한비자를 이야기합니다. 한비자처럼 고독하고 분한 마음이 많기에, '한비자의 입을 빌려' 한비자 사상과 법가 사상에 대해 이야기하지요. 나아가 법가의 지혜를 빌려 한국을 성찰하고 대안을 모색해보려 합니다.

우리 사회에 인문학 붐이 인 지 한참 되었습니다. 이전에는 사회과학의 시대였지요. 사회과학이 죽어버린 뒤 인문학이 등장한 셈입니다. 그런데 사회과학이 왜 죽었고 누구에 의해 퇴장당했으며 무엇이 사회과학을 유령으로 만들었는지를 생각하면 서글프기만 합니다. 오늘날의 인문학 붐, 그 거품이 불편하기도 하지요.

인문학을 공부하는 사람은 사회과학이 죽어버린 시대에, 부분적으로나마 그 역할을 대신해야 한다고 생각합니다. 그래서 저는 한비자와 법가를 21세기에 불러냈습니다. 사회과학과 가장 유사한 법가에 관한 이야기를 우리는 지금 들어야 합니다. 오늘날 한국 사회의 문제에 정면으로 맞서려는 결기와 각오를 사람들과 공유하고자 합니다.

·2·

《한비자》는 고전입니다. 고전은 '언어'가 되는 책이라 할 수 있지요. 왜 그럴까요? 당연히 인간과 사회에 대한 근본 질문을 던지기 때문입니다. 시대를 초월해 우리가 안고 고민해야 하는 화두를 담고 있기 때문입니다.《한비자》는 이러한 근본 질문을 던집니다. 법가 사상가 한비자가 시대의 문제에 맞서 근본 질문을 던지며 치열하게 싸운 흔적이 고스란히 텍스트에 담겼습니다. 오늘날에도 그는 우리에게 근본 질문을 던지고 있습니다. 당신은, 당신이 사는 나라의 지식인은 시대의 문제를 해결하기 위해 얼마나 분투하느냐고.

다시 찾아온 빈곤의 시대, 양극화·이중화가 극단으로 치닫고 있는 시대이자 대수술을 감행해야 하는 사회, 신新신분제 사회에 한비자의 이야기는 분명 경종을 울릴 것입니다. 우리에게 각오를 심어주고 통찰의 눈을 열어줄 것입니다.

반드시 必. 신하가 군주와 국가를 위해 일할 수 있게,

반드시 必. 군주의 권력이 국가와 인민을 위해 안정적으로 행사될 수 있게,

반드시 必. 인민이 편안한 삶을 누리고 이득을 누릴 수 있게,

반드시 必. 한나라가 고난의 땅에서 살아남을 수 있게.

《한비자》는 정치의 필연성에 대한 치열하고 집요한 지적 탐구입니다.

임건순

韓非子

한비자, 법과 정치의 필연성에 대하여

## · 1 장 ·
# 다만 나라를 구하고자 할 따름이다

**법가 사상의 공간적 배경에 대하여**

## 고난의 땅 중원

저는 한비자韓非子(서기전 280?~233)라고 합니다. 지금 진秦나라의 감옥에 갇혀 있지요. 요가姚賈가 참소하여 감옥에 갇혔는데 머지않아 죽임을 당할 것입니다. 얼마 남지 않은 생, 저에 대한 이야기를 한번 해보고 싶은데 들어주시렵니까? 후세 사람들에게 지독하게 오해받았고 학자들에게 매도당했으며 당대의 일생에도 억울함이 많은 사람입니다. 어떻게든 말을 하고 넋두리를 늘어놓아야 얼마 남지 않은 제 삶에 여한이 없을 것 같습니다.

한비자. 본래는 한자韓子라고 불렸지요. 후대인 당나라 때 사상가 한유韓愈라는 사람이 유가儒家의 큰 스승으로 인정받다 보니, 훗날 저는 한비자가 되었습니다. '자子'라는 말은 사상가·스승에게 붙이는 말인데 한유가 사람들에게 스승으로 인정받으며 한자가 되자, 결국 저는 한비자가 되었습니다. 제 원래 이름을 잃어버린 셈이지요. 한비자, '아닐 비非'가 가운데 들어갔습니다. '슬플 비悲' 자를 써서 '한비자韓悲子'로 알아두셔도 좋습니다. 법가法家 사상가라는 이유로 그리고 진秦나라의 폭정에 바탕이 되는 '설계도'를 그렸다는 혐의로 저는 배척받아 제 이름까지 뺏었겼으니, 이름에 '슬플 비' 자를 넣어도 괜찮지 않을까 싶습니다. 이름에서도 알 수 있듯이 저는 한韓나라 사람입니다. 한나라 왕실의 방계 공자였다는 말도 있지요.

저는 대략 서기전 280년경에 태어났습니다. 제가 태어나 자란 한나라는 춘추시대의 대국 진晉나라에서 갈라져 나왔습니다. 서방의 진秦이 아니라 북방의 진晉이지요. 남방의 초楚나라와 더불어 춘추시대 양대 강국이었는데 유력한 호족 조趙씨·위魏씨·한韓씨 세 가문이 진晉나라를 삼분해, 결국 조나라, 위나라, 한나라 이렇게 세 나라로 분리 독립합니다. 진나라를 삼분해 등장한 나라라 삼진三晉이라고들 합니다. 이들 세 가문이 나라 안에서 차츰 세력을 키우다가 진나라의 군주를 압도한 끝에, 서기전 424년에 상호 합의하에 세 제후국으로 독립한 것이지요.

무력한 주나라 왕실의 천자는 이들 세 나라를 정식 제후로 공인하지 않을 수 없었습니다. 이 세 나라 말고 중원의 동쪽은 산둥반도의 제齊나라(서기전 397년에 전화田和가 강공康公을 폐위시키고 강씨에서 전씨의 제나라가 된다), 동북쪽은 연燕나라, 양쯔강揚子江(양자강) 유역은 초나라, 서쪽은 진秦나라가 각각 지배했습니다. 이들 나라와 중원의 한·위·조 세 나라를 더하여 전국칠웅戰國七雄이라고 합니다. 전국시대에는 이 일곱 강대국이 대립하는 세상이었지요. 저는 전국시대 한나라의 공자였습니다.

# 전국시대 형세도

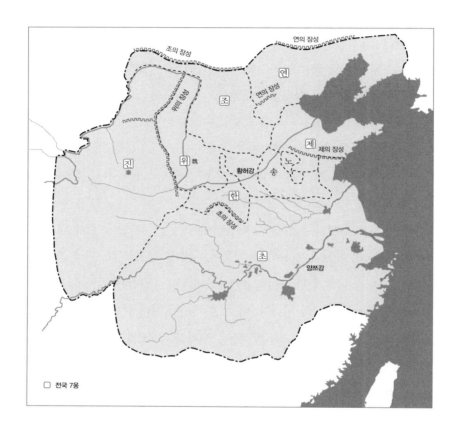

**전국시대**戰國時代 서기전 403년~서기전 221년

전국시대Warring state는 말 그대로, 전쟁으로 해가 뜨고 해가 지는 시대였다. 먹고 먹히는 적대적 병합 경쟁이 난무한 시대로, 전쟁의 규모와 기간, 살상의 잔인함, 국력의 투입과 소모 정도에서 춘추시대와 차원을 달리했다. 명분이 없어도 전쟁을 벌이고 '게임의 규칙'이 없는 난타전의 시대로, 힘의 논리만이 관철되었다. 하지만 많은 나라가 이 야만의 시대에 살아남기 위해 부국강병에 전력을 다했고 그러면서 많은 것이 생겨나 발전하는 계기가 되기도 했다.

전국시대에 태어나 자란 터라 저, 한비자에 대한 이야기는 중원이라는 땅 이야기부터 해야 합니다. 우선 다른 무엇보다 공간적·지정학적 환경을 살펴봐야 한다는 말이지요. 저는 중원이 낳은 사상가이기 때문입니다. 중원中原은 '가운데 땅' '세상 가운데에 있는 평원'이란 뜻입니다. '세상의 중심'이란 뜻도 있지요. 중원에 사는 사람들은 스스로를 중국인中國人이라고 불렀습니다. 본래 중국은 중원이라는 뜻이고 중국인은 중원에 사는 사람을 뜻했습니다.

그 시절엔 보통 황허강黃河江(황하강) 중류의 땅을 중원이라 했습니다. 범위를 정확히 말하자면, 서쪽으로 낙수洛水와 황허가 만나는 곳에서부터 동쪽으로는 은殷나라 발원지라는 상구商丘까지, 남쪽으로는 조조가 수도로 삼았던 허창許昌에서 은나라가 최후를 맞이했고 춘추시대 위衛나라의 수도였던 조가朝歌까지를 중원이라고 하지요.

전 이러한 땅이 낳은 사상가입니다. 저를 낳고 길러준 땅, 중원은 많은 이가 선망했습니다. 일찍부터 문명이 시작된 땅, 어디로든 통하는 열린 땅, 세상의 중심인 그 땅은 많은 나라가 그 주인이 되기를 소망했지요. 중원은 당연히 각축장이 되었습니다. 서로 가지려 했고 늘 힘을 겨루는 곳이었지요. 야심가들이 목표로 삼았기에 소용돌이의 중심에 있을 때가 많았습니다. 춘추시대에도 그러했고 전국시대에도 그러했습니다.

춘추春秋, 아직은 주周나라 왕실의 권위가 존중되고 패자라는 질서의 중심이 있었으며 전쟁이 많이 벌어지지 않았던 시기를 춘추시대라고 합니다. 그다음이 전국戰國입니다. 두 시기는 진晉이라는 나라가 삼분되던 시기를 기준으로 갈리는데, 전국시대는 춘추시대와는 달리 주 왕실의 권위가 철저히 무시되고 패자라는 질서의 중심이 없었습니다. 전쟁으로 해가 뜨고 지던 시기였지요. 말 그대로 싸우는 나라들의 세상이었기에 전국시대라고 합니다.

춘추시대나 전국시대나 중원은 어김없이 선망의 땅이자 각축을 겨루는 땅이었지요. 춘추시대 때 중원의 주인공은 정鄭나라였습니다. 춘추시대엔 소국이었으나 문화 선진국이었지요. 한韓나라는 정나라를 멸망시켜 그 땅을 취했는데 그러면서 정나라의 문화유산은 한나라의 전통으로 명맥이 이어졌고, 한나라 왕족의 일원인 저 한비자에게도 큰 영향을 주었습니다.

정나라 사람들은 유독 논쟁을 좋아했다고 합니다. 어느 날 정나라 사람끼리 모여 누가 더 연장자인지를 놓고 말다툼을 벌였습니다. 한 사람이 주장하길 "나는 고대의 성인 요堯임금과 같은 해에 태어났다"고 말했습니다. 그러자 다른 사람은 "나는 요임금보다 훨씬 이전의 성인인 황제의 형과 나이가 같다"고 주장하며 그 말을 맞받아쳤습니다. 결국 이 언쟁으로 소송이 벌어지기도 했는데 마지막까지 우긴 사람의 승리로 끝납니다. 중원의 정나라는 이렇게 말도 많고 소송도 많았습니다.

서주西周가 망하고 나서 주 왕실이 동쪽으로 천도할 때 정나라는 그 혼돈의 시기에 일찍이 운신해 중원을 개척해 터를 잡았습니다. 혼란한 시기에 그 땅을 선점했지요. 사통팔달의 요지를 소유한 정나라는 춘추시대 초기에는 빛나는 나라였습니다. 하지만 정나라의 전성기는 너무도 짧았습니다. 사방의 신흥 강국들이 정나라가 선점한 중원을 도모했지요. 정나라는 멸망할 때까지 열강의 침입과 간섭, 간접 지배에 신음했습니다. 정나라를 멸망시키고 그 땅을 취한 전국시대의 한나라도 마찬가지였습니다. 한나라는 정나라의 영토에 이어 운명까지 이어받아, 강국들의 침입과 압박에 신음했습니다. 그런데 고난이라는 가혹한 운명 덕분인지 이 땅은 많은 '스타'를 키워냈습니다.

## 중원이 낳은 스타들

소진蘇秦과 장의張儀라고 들어보셨습니까? 합종연횡合從連橫(진秦과 연燕·제齊·초楚·한韓·위魏·조趙 6국 사이의 외교 전술)의 주인공들이지요. 천하를 들었다 놓았다 한 유세가遊說家들인데, 이들의 고향이 바로 중원입니다. 유세가, 다른 말로는 종횡가縱橫家라고 하는데 중원이 낳은 외교의 달인들입니다. 소진과 장의 같은 종횡가만이 아니라 법가 사상가도 중원에서 자라났습니다. 오기吳起, 상앙商鞅, 이사李斯, 그리고 저 한비자까지 모두 중원이 낳고 기른 법가 사상가입니다.

우리는 모두 고난의 땅에서 태어났습니다. 그래서 약자의 설움을 잘 압니다. 현실의 냉정함도 알고요. 그러다 보니 확실함과 실리를 최우선시했습니다. 무조건 일이 되게 하고 반드시 실리를 확보하는 확실한 정치 방법과 기술이 없을까를 사고할 수밖에 없었지요. 그래야만 고난의 땅에서 살아남을 수 있으니까요. 생존이 중요하니 모든 추상적 담론과 이론은 사치였습니다. 첫째도 둘째도 생존이라고 머리에 아로새긴 우리는 국제 외교, 내정 개혁, 조직된 국가 힘의 중요성을 일찍부터 깨달았지요. 그것도 아주 처절하게 몸으로.

중원이 우리를 강하게 키운 셈인데 우리는 늘 생각했습니다. '항상 있는 그대로의 세상을 볼 수 있어야 하고 국제 정세에 밝아 외교로써 실리를 구할 수 있어야 한다. 그리고 엄격하고 공정한 법으로써 나라의 힘을 극대화해야 한다. 체급이 작아도 남들이 업신여기지 못하도록, 맹수는 되지 못해도 고슴도치는 되어야 한다. 그래야 고난의 땅에서 살아남을 수 있다.' 중원이란 환경이 유세에 능하도록 강요했고 법치로 나라를 정비하라고 강제한 셈입니다.

이런 중원의 인재들에겐 대선배가 있습니다. 바로 정자산鄭子産이라는 인물입니다. 정말 분명한 사람이었지요. 확실하고 명확한 사람, 자산은 정나라의 재상이었습니다. 정나라의 국정을 이끌었지요. 고난의 땅에서 어떻게 해야 나라가 살아남을 수 있을지 가장 먼저 고민하고 실천했습니다. 그는 노회한 정치가이자 희대의 외교관이었는데, 말 많고 말 잘하고 소송을 좋아하는 정나라 사람들 기질 탓에 적잖이 속을 끓인 듯합니다. 소송 당사자를 서로 격리한 채 재판하기도 했다는데, 정말이지 중원 사람들은 어지간했나 봅니다. 약자가 살아남기 위해서는 말과 논리라도 발전시켰어야 했으니 그런 일이 있었겠지요.

자. 이제 본격적인 첫 번째 이야기입니다. 정나라에는 간공簡公이란 군주가 있었습니다. 간공이 정자산에게 말했지요. "우리나라는 작은 데다가 초나라와 진晉나라 사이에 끼여 있소. 지금 성곽이 온전하지 못하고 무기도 다 갖추지 못하였으니, 불의의 사고에 대비할 수 없어 걱정이오." 그러자 자산이 말했지요. "제가 밖을 막는 일을 이미 멀리까지 하였으며 안을 지키는 일을 이미 든든하게 하였습니다. 나라가 비록 작지만 위험하지 않으니 걱정하지 마십시오."[1]

당시 정나라는 진나라나 초나라 같은 대국으로부터 부단한 침략과 과중한 공납 요구에 시달리고 있었습니다. 간접 지배를 당하면서 독립국가의 주권과 자주성을 모두 위협받았지요. 그러다 보니 외교에 많은 힘을 기울일 수밖에 없었습니다. 그때그때 국제 정세의 흐름을 기민하게 읽고 역학 관계가 어떻게 변화하는지 냉철하게 관찰한 다음, 행보와 향배를 결정했습니다. 늘 얄미울 정도로 교묘한 외교술로 생존과 안정을 꾀할 수밖에 없었는데, 외교에 안간힘을 썼지만 대국에 대한 사대의 예를 행하고 물자를 징발당하느라 늘 힘겨웠습니다. 200년 동안 양대 강국 사이에 끼여서 선택을 강요받았고, 툭하면 침략당했으며 공납을 강요당했는데, 이뿐이 아니었습니다. 조정의 내분도 심했습니다. 뭉쳐도 시원찮을 판국에 초나라에 줄을 선 대신들이 있고 진나라에 줄을 선 대신들이 있어, 양대 강국을 배경으로 귀족들끼리 패권 다툼을 벌여 바람 잘 날이 없었지요..

　정나라는 앞으로 나가도 뒤로 물러나도 죄가 된다.
　進退罪也.

　하늘이 정나라에 화를 내린 지 오래다.
　天禍鄭久矣.

　큰 나라 사이에 끼여서 무리한 명령에 따르는 것이 어찌 죄가 되랴.
　居大國之間, 而從於强令, 豈其罪也.

《좌전左傳》에 나오는 구절입니다. 정나라의 사정을 단적으로 보여주지요. 나라는 작고 국력은 약하니, 자산이 말한 대로 강국이 쳐들어오지 못하도록 외교적 수단을 강구해야 했습니다. 자산은 이를 두고 "폐기외閉其外"라고 했지요. 그리고 내부 단속을 해야 했습니다. 정국을 안정시켜 인민이 정치에 잘 따르도록 해야 했지요. 자산은 이를 "수기내守其內"라고 했습니다.

중원은 폐기외하고 수기내해야 했던 땅입니다. 고난의 땅에선 한가한 이야기나 공리공담이나 추상적 담론을 논할 수가 없었지요. 반드시 실리와 생존을 도모할 수 있는 생각밖에 할 수 없었습니다. 이러니 종횡가와 법가 사상가가 나올 수밖에 없었지요.

제가 방금 '반드시必'라고 말했습니다. 이 말 주목해주십시오. 법가 특히, 저 한비자는 이 말을 좋아합니다. 법가는 반드시 일이 되고 문제가 해결되고 나라가 살고 강해지는 '필연성'을 늘 머릿속에 넣고 생각하는 사상가입니다.

'반드시'를 가장 먼저 머리에 새긴 채 사고한 사람이 바로 정자산입니다. 법가의 태두라 할 수 있는 자산은 병들어 죽을 때 즈음 유길遊吉이란 사람에게 이런 유언을 남겼지요. "내가 죽은 뒤에 그대가 정나라를 다스릴 것인데 그때 반드시 엄한 자세로 다스려야 합니다." 그러면서 자산은 이런 비유를 했습니다. "대저 불은 형상이 무섭기에 불에 데는 사람이 적습니다. 그러나 물은 약해 보이기에 빠져 죽는 사람이 많습니다. 그러니 그대는 반드시 엄격한 태도를 보이되 절대 약한 모습을 보여서 인민을 다치게 하지 마십시오." 이렇게 다스려야 정나라가 반드시 생존을 도모할 수 있기 때문입니다. 다른 말로 표현하자면, 엄격한 법치만이 '통치의 필연성'을 담보할 수 있습니다.

이런 자산의 통치 철학을 법가가 이어받았지요. 저도 그 하나입니다. 저의 조국 한나라는 정나라를 잡아먹으면서 중원에 입성했습니다. 타의가 아닌 자의였지만 어쨌든 고난의 땅에 들어왔으니, 한의 공자인 제가 자산과 비슷한 사유를 많이 할 수밖에 없었지요. 실제 저는 중원이 낳은 법가 사상가 가운데 자산과 가장 유사한 정치 환경에서 살면서 사유했습니다. 그래서 '반드시'라는 것과 '통치의 필연성'을 아주 좋아하지요.

이젠 다른 사람 이야기를 들어보세요. 동안우董安于라는 사람이 있었습니다. 조나라 상지上地라는 땅의 태수가 된 그가 영지를 둘러보았지요. 어떤 산에 다다랐는데 글쎄 산골 물은 깊고 주변은 장벽같이 치솟아 깊이가 100길이나 되어 보였답니다. 주변 고을 사람들에게 물었습니다. 사람이 일찍이 이

곳에 빠진 적이 있느냐고. 사람들은 그런 적이 없다고 답했지요. 그러자 동안우는 다시 물었습니다. 어린 아이나 바보, 장애인, 정신지체자 가운데 일찍이 이곳에 빠진 적이 있었느냐고. 고을 사람들은 빠진 적이 없다고 다시 답했답니다. 동안우는 또 물었습니다. 혹시 소나 말, 개, 돼지 가운데 일찍이 이곳에 빠진 적이 있었느냐고. 이번에도 고을 사람들은 역시 없다고 대답했습니다. 워낙 산골이 험한지라 모두가 그 사실을 알기에 아예 접근하지 않았나 봅니다. 동안우는 뭔가 깨달은 듯 감탄하며 말했습니다. "내가 나라를 잘 다스릴 수 있겠구나. 법을 엄하게 하면 될 것이다. 마치 산골 물에 빠지면 반드시 죽는 것과 같다면 인민이 감히 법을 범하지 못할 것이다. 무엇 때문에 잘 다스리지 못하겠는가!"

동안우의 말은 이런 뜻입니다. 법을 엄히 적용할 것이고 적용하기 전에 죄를 지으면 큰 벌을 받는다는 사실을 인민이 알게 할 것이다. 그러면 반드시 질서를 만들어 안정되게 다스릴 수 있을 것이다. 산골 물에 빠지면 무조건 죽는다는 사실을 인민이 알기에 아무도 접근하지 않아 결과적으로 반드시 다치는 사람이 없는 것과 마찬가지로, 엄격한 법치를 내세워 엄한 법을 모든 인민이 사전에 알게 한다면 결국 모두가 반드시 법을 지키고 법을 어겨 처벌받는 인민이 생기지 않을 것이라는 확신이 섰나 봅니다.

중원이 낳은 사상가인 법가는 단순히 법치만을 말한 게 아니라 엄형 또한 말했습니다. 엄하게 다스려야 한다는 뜻입니다. 인민을 못살게 굴거나 억압하려는 것이 절대 아니었습니다. 반드시 질서를 잡아 나라를 단단하게 만들기 위함이지요. 벌이 가벼우면 범하는 인민이 늘어나니 처벌받는 인민 또한 많아지고 사회 질서가 문란해지며 나라의 힘은 약해집니다. 이런 일이 절대 없어야 한다고 생각했기 때문입니다. 늘 시련을 겪어야 했던 중원 사람들은 국가의 내부 단속과 안정된 정치 질서를 생존의 필수조건이라 여겼지요. 그러하기에 엄격한 법치를 주장했습니다. 나라도 인민도 반드시 살아남아야 하니까요.

사실 공포 통치나 인민 학대는 법가 사상가들, 특히 저 한비자가 지향한 바가 분명 아닙니다. 정치와 통치의 필연성을 담보해 어떻게든 인민을 살리고 잘살게 하려고 했지, 결코 인민을 학대하고 혹사시키려 한 것이 아닙니다. 법을 통해 국력과 정치적 안정을 확실하게 도모함이 목적이었지요. 또 인민 생활을 확실하게 안정시키고 보호하는 것이 목적이었습니다. 중원이라는 지정학적 환경에서는 그것만이 답이라고 생각했습니다.

이 정도면 법가 그리고 한비자 사상을 만들어낸 외부적 조건과 지리적 환경을 충분히 이해하셨을 겁니다. 앞으로도 상황과 조건을 계속 거론하려고 합니다. 하지만 전 결정론자가 아닙니다. 상황과 조건이 인간의 행동과 사고에 큰 영향을 주지만, 거꾸로 인간과 집단의 노력이 상황과 조건을 만들 수도 있습니다. 아무튼, 저 한비자의 사상이 만들어지는 데 크게 영향을 미친 지정학적 상황과 조건을 기억하시길.

저 한비자는 고난의 땅, 중원이 낳은 아들입니다.


## 정자산의 개혁


저 한비자에게 가장 큰 영향을 준 인물이 정자산입니다. 고난의 땅에서 살아남는 방법과 방향을 구체적으로 보여주고 성과를 낸 사람이지요. 정자산이 살아 있는 동안만큼은 정나라가 강국에 치이거나 고통당하는 일이 없었습니다. 그 정도로 국력을 단단하게 만들었지요.

먼저, 정자산은 생산력 신장을 도모했습니다. 전국에 관개 수리 사업을 포함한 농지 구획 정리 사업을 강제로 추진했습니다. 토지 소유권을 명확히 하고 실제 농사짓는 인민에게 땅을 나누어 주었습니다. 그러자 관개 수리 사업과 농지 구획 정리로 상당한 토지를 잃은 귀족이 결사적으로 자산의 개혁에 반대했습니다. 이때 자산은 국인 가운데 신흥 세력의 힘을 빌렸습니다. 이들도 국가 정사를 논하게 했지요. 이들의 언로를 만들었고 비판을 허용했습니다. 이렇게 귀족을 견제해 결국 반대와 저항을 극복하고 농지개혁을 추진할 수 있었습니다.

농지개혁 성공으로 자산은 국가 생산력을 증가시켰고 귀족의 기득권을 점차 약화시켜나갔지요. 생산력 증가와 귀족 세력 약화, 여기에 그치지 않고 자산은 개혁을 계속 추진했습니다. 세제를 개혁해 구부제丘賦制를 실시했습니다. 당시 각국은 세제를 노역 지대에서 실물 지대로 전환하고 있었습니다. 특히 군사비를 충당하기 위해 인민에게 토지를 기준으로 실물 지대를 거두었지요. 자산도 구부제를 통해 일반 농민에게 날로 가중되는 군사 비용을 충당시켰습니다. 땅을 나누어 주고 소유하게 했으니 세금을 내라는 말이지요.

급기야 정자산은 큰 '사고'를 치고 맙니다. 바로 성문법을 제정한 것이지요. 이로써 고대 중국사의 큰 전환점을 마련했습니다. 자산은 정鼎이라는 세 발 달린 솥에 법을 새겨 넣었습니다. 대사건이었지요. 동아시아 최초로 성문법을 만들어 공개했습니다. 이는 귀족이 함부로 임의대로 인민을 부리고 괴롭히지 못하게 한 것입니다. 무조건 법대로! 누구든 법을 따르도록 강제했지요. 진晉나라의 사문백士文伯이란 귀족은 자산이 형서(형벌을 기록한 책)를 주조했다는 이야기를 듣고 이렇게 한마디 했습니다.

화성이 보이게 되면 정나라는 불이 날 것이다. 화성이 아직 보이지 않는데도 큰 불을 일으켜 형기를 주조하여 사람들이 다툴 근원이 되는 형법을 새겨 넣었으니, 화성이 나타나 감응하게 되면 불이 나지 않고 어찌하랴.[2]

숙향叔向이라는 진나라 원로도 항의했습니다.

인민이 정해진 형법이 있다는 사실을 알게 되면, 곧 윗사람을 꺼리지 않게 되니 윗사람과 다투는 마음이 따라 생깁니다. 형법을 근거로 요행히 문제를 해결한다 하더라도 그들을 다스릴 수 없습니다. 하나라는 정치가 문란해지자 우형禹刑을 만들었고 상나라는 정치가 문란해지자 탕형湯刑을 만들었으며 주나라는 정치가 문란해지자 구형九刑을 만들었습니다. 이 세 형법이 흥성했을 때는 모두 말세였습니다. 지금 어른은 정나라의 집정이 되어 농토의 경계를 엄격히 하고 서로 비방하도록 정령을 공포하고, 옛날 문란한 시대의 형법을 만들어 그 형서를 주조하여 이를 통하여 인민을 안정시키고자 하나 어렵지 않겠습니까? (중략) 인민이 쟁의의 단서를 알게 되면 장차 예를 버리고 형법의 조항에 맞추어 바늘 같은 일만 어긋나도 끝장을 볼 때까지 다툴 것입니다. 감옥은 범법자로 넘쳐나고 뇌물이 횡행할 것입니다. 그러면 어른의 세대가 끝나면 정나라는 실패하지 않겠습니까? 저 힐肹이 듣기로 '나라가 망하려면 반드시 제도가 번잡해진다'고 하는데 이를 두고 한 말인가 봅니다![3]

형법이 있다는 사실을 인민이 알게 되면 윗사람을 꺼리지 않고 윗사람과 다툰답니다. 제도가 번잡하면 나라는 망한답니다. 단순히 항의하는 정도가 아니지요? 이 정도면 거의 저주가 아닐까 싶습니다. 숙향은 철저히 지배층의 입장에서 발언했습니다. 경고하는 것이지요. 지배층, 즉 귀족의 어진 마음과 덕에 맡기면 되는데 굳이 왜 법을 들이미느냐, 그것도 성문법을 만들어 공개하다니 너무 지나치다는 말이지요.

성문법이 있으면 귀족도 국법을 함부로 무시하기 힘듭니다. 인민이 법을 근거로 권리를 주장할 것이 뻔합니다. 결국 인민이 고분고분하지 않을 텐데 그러면 귀족의 기득권이 많이 줄겠지요. 이러니 귀족들의 심기가 불편할 수밖에요. 기득권자의 몽니이지요. 이에 자산은 이렇게 답했습니다.

> 선생의 말씀대로라면, 저는 재주가 없어서 자손 대까지의 일은 미처 생각하지 못할 뿐입니다. 다만 지금 스스로 나라를 구해보고자 할 따름입니다. 말씀을 받아들이지는 못하나 가르쳐주신 은혜는 잊지 않겠습니다.[4]

정중하게 답하지만 뜻을 굽힐 의사가 없다는 점을 자산이 분명하게 밝혔습니다. 약소국인 정나라가 조금이나마 힘을 키우고 당당하게 자립하려면 법치가 불가피하다. 그래야 생존이 가능하니 당신의 간섭에 따를 수 없다는 이 말에서, 자산의 결연한 의지가 보입니다.

자산은 이렇듯 강단 있게 법치를 밀어붙였습니다. 그의 생각에 법치만이 살길이었지요. 위로는 진나라 아래로는 초나라 양대 강국에 시달리는 정나라로서는 법치만이 길이었습니다.

사문백이 항의했고, 숙향이 경고했으며, 정나라에 자주 횡포를 부리던 진나라가 정나라의 법치 개혁에 불만이 많았습니다. 그런데 정작 진나라는 자산을 욕해놓고서는 자산의 성문법 제정과 공개가 국력 신장에 크게 도움이 되는 것을 보자 바로 법치를 도입합니다. 법을 새긴 형정을 나라의 방방곡곡에 배치했지요. 그러자 공자孔子가 한탄했다 합니다.

> 진나라는 망할 것이다. 정도를 잃었구나! 대저 진나라는 당숙唐叔이 받은 법도
> 를 지켜서 세심하게 다스렸고 경대부들은 차례에 따라 그 법도를 지켰다. 이로
> 써 인민은 귀한 이를 존중했고 귀한 이들은 가업을 지킬 수 있었으며 귀천의
> 질서가 어그러지지 않았다. 문공文公은 이리하여 질서를 잡는 관원을 두었고
> 피려被廬에서 사냥하여 만든 법도로써 맹주가 되었다. 그런데 지금 그 법도를
> 버리고 형정刑鼎을 만들었으니 앞으로 인민의 마음이 형정에 있을 것인데, 어
> 찌 존귀한 이들을 존중할 것인가! 귀한 이들은 어찌 가업을 지킬 것인가! 귀천
> 의 질서가 없어지면 어찌 나라를 다스릴 것인가![5]

숙향과 비슷한 말을 하네요. 뭇 인민이 법을 알면 고분고분해지지 않을 것
이랍니다. 귀족에게 무조건 순종하기는커녕 법을 들이대 귀족에게 대항할지
도 모른다는데, 유가가 이처럼 보수적이지요. 순응하는 인간을 바라는데, 종
적 질서에 법치가 균열을 낼 수 있으니 싫었던 겁니다. 숙향과 공자 등 귀족
세력을 대변한 이들이 법치를 우려했습니다.

준법투쟁이란 말이 있지요? 이 말이 괜히 있는 게 아닙니다. 법이 지배계급
의 의사와 기득권을 반영하고 피지배계급을 착취하기 위한 수단일까요? 아
니면 그 반대일까요? 법이란 양날의 검입니다. 피지배계급을 착취하는 수단
일 수도 있으며 지배계급을 찌르는 칼이 될 수도 있습니다. 강자에게 유리하
게 설계되었다고 하더라도 법이 있고 없고의 차이는 아주 큽니다. 그리고 약
자가 법을 아느냐 모르냐의 차이는 엄청나지요. 준법투쟁을 함부로 찍어 누
를 수 없습니다. 뭇 인민이 법을 알면 기득권자가 부담스러울 수밖에 없지요.

이렇게 자산은 법을 공포했습니다. 생산을 담당하고 조세와 병역을 담당할 인민을 보호해야지요. 공개된 법으로써 투명하게.

자산은 법가의 근본정신과 방향을 처음으로 분명히 했습니다. 그는 진정 저 한비자의 선배이자 법가의 종사라 할 수 있습니다. 신흥 세력과 인민 보호, 생산력 신장, 귀족 기득권 철폐 등 법치의 기본 방향과 중심을 확실히 했지요. 저 역시 이러한 법가의 기본 정신과 방향에 철저히 따르려 했습니다. 저 한비자를 거론할 때 가장 중요한 인물은 정자산입니다.

저는 중원이 낳은 사상가입니다. 반드시 되는 방법과 확실한 길을 찾아야만 했던 중원이 낳은 사상가 정자산의 후배이지요. 꼭 기억하시길.

## 2 장

# 문둥병자가 군주를 불쌍하게 여긴다

**궁중 사회에 대하여**

## 어둠의 성경

저 한비자의 텍스트 《한비자》를 사람들이 종종 '어둠의 성경'이라고 부르기
도 한답니다. 모두 보는데 몰래 보는 책이고, 권모술수의 냄새가 난다고 해서
그렇게 부르나 봅니다. 유학이 득세한 조선 시대, 제 책을 연구하는 일은 공
개적으로 금기시되었지만 음성적으로는 많이들 보았다고 합니다. 특히 군주
들이. 이들은 신하들과의 권력투쟁에서 이기기 위해 보았다지요.

　그런데 제 책이 정말 어둠의 성경일까요? 제가 권모술수를 설파한 사상가
일까요? 다만, 짙은 그림자와 어두움이 제 텍스트와 사상에 어느 정도 드리워
진 것은 사실입니다. 부정할 수 없지요. 그러면 왜 어두운 색채가 많이 보일

까요? 바로 궁중을 배경으로 많이 사고한 탓입니다.

문둥병자가 군주를 불쌍하게 본다.[6]

이런 말이 돌아다닙니다. 글쎄 나병 환자가 군주를 딱하게 본답니다. 당시
에는 불손한 말이라고 해도 과언이 아닙니다만, 틀린 말도 아닙니다. 아무렇
게나 만들어진 속담은 없습니다. 왜 이런 말이 나왔을까요? 역사에는 협박당
하거나 시해되어 목숨을 잃은 군주가 많기 때문입니다. 그래서 저런 말이 돌
아다녔지요.[7]

춘추시대든 전국시대든 무수한 군주가 호랑이 같은 신하들에게 겁박당했
고 목숨과 나라를 잃기도 했지요. 저는 《한비자》에 줄곧 그런 군주의 예를 들
었습니다. 수조豎刁와 역아易牙에게 농락당한 제나라 환공. 자지子之에게 군주
의 자리를 빼앗긴 연나라 자쾌子噲. 전상田常에게 나라를 빼앗긴 제나라 간공
簡公. 이렇듯 권력투쟁에서 신하에게 패해 비참한 최후를 맞은 군주 이야기를
많이 다뤘습니다.

왜 그랬을까요? 제가 말하려는 '정치의 필연성'에 대해 이해하지 못하고 법
치와 개혁을 받아들이지 않으면, 그들처럼 몰락할 것이라고 경계하기 위함입
니다. 일종의 '공포 마케팅'이지요. '제발 정치의 필연성에 대해 깨달아라. 법
으로 나라를 이끌고 신하가 절대 군주의 권위에 도전하며 권력을 사유화하지
못하게 막아야 한다. 안 그러면 저들처럼 당신도 죽임을 당한다.' 이렇게 군주
를 설득하려고 그러한 예를 거듭 들었습니다.

그런데 제가 하지 않은 이야기가 있습니다. 군주에게 도전한 다른 사람들
이야기입니다. 궁중 사회라는 살벌한 공간에서 신하만 호랑이였을까요? 신

하만 권력을 쟁취하기 위해 군주와 경쟁할까요? 절대 아닙니다. 아버지, 형제, 자녀는 물론 부인까지 모두 잠재적 적이자, 권력투쟁의 경쟁자들이지요. 고대 중국만이 아니라 다른 나라 역사에서도 숱하게 확인되는 바입니다. 최고 권력자가 특히 누구의 손에 많이 죽었을까요? 바로 아들입니다. 그것도 장남의 손에 많이 죽었지요.

공자의 제자 자하子夏가 말했습니다. "《춘추》에는 신하가 아버지를 살해하고 자식이 아버지를 죽인 일이 수십을 헤아린다."⁸ 궁중 사회는 그런 곳이지요. 모든 사람이 잔인하게 권력투쟁을 벌입니다. 어쩌면 전쟁터보다 더 살벌하게 싸웁니다. 이런 곳을 배경으로 사고하다 보니, 제 텍스트에 어두움이 보이는 것은 사실입니다.

저는 인간에 대한 불신도 언급했습니다. 〈비내備內〉 편에서 "군주의 화는 다른 사람을 믿는 데서 생긴다"라고 말했습니다. 왜 사람을 믿으면 안 될까요? 왜 사람을 믿으면 화가 생길까요? 저 한비자는 군주가 다른 사람을 믿으면 그 사람에게 제압당한다고 생각합니다.

특히 신하를 절대 넋 놓고 믿으면 안 됩니다. 신하는 군주와 피가 섞이지 않았습니다. 혈육의 정이 있는 가족도 군주의 권위에 도전하는데 하물며 신하를 덮어놓고 믿어서야 되겠습니까? 신하는 군주의 권력을 두려워하면서도 권력에 대한 욕심이 강해 군주를 섬기는 경우가 대부분이지요. 신하는 군주의 마음을 살피느라 잠시도 쉬지 않습니다. 군주는 신하가 무서운 줄을 알아야 합니다. 이들은 호랑이입니다. 권력의지가 강하고 욕심이 많은 범입니다. 이 맹수를 법으로 다스려야지요. 그래야 쉽사리 군주의 권위에 도전하지 못하고 국정을 농단하지 못합니다.

군주가 법을 시행하면 큰 호랑이는 겁을 먹는다. 군주가 형을 집행하면 큰 호랑이는 스스로 온순해진다. 법과 형이 신실하게 실행되면 호랑이도 사람답게 교화되어 다시 본연의 모습으로 돌아간다.[9]

신하를 부하게 하지 말라. 그러면 군주와 겨루려고 할 것이다. 신하를 귀하게 하지 말라. 그러면 군주와 맞먹으려고 할 것이다. 오로지 한 사람만을 신임하지 마라. 그러면 도성과 나라를 잃게 될 것이다.[10]

《한비자》에는 신하에 대해 경계심을 늦추지 말라는 조언과 경고가 많이 등장합니다. 군주의 권력을 제한하고 뺏어 자신이 권좌에 오르는 등 당시 신하 가운데에는 정말 호랑이 같은 이가 많았습니다. 단순히 권력을 뺏기만 하는게 아니라 늘 파벌을 만들어 국정을 농단하는 문제가 있었지요.

〈유도有度〉편에서 제가 "늘 경계하고 법으로 엄히 다스리려 하지 않으면 신하는 사적으로 권세를 부리고 공법을 깔보게 된다"고 말했습니다. 특히, 실력자를 중심으로 뭉쳐 세력을 만들어 군주의 권력을 산산이 조각낼 수 있습니다. 군주가 방심한 사이에 거물 신하를 중심으로 파당을 만들어 국정을 농단하고 국주의 권력을 침해하지요. 신하들이 실력자의 집에는 빈번하게 드나들면서, 조정에는 한 번도 나오지 않습니다. 군주 대신 실력자에게 충성합니다. 실력자 한 사람의 일에 관해서는 여러 생각을 하지만 나랏일은 걱정하지 않습니다. 신하는 언제나 그럴 수 있는 존재입니다.

사실, 단순히 신하, 즉 조정의 관료를 경계하라는 말이 아닙니다. 궁중의 '실력자'를 경계하라는 뜻이지요. 다른 관료를 줄 서게 만들어 힘을 키워 군주의 권력을 잡아먹는 '세력가'를 조심하라는 말입니다. 이들이 군주를 겁박하여 죽이고 파벌을 형성하여 다른 충신과 인민을 못살게 구는 일이 당시에 흔했지요. 제가 《한비자》에서 '중신重臣'이라는 말로 궁중의 호랑이를 지칭했습니다. 군주를 잡아먹고 인민과 다른 충성스러운 신하까지도 잡아먹는 호랑이. 이런 호랑이를 어떻게 믿을 수 있을까요? 늘 경계하고 꼼짝 못하도록 제어해야지요.

그런데, 호랑이 같은 신하만이 군주의 적이 아닙니다. 후비와 부인, 아들도 그러합니다. 숙부 등 아버지의 형제도 있지요. 〈비내〉 편에서 부인 이야기를 했습니다. 큰 나라를 보면 군주의 후비, 부인, 적자 가운데 간혹 군주가 일찍 죽기를 바라는 자가 있습니다. 어떻게 그럴 수 있냐고요? 처는 원래 군주와 혈육 사이가 아니지요. 남자는 나이 오십이 되어도 호색함이 줄지 않지만, 여자는 나이가 들수록 미모가 쇠합니다. 자신이 사랑받지 못하게 될까, 자식의 후계자 자리가 위험해지지 않을까, 걱정할 수밖에 없습니다. 그래서 가족이라고 할지라도 군주가 죽기를 바라지요. 자신이 태후가 되고 자식이 군주가 되면 천하를 호령할 수 있습니다. 그러다 보니 군주가 독살되거나 교살되는 일이 벌어지지요. 《도좌춘추桃佐春秋》에는 "군주가 병으로 죽는 경우가 절반도 안 된다"라는 말이 나옵니다. 절반이 넘는 군주가 제명에 죽지 못한다는데요, 자신의 안위를 위해 남편, 아버지, 자식을 죽일 수 있는 곳이 궁중입니다. 전쟁터지요. 그러니, 이런 궁중을 배경으로 많이 사고한 결과물이 《한비자》이니, 이를 어둠의 성경이라고 부르지 않겠습니까?

## 다른 사람을 믿지 마라

군주의 화는 다른 사람을 믿는 데서 생긴다.[11]

사람을 믿으면 즉시 그 사람으로부터 제압당하게 된다.[12]

〈비내〉 편에서 제일 처음에 제가 한 말입니다. '비내備內', 여기서 '내內'는 궁중 사회와 그 구성원을 말합니다. 궁 안의 후비, 부인, 적자 그리고 신하를 뜻하지요. 이들을 '대비大備하라'는 말이지요. 이들은 권력을 놓고 경쟁하는 사람들이기 때문입니다. 잠재적으로 언제 군주를 해칠지 모르는 사람들이지요. 그러니 이들을 믿지 말고 늘 대비해야 합니다. 지금 제가 '인간에 대한 불신'을 말하는 듯한데, 부인하지는 않겠습니다.

사실, 저는 '성악론자'입니다. 인간의 어두운 부분과 인간 사회의 악에 대해 적지 않게 말했지요. 당시 법가 사상가인 상앙, 신도愼到, 신불해申不害 모두 성악론자입니다. 성악설의 대표로 인식되는 순자荀子는 물론이고, 노자老子와 장자莊子, 묵자墨子의 사상도 성악설입니다. 사실 맹자孟子를 빼면 모두가 성악론자였습니다. 다만, 그 가운데 제가 좀 유별난 편이지요.

저의 인간관을 보면 극단적인 성악설로 보인다고들 합니다. 이게 다 궁중을 배경으로 한 사고 탓이지요. 권력을 두고 경쟁하다 보면 누구든 모질고 잔인해지기 쉽지요. 수단과 방법을 가리지 않게 되지요. 다른 인간 사회에서의 경쟁과 궁중 안에서의 싸움은 다르지 않겠습니까? 궁중에서는 이긴 자가 모든 것을 다 차지합니다. 패한 자는 목숨까지 잃게 마련입니다. 패자는 가족들 목숨도 부지하기 힘듭니다. 그러니 독하고 모질 수밖에 없습니다.

저를 포함한 성악론자들은 모두 사실, 인간의 악한 면에 주목합니다. 그렇지만, 인간을 멸시하거나 한사코 비관한 것만도 아닙니다. 인간이 태어날 때부터 틀려먹었다고도 생각하지 않지요. 인간이란 존재 하나하나에 초점을 두고 악을 이야기하지도 않았습니다. 성악설은 인간 하나하나보다는 인간이 모인 사회가 혼란스럽고 어지럽다고 말합니다.

그러고 보면, 성악설에 대한 오해가 참 많습니다만, 이것 하나만큼은 분명히 말씀드리고 싶습니다. '인간'의 악보단 '인간들'의 악, 더 정확히 말하자면, '사회'의 혼란과 무질서를 싫어하고, 이를 분명히 직시하여 해결과 대안을 모색하려는 사람들이 우리 성악론자들입니다. 혼란·무질서와 정면 승부를 하자는 게 성악론자들의 공통된 문제의식이지요.*

혼란과 무질서를 잡지 못하면 누가 가장 큰 피해를 입을까요? 바로 하층민, 힘없는 인민입니다. 힘 있는 자들이야 혼란과 무질서가 난무해도 스스로를 지킬 수 있고, 때론 이를 이용해 사익도 챙길 수 있지요. 반면, 힘없는 인민은 혼란스러운 상황이 닥치면 극심한 고통을 당하지요. 거꾸로 혼란과 무질서가 바로잡히면 누가 가장 크게 혜택을 받을까요? 역시 하층민과 힘없는 인민입니다.

이러다 보니 성악론자들의 사상에는 다분히 하층민과 뭇 인민을 위한 주장이 많습니다. 법가와 묵가墨家가 대표적입니다. 제가 〈비내〉 편에서 이렇게 말했습니다.

《춘추》에 기록된 것을 보면, 법을 어겨 큰 악을 이룬 자는 일찍이 존귀한 신하로부터 나오지 않은 적이 없다고 한다. 그런데도 법령이 대비해야 할 대상과 형벌이 주륙을 가하는 대상은 항상 비천한 자들이다. 이런 까닭으로 인민은 절망하고 호소할 데가 없는 것이다.[13]

---

* 성악론자 가운데 장자는 해당하지 않는다. 장자는 혼란을 잡으려는 노력이 혼란을 더욱 부추길 수 있다고 보았다.

성악론자로서 인간에 대한 불신을 드러내면서도 텍스트 곳곳에 뭇 인민에게 안타까움과 연민의 감정을 드러낸 부분이 많습니다. 저는 법치를 통해 혼란과 무질서를 막아내 인민을 지켜야 한다는 말을 계속 역설했지요. 그런데 세상의 혼란을 막으려면 일단 궁중에 혼란이 없어야 합니다. 군주의 권위가 흔들리고 주권자인 그의 권력이 안정적으로 행사되지 못하면 세상의 혼란을 바로잡으려야 잡을 수가 없지요. 일단 궁중이 안정되고 군주가 살아야 합니다. 그래야 인민이 삽니다. 그렇기에 강력한 법치를 말했고, 법이라는 칼자루를 쥐고 신하를 빈틈없이 관리하라고 했지요. "문둥병자가 군주를 불쌍하게 본다." 이 말은 비록 불경스러울지라도 진실입니다.

## 손자의 퍼포먼스

호랑이 같은 중신을 휘어잡고 있어야 합니다. 그런데 그러기가 쉽지 않습니다. 이들과 군주와의 갈등은 전쟁과도 같습니다. 그럼 어떻게 해야 할까요? 당연히 이겨야지요. 전쟁이니 싸우면 이겨야 합니다.

저 한비자는 손자孫子에게 적지 않은 영향을 받았습니다. 손자의 투쟁 철학, 전쟁 철학을 가지고 와서 궁중의 정치철학으로 만들었지요. 제가 왜 그랬는지, 손자의 일화를 하나 이야기해보겠습니다.

손자가 오자서伍子胥의 천거로 오나라 궁실에 들어가 오나라 군주 합려闔閭 앞에서 유세할 기회를 얻었습니다. 유세하는 손자에게 합려가 말했습니다. "그대의 병서 열세 편은 이미 내가 다 읽어본 바요. 한번 내 앞에서 시험 삼아 보여줄 수 있겠소?" 이에 손자는 가능하다고 답했습니다. 그러자 합려가 궁녀들로 용병술을 보여달라고 요구했지요. 손자를 떠본 것입니다. 손자는 이에 호기롭게 가능하다고 답했습니다.

손자는 궁녀 180명을 얻었습니다. 이들을 둘로 나눠 부대 둘을 만들었지요. 합려가 총애하는 궁녀 둘을 양 부대의 지휘관으로 각각 임명했습니다. 그다음에 간단한 군령을 병사가 된 궁녀들에게 주지시킨 다음 기초 제식훈련을 시작했습니다. 그런데 훈련이 시작되어 명령이 하달되는데도 궁녀들은 웃기만 했습니다. 제식훈련을 장난으로 여긴 셈이지요. 그러자 손자가 훈련을 멈추게 합니다. 훈련을 멈춘 채 좌군과 우군의 지휘관 역할을 맡은 궁녀 둘을 불러 분명히 이야기를 합니다. "약속이 분명하지 않고 명령을 거듭함이 익숙하지 않은 것은 지휘관인 너희의 책임이다." 그러면서 다시 세 번이나 거듭 설명하면서 이해시켰지요. 다시 북을 치면서 좌로 가, 우로 가, 명령을 내리는데 궁녀들은 여전히 웃기만 했습니다. 보다 못한 손자가 도끼를 꺼내들고 말했습니다. "약속이 분명하지 못하고 명령을 거듭함이 익숙하지 못한 것은 장수인 내 죄지만, 이미 분명히 거듭 설명했는데도 따르지 않는 것은 지휘관과 병사들 죄다. 그러니 나는 지휘관에게 책임을 묻겠다." 그러면서 지휘관 역할을 맡은 궁녀 둘을 죽이려 했습니다. 그러자 합려가 크게 놀라 만류했습니다. "과인은 이미 장군께서 용병술에 능하다는 사실을 알았소. 이 두 여자가 없으면 과인은 맛난 음식을 먹어도 맛있는 줄을 모를 것이니 절대 죽이지 마시오." 그러자 손자가 단호한 어조로 군주의 말을 물리쳤습니다. "신은 이미 명령을 받아 장수가 됐습니다. 장수가 전쟁터에 나가 있을 적에는 군주의 명령을 받지 않는 경우가 있습니다." 이렇게 대답하면서 바로 두 후궁의 목을 베어 다른 궁녀들 앞에 내던졌지요. 손자는 합려가 그다음으로 총애하는 궁녀 둘을 앞으로 불러내 양 부대의 지휘관으로 삼아 훈련을 다시 시작했습니다. 조금 전까지 까르르 웃기만 했던 궁녀들이 군기가 바짝 든 병사들처럼 정확하고 절도 있게 움직였지요. 웃기는커녕 숨소리도 내지 않았습니다.

손자가 오나라 군주에게 말했습니다. "군대가 이미 정비되었으니 한번 살펴보시지요. 왕께서 쓰고 싶은 대로 부릴 수 있습니다. 비록 물과 불에 뛰어들게 하더라도 시키는 대로 할 것입니다." 순식간에 총애하는 궁녀 둘을 잃은 나머지 하얗게 질린 합려는, 화가 단단히 났는지 노여움이 섞인 말을 한마디 내뱉었습니다. "됐소. 장군의 용병술은 이제 확인했으니 그만 돌아가 쉬시오. 과인은 볼 생각이 없소이다." 이에 손자가 한마디를 덧붙였습니다. "왕께서는 말로만 저의 병법을 좋아하실 뿐, 실제로는 저의 병법을 써서 천하의 패자가 되고 싶은 생각이 없으신 듯합니다." 그러자 합려는 뭔가 깨달았다는 듯 손자에게 사과하고 손자를 자신의 사람으로 받아들였습니다.

자, 처음 훈련할 때는 궁녀들이 장수인 손자를 깔보고 말을 듣지 않았습니다. 손자의 말을 우습게 여기고 따르지 않았지요. 그러자 손자는 지휘관의 목을 쳤습니다. 군법을 내세워서 지휘관에게 책임을 묻자 궁녀들이 손자를 두려워하기 시작했고, 손자의 명령대로 절도 있게 움직였지요.

이런 겁니다. 장수는 상벌권을 장악하여 병사를 다그쳐야 한다는 게 손자의 생각입니다. 그래야 병사들이 장수를 두려워하여 감히 딴생각을 하지 않지요. 때로는 적보다 장수를 더 두려워하게 만들 수도 있어야 합니다. 그러면 병사들을 장수의 통제에 따라 마음껏 부릴 수 있겠지요. 손자의 사상을 보면, 손자는 적과의 투쟁 못지않게 병사들과의 투쟁도 중요하다고 여겼습니다.

저 한비자가 그런 손자의 철학을 궁중으로 가져왔습니다. 전쟁터의 장수처럼 군주도 그럴 수 있어야 합니다. 무조건 신하들과의 전쟁에서 이겨야 하니까요. 상과 벌로 병사들을 꼼짝 못 하게 통제하는 장수처럼 군주도 명확한 신상필벌信賞必罰로 신하를 다루어 군주의 권위를 단단히 세워야 합니다. 그래서 제가 손자가 말하는 투쟁의 원칙과 장수의 권위를 확고하게 하는 리더십 기술을 참고해, 신하들을 다루고 통제하는 기술과 원칙을 만들어냈습니다.

앞서 말한 정자산과 손자, 이 두 사람이 저의 스승이라고 할 수 있습니다. 노자의 영향을 받기도 했지만, 같은 중원의 대선배인 정자산과 병가兵家의 종사 손자의 영향을 더 크게 받았지요. 저의 사상을 이해하는 데 있어 특히, 손자는 빼놓아서는 안 됩니다.

손자 말고도 병가의 지혜에서 배우고 흡수한 것이 많습니다. 궁중을 배경으로 사유한 이상, 전쟁터에서 발전한 사유를 가져오지 않을 수 없었지요. 중원에서 한나라가 어떻게든 살아남아야 하기 때문이었습니다.

· 3 장 ·

# 죽은 전사의 고아가 밥을 빌어먹는다

한나라의 실정에 대하여

## 한나라의 실정

《한비자》에 〈궤사詭使〉 편이 있습니다. 법치가 이루어지지 않는 것에 대해 한탄하는 내용이 많지요. 통치를 할 때는 법에 따라 공정하게 상과 벌을 내려야 합니다. 이익 분배도 고통 감수도 법에 따라 공정해야 하지요. 법치를 통치의 기본으로 삼아야 합니다. 그런데 한나라에서는 이것이 이루어지지 않았습니다. 〈궤사〉 편은 이런 상황에 분노하여 한나라의 현실을 적나라하게 폭로한 부분입니다.

  곡식 창고가 충실한 것은 논밭을 가는 농민이 농사라는 근본의 일에 힘쓰는 덕분이다. 그런데 비단 짜고 자수 놓고 조각 그림을 하는 등 말단 일에 종사하는 자가 부유하구나. 군주가 명성을 높이고 영토가 넓어지는 것은 목숨 걸고 싸우는 군인 덕분이다. 그런데 오히려 웃음 파는 광대나 술 시중 드는 무리가 수레를 타고 비단 옷을 입고 있고, 지금 죽은 전사의 고아가 굶주려 길에서 빌어먹고 있구나.[14]

불공평하지요. 가장 힘들고 중한 일을 하는데 대접을 못 받습니다. 사회가 진정 필요로 하는 재화를 생산해 공급하는 사람이 아무것도 누리지 못한 채 극한 상황에 내몰렸습니다. 한나라 실정이 그러했습니다.

포상과 봉록은 인민의 힘을 다 쓰게 하고 아랫사람의 목숨과 바꾼 것이다. 지금 싸워 성을 쳐서 빼앗는 병사들이 애는 쓰지만 포상의 혜택을 받지 못하나, 접을 치고 손금을 보며 교활하게 앞에서 비위 맞추는 말만 늘어놓는 자는 매일 먹고 마실 것을 하사받는구나.[15]

제가 보는 한나라의 현실이 이러하였습니다. 저는 이 현실에 분노했지요. 몸을 써서 일하고 나라를 지키는 자는 외면받고 말업에 종사하는 자, 일하지 않는 자, 입만 살아 권력자를 현혹시키는 자만 재화를 독점하여 부귀를 누렸습니다. 이런 지경인 나라에 무슨 희망과 내일이 있겠습니까?

법에 따라 곧게 말하고 명분과 실질을 서로 맞추며 간악한 사람을 처벌하는 것이 나라를 다스리는 근본입니다. 그러나 한나라는 근본을 무시했습니다. 권력자에게 아첨하고 비위를 맞추며 살고, 권력자가 자기 멋대로 정치하게 해 세상을 위태롭게 만드는 자가 군주의 옆에 있었지요. 조세를 걷고 인민의 힘을 하나로 모으는 일은 나라의 부를 쌓고 장차 있을 국난을 대비하기 위함이지만, 인민은 일을 피해 몸을 숨기거나 위세 있는 가문에 의탁했습니다. 이들이 나라가 부과한 의무를 피해 살고 있는 까닭은, 평소 나라가 이들을 보호해주지 못하는 데 있습니다. 토호와 귀족의 횡포를 막지 못했고 이들의 삶의 터전과 사유재산을 보호해주지 못해, 인민은 삶의 터전을 잃고 유랑하다가 실력자들의 종이 되어 근근이 목숨을 이어갔습니다. 결국 나라는 조세를 낼 인민과 병사가 될 인민을 잃게 될 뿐입니다.

제 사상에는 중원이라는 지정학적 조건과 궁중이라는 무대 말고도, 조국에 대한 안타까움과 사랑이 바탕에 있습니다. 그럼에도 전 조국의 현실에 분노하고 울분을 느낄 때가 많았지요.

## 나의 조국 한나라

한나라가 진秦나라를 섬겨온 지 30여 년이 되었습니다. 밖으로 방패막이가 될 뿐더러 원래 한나라는 공물이나 부역을 진나라에 바치고 있었기에, 진나라에 속한 군현과 다름이 없습니다. 요즈음 제가 귀국 신하들의 계획을 듣기로는 진나라가 군사를 일으켜 한나라를 치려고 한답니다. 그런데 북방의 조趙나라는 사졸을 모으고 합종(동맹)을 주장하는 무리를 길러서 천하의 군사력을 연합하려 하고 있습니다. 제후들에게 진나라가 약해지지 않으면 진나라가 반드시 자신들의 종묘를 멸하게 될 것이라고 설득하면서, 힘을 합쳐 서쪽의 진나라에 맞서 싸우려는 것은 어제오늘의 일이 아닙니다. 지금 만일 조나라에 입을 환란을 놓아두고 신하국이라고 해도 좋을 한나라를 치려고 한다면….[16]

진나라가 한나라를 완전히 접수하려 한다는 움직임이 있자, 저는 진시황秦始皇을 설득하는 임무를 가지고 진나라로 떠났습니다. 어떻게든 진나라의 침략을 막아내려고 애를 썼지요. 진나라에 입조해 진시황에게 이렇게 말했습니다. "우리 한나라가 진나라를 섬겨온 30년 동안, 한나라는 밖으로는 진나라의 방패막이 역할을 했고, 안으로는 진나라에 공물이나 부역을 바치는 등 진나라의 군현과 다를 바가 없습니다."

단순히 잘 봐달라고 한 말이 아닙니다. 단순 엄살도 아닙니다. 한나라의 현실이 그러했습니다. 한나라는 초강대국 진나라의 공세에 늘 시달려야 했고 다른 이웃 국가들에게도 시달려야 했지요. 제가 괜히 법치를 주장한 게 아닙니다. 호랑이와 사자는 어림도 없고, 이리와 늑대는 못 될지언정 가시를 세운 고슴도치라도 되고자 한 것입니다.

그런데 외환만 문제가 아니었지요. 내부 문제도 만만치 않았습니다. 한나라는 온갖 간신이 득세한 나라였습니다. 충신들이 나라를 위해 개혁안을 계속 올렸지만 간신들 탓에 수용되지 않았습니다. 간신들이 충신들을 핍박하기도 했지요. 외부 문제보다 내부 문제가 더 크게 발목을 잡은 형편이었습니다. 시나브로 망국의 길로 가고 있는 조국의 모습에 슬퍼하다 못해 분노까지 느꼈습니다. 저는 진시황에게 이런 말도 했습니다.

대저 한나라는 작은 나라입니다. 그래서 천하 사방의 공격에 대응하여야만 합니다. 군주는 치욕을 참고 신하는 고통을 견디며 상하가 근심 걱정을 함께 해온 지 오래되었습니다. 방어구를 갖추어 강적을 경계하고 국부를 쌓고 있으며 성곽을 쌓고 해자를 파서 방어 단속을 공고히 하고 있습니다.[7]

천하 사방에서 공격당하는 작은 나라이기에, 군신이 하나 되어 근심하고 힘을 합쳐 나라를 지키려 한다고 말은 했지만, 현실은 전혀 그렇지 않았습니다. 그러면서도 사실상 진나라의 속국이 되어 독립국의 지위를 상실한 상태, 이게 한나라의 현주소였지요.

제가 한나라의 방계 공자, 군주의 첩에게서 태어난 서자 왕자라서 한나라의 현실이 슬플까요? 《한비자》를 보면 지독한 모성 콤플렉스가 읽힌다고도 합니다. 제 어머니가 미미한 위치의 후궁이 아닌가 추정도 하지요. 아버지이자 군주란 사람에 대한 원망의 마음도 가득해 보인다는데, 이런 것은 기억 안 하셔도 좋습니다. 저는 왕자이기 이전에 한나라의 충신이었고 진심으로 조국을 사랑한 사람이었을 뿐이니까요. 그래서 저는 한나라의 현실이 너무 슬펐던 겁니다.

## 사무정주, 철륜천하

사마천司馬遷의 《사기史記》 〈자객열전刺客列傳〉에 예양豫讓이라는 사람이 등장합니다. 주인인 지백智伯의 원수를 갚기 위해 목숨을 던진 사람으로 유명하지요. 지조와 절개의 상징이 된 인물로, 예양 때문에 이런 말이 생겼습니다.

선비는 자신을 알아주는 사람을 위해 죽고
여자는 자신을 기쁘게 해주는 사람을 위해 얼굴을 다듬는다.
士爲知己者死, 女爲悅己者容.

아주 유명한 말이지요. 이 말을 남긴 예양은 지백이란 사람의 신하였습니다. 북방의 강대국 진晉나라는 초나라와 함께 춘추시대 양강으로서 천하를 쥐락펴락했습니다. 진나라에 지백이란 대부가 있었는데, 예양은 지백을 주인으로 모시던 선비였습니다. 진나라의 조양자趙襄子가 한씨 위씨와 연합해 자신의 주인인 지백을 죽이자, 예양은 주인을 위해 복수하기로 마음을 먹었습니다. 예양은 조양자를 죽이기 위해 수단과 방법을 가리지 않았습니다. 뜨거운 숯을 삼켜 벙어리가 되기도 하고 몸에 옻칠을 하여 나환자로 위장하는가 하면, 똥통에 빠져 기다리며 화장실에 용변을 보러 온 조양자를 덮치려 했고, 거지로 변장하며 길거리에서 기다리기도 했습니다. 첫 번째 시도 때 실패해 조양자 앞에 붙들려 간 적이 있었지요. 그때 조양자는 예양의 충심과 의리를 높이 사 그를 놓아주었습니다. 그러나 연이은 시도마저 실패해 조양자 앞에 붙들려 갔을 때는 조양자가 더 이상 그를 살려줄 수 없었습니다. 그때 예양이 죽기 전에 청을 했지요. 당신의 옷이라도 내어달라고. 주인을 위한 복수에 실패했지만 당신의 옷가지라도 베고 죽어야 여한이 없겠노라고. 조양자는 자신의 옷을 내어주었습니다. 예양은 옷을 칼로 벤 뒤 자결했습니다.

많은 사람이 이 고사를 의와 충심에 대한 이야기로 기억하고 회자합니다. 그런데 제 생각은 조금 다릅니다. 단순히 의리와 충성심만으로 기억해서는 안 되는 이야기입니다. 당시 조양자와 예양 사이에 이런 대화도 오갔는데 이 부분을 주목해야 합니다.

"그대가 옛날에 범范씨와 중행中行씨를 섬길 때에는 지백이 그들을 멸망시켰지만 복수하지 않았고 오히려 지백의 신하가 되지 않았는가? 그런데 유독 지백을 위해서만 복수하려는 것은 무슨 이유 때문인가?"

그러자 예양이 말하길,

"범씨와 중행씨는 모두 나를 중인衆人으로 대했기에 중인으로서 보답했고, 지백은 나를 국사國士로 대접했기에 국사로서 보답할 뿐입니다."

범씨와 중행씨는 지백, 조양자, 한씨, 위씨와 더불어 진나라 육경六卿이라고 해서 진나라를 나누어 장악한 대부였습니다. 둘 다 지백이 멸망시켰지요. 그러고 나서 지백이 조양자를 멸망시키려다가 한씨, 위씨와 힘을 합친 조양자에게 거꾸로 멸망당했습니다. 예양은 본래 지백을 섬기기 전에 범씨에게도 중행씨에게도 몸을 의탁한 적이 있었습니다. 그런데 그때는 대우가 시원치 않았나 봅니다. 그들과 달리 지백은 자신을 극진히 대접했기 때문에 예양이 예의 말을 한 거지요.

예양이 보여준 것은 맹목적 충성이나 봉건적 절개, 의리가 아닙니다. 대접하고 믿어준 만큼 섬길 뿐이라고 못 박은 것이지요. 남자는 자신을 알아주는 사람을 위해 목숨을 바친다는 말보다 이 말이 더 의미심장하다고 봅니다.

당시에는 그랬습니다. 선비, 지식인, 무사는 누구에게 일방적으로 종속된 존재가 아니었지요. 무조건적 충성과 의리를 지켜야 하는 존재가 아니었습니다. 사무정주士無定主라고 했습니다. 정해진 주인 따위는 없었습니다. 철륜천하鐵輪天下라는 말도 있지요. 철로 만든 바퀴가 달린 수레를 타고 지식인들은 온 천하를 주유했습니다. 진나라, 한나라, 조나라, 위나라, 초나라, 제나라… 철륜에 몸을 싣고 국경선을 넘으며 천하를 돌아다녔습니다. 자신의 재능과 실력을 높은 값에 사줄 군주를 찾기 위해서였지요. 어디든 갔고 누구든 주인으로 섬길 수 있었습니다. 언제든 후하게 대접해줄 주인이 생기면 떠날 수 있는 시대였습니다. 이러니 모국, 조국이란 관념이 있을 수 없었습니다.

그런데 이상하지요? 저 한비자는 말입니다. 조국이 있는 지식인이었습니다. 한나라를 진실로 사랑해 조국이라 생각했고, 나라가 망하는 걸 보며 슬퍼하고 분노했습니다. 조국의 수명을 조금이나마 연장시키기 위해 목숨을 걸고 진나라에 가서 유세도 했지요. 이미 거의 망해버린 나라였지만 끝까지 희망의 끈을 놓지 않았습니다. 나라의 수명을 조금이라도 더 연장시켜보기 위해 안간힘을 썼습니다만, 진나라에서 행한 유세의 끝은 죽음이었지요. 진나라로 향하는 수레에 올랐을 때 제가 몰랐을까요, 진나라에서 죽게 될지를?

## 목숨을 건 충신의 유세

《한비자》〈존한存韓〉 편 말고도 《사기》와 《전국책戰國策》을 보면 제가 진시황을 설득하는 장면을 볼 수 있습니다. 한나라를 위해 혼을 담아 유세했지요. 그러나 저는 곧바로 진나라 조정에서 반박을 당했습니다.

> 저는 한비의 말이 대단히 마땅치 않다고 생각합니다. 진나라가 한나라를 껴안고 있는 것은 마치 사람 몸속에 중병이 있는 것과 같습니다. 할 일이 없이 조용히 있을 때도 답답하며 습지에 있으면 발이 달라붙어 빠지지 않는 것 같아, 만약 급히 달리기라도 하면 병이 발작합니다. 한나라가 비록 진나라에 신종을 하고 있지만 진나라에 독이 되지 않은 적이 일찍이 없습니다.[18]

〈존한〉 편을 보면 왜 제가 죽음을 앞두게 되었는지 알 수 있습니다. 친구 이사의 모함 때문이 아닙니다. 사마천의 말대로 동문수학할 때 자신보다 재능이 월등했던 저를 싫어한 친구의 질투심 탓이 아니지요. 진시황은 제가 한나라에 돌아가면 후환이 되고 화근의 불씨가 되지 않을까 우려했습니다.

한비가 진나라에 온 것은 반드시 한나라를 존속시켜 그 덕으로 한나라에 중용되려 함입니다. 혀를 휘두르며 문장을 겉꾸며 얼버무리고 거짓 꾀를 짜내어 진나라에서 이득을 낚아 훔쳐 한나라의 이득이 되도록 주군에게서 틈을 엿보고 있습니다. 바야흐로 진나라와 한나라의 국교가 친밀해지면 한비는 중용됩니다. 이는 바로 자신의 형편을 고려한 계략입니다. 제가 보기에 한비는 거짓 사설과 말을 꾸미는 재주가 출중합니다. 저는 폐하께서 한비의 말솜씨에 현혹되어 그 도둑 같은 욕심을 받아들인 탓에 일의 실정을 잘 살피지 못하게 될까 두렵습니다.[19]

이사가 저렇게 말했습니다. 제가 진시황을 기만하고, 자신과 한나라를 위해 거짓말하면서 진시황을 현혹한다고. 단순히 속이는 게 아니라 정세 판단까지 그르치게 하고 있답니다. 왜 제가 진나라에서 죽어야 했는지 이유가 보이십니까? 사실, 사자의 목숨을 보장하는 것이 국제 사회의 예입니다. 더구나 저는 약소국 한나라가 보낸 사신인데 왜 저를 공격하고 결국엔 죽였을까요? 진나라 신하들의 우려는 제가 살아서 돌아가면 진나라의 화근이 될 수 있다는 것이었지요. 이에 진시황도 동의했습니다.

한나라는 믿을 수 없습니다. 진나라와 조나라가 적대 관계에 있는 상황이고 형소荊蘇를 제나라에 사신으로 보냈습니다. (제나라와 조나라를 떨어뜨려 놓으려 하지만) 그 성사 여부는 알 수 없습니다. 제가 보기에는 제나라와 조나라의 국교가 형소 한 사람의 힘으로는 분명 단절되지 않을 것입니다. 만약 이 둘 사이가 벌어지지 않는다면 우리나라는 모든 병력을 동원하여 만승의 두 강대국과 대결해야 합니다. 한나라는 진나라에 의리로써 복종하는 것이 아닙니다. 우리의 힘이 강대해 고개를 숙이는 척할 뿐입니다. 만일 진나라가 제나라와 조나라에 온힘을 쏟는다면 한나라는 반드시 배 속의 병이 되어 크게 발작할 것입니다. 여기에 한나라와 초나라가 공모하고 다른 제후들까지 동조라도 한다면 진나라는 반드시 효새의 환란崤塞之患을 다시 겪게 될 것입니다.[20]

제가 한나라에 돌아가면 계책을 낼까 두려웠나 봅니다. 진나라의 외교를 방해하고 진나라에 대항하는 나라를 묶어 함께 대항하도록 전략을 만들어내는 등 큰 그림을 그릴까 우려했던 거지요. 당시 여러 나라가 물고 물렸던 춘추전국시대는 칼과 수레가 맞붙는 양의 전쟁 못지않게 보이지 않는 외교전도 중요했습니다. 진나라가 그려놓은 외교전의 큰 그림을 한나라가 나서서 훼방한다면? 진나라에 불리한 그림을 그린다면? 그런 일이 생긴다면 실로 진나라로서는 아찔한 일이 아닐 수 없었습니다. 그래서 저렇게 경계했지요.

저들은 줄곧 중원의 한나라를 믿을 수가 없다고 합니다. 외교로써 생존을 모색해야 하는 나라였기에 더 그러합니다. 지금은 진나라에 고개를 숙여 복속된 상태지만, 믿을 수 없다, 상황에 따라 입장을 바꿀 수밖에 없기에 못 믿겠다는 말이지요. 비록 국력은 약하다 하더라도 얼마든지 꾀를 내어 진나라의 계책을 방해하고, 다른 나라들 역시 외교로 구워삶아 설득할 수 있다고 보았습니다. 그리되면 진나라는 외교전에서 난맥상이 드러날 수 있지요. 결국, '효새의 환란'을 다시 겪게 된답니다. 효새의 환란은 목공穆公이라는 진나라의 위대한 군주가 패배한 효산 전투를 말하는데, 과거의 재앙을 언급하면서 저를 경계한 것입니다.

그런데, 진나라가 단순히 군대의 강성함만으로 천하를 제패했을까요? 아닙니다. 전쟁에도 음과 양이 있고, 그 조화가 중요하다지요. 양의 전쟁은 정예병들이 맞붙어 성을 공격하고 창과 칼이 부딪치는 전쟁, 즉 육중한 힘과 힘의 맞대결입니다. 그러면 음의 전쟁은 무엇이겠습니까? 바로 외교전, 정보전, 심리전입니다. 막후공작, 보이지 않는 곳에서 일어나는 두뇌 싸움이지요. 이 두 전쟁을 모두 잘 수행해야 강대국이 될 수 있겠지요.

진나라는 실로 그런 나라였습니다. 정예병의 무시무시한 위력도 대단했지만, 음의 전쟁에도 능한 나라였지요. 공작에 능했고 외교전에 많은 재화를 아끼지 않았습니다. 상대 국가의 실력자와 유능한 '꾀주머니'를 제거하거나 매수해서 자기편으로 만들었고, 막후공작을 통해 자신에게 유리한 상황을 만들어갔습니다.

이들 눈에는 전형적인 중원 사람인 이 한비자가 꾀가 많아 보인 듯합니다. 제가 본국에 돌아가 자신들에게 불리한 계책을 세우고 다른 나라들까지 동한다면? 소진, 상앙, 이사 같은 다른 중원 사람처럼 차라리 진나라를 위해 일하면 모르겠는데 본국에 돌아간다니, 저들은 걱정이 된 듯합니다. 적어도 같은 중원 사람인 이사의 눈에는 그렇게 보였나 봅니다. 중원 사람 속은 중원 사람이 잘 안다 이 말이겠지요.

다른 나라보다 군주의 권위가 훨씬 높았던 진나라인데, 감히 약소국 사신 따위가 최강대국 진시황을 거짓말로 능멸하려고 한다? 이것도 저를 죽여야 할 이유가 될 수 있지만, 이보다는 제가 돌아가면 저들에게 골치 아픈 짓을 하겠다는 우려가 분명 있었습니다. 이런 말들이 진나라 조정에서 오갔는데 제가 죽임을 당한 것은 당연한 일이 아닐까 싶습니다.

한편, 제가 죽어야 했던 이유가 보통은 친구 이사의 모함 탓으로 알려졌습니다. 이사와 저 한비자는 스승 순자 밑에서 동문수학했지요. 이사는 늘 자신보다 앞섰던 저에게 열등감이 많았습니다. 그 한비자가 마침 진나라에 왔는

데, 혹여 진나라의 조정에서 자신을 밀어낼까 이사는 두려웠습니다. 어떻게 일군 출세고 성공인데 친구에게 빼앗길 수 없으니 진시황에게 친구를 모함했다고 합니다. 그래서 결국 진시황은 한비자를 옥에 가두고 얼마 뒤 사약을 내렸는데, 그제야 이사는 아차 싶어 사람을 보내 저에게 사약을 전하려는 자를 불러내 저를 살리려고 했답니다. 하지만 이미 저는 사약을 먹은 뒤였다지요. 사마천의《사기》에 그리 써져 있습니다.

친구인 이사가 죽였다고요? 그렇지 않습니다. 귀모로郭沫若(곽말약)와 가이즈카 시게키*가 말한 대로《사기》의 서술은 사실이 아닙니다. 일단, 저는 순자의 제자가 아니에요. 그에게 배운 적이 없고 그분과 저의 사상 사이에 비슷한 부분 또한 거의 없습니다. 성악설이라는 점에서 같다지만, 앞서 말한 대로 당시 성악설은 맹자를 제외하고 대부분의 사상가가 동의하던 인성론이었지요. 이것 하나 가지고 순자와 저를 사제 관계로 묶을 순 없습니다.

순자는 법치와 군주 중심의 일사불란한 통치를 별로 좋아하던 분이 아닙니다. 법이 아닌 예를 말했고 교화를 우선시한 전형적인 유학자였지요. 저와는 크게 다른 생각을 하신 분입니다. 저는 법치만이 살길이기에 법을 수단으로 삼아 일괄적으로 다스려야 하고, 신권보다는 왕권이 우위에 서게 하여 유일한 주권자로서 군주의 지위를 확실히 하라고 주장했지요. 순자가 절대 동의할 수 없는 주장이었습니다.

이렇듯 사상적·철학적 접점이 없는 데다가 저는 순자의 제자가 아니니, 순자의 제자인 이사와 동문수학한 친구일 리가 없지요. 그러니 이사가 열등감

---

* 가이즈카 시게키貝塚茂樹(1904~1987). 전 교토대학 교수. 고대중국고고학을 전공하였으며 동양사, 일본과 중국의 비교문화, 중국의 근현대사에도 관심을 갖고 연구한 사람으로 일본의 중국사 연구의 상징적인 사람이라 말할 수 있다.

탓에 저를 참소했을 리도 없습니다. 게다가 진시황 같은 영명한 군주가 참소 한마디에 마음이 동해 사신이기 전에 지식인이고 인재인 사람을 함부로 죽였 을 리도 만무합니다.

《전국책》에는 이사가 아니라 요가姚賈라는 인물이 저를 참소했다고 나옵니 다. 《사기》의 서술은 틀렸습니다. 저는 순자의 제자도 아니고, 이사의 친구도 아니며, 그 친구의 열등감 탓에 죽은 것도 아닙니다.

죽음의 원인이 뭐든 간에 《한비자》〈존한〉 편, 《사기》, 《전국책》에 제가 등 장한 부분을 읽다 보면, 저의 절박함과 한나라에 대한 충성심을, 그리고 제가 왜 죽었는지를 알 수 있지요. 또 당시의 국제 정세와 판도도 읽을 수 있지요.

한편, 애초에 제가 진나라로 향할 때 이미 목숨에 대한 미련은 버렸습니다 만, 그래도 혹시 그 결정에 후회는 없었을까요? 저도 사람인데 말입니다. 〈문 전問田〉 편을 보면 당계공唐谿公이란 사람과 저의 대화가 있습니다. 후회가 있 었는지 없었는지 잘 드러납니다.

저 한비자, 조국에 대한 사랑이 가슴에 가득했던 지식인으로 어쩌면 한국 인은 저와 코드가 맞을지도 모르겠습니다. 한국인에게 국가란 단순히 태어나 자란 사회가 아니며, '모국'과 '조국'이란 단어는 각별한 감정을 불러일으킨 다고 알고 있습니다. 정치사상가로서 저의 정치적 주장이나 철학자로서 저의 여러 개념과 틀, 이런 것들 이전에 인간 한비자가 가진 국가에 대한 사랑이 한국인에게 가장 큰 호소력으로 가 닿지 않을까 싶습니다.

## 4 장

# 지금 세상은 기력을 다툰다

**법가 사상의 시대적 배경에 대하여**

## 한비자의 대내외적 환경

《한비자》〈오두五蠹〉 편에 이런 이야기가 있습니다. 옛날 주周나라에 문왕文王이 있었습니다. 유가에서 성인군주로 추앙받는 왕이지요. 주 문왕이라 하는데, '풍'과 '호' 사이에 살면서 사방 100리 땅으로 시작했지만 인의仁義의 정치를 행하여 서쪽 오랑캐를 길들여 세력을 확장한 끝에 천하의 왕이 되었다고 합니다.

서徐나라에 언왕偃王도 있었습니다. 한수이강漢水江(한수) 동쪽에 살면서 사방 500리 땅으로 시작했는데, 그 역시 문왕처럼 인의로 인민을 다스리며 신망을 얻었지요. 그러자 땅을 베어 조공 드는 작은 나라가 서른여섯이나 되었다고 합니다. 서 언왕이 세력을 확장하자 이를 두렵게 여긴 초나라 문왕文王이 군사를 일으켜 서나라를 멸하였습니다.

이렇듯 주 문왕은 인의를 행하여 천하의 왕이 되었고, 서 언왕은 인의를 행하여 나라를 잃었지요.

유가에서는 항상 인仁과 의義로 정치하라고 합니다. 인의로 다스리면 좋은 결과를 보장받는다는데, 막상 언왕은 인의를 행하다가 모든 것을 잃고 말았습니다. 왜 그럴까요?

문왕이 다스리던 시대와 언왕이 다스리던 시대가 다르기 때문입니다. 문왕이 다스리던 아주 오래전의 세상은 인의의 정치가 통할 수 있었지만, 언왕의 시대는 인의의 정치만으로는 안 되는 때였습니다. 제가 살아간 전국시대 역시 마찬가지이지요. 전국시대는 기력을 겨루는 시대, 힘의 논리만이 관철되던 세상이었습니다.

상고에는 도덕을 다투고 중세(한비자 시점에서)는 지모를 겨루었으나 오늘날(전국시대)에는 기력을 겨룹니다! 이게 제가 보는 현실이었습니다.

이런 이야기도 있습니다. 제나라가 바로 옆 노魯나라를 치려고 할 때의 일입니다. 긴박한 상황임을 눈치 챈 노나라에서 자공子貢을 제나라에 사자로 보냈습니다. 공자의 제자 자공은 언변이 뛰어난 외교 전문가였지요. 그러나 제나라 사람은 이렇게 말했지요. "당신의 말이 이치에는 맞지만 내가 바라는 것은 토지이지 당신 말이 이르는 바가 아니다." 쉽게 말하자면, '당신이 말하는 이런저런 가치와 추상적 덕목은 내 알 바 아니다. 나에게 득 되는 것이 없지 않느냐'는 말이었습니다. 그러고는 군사를 일으켜 노나라를 쳐서 그 땅을 취했습니다.

서나라 언왕은 인의를 행하였으나 나라가 망했고, 노나라가 보낸 자공은 인의로 설득하려 했음에도 통하지 않아 변설과 지모를 부렸으나 아까운 땅을 잃고 말았습니다.

이는 지금이 기력을 겨루는 시대이기 때문입니다. 쟁어기력爭於氣力!

## 오월동주

오월동주吳越同舟라고 들어보셨지요? 풍랑이 일고 파도가 크게 일자 그제야 오吳나라와 월越나라 사람이 함께 탄 배에서 살아남기 위해 힘을 합쳤다는 일화에서 유래한 말이지요. 그만큼 오나라와 월나라 사이가 나빴다고 합니다.

어느 날 월나라가 오나라를 치려고 했습니다. 그때 월나라 군주가 "오나라 왕이 깊은 연못을 파고 노는 큰 죄를 짓고 사치를 하느라 인민을 괴롭히고 재화를 모두 써버려 인민의 힘을 고갈시켰다고 들었다. 그래서 내가 오나라 인민을 위하여 그를 벌주려고 한다"고 선언했답니다. 정말이었을까요? 상대를 치고 싶으니 적당한 구실을 꾸민 것이겠지요.

이런 이야기도 있습니다. 채나라 공녀가 제나라 환공桓公의 처가 되었습니다. 그녀는 체격이 큰 편이었지요. 환공이 공녀와 함께 호수에서 배를 타고 시간을 보낼 때였습니다. 장난기가 심한 이 덩치 큰 부인이 몸을 좌우로 흔들자 배가 기우뚱 휘청거렸지요. 환공은 물에 빠질까 두려워 공녀에게 하지 말라고 했습니다. 그런데 공녀는 장난기가 심한 나머지 깔깔대며 멈추지 않았답니다. 환공은 화가 난 나머지 나들이에서 돌아오자마자 공녀를 친정 채나라로 내쫓았습니다.

얼마 뒤 화가 풀린 제 환공은 채나라에 사람을 보내 공녀를 부르려고 했습니다. 그런데 그새 채나라에서는 공녀를 다른 나라로 개가해 보냈지요. 화가 난 환공은 채나라를 치려고 했습니다. 그때 관중이 환공을 말렸습니다. 부부 간의 일로 전쟁을 일으키는 것은 명분이 없으니 큰 성과를 기대할 수 없다고 설득했습니다. 하지만 환공은 너무나 노한 나머지 관중의 말을 들으려 하지 않았습니다. 그러자 관중이 정녕 주군의 뜻이 그러하다면 이렇게 해보자고 간청했지요. "남방의 오랑캐 초나라가 주나라에 조공을 바치지 않았으니, 천자를 위해 초나라를 벌하기 위한 전쟁을 하십시오. 군사를 보내 초나라를 정벌하는데 만일, 초나라가 고개를 숙이면 군사를 돌려 돌아오는 길에 채나라를 습격하십시오. 내가 천자를 위해 초나라를 치는데 초나라와 가까운 채나라가 천자를 위해 전쟁을 일으킨 나를 돕지 않았다는 명분을 들면 될 것입니다. 이렇게 하실 것이면 채나라를 정벌하십시오." 그나마 명분을 세우라는 말인데, 여전히 궁색하기 그지없습니다.

사실, 없는 구실 만들어 전쟁을 일으켜 상대를 멸하고, 명분도 없이 전쟁을 획책하는 등 전국시대의 상황이 그러했습니다. 딱히 명분이 없더라도 전쟁으로 얻을 실리와 이득이라도 분명하면 좋을 텐데, 단순히 감정 때문에 전쟁을 감행하고 기력을 다투던 시대였지요. 그러니 늘 전쟁이 벌어져 힘을 겨루는 터라, 약소국은 강대국에 겁박당하고 정벌당하는 등 아무 때나 나라를 잃을 수 있는 세상이었습니다. 한나라 같은 약소국 입장에서는 전국시대의 대외적 환경이 지옥 그 자체였지요. 약육강식의 세상이었으니 말입니다. 그렇다고 밖으로만 기력을 다투던 시대는 아니었습니다. 대내적으로도 다툼이 많았습니다.

## 군신 사이에는 하루에도 백 번을 싸운다

신하는 호랑이입니다. 언제든 군주의 권력에 도전해 군주를 잡아먹을 수 있지요. 북방의 강대국 진晉나라를 갈라 먹은 육경, 강姜씨의 제나라를 전田씨의 제나라로 만든 전상田常 등 군주의 권력을 찬탈한 역사적 사례는 많습니다. 호시탐탐 군주의 권력과 지위를 넘보는 이들이 신하입니다.

〈양권揚權〉편에서 제가 말했습니다. "신하를 부유하게 하지 말라 그러면 군주와 겨루려 할 것이다. 신하를 귀하게 하지 말라 그러면 군주와 맞먹으려 할 것이다. 오로지 한 사람만을 믿지 말라 그러면 도성과 나를 잃게 될 것이다." 군주가 권위를 잃으면 안 됩니다. 뒤를 보이면 안 되지요. 호랑이 같은 악신은 언제나 군주의 뒤를 노립니다. 군주가 뒤를 보인다고 해서 바로 군주를 물지는 않습니다. 악신은 사람을 모읍니다. 소신인 '개'를 모읍니다. 군주가 처음부터 알아차리지 못하여 이를 막지 못한다면, 개의 수가 끝도 없이 늘어 때가 되었을 때 호랑이는 개들의 호위를 받으며 군주를 물어 죽일 것입니다. 이게 국내 정치의 현실이었지요. 이런 시대의 군주의 처지를 단적으로 표현한 말이 《황제서皇帝書》에 나옵니다. 군주와 신하는 하루에 백 번을 다툰다지요.

정말 전쟁입니다. 매일 전쟁을 합니다. 밖으로도 안으로도. 사실 담장 밖의 호랑이보다 담장 안의 호랑이와 다투는 것이 더 어려운 법입니다. 그나마 이길 수 없는 것은 아니지요. 법을 시행하면 되기 때문입니다. 군주가 법을 공정하고 엄격하게 집행하면 큰 호랑이는 겁을 먹고는 스스로 온순해질 것입니다. 군주의 말에 따라 사냥에 나가기도 할 테지요.

문제는 법치가 안 된다는 데 있습니다. 기력을 다투는 시대에 법치만이 군주가 살길이고 나라가 건강해지는 길인데도 말입니다. 법치를 버리면 호랑이에게 잡아먹히는데도 덕과 인정으로만 다스리려는 군주들이 있었습니다. 참 어리석게도 그러했습니다. 호랑이 같은 대신들에게 치이고 견제와 감시를 당하며 왕위 찬탈의 위험에 벌벌 떨어야 했음에도 말입니다. 이토록 필연성과 거리가 먼 방법이라니….

## 귀족의 시대에서 찬탈과 자립의 시기로

군주와 신하의 권력투쟁, 신하들에게 포위된 채 공격받는 군주의 모습이 당대의 정치 풍경이라고 했습니다. 그런데 말입니다, 춘추시대와 전국시대를 놓고 보면 차이가 조금 있습니다. 두 시대 모두 권력투쟁은 늘 살벌했지만 그 양상이 달랐지요.

춘추시대는 같은 '피'를 공유하는 유력 세족이 문제였습니다. 같은 조상을 모신다는 유력 세족이 결속하여 경제력은 물론 군사력까지 따로 길러 군주를 허수아비로 만들었지요. 한마디로 귀족 정치의 시대였습니다. 그래도 군주는 명목상으로나마 존중받았습니다.

그런데 전국시대로 넘어가면서 이야기가 달라졌습니다. 당시, 전국칠웅의 사정을 보면 각 국가별로 실정이 달랐습니다. 갈수록 힘이 강해진 유력 세족이 마침내 군주를 폐위시키기도 하면서 스스로 군주의 자리에도 올랐습니다. 반면, 군주가 선제공격을 하는 경우도 있었지요. 주변 유력 세족과 이들을 대표하는 대부들을 모두 쳐내고 나라의 유일한 주권자가 되기도 했습니다.

①왕실 일족과 친족 세력을 약화시키고 다른 성의 거물급 인사와 유력 세족을

늘러 군주의 권력을 확립한 경우가 있습니다. 서방의 진秦나라가 그러합니다.

②나라 안에서 힘깨나 쓰던 신하들이 권력을 찬탈한 경우입니다. 왕실 일족이 전멸하고 다른 성의 새로운 지배 세력으로 대체된 경우입니다. 북방의 진晉나라를 삼분해 독립한 한나라, 위나라, 조나라(삼진)와 강씨 왕실을 전씨 왕실로 대체한 제나라가 있습니다. 기존 왕실 세력은 무참하게 도륙당했습니다.

③종래의 유력 세족과 귀족이 여전히 강한 나라도 있었습니다. 춘추시대와 크게 달라진 게 없거나 문제가 곪아가기만 한 경우이지요. 전국시대에도 여전히 귀족 세력이 정치와 군사의 실권을 독과점해서 끌고 간 경우입니다. 바로 초나라입니다.

③이 정말 골치였는데, 오랜 시간 동안 기득권을 가지고 나라를 좌지우지해온 귀족 세력이 한사코 개혁에 저항하며 몽니를 부렸습니다. 그래서 제 선배인 오기吳起가 개혁을 밀어붙여 국력을 일신시켰을 때, 이들은 자신들의 기득권을 침해당했다고 느낀 나머지 오기를 죽이고 말았습니다.

사이가 가깝고 먼 것을 구별하지 않고, 신분이 귀하고 천한 것을 가르지 않으며, 한결같이 법에 따라 결단했다.[21]

오기는 모두를 법 앞에 동일한 존재로 환원시켜 권리와 의무를 부과했습니다. 이를 국정 운영의 기본 방침으로 삼아 개혁을 해나갔지요. 귀족들이 도저히 견디지 못했습니다. 특권을 없애 모두에게 동일한 의무를 강제하고, 범법 행위를 저지르면 귀족이라도 법에 따라 처벌하며, 나라를 위해 공을 세우지 못하면 귀족의 토지를 몰수해 농사와 전쟁의 일을 직접 감당하는 인민에게 나누어 주었습니다. 이러니 오기의 뒤를 봐주던 군주가 죽자 오기를 음해하여 죽였지요.

오기는 개혁과 쇄신을 목적으로 법치를 시행했습니다. 경제 발전, 재정 확립, 강병 육성, 군주 권력 확립을 목표로 내세웠습니다. 개혁안을 아주 힘 있게 밀어붙여 단시일에 초나라의 면모를 일신시켰지요. 짧은 기간에 개혁의 성과가 드러나 초나라는 과거의 위용을 되찾을 수 있었습니다. 초나라 도왕悼王은 오기의 성과에 아주 흡족해했다고 합니다. 도왕은 오기를 신뢰하여 그의 방어막이 되었습니다. 그러나 불행히도 도왕이 죽자 오기도 죽임을 당했습니다. 개혁은 물거품이 되었지요. 모든 게 다시 원래대로 돌아갔습니다. 결국 초나라는 귀족 세력이 권력을 분점해 나라를 이끌어갔지요. 사공이 많아 배가 산으로 가는 꼴이었습니다. 그러다 결국 진秦나라에 멸망당했지요.

제 조국 한나라는 ② 유형의 국가였습니다. 하지만 결국 시간이 흐르면서 ③ 유형의 초나라와 비슷하게 되어갔습니다. 조나라와 위나라는 신하가 군주의 권력을 찬탈한 뒤 새롭게 군주가 된 이들이 군주 중심의 일원화된 권력 시스템을 만들어간 반면, 한나라는 정치 개혁에 실패하여 여러 귀족이 전횡을 일삼았습니다. 늘 어수선한 초나라와 같은 모습이었지요. 기력을 다투는 시대에 그렇게 해선 국가의 생존이 불가능했을 텐데 한나라에는 변화의 움직임과 기운이 없었습니다. 위나라, 조나라, 제나라 등은 새롭게 태어난 이후 강성한 국력을 자랑하며 진나라와도 맞붙을 수 있었는데, 초나라와 한나라는 약해지기만 했습니다.

## 유가가 번성하면 나라가 망한다

〈내저설內儲說 상〉 편에 이런 이야기가 있습니다. 성환成驩이란 사람이 있었습니다. 그가 제나라 군주에게 말했지요. "군주께서는 너무 인자하시고 지나치게 남을 동정하십니다." 제나라 군주가 이렇게 답했습니다. "인자하고 남을 동정하면 좋지 않은가?" 성환이 다시 아뢰었지요. "신하가 그렇게 하면 선하다고 할 수 있지만 군주가 그래선 안 됩니다. 신하로서는 선한 것이지만 군주가 행할 바는 아닙니다. 대저 신하란 어질지 못하면 함께 일을 꾀할 수 없고 측은지심이 없으면 가까이할 수 없습니다. 하지만 군주는 다릅니다." 그러자 제나라 군주가 물었지요. "그렇다면 나의 어느 점이 너무 인자하고 어느 점이 지나치게 남을 동정한다는 것인가?" 그러자 성환이 이렇게 답했습니다.

군주께서는 설공薛公(맹상군孟嘗君의 아버지 전영田嬰)에게 너무 인자하시고, 전씨 일족을 지나치게 동정하십니다. 설공에게 너무 인자하시면 다른 대신의 권위가 사라지고, 전씨 일족을 지나치게 동정하시면 그 일족이 법을 범하게 됩니다. 뭇 신하의 권위가 사라지고 사기가 떨어지면 외적과 싸울 군대가 약해지고, 특정 일가 사람이 법을 범하면 국내 정치가 어지러워집니다. 이는 나라가 망하는 근본입니다.[22]

군주가 어질고 인자하면 세력가에게 힘을 실어주게 됩니다. 동정심 탓에 특정 가문이나 파벌의 전횡을 군주가 눈감을 수 있지요. 호랑이를 키우는 꼴입니다. 군주가 이럴진대 다른 대신이 군주에게 충성할까요? 호랑이에게 줄을 서겠지요. 당시에는 조정 대신이 무관 일을 겸직하는 경우가 많았습니다.

전쟁이 터지면 군사를 이끌고 나가 싸웠지요. 소외된 뭇 대신이 담장 밖의 호랑이와 싸울 수 있을까요? 결국 담장 안의 질서도 무너지고 담장 밖의 싸움도 못 하겠지요.

군주가 사람 좋으면 이렇게 됩니다. 군주가 동정심 탓에 함부로 인정을 베풀면 안 됩니다. 그런데 사실 어짊과 동정심은 유가가 중요시하는 덕목이지요. 결과적으로 보면, 기력을 다투는 시대에 유가 덕목으로 정치를 해선 안 된다는 뜻이지요. 제가 성환의 이야기를 통해 하고 싶은 말입니다.

유가 덕목으로 정치하면 적이 담장 밖에 있든 안에 있든 적과 싸워 이길 수 없습니다. 하물며, 기력을 다투는 시대입니다. 필연성과 거리가 먼, 유가가 말하는 정치 덕목이 아무 쓸모도 없을뿐더러 더 나아가 나라를 망칠 수도 있습니다. 유가의 도는 생존을 위한 확실한 길이기는커녕 확실히 자멸하는 길일 뿐입니다.

다른 이야기를 해보지요. 위魏나라 혜왕惠王 이야기입니다. 위 혜왕이 복피卜皮에게 일러 말하기를 "자네가 들은 나의 평판은 역시 어떠한가?"라고 물었습니다. 복피는 "제가 듣기에는 사람들이 주군을 인자하고 은혜롭다고 합니다"라고 답했지요. 그러자 위 혜왕이 기뻐하면서 "장차 어떤 성과를 이룰 수 있을 것인가?"라고 물었습니다. 그러자 복피가 "성과는커녕 위험할 뿐입니다"라고 딱 잘라 말했지요. 위 혜왕은 이 말을 듣고는 당황해 다시 물었지요. "어질고 은혜로운 것은 선을 행하는 일이다. 이를 행하면 망한다니 무슨 말인가?" 복피가 다시 대답하길,

대저 인자하다는 것은 동정하는 마음씨이며 은혜라는 것은 베풀어주기를 좋아하는 마음씨입니다. 그러나 동정하는 마음이 있으면 잘못을 범해도 처벌하

지 않게 됩니다. 베풀어주기를 좋아하면 공이 없어도 상을 주게 됩니다. 잘못이 있는데 죄가 되지 않고 공이 없는데 상을 받는다면 나라가 망하는 게 당연하지 않겠습니까?[23]

인자함, 측은지심, 은혜를 베푸는 정치는 유가가 군주에게 늘 요구해온 것들입니다. 하지만 이는 공정한 상벌 체계, 나아가 사회의 인센티브 체계의 근간을 파괴할 수 있습니다. 그렇게 되면 누가 애써 법을 지키고 의무를 다하려고 할까요. 또 성실한 사람과 선량한 약자가 어떻게 보호받을 수 있을까요? 그래서 명확한 법규범이 있어야 합니다. 법치를 통해 의무와 법을 준수하는 사람을 보호하고 격려하는 한편, 범법자와 의무 방기자는 엄벌해야 국가의 권위가 제대로 서고 신뢰가 담보되어 나라가 살 수 있는 길이 열리겠지요.

조보造父라는 전설의 말몰이꾼이 있습니다. 그에게 채찍과 재갈이 없다면 비록 천하의 조보라 하더라도 능히 말을 달리게 할 수 없지요. 왕이王爾라는 전설의 장인이 있습니다. 아무리 그가 천하제일의 장인이라 하더라도 그에게 규구規矩(목수가 쓰는 걸음쇠, 곱자, 수준기, 다림줄을 통들어 이르는 말)와 승묵繩墨(먹통에 딸린 실줄로 곧게 줄을 치는 데 쓰는 도구)이 없으면 네모나 원을 그리고 만들 수 없습니다.

마찬가지로, 상과 벌을 규정한 명확한 법과 그 법에 바탕한 힘이 군주에게 없다면, 요임금·순임금이 온다고 해도 세상을 다스릴 수 없습니다. 당시는 싸우는 시대였습니다. 다투는 시대였습니다. 단단해지고 체급을 불려야 합니다. 법으로 정치해야지요. 벌로써 죄지은 자를 엄히 다스려야 합니다. 상도 주어야 합니다. 상을 분명히 밝혀 이익을 제시하고 격려해야지요. 국가를 위해 험한 일을 하는 사람들을 챙겨주고 보호해야 합니다.

제가 말하는 법치는 벌만이 아니라 당연히 상도 포함합니다. 저는 거듭해서 명상明賞을 말했습니다. 상을 분명히 하라. 그래서 부지런히 의무를 다하는 인민을 보호하고 움직이게 하라고. 기력을 다투는 시대이니만큼 상으로 동기를 부여해 힘을 끌어내야 밖으로도 싸우고 안에서도 부지런히 재화를 만들지 않겠습니까?

전국시대였습니다. 유가가 말하는 듣기에만 좋은 덕목만으로 정치해서는 안 되는 시대였지요. 상과 벌을 모두 명확히. 군주 이하 신민 모두를 법 앞에 동등한 존재로 세우는 법치만이 확실한 살길이었습니다.

정치의 필연성과 거리가 먼 유가는 앞으로도 계속 비판하려 합니다. 유교는 통치 철학과 규범으로는 정말 형편없습니다. 당대에 공자와 맹자가 외면받을 수밖에 없던 이유가 있지요.

## · 5 장 ·

# 늘 강할 수도 없고 늘 약할 수도 없다

**법치를 주장하는 이유에 대하여**

저는 〈궤사〉 편에서 한나라의 현실과 실정을 계속 거론했습니다. 무릇 좋은 전답을 제공하고 훌륭한 집을 주는 것은 사졸들을 싸우게 하기 위함인데 광야의 전장에서 머리가 잘리고 배가 찢기며 흩어진 자들이 몸을 둘 집도 없이 죽어 논밭 사이에서 나뒹굽니다. 그러나 예쁜 딸과 누이를 둔 자들은 공이 없어도 군주 곁에 있고 집을 골라 받고 전답을 가려 받습니다. 실정이 이러했는데 이런 나라는 부강할 수가 없지요. 정치권력이 인민에게 신뢰받을 수 없겠지요. 인민은 싸우면서도 내가 누구를 위해 무엇을 위해 싸울까 하는 의문이 들어, 권력자의 말을 불신하고 의심하게 됩니다.

또 이런 말도 했습니다. 위에서 공정하고 일관된 원칙에 입각해 포상과 이득이 나오는 것은 아랫사람을 잘 다스리기 위함이지요. 하지만, 갑옷 입고 싸우는 전사들이 관직을 얻지 못하고, 일을 하지 않는 사람들이 이들을 대신해 떠받들린다고. 역시나 한나라의 실정을 꼬집은 말입니다. 국가를 위해 싸우는 사람들, 사회가 정말 필요로 하는 재화를 생산해내는 사람들을 국가가 돌보지 않았습니다. 사회를 위해 몸을 써서 일하고 싸우는 사람들을 보호하기는커녕 내팽개치는 국가에 어떤 희망이 있을까요? 각축장 안에 갇힌 나라가 자강을 도모해도 여의치 않을 상황에 정치는 늘 어지러웠습니다.

저는 그래서 강도 높은 변법變法과 개혁이 답이라고 생각했지요. 법을 만들어 나라를 바꾸고 국정의 난맥을 바로잡자고 했습니다. 시간이 없다고 판단한 저는 정말 절박했지요. 제가 생각하는 개혁의 방향은 〈안위安危〉 편에 잘 나와 있습니다.


## 안전한 길과 위태로운 길


나라를 안정되게 이끄는 정치의 방법 일곱이 있고, 위태롭게 하는 정치의 방법 여섯이 있습니다.

안정되게 이끄는 정치의 방법을 '안도安道' 혹은 '안술安術'이라고 했는데, 이러합니다.


첫째, 상벌을 정확히 시비에 따라 내립니다.

一曰, 賞罰隨是非.

둘째, 화와 복을 그 사람 개인의 행위에 따라 내립니다.

二曰, 禍福隨善惡.

셋째, 인민을 죽이고 살림을 법도에 따릅니다.

三曰, 死生隨法度.

넷째, 사람의 능력이 있고 없음을 가릴 때 호오와 감정을 배제합니다.

四曰, 有賢不肖而無愛惡.

다섯째, 사람의 어리석음과 어짊을 따질 때 사적 비방과 칭찬을 배제합니다.

伍曰, 有愚智而無非譽.

여섯째, 일정한 잣대를 원칙으로 삼고 임의로 원칙을 저버려선 안 됩니다.

六曰, 有尺寸而無意度.

일곱째, 공적 신뢰를 지켜 사회에 속임수가 없도록 합니다.

七曰, 有信而無詐.

이 일곱 방법이 국가 공동체를 안정되게 이끄는 확실한 방법이자 방향이랄 수 있습니다. 이는 사회의 기본 원칙이 되어야 합니다.

반대로 나라를 위태롭게 만드는 여섯 방법도 있습니다. '위도危道'라고 하는데, 이러합니다.

첫째, 법을 따르지 않고 사적으로 일을 처리합니다.

一曰, 斷削於繩之內.

둘째, 법을 따르지 않고 자의적으로 일을 판단합니다.

二曰, 斷割於法之外.

셋째, 남이 입은 손해를 자기 이익으로 삼습니다.

三曰, 利人之所害.

넷째, 남이 당한 화를 즐깁니다.

四曰, 樂人之所禍.

다섯째, 남의 안전을 위태롭게 합니다.

伍曰, 危人於所安.

여섯째, 사랑해야 할 것을 가까이하지 않고, 미워해야 할 것을 멀리하지 않습니다.

六曰, 所愛不親, 所惡不疏.

특정 국가 모습을 있는 그대로 묘사한 것 같지 않습니까? 사적 감정으로 일을 처리하고, 남의 불행을 나의 행복으로 삼고, 남에게 화를 입혀도 처벌을 받지 않습니다. 법이 무시되고 위정자가 자의대로 정치를 행하여, 법질서와 국가 신뢰가 무너진 상황에서 집단이기주의만 횡행하고…. 제가 살았던 한나라의 모습이지요. 이런 나라가 망하지 않으면 이상할 것입니다.

> 사람들은 삶이 즐거운 이유를 잃으면, 죽음을 두려워할 이유를 잊는다.
> 人失其所以樂生, 忘其所以重死.

여섯 위도가 나라를 지배하면 사람들이 이렇게 됩니다. 인민이 내가 왜 고생해야 하고 고통을 감내해야 하는지 이유를 알지 못합니다. 삶이 즐겁지가 않아 이래 죽으나 저래 죽으나 뭐가 다를까 싶어 죽음도 두려워하지 않습니다. 그러면 결국 무서운 형벌도 소용없어집니다. 이런 나라에서는 인주부존人主不尊, 군주는 존중받지 못하고, 영불행令不行, 국가의 명령은 행해지지 않습니다. 단순히 군주의 위신이 우스워진다는 말이 아닙니다. 국가와 정치가 허수아비가 되는 상황이 벌어진다는 의미이지요. 정치와 행정이 모두 서서히 마비되어 결국 나라가 망할 수밖에 없습니다. 위태로운 여섯 길危道에서 벗어나 안전한 일곱 길安道로 가야 합니다. 특히, 제 조국 한나라를 위태로운 공동체에서 안정된 공동체로 이끌기 위해서 제가 개혁을 주장했습니다.

安危在是非, 不在於强弱. _《한비자》〈안위〉 편
안 위 재 시 비　 부 재 어 강 약

국가의 안위란 시비를 가리는 기준에 달려 있지, 결코 강약에 달려 있지 않습니다. 법치가 얼마나 일관하게 행해지고, 일의 시시비비가 얼마나 공정하게 판단되는지에 따라 국가의 안위가 갈릴 뿐, 강하고 약하고는 당장의 문제가 아닙니다.

存亡在虛實, 不在於衆寡. _《한비자》〈안위〉 편
존 망 재 허 실　 부 재 어 중 과

나라가 사느냐 죽느냐는 국가의 통치가 얼마나 신뢰를 받고 내실 있게 돌아가는지, 인민이 얼마나 실질을 숭상하는지에 달렸지, 병력의 수가 많고 적음에 달리지 않았습니다.

〈식사飾邪〉 편에서는 "군주가 통치 원칙에 밝으면 나라가 비록 작더라도 부유할 것이며, 상벌을 신중하고 확실히 행하면 인민이 비록 적더라도 강할 것"이라고 했지요. 이런 말들은 죄다 한나라에 한 당부이자 경고입니다. 나라가 작고 당장 약해도 괜찮습니다. 아직 늦지 않았습니다. 개혁과 변법을 통해 법치가 공정히 행해지고 정치가 신뢰받으면 됩니다. 몸을 써서 일하는 인민이 합당한 보상을 받고 목숨을 걸고 싸울 이유를 알게 하면 되는 겁니다. 안위와 존망이 어디에서 갈리는지 깨닫기만 하면 됩니다. 늦지 않았습니다. 제대로 법치를 하면 망하지 않고 위태롭지 않고 안전할 수 있습니다.

성왕聖王이 법을 제정할 때는 그 은상恩賞이 족히 선행을 권할 만하고, 그 형벌의 위엄이 족히 포악을 누를 만하며, 그 방비가 족히 완벽을 기할 만하다. 잘 다스려지는 세상에서는 공이 많은 신하가 높은 지위에 오르고, 힘껏 노력을 다한 자가 후한 상을 받으며, 성의를 기울인 자가 이름을 날린다. 선행 표창이 마치 봄볕에 생겨나듯 하며 악을 징벌함이 마치 가을에 살기가 도는 듯하다. 그러므로 인민은 힘을 다하려고 노력하고 정성껏 하기를 즐거워하니 이것을 일러 상하의 뜻이 서로 맞는다고 한다.[24]

〈수도〉 편에서 한 말입니다. 확실한 법치가 행해지는 나라의 모습이지요. 법을 근간으로 공정하게 통치가 행해지면 만들어낼 수 있는 공동체의 모습인데, 이리하면 '상하상득上下相得'하게 됩니다. 상하상득이란 윗사람과 아랫사람 사이에 신뢰가 생겨 모두가 이득을 얻을 수 있다는 말이지요. 상하상득을 이루면 군주는 늘 베개를 높이하여 잘 수 있습니다. 위태로울 일이 없고 편안해진다는 뜻이지요. 상하상득하고 늘 편안한 공동체, 어렵지 않습니다. 법치를 하면 됩니다. 법에 따라 공정하게 상과 벌을 내리면, 법치가 신뢰를 얻어 법이 사람들 마음속 표준과 기준이 되면 되지요. 그러면 작은 나라도 안정되고 강해질 수 있습니다.

## 다스림엔 작은 것도 큰 것도 없다

위衛나라에 사군嗣君이란 군주가 있을 때였습니다. 위나라는 둘이 있었습니다. 위衛는 약소국이었고, 위魏는 강대국이었지요. 전국시대 초기, 위魏나라는 진秦나라를 거의 멸망의 위기에 몰아넣을 만큼 강했습니다. 그런데 약소국 위衛나라에서 어떤 사람이 죄를 짓고는 강대국 위魏나라로 도망을 갔습니다. 죄인은 의사였는데, 위魏나라 군주의 후비의 병을 고치고 있었습니다. 위衛나라 사군이 그 말을 듣고는 사람을 위魏나라에 보내, 돈 오십 금에 죄인을 팔라고 청하였지요. 그런데 위魏나라 측에서 거부했습니다. 위衛 사군은 사자를 계속 보내 사자가 다섯 번을 왕복하였으나, 위魏 군주는 번번이 위衛 사군의 청을 거절했습니다. 이번에는 위衛 사군이 좌씨左氏현이라는 땅과 죄인을 바꾸려고 하였습니다. 그러자 여러 신하와 좌우 측근이 간하여 말했습니다. "도대체 한 도성을 가지고 죄인을 사는 일이 옳겠습니까?" 이에 사군이 말했습니다.

"자네들 생각이 틀렸다. 대저 다스림에 따로 작은 일이 없으며, 법이 서지 못하여 작은 일이라도 처벌이 반드시 행해지지 못하면 비록 좌씨 같은 도성이 여럿 있다 하더라도 이득이 없을 것이다. 역으로 법이 서서 처벌이 반드시 행해지면 비록 좌씨 같은 도성을 열 개 잃는다 하여도 손해가 없을 것이다."
큰 나라 위魏 군주가 이를 듣고 말하기를, "군주가 다스리고자 하는데 이를 들어주지 않으면 불길할 것이다"라고 하였다. 그래서 죄인을 작은 위衛나라에 내주었다.[25]

작은 위衛나라 군주가 끝내 자기 주관을 관철시킨 것인데 왜 이렇게까지 했을까요? 땅까지 조건으로 내걸면서 말입니다. 대체 위衛나라 군주의 생각은 무엇이었을까요? 그의 생각은 법대로 해야 한다는 겁니다. 아무리 작은 일이라도 법을 어겼으면 처벌해야 한다는 뜻이지요. 이를 강력히 피력한 것인데 땅을 대가로 죄수의 송환을 요구할 정도였으니 위衛나라 군주의 의지를 알 수 있지요. 그러자 위魏나라의 군주가 대가도 받지 않고 죄수를 돌려줬습니다. 엄격히 법으로 나라를 다스리려 애쓰는 위衛나라 군주를 존중할 수밖에 없었나 봅니다.

국가의 덩치가 작아도 국군의 병력이 적어도 법치가 사회에 정착되면 무시할 수 없는 나라가 될 수 있습니다. 약소국이 강대국은 못 되어도 강소국이 될 수 있지요.

같은 서열인데 한쪽을 다른 쪽의 노예로 삼은 것은 가난함과 부유함 때문이다. 똑같이 부유한 나라였는데 한쪽이 다른 쪽을 집어삼킨 것은 강성함과 쇠약함 때문이다. 똑같이 땅을 가지고서 군주 노릇을 했는데 어떤 나라는 강성하고 어떤 나라는 쇠약한 것은 혼란함과 잘 다스림 때문이다. 만약에 도가 있다면 단 사방 일 리의 땅에라도 충분히 몸담을 수 있고 선비와 인민이 오게 할 수 있다. 저잣거리에 몸담아도 재물을 모을 수 있으니, 땅을 가진 자는 가난함을 말해서는 안 되며 인민을 가진 자는 연약함을 말해서는 안 된다. 땅이 제대로 이용되면 재물이 없음을 근심하지 않으며, 인민이 제대로 쓰이면 포악한 적을 두려워하지 않는다.[26]

상앙 선배가 《상군서》에서 한 말입니다. 군주가 하기 나름이라고. 인민과 토지만 있으면 되지 무엇을 두려워하느냐고. 법치를 통해 인민을 부리고 생산력을 진흥시키면 아무리 나라가 작아도 생존할 수 있습니다. 인민이 적고 국토가 좁고 사방에 강적이 많다는 것은 핑계에 불과하지요. 강해지고 약해지는 것은 지도자의 리더십, 개혁과 법치를 통해 만들어진 리더십에 달린 일일 뿐이지, 결코 나라의 체급이 결정하는 게 아닙니다.

자, 제가 〈유도〉 편에서 말했지요. "국무상강國無常强 무상약無常弱"이라고 나라가 늘 강할 수는 없는 법입니다. 반대로 늘 약하란 법도 없지요. "봉법자강奉法者强 즉강국則國强." 법을 받드는 자가 강해지면, 즉 위정자가 열심히 법치를 행하면 나라는 강해질 수 있습니다. 하지만 "봉법자약奉法者弱 즉국약則國弱". 법을 받드는 자가 약하다면, 즉 위정자가 법치의 의지가 약하고 법치에 대한 신념이 없으면 나라는 약해질 것입니다. 법치가 통치의 중심에 얼마나 서느냐가 문제인데 우리 한나라라고 늘 약하란 법은 없습니다. 법으로 이빨과 발톱을 갖춘 오소리가 되고 가시를 세운 고슴도치가 되면 됩니다. 그럼 살아남을 수 있습니다. 꼭 기억하십시오. 영원히 강한 나라도 영원히 약한 나라도 없습니다. 법치로 신뢰와 상하상득을 일구면 작은 나라도 강해질 수 있습니다.

· 6 장 ·

# 주막의 개가 사나우면 술이 쉰다

**중신에 대하여**

## 법술지사

법치를 말하고 있습니다. 법치를 통해 어느 나라든지 단단해지고 강해질 수 있다고 했습니다. 그런데 법치의 중심은 누가 되어야 할까요? 아무래도 군주 겠지요? 맞습니다. 군주가 법치를 받아들이고 실행할 의사와 의지가 있어야지요. 군주의 비중이 가장 중요합니다.

더불어 지식인, 선비도 필요합니다. 개혁과 변법을 통해 국가 정치와 행정을 일신할 수 있는 능력과 용기 가진 사람들이 필요하지요. 전 이들을 '법술지사法術之士'라고 했습니다. '능법지사能法之士'라고도 했지요. 국가를 편안하게 하는 길, 이른바 '안도'를 실행할 수 있는 사람들입니다. 이제 법술지사에 대해 이야기하겠습니다.

먼저, 말하고 싶은 게 있습니다. 법술지사는 유가적 선비가 아닙니다. 인격의 완성을 도모하고 착한 사람이 되려고 하는 자들이 아니지요. 과거, 성군의 권위만 가지고 통치를 논하는 서생들 역시 아닙니다.

이들은 확실한 통치술을 아는 선비입니다. '필연적 통치 기술'이라 할 수 있는 법을 만들고 그 법대로 정치를 행할 수 있는 인재이지요. 새로운 법을 만들고 그 법을 토대로 통치의 기준을 바꾸어 법대로 정치와 행정을 하여 국가를 강하게 하며 인민 삶을 안정시킬 수 있는 선비와 지식인을 뜻합니다. 제가 지향한 인물상이자 제가 꿈꾸는 이상적 인간입니다.

법술지사는 '콘텐츠'를 가진 사람입니다. 유가처럼 명분과 구호만이 아니라 구체적 내용을 가진 사람인데요, 그 콘텐츠는 '법'과 '술'로 대변할 수 있지요. 법은 '법과 제도'로 인민과 관리 모두에게 적용되고, 술은 '군주의 정치 기술'로 신하에게 적용되지요. 이 두 가지를 모두 알고 이를 만들어낼 수 있는 사람이 법술지사입니다.

그런데 이들은 단순히 콘텐츠, 즉 개혁안만을 가진 것이 아니라 의지와 뜻까지 갖추었습니다. 나라에 도가 있으면 나아가고 없으면 물러나는 유가의 선비처럼 선택적으로 정치의 장에 나서는 사람이 아니었지요. '무임승차'하려는 사람이 아닙니다. 이들은 언제든 정치의 무대에 나가 목숨을 걸고 개혁을 일굴 의지를 가졌지요. 묵가에서는 유가를 보고 '치지 않으면 울리지 않는 종'이라 했고, 자신들을 가리켜 '치지 않아도 울리는 종'이라고 했습니다. 법술지사도 '치지 않아도 울리는 종'과 비슷하지요. 몸 사리지 않고 세상을 구하기 위해 앞으로 나아가는 기백 높은 지식인이지요.

이런저런 병에 걸린 나라, 국정의 난맥이 도무지 치유가 안 되는 나라에, 스스로 약이 되거나 수술을 집도할 수 있는 법술지사. 이들이 국가에 있다면 군주는 이들의 말을 듣고 국정을 운영해야 합니다.

그런데 이들은 결코 군주의 곁에 접근할 수 없었습니다. 왜 그랬을까요? 나라가 병든 와중에 이득을 보는 이들이 있었기 때문입니다. 그들이 법술지사의 개혁을 방해했지요. 개혁을 위한 인사 등용을 한사코 막았기 때문입니다. 법을 새로 만들어 공평하게 적용해야 합니다. 신분이 높아도 잘못을 저지르면 처벌받고, 신분이 낮아도 공을 세우면 상을 받아야 합니다. 이게 법술지사가 생각하는 개혁의 방향이었습니다. 그러나 기득권 세력이 이를 순순히 지켜볼 리 없었습니다. 그들은 법술지사가 군주의 곁에 접근하는 것을 한사코 막았습니다.

저 한비자는 조정의 이 실력자들을 '당도지인當塗之人(요직에 있는 사람)'이라 했습니다. 정치 요로要路에 자리 잡고 이 길을 장악한 이들이지요. 이들은 정치적 통로를 봉쇄해 법술지사의 진입을 막은 채 군주 옆에서 국정을 농단했습니다. 법술지사와는 양립할 수 없는 관계이지요.

그럼에도 불구하고 모름지기 군주라면 법술지사를 발탁할 수 있어야 합니다. 이들을 등용하면 조정의 숨겨진 실정이 드러날 것입니다. 조정 대신들의 간악한 행동을 바로잡을 수 있고, 중신들이 위법행위에 응분한 처벌을 받아 추방될 것입니다. 그러기에 법술지사는 당도지인과는 절대 양존할 수 없는 적대 관계이지요. 당도지인의 다른 이름이 바로 '중인重人', '중신重臣'입니다. 잘 기억해두세요. '중인', '중신'을.

## 조정의 호랑이 중인, 중신

> 신하들 가운데 명령에 따라 국사에 종사하고 정해진 법에 따라 직무를 수행하는 사람은 중인이라 할 수 없다. 중인이란 명령에 따르지 않고 제멋대로 행동하며, 법 규정을 무너뜨려 사익을 취하며, 국가 재정을 빼돌려 자신의 편의를 도모하며, 힘으로 능히 군주를 조종할 수 있는 자다. 이런 자를 일러 중인이라 한다.[27]

국법과 군주의 명령을 무시하고 제멋대로 국정을 농단하는 사람이 바로 중인, 중신입니다. 군주가 부리는 신하입니다만 이들은 군주를 우습게 여기지요. 만만치 않은 세력도 거느리고 있습니다. 이들은 단순히 고위관직에 올라 권력을 휘두르는 정도가 아니라, 외국의 적대 세력과 선을 대기도 하고 실력을 키워 권좌에 도전해 군주를 죽이고 왕좌에 오르기도 합니다.

저는 이들이 어떻게 권력을 장악하고 국정을 농단하는지, 그리고 이들을 어떻게 제압하고 다루어야 하는지를 숱하게 이야기했습니다. 호랑이 같은 이들을 제대로 제어하지 못해 비참한 파국을 맞은 군주들 사례를 언급하면서요. 특히 〈고분〉 편과 〈간겁시신〉 편에서 이들을 집중 성토했습니다. 〈간겁시신〉 편에서는 이들을 두고 '천주지신擅主之臣'이라 칭했지요. '군주를 속여 조종하고 권세를 부리며 사익을 취하는 신하'라는 뜻입니다.

군주를 속이는 신하가 많으면 어떻게 되겠습니까? 멀쩡한 신하와 충성스러운 관료가 움츠러들 수밖에 없겠지요. 안전하고 유리한 쪽으로 가되 위험하고 손해 보는 쪽을 피하는 게 인지상정입니다. 나라에 군주를 제 마음대로 조종하는 신하가 있으면 다른 신하들은 군주에게 자신의 충성을 드러낼 수 없지요. 군주에게 왜 충성하겠습니까? 중신에게 충성해야지요. 원칙대로 국무를 처리하고 군주에게 충성하면 저 중신, 천주지신이 가만히 내버려두겠습니까? 있는 힘을 다하여 공적을 쌓고 지혜를 짜낸 충신은 삶이 고달파집니다. 집은 가난해지고 가족도 해를 입게 되지요. 반면, 간악한 일을 행하여 군주의 눈을 가리고 뇌물을 써서 중신에게 빌붙은 자들은 아주 잘삽니다. 부유해져 영달을 누리지요.

저 한비자는 이런 현실을 꼬집었습니다. 궁중 사정이 이러하다면 누가 안전하고 유리한 길을 버리고 위험하고 해로운 길로 가려 하겠습니까? 군주가 궁중을 제대로 장악하지 못하고 중신에게 휘둘리면, 신하들이 간악한 일을 저지르지 않고 관리들이 법대로 따르기를 바란다 하여도 잘될 수가 없습니다. 이런 상황이라면 신하들은 군주에 대한 의리는 돌보지 않을 것입니다.

중신들이 일으키는 문제가 정말 많습니다. 인민을 억압하고 파벌을 만들어서 국정을 전횡하며 외세를 이용해 군주를 협박하고 자신의 이익을 위해 외국의 군대를 불러오기도 합니다. 그 가운데 법술지사가 군주에게 접근하지 못하도록 길을 막는 게 가장 큰 문제였습니다. 전 이에 가장 크게 분노했지요. 법술지사가 뜻을 펼칠 수 없었기 때문이지요.

혹, 주막집의 개, '구맹주산狗猛酒酸' 이야기를 아시나요? 역사 사례가 아니라 만들어낸 정치 우화입니다.

### 주막의 개

술을 파는 송나라 사람이 있었습니다. 그가 나눠 주는 술의 양이 아주 공정했고 손님을 공손하게 대했으며 술을 만드는 재주가 뛰어났습니다. 또한 그의 가게는 깃발을 아주 높이 걸어 뚜렷이 보였습니다. 그러나 술이 팔리지 않을 때가 대부분이었고 애써 만든 술은 항상 상했습니다. 그는 그 이유를 이상히 여겨 평소 알고 지내던 마을 어른 양천을 찾아갔습니다.

양천이 물었습니다.

"혹시 당신 개가 사납소?"

송나라 사람이 말했습니다.

"개가 사납다고 해서 술이 팔리지 않는 것은 무슨 이유입니까?"

양천이 답했습니다.

"사람들이 두려워하기 때문이오. 어린 자식을 시켜 호리병에 술을 받아오게 한다면 개가 달려와서 그 아이를 물 것이오. 이 때문에 술이 시큼해지고 팔리지 않는 것이오."[28]

'주막집 개가 사나우면 손님이 오지 않아 술이 쉰다'는 뜻의 구맹주산은 바로 제가 한 말입니다. 술집 주인은 군주, 개는 바로 중신을 비유했습니다. 술을 사러 가는 어린아이는 누구일까요? 바로 저 같은 법술지사입니다. 《한비자》에서 가장 빛나는 정치 우화이지요. 이 우화를 보면 중신이 왜 나쁜지, 당시에 어떤 모순이 있었는지 잘 보입니다.

무릇 나라에도 이런 개가 있으니, 대저 치국의 도를 깨달은 선비가 법과 술을 지니고 만승의 군주에게 나아가서 자신의 뜻을 밝히고자 해도 대신들이 사나운 개가 되어 그를 맞아 물어뜯어 죽인다. 이것이 군주의 눈이 가려지고 협박당하는 원인이며 법술지사가 등용되지 않는 원인이다.[29]

떡하니 버티고 서서 법술지사가 나아가려고 하면 죽이려고 드는 중신들 탓에 결국 군주도 나라도 망할 뿐입니다. 달려드는 맹견을 어린아이가 무슨 수로 당해낼 수 있겠습니까? 맹견을 묶어놓든가 없애야 하는데, 주인이 맹견을 통제하지 못하는 상황이라면 어른도 접근하기 어렵겠지요. 당시는 술이 아주 귀한 재화라 아무나 맛볼 수 없었습니다. 그런데 개 때문에 애써 만든 술을 팔지도 먹지도 못하게 되었습니다. 결국 주인은 술을 팔지 못해 가난해지다가 망하고 말겠지요. 개 때문에 법술지사는 죽고 군주는 망하고 나라는 사라지게 될 것입니다.

우화에서 개로 비유한 중신을 도와주는 무리가 있습니다. 네 무리인데요, 하나하나 거론해보겠습니다.

첫째, 조정의 백관百官(모든 벼슬아치)입니다. 중신에게 의지하지 않으면 되는 일이 없으니 모든 관료가 중신의 비위를 맞추고 아부합니다. 둘째, 나라 밖 제후들입니다. 이들은 중신에게 줄을 대어 내정에 간섭합니다. 셋째, 낭중郎中의 시종이라는, 군주를 바로 옆에서 보좌하고 뭇 신하의 비위를 감찰하는 이들입니다. 이들이 중신의 잘못을 눈감아주며 돕습니다. 넷째, 학사學士, 즉 지식인 집단도 중신을 돕습니다. 높은 벼슬을 하기 위해 중신을 변호하지요.

그러니 중신의 힘은 날로 강해질 수밖에요. 이 네 무리가 쳐놓은 장벽 탓에 군주는 중신을 꿰뚫어볼 수 없을뿐더러 갈수록 중신에게 휘둘립니다.

그럼에도 법술지사가 중신과 싸워 이길 수는 없을까요? 전 절대로 이길 수 없다고 봅니다. 어린아이가 맹견과 싸워 이길 수 없듯. 그 이유 다섯을 말해보지요.

첫째, 중신은 가까이에서 총애와 신임을 받지만, 법술지사는 당장 군주와 소원합니다. 둘째, 저들은 오랫동안 군주를 보필해왔으나, 법술지사는 신참입니다. 셋째, 저들은 군주가 뭘 좋아하고 싫어하는지를 알고 있어 비위를 맞출 수 있지만 법술지사는 군주의 비위를 맞추기는커녕 군주의 뜻에 거슬리기 쉽습니다. 바른말 하다가 역린을 건드릴 수 있지요. 넷째, 저들은 신분과 벼슬이 높고 큰 세력을 형성하고 있습니다. 다섯째, 법술지사는 혼자 떠들어대지만 저들은 나라 안의 온 사람이 칭송하고 변호해줍니다.

〈고분〉 편에서 '오불승지세五不勝之勢'라고 언급한 내용입니다. '도저히 이길 승산이 없는 상황과 조건 다섯 가지'입니다.

법술지사는 이러한 조건에서 중신과 맞서야 하지요. 기울어도 너무 기운 환경에서 힘과 세력이 자신보다 강한 이와 맞서야 하니 이길 도리가 없습니다. 결국 개혁안은 군주 앞에 가질 못하고 군주는 중신에게 휘둘리고 법술지사는 죽어갑니다. 법술지사는 상앙과 오기처럼 처참한 최후를 맞이하게 됩니다. 그럼에도 불구하고 저는 숱하게 군주에게 접근하려고 했습니다. 조국 한나라 군주에게 접근해서 개혁안을 보이고 개혁안대로 나라를 '수술'하기를 원했습니다. 저 역시 번번이 좌절당하고 갖은 해코지를 당할 뻔했지요. 위험을 무릅쓰고 군주에게 계속 접근했기에 제가 중신의 횡포를 자세히 논할 수 있는 것입니다.


## 한비자의 성찰적 분노


저는 중신에 대한 증오감을 굳이 숨기지 않았습니다. 〈고분〉 편을 보면 제 분노가 잘 드러나지요. '고분孤憤'은 말 그대로 고독하고 분하다는 뜻이니 오죽했겠습니까. 망해가는 조국을 살리기 위해 이런저런 개혁안과 제도 개편안을 준비해 바리바리 싸들고 군주에게 가면, 중신이 늘 길을 가로막고 저를 모함합니다. 때론 사람을 보내 협박하고 아주 죽이려고 했지요. 이 탓에 뜻은 늘 좌절되었으니, 너무나 고독하고 분했습니다. 그런데 '분노'를 무조건 나쁘게 보는 사람이 많습니다. 정말 그럴까요?

모든 분노가 나쁜 게 아닙니다. 파괴적 분노가 있고 성찰적 분노가 있지요. 성찰적 분노는 나쁜 게 아니라 반드시 필요하지요. 지식인이라면 반드시 성찰적 분노가 있어야 합니다. 파괴적 분노는 행위와 문제를 보는 게 아니라 행위자를 악마화하며 증오심을 불태우는 행위입니다. 그러면 결국 본인을 망칩니다. 반면, 행위와 문제 뒤에 숨은 배경과 구조를 살펴, 이를 면밀히 분석 판단한 뒤 세상을 향해 발언하는 행위는 성찰적 분노에서 비롯합니다.

저 한비자는 중신을 싫어해 증오심을 드러내기도 했지요. 하지만 〈고분〉 편을 제외하면, 대부분 그들에 대해 건조하게 말합니다. 그들의 행위를 유형화해 설명하고, 그 행위가 어떤 문제를 일으키는지 분석적으로 제시하며, 어떤 대안을 만들어야 할지를 차분히 설명합니다. 저의 분노는 파괴적 분노가 아니라 성찰적 분노이기 때문입니다.

사실 저는 증오심을 섣불리 드러내기보다는 문제를 냉정하게 분석해 이야기하는 편입니다. 반드시 개혁해 세상을 구해야겠다고 다짐한 저로서는 당연한 일이었습니다. 화가 나고 울분이 치밀어 오를수록 문제를 건조하고 냉정하게 볼 수 있어야, '필연성'을 조금이나마 키워갈 수 있지 않겠습니까? 그래야 반드시! 확실하게! 문제를 고칠 수 있지 않겠습니까?

정말이지 성찰적 분노가 없으면 안 됩니다. 이는 지식인으로서의 책임 있는 자세고 공동체에 대한 관심의 표현입니다. 성찰적 분노가 없으면 지식인이 아닙니다. 공동체에 대한 책임과 관심이 없는 지식인만 있는 사회에 어떤 미래와 희망이 있겠습니까?

· 7 장 ·

# 지사는 다리가 잘렸다고 울지 않는다

**개혁의 어려움에 대하여**

## 주인과 대리인

현명한 자는 남의 신하가 되어 북쪽을 향해 폐백을 바치고 난 다음부터는 두
마음을 품지 않습니다. 조정에서 낮은 자리라 하여 그만두지 않고 전쟁터에 나
가서는 위급하고 곤란한 상황을 피하지 않고 위에서 하는 일에 순순히 따르고,
군주가 정한 법을 지키고 사심 없이 명령을 기다리며, 자신이 옳고 그름을 판
단하지 않습니다. 그러므로 입이 있어도 사사로이 말하지 않으며 눈이 있어도
사사로이 보지 않아서, 주인이 모든 일을 자신의 뜻대로 할 수 있습니다. 남의
신하 된 자는 비유컨대 손과 같습니다. 위로는 머리를 가다듬고 아래로는 발을
손질합니다. 춥거나 덥거나 몸차림을 갖추어 대비하지 않을 수 없으며, 칼이

몸에 닥쳐오면 뿌리치지 않을 수 없습니다. 어질고 슬기로운 신하라 해도 사적
으로 가까이 하지 않고, 모든 일에 뛰어난 사람이라고 해도 사적으로 친근하지
않습니다.[30]

법술지사의 자세를 이야기한 것입니다. 신하가 되어서 어떤 태도로 처신해
야 하는지를 논했는데, 이는 단순히 성실한 신하의 모습이 아니라 충실한 대
리인의 모습이라 할 수 있지요.

주인-대리인 문제principal-agent theory(대리인 이론)가 있습니다. 국가와 사
회 등 많은 조직의 문제를 설명할 수 있는 이론이지요. 저 한비자가 생각하는
군신 관계도 이 이론으로 설명할 수 있는 부분이 많습니다.

주인과 대리인 사이에는 딜레마가 있습니다. 주인이 모든 일을 직접 수행
하는 것이 불가능하기 때문에 대리인에게 일을 시키지요. 이때 발생하는 문
제와 모순을 말합니다.

주인은 유능해 보이는 대리인에게 권한을 위임해 일을 대신하게 하지요.
주인은 대리인을 고용할 때 대리인의 행위가 자신의 이익에 부합하기를 기대
합니다만, 반드시 그렇게 되라는 법이 없지요. 주인의 생각대로 되지 않는 경
우가 허다합니다. 경영자와 직원, 국민과 공무원, 국민과 정치인 등이 전형적
인 주인-대리인 관계입니다. 그런데 공무원과 정치인이 주인인 국민들 생각
대로 일할까요? 직원이 반드시 경영자의 생각대로 경영자의 이익에 부합하
게 일할까요? 주인의 기대는 배반당하는 경우가 많습니다. 대리인이 주인의
이익보다 자신의 이익을 추구하는 경우가 많기 때문이지요. 이 탓에 단지 비
용이 발생할 뿐 아니라 주인이 망할 수도 있는데, 이를 '대리인 문제' 또는 '대
리인의 딜레마'라고 합니다.

군주와 신하의 마음은 다르다. 군주도 계산으로 신하를 기르고 신하도 계산으로 군주를 섬기니, 이처럼 군주와 신하는 계산으로 맺어진 관계다. 자신이 손해 보면서 나라를 이롭게 하는 일을 신하는 하지 않는다.[31]

'신군이심君臣異心', 군주와 신하의 마음은 다르다. 〈식사〉 편에서 한 말입니다. 군주와 신하를 두고 유가는 유사 부자, 유사 가족 관계로 설명하거나 때론 종속 관계로도 이야기하지만, 사실 둘은 이익을 매개로 만났고 계산하는 관계일 뿐입니다. 군주는 신하를 고용해서 국력을 신장시키고 신하는 고용되어서 자신이 얻고 싶은 사회적 재화를 누릴 뿐이지요.

이익을 매개로 만난 사이이니, 주인과 대리인으로 보면 딱 맞습니다. 둘 다 자신의 이익을 위해 서로를 필요로 하는 관계이지요. 주인은 모든 일을 직접 챙길 수 없으니 대리인에게 일을 시키고, 대리인은 일을 하면서 이득을 얻습니다. 그런데 대리인은 이익을 얻지만 주인의 기대가 빗나가는 경우가 있습니다. 그렇기에 주인은 반드시 대리인이 자신의 이익을 위해 일하도록 해야 하는데, 이게 말처럼 쉽지 않습니다. 주인의 기대는 어긋나기 마련이고 대리인과의 거래에서 손해를 보는 경우가 많습니다.

군신 관계도 마찬가지입니다. 모든 주인에게 있는 문제를 군주도 가진 것인데, 쉽게 말하자면 군신 관계는 주인-대리인 관계로 보면 된다는 겁니다.

앞의 문장을 이렇게 고쳐보지요.

주인과 대리인의 마음은 다르다. 주인도 계산으로 대리인을 기르고 대리인도 계산으로 주인을 섬기니, 이처럼 주인과 대리인은 계산으로 맺어진 관계다. 자신이 손해 보면서 나라를 이롭게 하는 일을 대리인은 하지 않는다.

이처럼, 군신 관계를 논한 제 말들을 주인-대리인 관계로 보면 대부분 쉽게 이해할 수 있습니다.

군주와 신하의 이익이 다름을 깨달으면 군주가 된다.
知臣主之異利者, 王. _《한비자》〈팔경八經〉 편
→ 주인과 대리인의 이익이 다름을 깨달으면 주인이 된다.

성왕과 밝은 군주는 끊임없이 의심을 품고 그 신하를 살펴볼 뿐이다.
彼聖主明君, 不適疑物以闚其臣也. _《한비자》〈설의說疑〉 편
→ 위대한 주인과 밝은 주인은 끊임없이 의심을 품고 대리인을 살펴볼 뿐이다.

신하가 나를 속이지 않을 것이라 의지하지 말고,
속이지 못하게 내가 조치하는 것에 의지하라.
不恃其不我欺也, 恃吾不可欺也. _《한비자》〈외저설 좌하〉 편
→ 대리인이 나를 속이지 않을 것이라 의지하지 말고,
속이지 못하게 내가 조치하는 것에 의지하라.

군주와 신하 자리에 주인과 대리인을 대입해보니 더욱 쉽게 이해되지 않습니까?

군신 관계에서도 주인과 대리인 관계에서 발생하는 딜레마와 모순이 항상 일어날 수 있습니다. 주인은 자신의 이익을 위해 대리인을 고용하는데, 모든 대리인이 주인의 이익을 위해 일하지는 않지요. 많은 경우 대리인은 주인이 망하든 말든 자신의 이익을 위해 일합니다. 이른바 도덕적 해이moral hazard 문제가 있지요. 중요한 정보를 주인에게 숨기기도 합니다. 역선택adverse selection 문제도 있습니다. 유능한 대리인이 될 사람들을 차단하여 주인을 속이고는 주인의 신임을 독차지하지요.

군신 관계는 이처럼 주인-대리인 이론을 통해 보면 좋습니다. 저는 늘 중신 문제를 지적했습니다. 이들은 단순히 간신이 아니라 나쁜 대리인입니다. 나쁜 대리인을 제대로 단속 못 하는 군주는 멍청하고 무능한 주인이지요. 군주에게 고용되어 충실히 일하고 군주의 이익을 위해 복무하는 법술지사는 좋은 대리인입니다.

법술지사의 문제. 즉, 법술지사와 중신 사이의 갈등도 주인-대리인 이론으로 살펴봅시다. 중신이라는 나쁜 대리인이 있습니다. 이들은 자신의 이익만 꾀하면서 군주에게 갈 정보를 차단합니다. 유능한 대리인이 될 사람들을 핍박하여 내칩니다. 법술지사를 자처한 저 한비자는 좋은 대리인이 될 자신이 있습니다. 하지만 제가 군주에게 갈 때마다 나쁜 대리인에게 저지당합니다. 그럼에도 불구하고 저는 다가가려고 했습니다. 군주에 대한 의리 때문이 아니라, 조국에 대한 사랑 때문이지요.

화씨지벽 和氏之璧 고사를 보면, 그럼에도 불구하고 나아가려는 충실한 대리인인 법술지사가 겪는 봉변이 잘 나와 있습니다. 〈고분〉 편에 실린 구맹주산 이야기보다 더욱 적나라하지요. 그럼, 화씨지벽, 즉 화씨의 구슬 이야기를 해 보지요. 역시 정치 우화입니다.


## 화씨의 구슬

초나라 사람 화씨가 초산에서 옥돌을 발견해 여왕厲王에게 바쳤습니다. 여왕은 옥을 다듬는 사람에게 감정하도록 했지요. 그러자 옥을 다듬는 사람이 말했습니다.

"이것은 옥이 아니라 돌입니다."

여왕은 화씨가 자신을 속이려 했다고 생각하고는 그의 왼쪽 다리를 잘랐습니다. 여왕이 죽고 무왕武王이 즉위하자 화씨는 옥돌을 무왕에게 바쳤습니다. 무왕은 옥을 다듬는 사람에게 감정하도록 했지요. 그는 또 이렇게 말했습니다.

"이것은 옥이 아니라 돌입니다."

그러자 무왕 또한 화씨가 자기를 속이려 했다고 여기고 오른쪽 다리마저 잘랐습니다.

무왕이 죽고 문왕文王이 즉위하자 화씨는 초산 아래에서 옥돌을 끌어안고 사흘 밤낮을 울었습니다. 나중에는 눈물이 말라 피눈물을 흘렸지요. 문왕이 이 소식을 듣고 사람을 시켜 그 까닭을 물었습니다.

"천하에 다리가 잘리는 형벌을 받은 이가 한둘이 아닌데 그대는 어찌 그리 슬피 우는가?"

화씨가 대답했습니다.

"저는 다리가 잘려서 슬퍼하는 것이 아닙니다. 옥을 돌이라고 하고 정직한 사람을 거짓말쟁이로 몰아 벌을 내린 것이 슬픕니다. 이것이 제가 슬퍼하는 까닭입니다."

그러자 왕은 옥을 다듬는 사람에게 그 옥돌을 다듬게 해 훌륭한 보배를 얻었습니다. 그리하여 이를 '화씨의 옥'이라 이름 붙였습니다.[32]

많이들 들어보셨을 겁니다. 화씨의 옥(구슬). 나중에 이 구슬이 조나라에 들어가서 '인상여藺相如'라는 당대의 영웅이 탄생하게 되지요. 이야기를 보면, 화씨라는 사람의 고집과 집념이 참 대단해 보입니다. 아무튼, 이 이야기는 여러 질문을 품고 있습니다. 구슬은 무엇을 의미할까요? 구슬을 구슬이라 끝까지 고집하며 뜻을 꺾지 않은 화씨는 누구를 대변할까요? 구슬을 감정한 옥인 (옥을 다듬는 사람)은 누구이며, 왜 구슬을 돌이라고 했을까요? 구슬을 몰라보고 화씨의 발을 자르라고 지시한 여왕과 무왕은 어떤 사람을 뜻할까요? 군주는 화씨의 다리를 왜 잘랐을까요?

미리 답을 말해보지요.


구슬 - 법 /개혁안

옥인 - 중신 /나쁜 대리인

화씨 - 법술지사 /좋은 대리인

여왕 - 우매한 군주 /우매한 주인


영롱한 구슬, 즉 주옥은 군주가 갖고 싶어 하는 보물입니다. 그런데 군주는 주옥을 알아보지 못합니다. 결국 화씨의 발이 잘려 나갔지요. 화씨의 두 발이 모두 잘린 뒤에야 옥이라는 감정을 받았습니다. 사실 보옥이 제대로 감정되어 군주의 손안에 들어가기란 쉽지 않습니다. 왜냐하면, 군주 스스로는 알아보기 어려울뿐더러 감정을 맡은 타인이 제대로 감정할 리 없기 때문이지요.

이 이야기를 미리 말한 답으로 대체해보면 의미가 확실하게 드러납니다. 보옥은 법과 개혁안입니다. 개혁의 콘텐츠이지요. 기득권 구조를 혁파하고 사익을 추구하는 간신, 중신을 잡을 수 있게 하는 제도입니다. 그런데 법술지사의 콘텐츠를 우매한 군주가 알아보지 못합니다. 이를 평소 자신에게 아부하거나 조정에서 힘깨나 쓰는 중신에게 감정을 맡깁니다. 답답한 노릇이지요. 개혁안의 대상이 누구일까요? 개혁안이 관철되면 기득권을 상실하는 자가 누구일까요? 바로 개혁안을 감정하는 중신입니다. 이들에게 개혁안이 옳은지 그른지 판단하라니, 이들이 제대로 감정하겠습니까? 개혁안을 받아든 중신은 군주에게 모함할 테고, 결국 구슬을 바친 화씨처럼 법술지사는 횡액을 당할 수밖에요. 이 정도에서 그치지 않고 목숨을 잃기도 하지요. 오기와 상앙이 그렇게 당했습니다.

## 철혈 재상 오기

대신의 권력은 지나치며, 영지를 가진 신하는 너무 많습니다. 이대로 가면 이들이 위로는 군주의 권력을 침범하고, 아래로는 인민을 핍박할 것입니다. 나라는 가난해지고 군사는 약해질 뿐입니다. 영지를 가진 신하의 손자 삼대가 지나면 작록을 환수해야 합니다. 모든 관리의 봉급을 깎고, 불필요한 벼슬을 폐지하여, 이들이 먹던 녹을 선발되어 훈련받은 정예병에게 돌려야 합니다.[33]

위魏나라엔 이극李克이 있고, 정나라엔 정자산이, 제나라엔 관중이 있었습니다. 초기 법가 사상가들이자 제 선배들이지요. 그런데 사실 어쩌면 법가의 시조는 오기일지도 모릅니다. 위의 말은 오기가 초나라 도왕에게 한 간언입니다. 최초로 개혁 콘텐츠를 상세히 만들어 현실에서 밀어붙인 사람이니까요. 목숨을 걸고 개혁을 강행한 오기는 의지와 기백까지 갖춘 '법술지사 1호'인 셈입니다.

오기는 원래 유학과 묵학을 공부했습니다. 병법이 유명해 보통 병가 사람이라 하지만, 제가 보기엔 법가에 가깝습니다. 법술지사의 전형이지요. 오기는 초나라에서 재상으로 일하는 동안 개혁이 무엇인지를 보여줬습니다. 법과 제도를 제대로 만들어 초나라의 국력을 키웠지요. 귀족의 세습 특권을 제한

하고, 몸을 써 재화를 생산하는 사람과 국방에 종사하는 군인을 보호했습니다. 공평과 정의를 담은 법으로 개혁을 밀어붙였지요. 진秦나라의 아버지라고 할 수 있는 상앙이 괜히 오기를 보고 배운 것이 아니지요.

오기는 초나라에 와서 초 도왕의 신임을 얻어 변법을 단행했습니다. 오기에게는 구체적인 콘텐츠가 있었지요. 그가 초나라에 처음 와서 보니 정말 모든 게 엉망이었습니다. 세습 귀족의 무능과 횡포에 나라가 너무나 깊이 병든 상태였지요. 귀족은 하는 일 없이 놀면서 국가 재산을 축내고, 땅을 지나치게 소유해 인민이 부쳐 먹을 토지가 없으며, 집단이기주의를 부리고 군주의 권력을 침해해 국정을 농단했지요.

오기는 칼을 빼들었습니다. 하는 일 없는 자리와 간판만 만들어 국가의 녹을 축내는 기구와 조직을 모두 없앴습니다. 아무리 날고 기는 대신과 귀족 집안이라도 삼대가 지날 동안 공을 세우지 않음에도 국가가 부과하는 의무를 행하지 않을 때에는 하사받은 영지를 국가에 반납하게 했지요. 이 토지를 인민에게 나누어 경작시키고 인민의 사유재산을 보호했습니다. 노동의 성과를 인민이 누리게 했지요. 귀족이 축내던 국가의 녹을 군사를 키우는 데 썼습니다. 그러자 건강한 자영농이 등장했고, 열심히 훈련받아 싸워야 할 이유가 생긴 병사가 많아졌습니다. 자연히 초나라의 국력은 강해졌습니다.

오기가 개혁을 강행하자, 기득권 세력이 가만있을 리 없었습니다. 귀족과 왕족이 반발하는 가운데 한 인사가 직접 나서서 군주에게 오기를 참소했지요. "오기는 외부인인 주제에 왕실을 무시하고 정치를 농단합니다." "밖에서 온 인사에게 국정을 맡기고 함부로 정치하게 해서야 되겠습니까?" 도왕은 그 자리에서 단호하게 말했습니다. "재상(오기)의 개혁이 이미 성과를 드러내 나라가 눈에 띄게 강해지고 있지 않느냐? 그러니 다시는 재상의 개혁에 불만을 드러내지 말라." 정말이지 전국시대의 철혈 재상 오기의 개혁은 일찍부터 성과를 드러냈습니다. 사마천의 《사기》 〈범수·채택열전范睢·蔡澤列傳〉에서 채택이 오기를 이렇게 평가했습니다.

오기는 초 도왕을 섬기며 법을 바로 세우고, 대신의 위세와 비중을 줄였으며, 무능한 자를 파면하고, 쓸모없는 관직을 없애고 꼭 필요하지 않은 관직을 줄여, 가문의 사사로운 청탁을 막아 초나라 풍속을 하나로 만들었습니다. 떠돌아다니며 천하의 손님 노릇을 하는 떠돌이 선비를 없애고 농사를 지으며 싸우는 전사를 단련시켜 남으로는 양월楊越을 거둬들이고, 북으로는 진陳나라와 채蔡나라를 병합하여 합종연횡 따위의 주장을 깨트리며, 유세하며 나다니는 선비의 입을 막아버리고, 붕당을 금하고, 인민을 격려하여 초나라 정치의 초석을 놓았습니다. 그리하여 초나라 군대는 천하를 떨게 했고 위세는 제후들을 엎드리게 했습니다. 그럼에도 그는 공적을 이루자 사지가 찢어졌습니다.[34]

쓸데없는 조직과 기구를 없애고, 무능한 자 대신 유능한 자를 등용하며, 농사짓고 싸우는 이들을 보호하고 격려해 단시일에 부국강병을 이뤘습니다. 하지만 채택이 말한 대로 오기는 사지가 찢겨 죽었지요. 오기의 뒤를 봐주던 초도왕이 죽자 군주의 상중인데도 불구하고 귀족들은 사병을 대규모로 이끌고 궁중에 들어가 오기를 죽였지요. 법술지사 오기의 최후가 그러했습니다.

## 상앙의 변법

오기의 뒤를 이은 법술지사가 바로 상앙입니다. 상앙도 오기처럼 개혁을 밀어붙였습니다. 오기를 보고 배운 상앙은 진秦나라에서 대대적인 개혁을 단행했습니다. 1, 2차에 걸쳐 변법을 강행했는데, 오기처럼 농사와 전쟁을 중시했고 농사와 전쟁을 담당할 인민을 관리 통제하여 독려하고 보호하려 했습니다. 부국강병을 위해, 즉 국가의 힘을 극대화하기 위해 상앙은 농사와 전쟁을 국가의 지상 과제로 제시했지요.

그는 농업을 우선시했습니다. 전쟁보다 먼저 농사에 힘써 곡물 생산력을 끌어올리기 위해 애를 썼지요. 농업을 진흥하려고 여러 법을 마련해 시행했는데, 토지를 나누어 주고 1인 가장 중심의 소농민 계층을 창출했습니다. 귀족이 대토지를 독과점하고 있어 인민은 분가하지 못해 형제끼리 모여 살았지만, 분가를 법으로 강제하고 일할 터전인 토지를 분배해 자영농을 육성했습니다.

한 집에 남자가 둘 있으나 분가하지 않으면 부세를 두 배로 한다.
民有二男以上不分異者, 倍其賦.

종실 사람이라도 군공이 없으면 심사하여 종실 족보에 오르지 못한다.
宗室非有軍功論, 不得爲屬籍.

본업에 힘써 밭을 갈고 길쌈을 해서 곡식과 포를 많이 바치는 이는 부역을 면해준다.
戮力本業, 耕織致粟帛多者複其身.

상공업으로 이익을 추구하거나 게을러서 가난해진 자는 관노로 거둬들인다.
事末利及怠而貧者, 擧以爲收孥.

군공이 있는 자는 공에 따라 작위를 올려주고 사적으로 싸우는 이는 그 경중에 따라 대소 형벌에 처한다.

有軍功者, 各以率受上爵, 爲私鬪者, 各以輕重被刑大小.

이처럼 《사기》에 상앙의 개혁 내용이 진술되어 있습니다. 정리하면, 다음 네 가지를 중점적으로 개혁했습니다.

①세습 특권 폐지
②토지 분배와 소농민 계층 창출
③영주제와 봉건제 폐지
④군사 개혁

세습 특권을 없애고, 모두가 법 앞에 동일합니다. 이를 '동同의 정치 노선'이라고 하는데, 바로 법가의 정치 노선이지요. 법 앞에 모두가 동일한 권리와 의무를 부여받습니다. 귀족이라고 법의 예외가 될 수 없습니다.

토지를 분배하고 소농민의 수를 확보해 조세 자원을 튼튼히 했습니다. 인민의 사유재산과 토지를 함부로 빼앗지 못하도록 지방 토호 세력을 약화시켰지요.

영주제와 봉건제를 폐지했습니다.

군사 개혁을 단행해 평민도 징집시켰고, 이들이 공을 세우고 능력을 발휘하면 신분이 상승되도록 법으로 보장했습니다. 도망가거나 전쟁에서 패하면 가혹한 벌을 내렸지만, 공을 세우면 평민도 장수가 되는 등 벼락출세가 가능하도록 법으로 못 박았습니다.

열심히 일하고 싸우면 누구든 똑같이 잘살 수 있지만, 게으르고 싸우지 않으면 누구든 똑같이 가혹한 벌을 받도록 법으로 규정했습니다. 이런 변법을 통해 진나라는 매우 강해졌습니다.

하지만 상앙의 최후 역시 비참했습니다. 상앙은 자신의 뒤를 봐주던 군주 진秦 효공孝公이 죽자 귀족과 왕족에게 죽임을 당했지요. 거열형이라고 해서 사지가 찢겨졌습니다. 법치에 예외를 두지 않았기에 태자가 사고를 치자 태자 역시 처벌했으니, 효공이 죽자 살 방도가 없었을 것입니다.

사실 인민은 변법 단행 초기에는 불만이 많았습니다. 하지만 법치가 자리를 잡자 만족해했지요. 과거보다 부유해지고 억울한 일이 적어졌기 때문이지요. 그럼에도 불구하고 귀족의 눈 밖에 난 법술지사 상앙 역시 오기의 전철을 밟았습니다. 다행스러운 점은 상앙이 죽은 뒤에도 진나라는 상앙의 법을 버리지 않고 법치를 계속 추진했습니다.

초나라는 오기를 죽인 뒤 오기의 법치를 전면 부정하며 지웠기에 영토가 깎이고 나라 안이 어지러워졌으며, 결국 천하 통일 경쟁에서 밀릴 수밖에 없었습니다. 진나라는 상앙의 법치 덕분에 부강한 나라가 되었습니다.

## 인민의 법치에 대한 거부감

신이 듣기로, 의심을 두고 행동하면 일을 이룰 수 없고, 의심하며 일을 도모하면 공을 이룰 수 없다고 합니다. 군주께서 당장 법을 바꾸겠다는 생각을 하셨으면 천하 사람의 분분한 의견일랑 괘념치 마시옵소서. 대저 높은 사람의 행동은 세상 사람의 입에 오르내리고 독보적인 지혜를 가진 사람은 반드시 보통 사람의 비난을 받는 법입니다. 이런 말이 있습니다. "어리석은 이는 일이 다 되어도 알아차리지 못하고, 지혜로운 이는 싹도 나지 않았는데 알아차린다." 인민은 일을 시작할 때 함께 걱정하는 이들이 아니라, 일을 다 이룬 뒤 함께 즐기는 이들입니다. 진晉나라 곽언郭偃(문공의 총신)의 법에 말하길 "최상의 덕을 논하는 이는 세상 사람과 영합하지 않고, 크게 공을 이루는 이는 대중과 모의하지 않는다"라고 했습니다.[35]

상앙이 진효공에게 개혁, 즉 변법을 주장하면서 한 말입니다. 상앙은 개혁에 앞서 간교한 기득권 세력 말고도 뭇 인민도 걱정이었나 봅니다. 사실, 그렇습니다. 당장 큰 변화가 일고 삶의 환경이 급격히 변한다는데, 인민은 순응하기보다는 불만을 드러내기 쉽지요. 상앙은 이들의 불평을 무시하고 개혁을 강행해야 한다고 합니다. 그래야 장기적으로 인민에게도 이롭기 때문이지요.

사실 저 한비자도 같은 생각입니다. 제 생각에 인민은 멀리 보지 못하는 존재 같습니다. 인민은 너무도 열악한 환경에 내몰린 나머지, 장기적이고 근본적 이익을 헤아리지 못하고 단기적 이익만 찾는 경우가 많지요. 공자도 인민은 따르게 할 수는 있으나 알게 할 수는 없다고 했습니다. 편협해 보일 수도 있는 엘리트주의를 견지하고 있었지요.

사실, 묵자를 제외한 모든 사상가가 마찬가지입니다. 유가나 법가는 인민을 통치의 객체로 여길 뿐이었는데, 당장 정치의 시비나 개혁과 변법의 방향 등을 인민이 이해할 것이라 보지 않았습니다. 상앙은 그럼에도 인민의 불만을 무릅쓰고 개혁을 단행하라고 했습니다. 인민에게 두루 이득을 주는 것이 궁극적 목표였기 때문이지요.

조삼모사朝三暮四 이야기는 다들 아실 겁니다. 우리 인간은 보상이 현실과 멀어질수록 그 중요성을 깎아내리고, 가까워질수록 적더라도 더 빨리 받는

쪽을 선택하려는 경향이 있습니다. 여러분이 살아가는 현대에서는 '현재선호 효과present preference', '현재 편향present bias' 또는 '과도한 가치폄하 효과hyperbolic discounting'라고 한다고 들었습니다.

18세기의 철학자 데이비드 흄David Hume이 이런 경향을 두고 이렇게 지적했다지요. "비록 나중의 보상이 가까운 보상보다 뛰어나다는 사실을 충분히 인지하고 있다 하더라도 우리는 그런 판단에 따라 행동을 통제하지 못하고 언제나 가깝고 인접한 것을 선호하는 욕정의 속삭임에 굴복하고 만다." 저신뢰 사회일수록, 하층민일수록 이런 경향이 두드러진다고 합니다.

당시에도 마찬가지였습니다. 인민은 코앞의 사탕만 눈에 들어오는 어린아이 같았지요. 제가 이런 말을 했습니다. 지금 정치를 모르는 자는 반드시 말하기를 인민의 마음을 잡으라고 합니다만, 어린아이의 지혜와 마음으로는 할 수 없는 일이라고.

종기가 난 어린아이를 예로 들어보지요. 종기를 째지 않으면 점점 더 심해집니다. 그런데 종기를 째려면 반드시 아이를 안고 달래야 합니다. 아이는 오히려 울음을 그치지 않습니다. 당장 아픈 것만 생각하지 종기를 째는 게 크게 이득이 되는지 모르는 탓입니다. 이와 같이 종기가 난 어린아이의 지혜와 마음으로 정치를 해서야 되겠습니까? 당연히 안 됩니다.

인민의 지혜는 마치 어린아이의 마음과 같아 쓸 수가 없다. 만일 군주가 밭 갈고 김매라고 다그쳐 생업이 후해지더라도 너무 엄하다고 여길 것이다. 형법을 정비하여 벌을 엄중히 함은 악을 금하기 위함이나 군주가 가혹하다고 여길 것이다. 돈과 곡식을 거두어들여 창고를 충실히 함은 장차 기근과 전쟁에 대비하려 함이나 군주가 탐욕스럽다고 여길 것이다. 나라 안이 무장할 줄 알고 사사로운 면제가 없으며 힘을 모아 분투하게 함은 적을 잡기 위함이나 군주가 포악하다고 여길 것이다. 이 네 가지는 편안하게 다스리기 위함이나 인민은 기뻐할 줄 모른다. 대저 뛰어나게 통달한 사람을 구하는 것은 인민의 지혜가 본보기로 쓰이기에 부족한 탓이다.[36]

제가 〈현학顯學〉 편에서 인민의 근시안적 시야를 지적한 말입니다. 생산력 진흥을 위해 애쓰고, 비상시국에 인민을 구하기 위해 재화를 모으며, 안보를 위해 군사를 훈련함은 궁극적으로 인민을 위함입니다. 하지만 당장 힘들고 번거롭고 고생스럽다고 느끼기에 인민은 싫어합니다.

법은 궁극적으로 '이민利民'을 위함입니다. 인민을 이롭게 하기 위함이지요. 제가 《한비자》에서 분명히 했지요. 법을 통해 군주의 권력도 공고히 해야 하지만, 궁극적으로는 인민을 확실히 이롭게 해야 합니다.

그러기에 저는 생산성 향상을 고민했고, 이를 제도에 담아야 한다고 생각했습니다. 이것이 진정한 법치입니다. 당장의 변화가 두렵고 귀찮은 나머지 인민이 이를 거부하기도 합니다. 이는 인민이 나빠서가 아닙니다. 다만 지혜가 부족할 뿐입니다. 안타까운 일이지요.

제가 〈현학〉 편에 이런 이야기를 실었습니다. 옛날에 우虞나라 군주는 대홍수가 나자 치수하려고 강둑을 트고 강바닥을 파냈으나 인민은 자갈을 모았습니다. 우나라 군주는 둑을 터서 물길을 돌리고 황허 바닥의 모래와 흙을 깊게 파내 물난리로 인민이 고통을 겪지 않게 하기 위함이었지만, 인민은 당장 공사가 힘들다고 자갈을 모아 던져 일을 방해했습니다.

다른 이야기도 있습니다. 자산은 정나라를 다스릴 때 거마와 의복, 이른바 거복車服 제도를 제정하고 신분 관계를 명확히 규정했지요. 농지 경계와 용수로를 명확하게 구획하고 오제伍制와 같은 주거 제도를 제정했습니다. 새 정책이 발표된 첫해에는 인민의 반발이 심했습니다. "의관을 다 몰수하고 농경지를 빼앗고 오제에 편입시켰다. 자산을 죽이려는 자가 나오지 않겠느냐? 그런 자가 있다면 나는 언제든 그 계획에 가담하겠노라." 이런 격문이 생겨날 정도였습니다. 그런데 시행 3년이 지나자 인민은 말을 바꿨습니다. "내 아들이 태어나면 자산은 아이를 교육시켜주었고 논밭이 있으면 그것을 더 늘려주었다. 만일 자산이 죽는다면 어느 누가 그 정책을 계승할까?"

처음엔 개혁에 반발했지만 개혁이 성공해 많은 덕을 입게 된 인민은 그를 칭송하였습니다. 자산이 밭두렁을 넓히고 뽕나무를 심었을 때도 정나라 사람들은 그를 헐뜯었습니다. 국가 생산력을 진흥하기 위해 농지를 정비하고 뽕나무를 보급한 것인데도 인민은 그를 욕했지요.

정치를 하면서 인민의 여론과 의견에 일일이 맞추기란 불가능합니다. 그러다가는 오히려 난을 일으키는 빌미를 제공할 수 있습니다. 인민과 더불어 하는 정치는 참으로 어렵지요. 꼭 '포퓰리즘'을 경계하라는 현대 지식인의 말과도 같습니다. 그저 눈앞의 인기에만 영합하려 하거나, 일일이 번거롭게 설득하려 하면 안 되지요. 장기적으로 옳다 싶으면 강행해야 합니다. 개혁의 성과를 나중에 다 같이 누릴 생각을 해야지, 인민의 반발 때문에 개혁과 변법을 망설여선 안 됩니다. 설득을 위해 시간을 지체해서도 안 되지요. 사실 당시에는 군주가 개혁을 하겠다고 나서면 인민은 저지할 힘도 없었습니다. 개혁을 방해하는 기득권 세력이 늘 문제였는데, 이들은 항상 인민을 팔아 반발했지요. 인민이 어렵다, 인민 고생하니 하지 말자, 이런 평계를 대면서 변법을 저지했는데, 이들은 역시 중신이자 나쁜 대리인이었습니다.

이야기 하나를 더 하겠습니다. 《한비자》〈십과十過〉편에 있는 순망치한脣亡

齒寒의 고사입니다. 옛날 진晉 헌공獻公이 우虞나라의 길을 빌려 괵虢나라를 치려고 마음먹었습니다. 그러곤 조정 회의를 열어 작전을 모의했지요. 신하 순식苟息이 말하기를, "군주께서 수극垂棘의 벽과 굴에서 낳은 네 마리 말을 우나라에 뇌물로 주고 길을 빌려달라고 요구하면 반드시 우리에게 길을 빌려줄 것입니다"라고 하였지요. 이에 헌공이 "수극의 벽은 내 선군께서 소중히 하시던 보배이며, 굴에서 낳은 네 마리 말은 내가 아끼는 준마들이오. 만일 내가 보낸 선물을 받기만 하고 길을 빌려주지 않는다면 어찌할 것이오?"라며 반문하였습니다. 순식이 대답하기를, "저들이 길을 빌려주지 않으려면 우리 선물을 감히 받지 못할 것입니다. 만일 선물을 받고 길을 빌려준다면, 우리 보물은 마치 안 창고에서 내다가 바깥 창고에 들여 넣는 것과 마찬가지일 뿐입니다. 말도 역시 궁 안의 마구간에서 끌어다가 궁 바깥의 마구간으로 옮겨두는 것과 같습니다. 주군께서는 염려하지 마십시오"라고 하였습니다. 이에 헌공이 수락했습니다. 그리고 순식을 시켜 수극의 벽과 굴에서 낳은 말을 우공에게 뇌물로 주고 길을 빌려달라고 요구하였지요. 우공이 그 뇌물을 탐내 허락하려고 하자, 궁지기宮之奇가 간했습니다. "허락해서는 안 됩니다. 입술이 없어지면 이가 시린 법입니다. 우나라와 괵나라가 서로 도와야 함은 서로 은덕을 베풀어서가 아니라, 서로 돕지 않으면 둘 모두 존립할 수 없는 형세 때문입니다. 오늘 진나라가 괵나라를 멸망시킨다면, 내일은 반드시 우나라가 괵나라의 말로를 따라 멸망할 것입니다."

눈앞의 이익에 혹하지 말라고 궁지기가 간했지만, 우나라 군주는 뇌물이 탐나 진나라에 길을 빌려주었습니다. 그러자 진나라는 괵나라를 멸망시키고 돌아가는 길에 우나라마저 멸망시켜버렸지요. 순식이 네 마리 말을 끌고 벽옥을 손에 들고 헌공에게 바치며 주군의 물건이 이렇게 돌아왔다고 아뢰었다고 합니다.

우공이 나라를 잃은 것은 무엇 때문이겠습니까? 눈앞의 작은 이익에 끌려서 그 해로움을 생각하지 않았기 때문이지요. 작은 이익에 구애되면 큰 이익을 손해 봅니다. 이 일화는 눈앞의 이익에 혹해 개혁을 방해하는 이들의 어리석음을 지적합니다. 개혁으로 인해 눈앞의 작은 이익을 잃는다고 해도 장기적인 이익을 확실하게 얻을 수 있다면 고통을 감수할 수 있어야 합니다.

## 다리가 잘렸다고 울지 않는다

유가는 '출처出處'를 말합니다. '출出', 나아가야 할 때가 있고, '처處', 물러나야 할 때가 있답니다. 그래서 언제 나아가고 언제 물러나야 할지를 논하지요. 조정이 혼탁하고 나라에 도가 없으면 숨어야 하고, 도가 있으면 나서서 정치를 해야 한답니다. 이상하지 않습니까? 조정이 어지러울수록 세상이 혼탁할수록 선비는 더욱 나서야 하는 거 아닌가요? 그런데 동아시아 역사를 보면 유교적 지식인의 처신은 그렇지 않았습니다. 학식 높고 유명한 선비일수록 어지러운 때에는 조정의 혼탁을 문제 삼아 출사를 고사했습니다. 그러면서도 나라에 도가 있으면 나서겠다고 했는데, 자기 몸만은 고고하게 지키다가 조정이 맑아질 때 출사해 정치에 동참하겠다니요? 무임승차 의식이지요.

유가는 늘 그러는데, 무임승차는 곤란합니다. 안 됩니다. 나라가 혼탁할수록 어지러울수록, 인민이 고통받을수록 나서서 법을 고치고 제도를 만들어 나라를 일신시켜야지요. 언제든 출出, 나아가야 합니다.

《사기》〈범수·채택열전〉에서 채택이 오기를 이렇게 평했습니다.

오기가 도왕을 섬기면서 사私가 공公을 해치지 못하도록 하고, 참소하는 말이 충성스러운 말을 가리지 못하도록 했으며, 말을 구차하게 영합하지 않고, 행동할 때도 구차하게 낯빛을 꾸미지 않았으며, 위험한 지경이라고 가벼이 태도를 바꾸지 않고, 의로운 일이라면 어려워도 피하지 않았습니다. 이리하여 그는 자기 군주를 패자로 만들고 나라를 강하게 만들기 위해 자신에게 닥칠 재앙마저 피하지 않았습니다.[37]

오기라는 인물에 대한 평가 가운데 이처럼 정곡을 찌르는 문장이 없습니다. 이는 저 한비자도 지향했던 바입니다. 기득권의 횡포와 농단을 제어하고 늘 공적인 원리로 국가의 정치와 행정이 돌아가게 하기 위해 몸을 던집니다. 늘 앞으로 나아갑니다. 자신에게 화가 미칠 것이 예상되어도 도망가지 않습니다. 아부하지도 영합하지도 않고 위험에도 굴하지 않으며 어려움을 피하지 않습니다. 군주를 높이고 인민을 위하여 나라를 강하게 만든다는 일념으로 기득권과 싸우고 개혁을 밀어붙일 뿐입니다. '화씨의 구슬'에 나오는 화씨처럼, 법술지사는 그까짓 다리가 잘렸다고 해도 절대 울지 않습니다.

## ·8장·
# 허수아비가 백만이라도 강하다 할 수 없다

**신뢰에 대하여**

## 이야기꾼 사상가

구맹주산, 화씨지벽이란 고사를 통해서 법술지사에 대한 이야기를 했습니다. 이들이 겪어야 하는 고통과 위험, 이들이 등용되지 못하는 구조적 원인을 말했습니다. 짤막한 이야기만으로 중신의 횡포, 어리석은 군주의 문제까지 말이지요. 저의 주장과 생각을 잘 전달했다고 믿습니다. 저는 이야기로 정치적 주장을 하는 경우가 많습니다. '여도지죄餘桃之罪'라는 고사도 있지요.

옛날 위衛나라에 군주의 총애를 받던 미자하彌子瑕라는 미소년이 있었습니다. 《맹자孟子》에 등장하는 폐인嬖人(총애하는 신하) 장창臧倉과 더불어 춘추전국시대 궁중 동성애와 관련해 이야기되는 인물이지요. 용모가 수려해 군주의 사랑을 많이도 받았습니다.

위나라에서는 군주의 수레를 사적으로 타고 나가면 발뒤꿈치를 자르는 형벌이 있었습니다. 그런데 미자하가 겁도 없이 군주의 수레를 타고 외출했습니다. 어머니의 병환 소식을 듣고 마음이 급해 나간 것이지요. 이 소식을 듣고 위나라 군주는 이렇게 말을 했습니다. "효자로구나, 어미를 위해 발을 잘리는 형벌을 잊었구나."

또 이런 일이 있었습니다. 미자하가 군주와 함께 산책하며 데이트를 하던 중 자신이 먹던 복숭아가 달자, 먹던 복숭아의 반쪽을 군주에게 주었습니다. 그러자 군주가 말하길 "미자하가 진심으로 나를 아끼는구나. 과인을 위해 맛좋은 과일을 잊지 않고 챙기는 걸 보니."

세월이 흐르고 미자하의 용모도 쇠하여 옛날 같지 않았습니다. 군주의 총애 역시 식었지요. 어느 날, 미자하가 작은 죄를 지어 군주의 앞에 불려나왔습니다. 군주는 싸늘한 표정을 지으며 말하길, "미자하, 저놈은 본래 성품이 좋지 못한 놈이다. 감히 법을 어기며 나의 수레를 타고 외출했고, 먹던 복숭아를 무엄하게 나에게 맛보라고 주었다". 그러고선 미자하에게 무거운 형벌을 내렸습니다.

저 한비자는 이야기꾼이자 이야기 수집광입니다. 닥치는 대로 이야기를 모았지요. 저 자신의 사상과 학설을 뒷받침할 수 있는 이야기를 모으기 위해 안간힘을 썼지요. 《한비자》는 이야기 보물창고, 이야기 숲이라 할 수 있습니다. 일종의 '정치 우화집'이지요. 그래서 한비자를 연구하는 사람은 제가 모아놓은 이야기만 가지고 사람들에게 한비자의 사상과 문제의식을 설명할 수 있어야 하고 또 그래야만 합니다.

앞서 말한 여도지죄는 많은 분이 알고 있는 우화입니다. 미자하라는 미소

년 이야기를 통해서 저는 무엇을 말하고 싶었을까요? 이 이야기는 인간에 의한 통치가 아닌 법치를 강조하고, 사적 감정과 의지가 아닌 객관적 법에 따른 통치를 말하고 있습니다.

법치! 법으로 하자는 겁니다. 법대로 하자! 인간의 마음과 감정은 믿을 수 없기 때문입니다. 인간의 감정과 마음은 변덕이 심하지요. 그러니 법으로 명확하게 정치를 해야지요. 지배자들의 변덕과 재량권에 정치가 비틀어지면, 즉 인치人治에 의존하면 예측 가능성과 확실성이 떨어져 정치의 필연성이 사라집니다. 사회의 신뢰 역시 사라지지요. 법치만이 답입니다.

《한비자》는 이처럼 이야기만으로 주장에 고떡이게 만드는 묘한 매력이 있습니다. 짧고 재밌는 우화를 통해 알기 쉽게 정치 메시지를 끊임없이 전달하지요. 그런데 이는 정치적 주장을 펼치고 법치를 강조하기 위함만이 아닙니다. 제가 이야기꾼이 된 데에는 더 중요한 이유가 있습니다.

무릇 용이란 짐승은 길들여서 탈 수 있다. 그런데 용의 턱 밑에는 직경 한 자 정도의 거꾸로 박힌 비늘(역린逆鱗)이 있다. 만일 사람이 그것을 건드리면 용은 반드시 그 사람을 죽이고 만다. 군주에게도 마찬가지로 역린이 있다. 군주에게 유세하는 자가 능히 군주의 역린을 건드리지 않는다면 그의 설득을 기대할 만하다.[38]

역린이란 말을 아실 겁니다. 영화 제목으로도 쓰였지요. 거꾸로 박힌 용의 비늘을 가리키는 말로, 절대 건드려서는 안 되는 군주의 약점과 열등감을 의미합니다. 신하가 주장을 펼치다 보면 자신도 모르게 군주의 역린을 건드릴 수 있지요. 군주의 역린이 무엇인지 알고 있어도 무심코 그걸 건드릴 수 있는

데, 모르는 상태라면 더욱 위험하겠지요.

제가 이야기를 모은 이유가 여기에 있습니다. 유세할 때 써먹기 위함이지요. 유세란 군주 앞에서 일종의 면접을 보는 행위입니다. 당시에는 주권자가 인민이 아니고 군주였기에, 군주 앞에서 '내가 만약 재상이 된다면, 내가 만약 장수가 된다면 이렇게 나라를 운영하고 저렇게 군대를 이끌겠다'고 웅변하면서 군주에게 내공을 테스트받았습니다. 이것이 유세입니다.

유세하는 동안 짧은 시간 안에 자신을 소개하는 데에 그치지 않고, 자신의 생각과 주장을 군주에게 이해시키고 설득시켜야 합니다. 그런데 막상 군주를 설득하기란 정말 힘든 노릇입니다. 위험하기도 하지요. 유세하다가 역린을 건드리면 설득하려는 사람이 그 자리에서 죽을 수도 있습니다. 그래서 저는 우화를 모았지요. 이야기를 통해 제 주장을 전개하면 군주의 역린을 건드릴 여지가 줄기 마련이니까요. 게다가 이야기는 어느 누구나 이해하기가 쉽습니다. 성질 나쁜 군주 못지않게 지력知力이 처지는 군주도 쉽게 이해시킬 수 있습니다.

위험의 최소화, 설득 가능성의 극대화, 이 두 가지를 도모하기 위해 이야기를 모았습니다.* 유세를 위해 쓸 총알을 정말 부지런히 확보한 셈이지요. 그러고는 군주를 설득할 기회를 늘 노렸습니다.

자, 그러면 여기서 우화를 또 하나 소개하지요.

---

* 한편으로는 대중성을 위해 이야기를 수집한 듯하다. 이야기는 누구나 좋아하고 누구에게나 쉽다. 설득의 확장성이 있어 널리 퍼질 수 있다. 한비자는 글자를 아는 군주와 지식인만이 아니라, 많은 인민에게 자신의 법치를 알리기 위해 이야기를 모았을지도 모른다. 이야기를 모으고 만들기 위해 기울인 그의 노력을 보면, 지식인의 책무에 대해 다시금 생각하게 된다. 정치한 언어와 어려운 용어로 논문이란 틀에 한정해 주장하지 않고, 누구나 이해하기 쉽게 가공해 말할 수 있어야 지식인이 아닐까. 그래야만 세상을 바꿀 수 있지 않을까. 수많은 이야기를 모은 것만 해도 한비자의 성실성과 구세의식을 엿볼 수 있다.

양주의 동생, 양포라는 사람이 흰옷을 입고 밖에 나갔습니다. 비가 와서 흰옷을 벗고 검은 옷을 입고 돌아왔지요. 그때 그 집 개가 양포를 알아보지 못하고 짖었습니다. 양포가 노하여 개를 때리려고 하자, 양주가 동생 양포에게 말하기를 "때리지 마라. 너라도 마찬가지 아니겠느냐. 저 개가 나갈 때는 털이 흰색이었는데 돌아올 때는 털이 검은색이라면, 너도 이상하게 여기지 않겠느냐".

개가 무슨 잘못이 있을까요. 주인을 보고 짖었다지만 개에게는 아무 잘못이 없습니다. 주인의 옷 색깔이 나갈 때와 들어올 때가 달랐습니다. 흰옷 입고 나갔다가 색이 완전히 다른 검은 옷을 입고 돌아왔지요. 그런데 개를 때리려고 하다니요?

국가의 정책이 일관성이 있어야 합니다. 법처럼 확고부동한 원칙으로 나라를 다스려야 하지요. 흰옷을 입고 나갔다가 검은 옷을 입고 들어오듯, 조변석개朝變夕改하면 안 됩니다.

앞의 이야기는 〈설림說林 하〉 편에 나오는 '양포지구楊布之狗'라는 이야기입니다. 역시 꽤 알려진 이야기로, 여도지죄와 더불어 법치를 두고 한 이야기입니다. 일관성 있는 법치를 주장하면서 멍청한 위정자를 풍자했지요. 정책, 제도, 법을 위정자의 사적 감정으로 자주 고치고 바꾸면서 원칙 없이 적용하면 인민은 불만을 가질 수밖에 없겠지요. 그러면서 인민을 탓하고 윽박지르고 찍어 누르려고 하면 되겠습니까? 그래서는 안 될뿐더러 애초에 정책과 제도에 일관성과 예측 가능성을 견지하려고 노력해야 합니다.

## 이목지신

상앙이 1차 변법을 단행했을 때였습니다. 법을 만들어 널리 알리려니 걱정이 많았겠지요. 그는 인민이 새로 만든 법을 믿지 않을까 염려했습니다. 그래서 꾀를 냈습니다. 높이가 세 발 되는 나무를 남문에 세우고 이를 북문에 옮겨놓는 사람에게 황금 10냥을 상으로 준다고 공시했습니다. 그런데 나서는 사람이 아무도 없었습니다. 그러자 그는 상금을 황금 50냥으로 올렸습니다. 그랬더니 한 사람이 나서서 나무를 옮겼습니다. 그 사람은 미심쩍었지만 상금이 후하니 혹시나 하고 옮긴 거지요. 그러자 상앙은 약속한 대로 황금 50냥을 그 사람에게 주었습니다.

이 이야기에서 보듯, 상앙은 나라가 인민을 속이지 않는다는 점을 밝혀 알렸습니다. 그러고는 마침내 법령을 공포하였지요. '이목지신移木之信'이라는 이야기로, 나무를 옮기게 해서 얻은 인민의 신뢰를 말합니다. 법치의 생명은 신뢰이기에 이런 꾀를 낸 것이지요.

새롭게 제정한 법이나 수립한 정책이 성공하기 위해서는 우선 인민에게 신뢰가 있어야 합니다. 인민의 신뢰가 절대적입니다. 상앙은 법을 만들어놓고도 곧바로 시행하지 않고 '나무 옮기기' 퍼포먼스를 펼쳐 인민의 신뢰를 얻었습니다. 사실, 이런 퍼포먼스는 오기가 먼저 했습니다. 상앙은 오기를 따라한 것뿐이지요.

오기가 위魏 무후武候의 서하태수가 되었을 때입니다. 서하西河는 '호랑이와 이리 같은 나라'라는 뜻의 호랑지국虎狼之國이라고 불린 강대국 진秦나라와 국경을 맞대고 있는 지역으로 대진對秦 전진기지였지요. 서하와 마주한 진나라의 작은 성채를 오기가 치려고 하였습니다. 이 성을 함락하지 않으면 서하성

사람들이 안심하고 농사를 지을 수 없었기 때문이지요.

오기는 어떻게 하면 병사들의 투지를 일으킬 수 있을까 고민했지요. 그러다가 수레멍에 채 하나를 북문 밖에 비스듬히 세워두고 알렸습니다. 이것을 남문 밖으로 옮기는 자에게 좋은 농토와 좋은 택지를 내리겠다고. 시간이 지나니 어떤 사람이 와서 머쓱하니 있다가 이윽고 그것을 옮겨놓았습니다. 오기는 약속대로 그에게 땅을 주었습니다.

이번에는 느닷없이 붉은 콩 한 섬을 동문 밖에 놓아두고 알렸습니다. 이것을 서문 밖으로 옮기는 자에게 지난번처럼 포상하겠다고 했지요. 그러자 사람들이 다투어 콩 한 섬을 옮겼습니다. 오기는 이번에도 상을 내렸습니다.

사람들의 신뢰를 얻은 오기는 이윽고 영을 내렸습니다. "내일 진나라의 성채를 공격할 것이다. 맨 먼저 성을 오르는 자에게 큰 벼슬을 내리고 좋은 전답과 택지를 줄 것이다"라고 알렸습니다. 전투가 시작되자 사람들이 다투어 달려 나갔습니다. 진나라의 성채는 하루아침에 함락되었지요.

《한비자》〈내저설 상〉에 수록한 이야기입니다. 당시 오기는 서하의 태수가 되어 군사의 일만 한 것이 아니라 행정까지 도맡아 군사도시 서하를 이끌어 가야 했습니다. 법치를 통해 생산력과 군사력을 키우려고 온 힘을 쏟았지요. 가장 먼저 인민의 신뢰를 얻은 다음에 오기는 군과 민을 부렸습니다.

신뢰를 쌓기 위해 모종의 퍼포먼스를 한 오기, 오기를 따라한 상앙. 두 사람의 이야기는 인민에 대한 신뢰가 얼마나 중요한지 보여줍니다. 이들이 그만큼 신뢰라는 가치를 중시한 이유는 무엇일까요? 법과 명령을 더 확실하게 시행해 성공을 거두기 위해서라고는 이미 말씀드렸지요. 그런데 여기서 우리는 조금 더 생각해야 합니다. 법가가 신뢰를 정말 중시한 이유에 대해서요.

사실 신뢰가 중요하지 않은 공동체가 있을까 싶지만, 유독 우리 법가는 신뢰를 중시했습니다. 신뢰라는 자산에 목숨을 걸 정도였지요. 법가는 변법과 개혁을 주장합니다. 늘 바꾸자고 했고 새것을 시행하자고 했지요. 신뢰가 중요할 수밖에 없겠지요. 우리는 늘 새로 만든 법으로 병든 국가에 개혁의 메스를 대자고, 때론 기득권자에게 철퇴를 가하여 부국강병을 위해 사회를 전반적으로 개조하자고 했습니다. 역시 신뢰가 중요할 수밖에 없습니다. 신뢰라는 자산이 있어야만 개혁이 가능하기 때문이지요.

제가 지은 것은 아닌데, 우산장수 아들과 소금장수 아들을 둔 부모 이야기가 있습니다. 이 이야기를 보면 정치의 본질 내지 정치인의 고민을 알 수 있습니다. 부모는 해가 쨍쨍해도 걱정이고 비가 와도 걱정입니다. 해가 쨍쨍하면 공치는 아들(우산장수)이 있고 비가 오면 손해를 감수해야 하는 아들(소금장수)이 있기 때문이지요.

정치와 정책은 이와 같습니다. 아무리 위정자가 선의로 법과 제도를 만들어도 모두를 만족시킬 수는 없습니다. 누구에게는 손해가, 누구에게는 이득이 되지요. 법과 제도에 따른 입장이 갈리기 마련입니다. 또 이득을 보는 사람들 사이에도 입장이 갈리는 경우가 많습니다. 누구는 바로 이득을 보고 또 누구는 시간이 지나야 이득을 봅니다. 그래서 새롭게 무언가를 시도하고 바꾸면 반발이 일 수밖에 없지요.

법가는 그럼에도 새롭게 무언가를 시도하려는 사람들입니다. 급진적이고 강한 개혁 드라이브를 자신의 정체성으로 삼는 사람들이지요. 법가식 정책과 제도일수록 이를 도입해서 밀어붙였을 때 이익과 혜택의 시간 편차가 클 수밖에 없습니다. 당장에는 고루 혜택이 가지 않더라도 장기적으로 국가와 인민 전체가 혜택을 누릴 수 있도록 개혁을 단행하는 것입니다.*

이처럼 인민에게 돌아가는 혜택에 편차가 있으니 신뢰가 중요할 수밖에 없습니다. 개혁의 칼을 휘두르려면 가장 먼저 신뢰를 단단히 다져야 합니다. '당장은 손해여도 언젠가는 이득이 되겠지, 이런 부분이 손해여도 다른 부분으로 보상해주겠지, 나는 손해를 봐도 내 자식 세대는 분명 덕을 보겠지' 이런 믿음을 인민에게 줘야 하지요. 그래서 오기와 상앙이 예의 퍼포먼스를 벌인 것이지요.

중신을 때려잡자는 이유도 사회적 신뢰 문제에 있습니다.

군주가 법을 분명하게 밝혀 중신의 위세를 견제하지 못하면, 인민의 신뢰를 얻을 수 없다.[39]

중신을 확실히 잡아야 소인의 신뢰, 즉 인민의 신뢰를 얻을 수 있습니다. 전횡을 일삼는 특권 세력을 일소하지 못하면 신뢰를 얻을 수 없겠지요. 같은 죄를 지어도 권력(돈)이 있으면 무죄이고 권력(돈)이 없으면 유죄이며, 의무는 없고 권리만 누리는 사람이 있다면, 이 사회에는 신뢰가 생길 수 없습니다. 징병, 조세, 재판 등 모든 면에서 그러합니다. 재판의 경우에는 특히 중요합니다. 특권층이 날뛰는데 법이 무력하다면 인민의 신뢰는 생길 수 없겠지요.

---

\* 개혁에는 세 가지 사회적 조건이 필요하다고 한다.
첫째, 정치 신뢰의 문제다. 개혁의 부담이 모두에게 공평하게 분담되고, 개혁의 성과 역시 공평하게 분배될 것이라는 믿음이 구성원에게 있어야 한다.
둘째, 사회적 완충장치다. 예를 들면, 고용보험 같은 사회적 안전망이다. 현대 한국에서 노동 개혁과 노동시장의 이중성을 개혁하기 힘든 이유가 사회적 안전망이 부족하기 때문이다.
셋째, 정책 결정 과정 문제다. 여러 단계에 걸쳐 승인받아야 하는데, 각 단계마다 비용과 시간이 많이 들 경우 개혁에 제동이 걸리기 쉽다. 개혁의 '신속성'은 군주에게 강한 힘이 있을 경우에는 문제가 되지 않는다. 물론, 정책 결정 과정이 단순하고 단계가 짧을수록, 정책의 오류와 약점이 바로잡힐 여지가 적다는 단점이 있다.
법가는 첫째와 셋째에 주력했다.

엘리트 계층 자체가 없어야 한다는 말은 아닙니다. 엘리트는 국가의 재산입니다. 다만 이들이 특권은 세습하되 법을 우습게 알면 국가의 정책과 제도를 신뢰할 인민은 없습니다. "법을 바꾸면 뭐해, 있는 놈들 더 잘살자는 거 아니야?" 인민이 이렇게 반응하면 개혁이 될까요?

신뢰 문제에는 거래 비용을 비롯한 경제 문제도 중요합니다. 정부가 신뢰를 얻지 못하면 경제 활력이 줄고 생산성에 문제가 생기게 마련입니다. 정부 정책이 조삼모사라 경제적 불확실성이 커지면 농인, 공인, 상인 모두 몸을 사리게 되어 경제가 움츠러들지요. 열심히 일하도록 동기를 부여해도 모자랄 판에 경제 활력을 죽이는 꼴이지요. 불확실성 탓에 거래 비용이 커지면 그 자체가 무거운 세금이 됩니다. 무거운 세금에 애써 일해도 손에 쥐는 게 없다면 누가 열심히 일할까요? 결국 사회의 생산력이 줄 수밖에 없을 겁니다. 한나라처럼 가뜩이나 체급이 작은 나라라면 생산력을 키워 인민들 손에 이익을 쥐어주어야지요. 게다가 경제력은 국방력과도 연결됩니다. 경제력이 담보되어야 국가의 생존 가능성이 커지겠지요. 부국강병 부국강병 그러는데, '부국'해야 '강병'할 수 있습니다.

법가는 단순히 '법으로 다스리자. 혼란과 무질서를 막자'는 사상이 아닙니다. 정치경제학과도 통합니다. 이 모든 것에 인민의 신뢰가 바탕이 되니, 신뢰에 주목할 수밖에요. 강해지고 잘살려면 신뢰가 전제되어야 합니다. 우리 법가는 신뢰라는 사회적 자원에 대해 크게 고민하고 사유했지요.

## 작은 신의가 이루어져야 큰 신의도 확립된다

오기가 외출했다가 옛 친구를 만나 가던 길을 멈추게 하여 함께 식사하자고 권하였다. 친구가 "좋네. 금방 돌아오겠네"라고 하였다. 오기가 "자네를 기다렸다가 식사하지"라고 하였다. 친구는 해가 지도록 오지 않았다. 오기는 먹지 않고 그를 기다렸다. 이튿날 일찍 사람을 시켜 친구를 찾았다. 그제야 친구가 와서 비로소 함께 식사하였다.[40]

오기 이야기입니다. 〈외저설 좌상〉 편에 있는 이야기인데 고지식해 보일 정도로 신뢰를 지키려는 오기의 됨됨이를 볼 수 있지요. 이는 단순히 신뢰가 중요하다고 말하려고 한 이야기가 아닙니다. '정치'에서 제일 중요한 것, '법치국가'로 가는 '개혁'에 반드시 필요한 것이 '신뢰'입니다. 모름지기 위정자라면 신뢰를 통해 정치적 자산을 만들어야 합니다.

증자曾子의 처가 시장에 가는데 아들이 따라오며 울었다. 처가 "너는 돌아가거라. 돌아와서 너를 위하여 돼지를 잡겠다"고 하였다. 처가 시장에 갔다 오자 증자가 돼지를 잡으려 하였다. 처가 말리며 "어린아이와 장난했을 뿐입니다"라고 말하였다. 이에 증자가 "어린아이와 장난하면 안 됩니다. 어린아이는 아는 것이 없어 부모를 의지하며 배우므로, 부모의 가르침을 따릅니다. 만일 자식을 속인다면 이는 자식에게 속임을 가르치는 것입니다. 어머니가 자식을 속이면 자식이 어머니를 믿지 않게 되니 가르침을 이루는 것이 아닙니다"라고 말하였다. 그러고는 돼지를 삶았다.[41]

이 이야기는 정말 유명하다고 들었습니다. 자식 교육과 관련해서 많이 인용한다고 들었습니다. 그보다 이 이야기는 위정자가 증자 같아야 한다는 뜻입니다. 절대 속이지 말고 식언하지 말며 믿음을 지켜 사회적 신뢰를 쌓고 공적 권위를 제대로 세워야 개혁을 할 수 있고 국가가 강해질 수 있다는 맥락의 이야기입니다.

한편, 증자 이야기와 상반되는 이야기도 있습니다.

이회李悝가 좌우 군문의 병사들에게 경계하여 말하기를, "엄격하게 경계하라. 적군이 곧 다가와서 너희를 칠 것이다"라고 하였다. 이 같은 말을 두세 번 하였으나 적은 오지 않았다. 그러자 좌우 군문의 병사들은 군기가 해이해지고 이회의 말을 믿지 않았다. 몇 달 뒤에 진秦나라의 군대가 습격하니 군대가 거의 전멸하기에 이르렀다. 이것을 일러 '믿지 않았던 재앙'이라 한다.[42]

초楚 여왕厲王은 경보로 북을 쳐서 인민과 함께 방비를 하였다. 술을 마셔 취한 끝에 잘못 북을 쳐 인민이 크게 놀랐다. 사람을 시켜 말리며 말하기를 내가 술에 취하여 측근들과 장난하다가 잘못 쳤다고 하였다. 인민이 모두 파하였다. 몇 달 뒤 경보로 북을 쳤으나 인민이 달려오지 않았다. 이에 명령을 거듭 내려 분명히 전한 다음에야 인민이 믿었다.[43]

온다는 적이 옵니다. 위험을 알리고 경보를 울렸으나 확인해보니 별일 없습니다. 그러니 누가 믿겠습니까? 불신의 정치 공동체. 군대가 전멸하고 위급 상황에서 국가 행정이 먹히지 않고 인민이 동원되지 않습니다. 이런 나라들은 위기에 인민이 움직이지 않고 평소에도 공익을 위해 어려움을 감내하려고 하지 않을 테지요. 위정자가 식언을 하거나 행정에 거짓이 있으면 안 됩니다. 정부의 명령은 믿을 수 있다는 인식을 인민에게 심어줘야 합니다.

저 한비자가 그리고 법가가 이렇게 신뢰를 중시했습니다. 큰 신뢰는 한꺼번에 얻을 수 없습니다. 작은 신뢰가 쌓여야 합니다. 평소에 위정자는 한마디라도 식언을 해서는 안 됩니다. 그래야 신뢰의 정치 공동체가 만들어지고 그래야 법치와 개혁이 이루어져, 국력이 강해질 수 있습니다.

> 작은 신의가 이루어져야 큰 신의도 확립된다. 그러므로 현명한 군주는 신의를 쌓아올린다.[44]

명군明君은 신의를 쌓아 올리는 데 힘씁니다. 신뢰, 가장 중요한 사회적 자원입니다.

## 땅의 힘을 모두 뽑아내라

우리 법가는 경제에 관심을 많이 두었습니다. 경제는 단순히 쌓아놓은 금은보화 등 재화의 양보다는 생산력, 즉 인민이 얼마나 생산해낼 수 있느냐가 중요하지요. 오기와 상앙은 생산력과 생산량이 국력이라는 생각이 있었습니다. 이들은 어찌하면 국가 생산력을 높이고, 어떻게 제도를 고쳐 생산력을 높일까를 고민했지요.

앞서 말한 신뢰의 문제도 경제력과 생산성에 직결되는 문제입니다.

> 주 왕실이 더욱 쇠퇴하여 전국시대에 이르자, 속임수와 힘을 귀하게 여기고 인의仁義를 천하게 여기며, 부유함을 앞세우고 예의와 겸양은 뒤에 두었다. 이때 위魏나라의 이회가 위 문후文侯를 위해 '땅의 힘을 따 뽑아내는 정책盡地力之敎'을 만들어내니….[45]

오기 이전에 이회라는 사람이 있었지요. 이극이라고도 하는데, 역시 제 선배입니다. 《한서》〈식화지〉에 전국시대의 생산력의 신장을 지적할 때 이회가 나옵니다. 땅의 힘을 뽑아내는 정책을 이회라는 사람이 만들어 추진했답니다. 그는 토지 생산력의 극한 이용, 합리적인 재정 정책, 세원 발굴, 세수 확보, 세수원 보호 등을 주장했지요.

사마천은 그를 보고 지력을 극대화하는 사람이라고 칭했습니다. '땅의 힘을 뽑아낸다는 것'은 두 의미가 있습니다. 경작지를 늘린다는 뜻과 황무지를 개간한다는 뜻이지요. 단순히 농지를 넓힌다는 뜻만이 아니라 단위면적당 생산량을 늘린다는 뜻도 있습니다. 같은 땅에서 더 많은 곡물을 생산해낸다는 의미이지요.

경작지와 단위면적당 생산량을 늘리기 위해서는 저수지나 보 같은 공공재도 확충해야 합니다. 저수지와 보 등을 만들기 위해 법가 선배들은 애를 썼지요. 이극 역시 마찬가지입니다. 그래야 땅의 힘을 최대한 끌어올릴 수 있으니까요.

땅힘만이 아니라 이회는 산림수택山林水澤에서 나오는 경제적 가치에 눈을 떴습니다. 전국시대로 들어오면서 국가의 체급이 커졌고 그에 비례해 국가 재정이 많이 필요해졌습니다. 관료 집단을 먹여 살려야 했고, 보·저수지·다리 등 공공재도 건설해야 했지요. 무엇보다 이전 시대와는 달리 전쟁이 빈번해지고 전쟁 규모가 커지다 보니 군 장비를 만드는 데 드는 비용이 엄청나게 늘었습니다. 주요 군 장비인 활, 화살, 갑옷 등에 소요되는 특수 나무와 피혁 등의 공급처가 모두 산림수택이었습니다. 시간이 갈수록 산림수택에서 나오는 자원의 경제적 가치가 귀해졌지요.

기존에는 산림수택이 방치되거나, 지역 토착민만 이따금 그곳에서 필요한 것을 구해가곤 했을 뿐입니다. 그런데 관중과 이회는 이를 국가가 장악하라고 했습니다. 이를 잘 활용하면 군 장비를 넉넉히 만들 수 있고 전비에 쓸 비용 마련에도 도움이 되며 무엇보다 국가가 스스로 물자와 비용을 조달할 수 있으니, 농민이 짊어지는 조세 부담을 덜 수 있다고 보았기 때문입니다. 그러면 결과적으로 건강한 자영농을 육성할 수 있게 되지요.

반면, 산림수택에서 나오는 자원을 국부의 근원으로 삼지 못하면 농민을 쥐어짜게 돼 그들의 생산 의욕을 떨어뜨립니다. 궁극적으로 농민의 이주와 도망을 부추기게 되지요. 이회가 어떻게든 산림수택을 국가가 철저히 관리하라고 한 이유가 여기에 있습니다.

여기서 이야기를 하나 하겠습니다. 《사기》〈골계열전滑稽列傳〉에 실린 서문표西門豹라는 사람 이야기입니다. 이 인물은 앞으로 곧잘 등장할 텐데, 그 역시 법가적 인물이라고 할 수 있습니다.

서문표도 다른 법가 사상가처럼 생산을 진흥시키는 데 관심이 많았지요. 땅의 힘을 키우고자 애를 썼습니다. "인민을 동원하여 수로 열두 갈래를 파서 황허의 물을 끌어다가 인민의 밭에 대니, 밭마다 모두 물을 얻을 수 있게 되었다"라는 기록이 있습니다. 수로를 정비해 생산을 진흥시켰지요. 그런데 관개 사업 초기에는 효과는 적어 보이고 일은 고되다는 생각에 인민이 이 사업에 응하려 하지 않았습니다. 그때 서문표가 말했습니다.

인민이란 일을 이룬 뒤 함께 즐길 수는 있어도, 함께 고민하여 새로운 일을 시작할 수는 없는 법이오. 지금 부로자제父老子弟들은 나 때문에 걱정이 많고 괴롭다고 하겠지만, 백세 뒤의 부로자손父老子孫들은 내 말을 생각하게 될 것이오.[46]

일을 이루면 결과를 가지고 인민과 함께 즐길 수는 있지만, 시작 단계에서 인민과 같이 고민하고 그들의 말을 경청하면 일을 시작할 수 없다고 합니다. 제가 앞서 말했듯, 일을 할 때 인민을 너무 의식하여 하나하나 설득하려고 하다간 시작도 못 한다고 서문표 역시 말한 것이지요. 그러곤 그는 사업을 강행하여 결국 치수에 성공했습니다. 열두 갈래 수로가 모두 완성되어 인민이 풍족해졌습니다.

그런데 나중에 보니 열두 수로가 치도馳道(황제가 다니는 길)를 가로지르고 있었습니다. 외부의 장리長吏 벼슬아치들이 수로 위에 있는 열두 다리가 치도를 끊고 있고 이 다리들이 서로 너무 붙어 있어서 그대로 둘 수 없다고 생각했습니다. 공사해서 다리를 정리해 치도를 분명하게 하려고 했지요. 이때 서문표가 다스린 업鄴의 인민과 부로들이 반발했습니다. 그건 "서문군西門君이 만든 것으로, 현군賢君의 법식을 바꿔서는 안 된다"라고 하면서요. 서문표를 서문군, 현군이라고 칭하는 것을 보니 서문표의 다스림에 고마워했음을 알 수 있지요. 결국 장리들은 여론을 받아들여 다리를 그대로 두었다고 합니다.

당시엔 관개수로를 놓는 일이 중요했습니다. 경작지 면적을 늘리고 땅의 생산력을 높이기 위해서이지요. 부국강병이 중요한 터에, 생산력이 국력이고 국력은 땅힘에서 좌우되니 땅의 생산력을 높여야겠지요.

사마천은 이런 논평을 달았습니다. "서문표가 업의 수령이 되어 그 명성이 천하에 자자했고 후세까지 이어져 끊어지지 않았으니, 어찌 그를 현명한 대부라 하지 않을 수 있으리오?"

## 농전지사

이처럼 법가는 경제력을 중시했습니다. 특히, 농사 더 정확히 말해서 곡물 재화 생산에 주력했지요. 그래서 나온 말이 농전지사農戰之士 경전지사耕戰之士입니다. 이는 오기가 가장 먼저 주창했고 상앙이 중시했지요. 농사지으며 전쟁하는 사람, 농사짓고 싸우는 선비라는 뜻입니다. 평소엔 농사짓고 농한기 때 훈련받고 유사시에 전쟁에 나가는데 까막눈이어도 선비라고 했습니다. 이런 사람이 많아야 한다고 법가는 주장했지요. 저 역시 마찬가지입니다.

> 지금 나라 안 인민 모두가 정치를 말하고, 상앙이나 관중의 법을 소장하는 자가 집집마다 있으나, 나라가 더욱 가난해지는 것은 농사일을 말하는 자는 많아도 쟁기를 손에 드는 자는 적기 때문이다. 나라 안이 모두 군사를 말하고 손무나 오기의 병서를 소장하는 자가 집집마다 있으나 병력이 더욱 약해지는 것은 입으로 전쟁을 말하는 자는 많아도 갑옷을 입는 자는 적기 때문이다.[47]

> 전사들이 싸움터에서 게을러진다는 것은 군대가 약해지는 것이며 농부들이 농사일에 게을러진다는 것은 나라가 가난해지는 것입니다. 군대가 적에게 약하고 나라가 안으로 가난하면서도 망하지 않은 적은 아직 없습니다.[48]

국가는 인민에게 땅을 나눠 주고 사유재산을 보호해주고 일한 만큼 부를 누리게 해야 합니다. 인민은 농사를 지으며 튼튼해진 몸으로 군사훈련을 받아 전쟁 시 소집되어 나가 싸워야 하지요. 이들이 국가의 기둥임을 법가 사상가들은 분명히 했습니다.

오기가 농전지사의 육성과 보호를 말했고 상앙도 강조했습니다. 상앙은 나라는 농전에 의지해야만 안정되고 군주는 농전에 의지해야만 존엄해진다고 했지요. 그렇기에 이를 인민이 분명히 알게 하라고 했습니다. 농사와 전쟁의 일을 열심히 해야만 상을 받고 벼슬을 할 수 있다는 점을 모두가 똑똑히 알게 하라고 했지요.

상앙은 농사와 전쟁을 중시했지만, 우선은 농사입니다. 땅을 경작하는 사람이 많아야 한다고 했지요. 그다음이 군사력입니다. 왜 그럴까요? 일단 농사를 지으면 사람이 순박해집니다. 국가의 통치에 사람들이 순응하게 되지요. 더불어 육체가 단련됩니다. 몸이 튼튼해지는 까닭에 좋은 병역 자원이 될 수 있지요. 그러니 농민의 수가 많을수록 좋습니다. 무엇보다 농민은 정착민이라는 점이 중요하지요. 곡물이라는 가장 귀한 재화를 생산하고 병역 자원도 되지만, 역시 가장 중요한 것은 정착민이라는 점입니다. 상인과 기술을 가진 공인, 입과 글의 힘을 가진 지식인과 달리 농민은 땅에 집착하고 땅에 붙어사는 존재입니다. 다른 나라로 이주할 여지가 아주 적습니다.

정착민이 많으면 정치하는 이들에게 여러 면에서 좋습니다. 정치가 여러 면에서 명확해질 수 있지요. 일단 정착민은 늘 파악할 수 있습니다. 어디에 누가 얼마나 사는지 알 수 있기에 국가행정에 계산이 섭니다. 얼마나 생산이 될지 얼마나 세금으로 거둘 수 있을지 가늠이 되고, 언제 어떻게 이들을 동원해 국가의 공사와 전쟁에 부릴 수 있을지 계산이 나오지요. 그러니 농민이 많아야 하지 않겠습니까?

상앙이 이런 말을 했습니다. "헛된 말을 일삼는 선비의 밑천은 입에 있고, 용사의 밑천은 기에 있고, 수공업자의 밑천은 손에 있고, 장사하는 사람의 밑천은 몸에 있다." 이들은 마치 천하가 자기네의 집인 양 살아간다고 했습니

- 119 -

다. 어디든 갈 수 있다는 뜻이지요. 하지만 농경민은 늘 땅에 붙어 있습니다. 그러니 국력을 확실히 높이려면, 반드시 부국강병을 달성하려면 정착민 수를 늘려야겠지요. 농전지사는 국력의 근본입니다.

> 암석 땅이 천 리라도 부하다고 일러 말할 수 없다. 허수아비가 백만이라도 강하다고 일러 말할 수 없다.[49]

〈현학〉 편에서 한 말이지요. 국토의 땅힘을 키우자는 주장이자 경전지사를 최대한 확보해 정착민 수를 최대한 늘리자는 주장입니다. 땅이 아무리 넓으면 뭐할까요? 그 땅에서 확실히 무언가를 얻어내지 못하고, 설사 얻었다고 하더라도 국가가 반드시 가질 수 없다면 말입니다. 사람이 아무리 많으면 뭐할까요? 국가에 필요한 인적 자원이 되지 않으면 말이지요. 아무 소용 없습니다. 국부의 원천이 되지 못하는 땅은 자갈밭일 뿐이며 인적 자원이 되지 못하는 인민은 허수아비일 뿐입니다. 확실하지 않으면 아무 소용 없으니 부지런히 땅을 개간하고 인민에게 나누어 주어 소유 관계를 명확히 하고 호적 제도를 정비해 인민 수를 파악해야 합니다. 정착민이 많아지게 하고, 이들을 국가가 직접 지배-관리해야지요.

그런데 잊지 말아야 할 중요한 점이 있습니다. 단순히 통제하고 관리할 게 아니라, 정착민이 농사지을 맛과 전투에 목숨 걸고 임할 의욕을 잃게 해서는 안 됩니다. 다른 업에 한눈팔게 하거나 상대적 박탈감을 느끼게 해서는 안 되지요. 그래서 법가 사상가들은 인민이 농사와 전투가 아닌 다른 일로 쉽게 많은 부와 권력을 누리게 해서는 안 된다고 주장했습니다. 입만 살은 유자儒者나 사적 폭력을 일삼으면서 협객이라고 자부하는 이들이 농사도 짓지 않고 군대에 복무하지도 않으면서 이름을 날리고 상을 받거나 부유함을 누린다면, 어느 누가 농사짓고 전장에 나가 싸우고 싶겠습니까? 비非곡물·비국방 재화 생산에 종사하는 이들이 많은 복을 누리게 하면 안 됩니다. 그러면 전 국토가 암석으로 되는 것이나 마찬가지고 전 인민이 허수아비가 되는 것과 한가지입니다.

이는 한편으로는, 상앙이 지식 노동자와 상인에 대한 탄압을 말한 것이기도 합니다. 몸으로 일하며 농사와 전쟁에 종사하는 인민만이 부유함을 누리고 사회적 자원을 누리도록 하자는 뜻으로 그랬지요. 이를 법으로 보장하고 국가가 그 법 뒤에 서자고 했지요. 농사와 전쟁을 통해 얻은 사유재산을 국가가 확실히 지켜주지 않는다면, 어떻게 농전지사의 수가 늘어나겠습니까? 곡물을 생산하고 국방에 종사하는 사람이 부를 누리고 배부르게 해야 합니다.*

이는 사회적 자원을 어떻게 배분할 것이냐의 문제입니다. 정치의 근본 문제이자 고민이지요.

군주 가운데는 작위가 사람들에게 분배되어도 그 군대가 약한 경우가 있고, 녹봉이 사람들에게 분배되어도 나라가 가난한 경우가 있으며, 법이 확립되어도 다스림이 혼란스러운 사람이 있다. 이 세 가지가 나라의 근심거리다.[50]

녹봉과 작위는 사회적 자원인데, 이를 제대로 된 기준으로 분배하고 납득이 되도록 나눌 수 있어야 합니다. 그러지 않으면 생산력이 약해지고 꼭 해야

---

\*　몸을 써서 일하는 사람을 보호하고 대우하자는 말을 법가 사상가들이 많이 했다. 애덤 스미스의 노동가치론과 통하는 바가 있다. 그 밖에도 여러 측면에서 한비자–애덤스미스, 법가–자유주의 경제학자는 통하는 바가 많다.

하는 궂은일을 인민이 안 하려고 듭니다.

그럼, 사회적 자원을 어떤 기준과 근거로 어떻게 나눌까요? 이 기준이 마련되었다면 법이 이를 어떻게 보증할까요? 이런 문제는 앞서 말한 사회적 신뢰 문제와 더불어 정치의 근본 문제입니다. 우리 법가는 이 문제를 치열하게 고민했지요. 법가를 보고 근대 정치학의 냄새가 난다고 하고 사회과학이라고 해도 손색이 없다고 하는 데에는 이러한 이유가 있습니다. 국가 경제 문제를 고민하면서 사회적 자원을 어떻게 나눌까를 고민했기 때문이지요.

한발 더 나아가 법가는 공적 신뢰와 권위 문제까지 고민했습니다. 그런데도 법가가 단순히 법으로 다스리자고 주장한 사람들일까요? 엄격한 법치와 형벌로 인민을 강제하며 질서나 잡자고 한 사람들이겠습니까? 법가와 저 한비자는 반드시 다루어야 하는 정치의 근본 문제를 직시하고 그 문제와 싸우려 했지요. 선진시대 사상가 가운데 가장 날카롭고 치열하게 정치의 근본 문제인 사회적 신뢰와 사회적 자원의 분배 문제를 고민했습니다!

· 9 장 ·

# 한 사람만을 통하면 나라가 멸망한다

**권력의 대기실에 대하여**

## 권력의 대기실

이야기 하나 풀어보겠습니다. 〈외저설 좌하〉에 있는 이야기입니다.

남궁경자南宮敬子가 안락취顏涿聚에게 물었습니다. "계손씨는 공자의 제자를 식객으로 거느렸고 조정의 관리 복장으로 앉는 이가 열 명이나 되는데도 적을 만난 것은 왜 그런가?" 안락취가 답했습니다. "옛날 주 성왕成王이 배우나 악사를 가까이 두고 기분을 풀었으나, 정사만은 군자들과 함께 의논하여 결단하였습니다. 이로써 성왕은 자신의 바람을 천하에 이룰 수 있었습니다. 지금 계손은 공자의 제자들을 거느리고 조정의 예복 차림으로 자리를 함께하는 이가 수십

명이나 되면서도 악사들과 함께 정사를 결단하였으므로 적을 만나게 된 것입니다. 그러므로 이르기를 '정치는 함께 있는 자에게 달려 있지 않고 함께 도모하는 자에게 달려 있다'고 하는 것입니다."⁵¹

남궁경자와 안탁취의 대화입니다. 안탁취가 주 성왕과 계손씨라는 두 리더를 두고 비교해서 말합니다. 계손씨가 왜 안 되는지 말하면서 엉뚱한 사람들과 정사를 같이 하기에 정치가 막힌다면서, 누구와 정사를 도모하느냐가 중요하다고 합니다. 주나라 성왕은 배우나 악사를 곁에 두었지만 그들이 정치에는 나서지 못하게 했고, 정사는 철저히 정치인들과 논했습니다. 하지만 노나라의 실력자 계손씨는 악사들과 정사를 논했습니다. 아무리 조정에 공자의 제자들을 영입해 앉히면 뭐하겠습니까? 정치는 조정을 누구로 채우느냐보다 누구와 함께 정사를 논하는지가 중요합니다. 안탁취는 이를 "부재소여거不在所與居, 재소여모야在所與謀也"라고 했습니다.

그러면 정사를 누구와 함께 도모하는지가 중요하니, 이를 잘 따져봐야 할 터인데요, 여기서 '권력의 대기실vorraum' 이야기를 해보겠습니다.

권력의 대기실, 바로 권력의 실세를 가리키는 말인데요, 정치에서 참 중요한 문제이지요. 법가는 공적 신뢰와 사회적 재화의 분배 같은 정치의 근본 문제를 고민했다고 했습니다. 저 한비자는 권력의 근본 문제까지 고민했습니다. 이 모두 정치의 필연성, 즉 무조건 성과를 내고 국가 안정성을 만들어내는 정치를 위한 사유에서 비롯했지요. 권력의 대기실도 마찬가지입니다. 권력이 있는 곳에 반드시 발생하는 문제이자, 정치의 투명성과 효율성을 위해 반드시 짚고 가야 하는 주제입니다. 안탁취의 일화는 권력의 대기실 문제입니다. 권력의 대기실에 의해 권력을 침해당한 리더(계손씨)와 그렇지 않은 리

더(주 성왕)를 비교해 이 문제를 거론한 것입니다.

한 사람만을 중용하여 창구로 삼는 경우 그 나라는 망할 것이다.[52]

제가 〈망징〉 편에서 권력의 대기실을 경계하며 한 말이지요. 엉뚱한 사람을 옆에 앉혀놓고 그 사람과만 정사를 논하여 중요한 일을 결정하면 당연히 나라가 망합니다.

권력의 대기실은 현대 정치에서도 중요합니다. 다른 말로 파생권력 또는 간접권력이라고 하는데, 정치권력의 성공과 실패를 좌우하는 매우 중요한 변수입니다. 이를 제대로 제어하지 못하면 정치는 필연적으로 실패하지요. 여기서 또 미자하 이야기를 해야겠습니다.

위衛나라 영공靈公 때 미자하가 총애를 받아 위나라를 제멋대로 전횡하고 있었습니다. 어느 난쟁이가 영공을 만나더니 꿈 이야기를 했습니다. "저의 꿈이 맞았습니다"라고. 영공이 대뜸 무슨 꿈이냐고 물었습니다. 난쟁이가 "꿈에 부엌 아궁이를 보았는데 공을 만나 뵙기 위한 징조였습니다"라고 답하였습니다. 그러자 영공이 화가 나서 말했습니다. "내가 들건대 군주를 만나는 자는 꿈에 해를 본다고 한다. 너는 어찌 나를 만나면서 꿈에 부엌 아궁이를 보았다고 하느냐?" 난쟁이가 대답했습니다.

대저 해는 온 천하를 두루 비추므로 물건 하나가 해를 가로막을 수 없습니다. 군주도 온 나라를 두루 비추므로 한 사람만으로는 군주를 다 감쌀 수 없습니다. 그러므로 장차 군주를 만나 뵈려는 이는 꿈에 해를 봅니다. 그런데 부엌 아궁이 앞에서 한 사람이 불을 쬐면 뒷사람은 불을 쬘 방법이 없습니다. 지금 혹시 어떤 한 사람이 군주 앞에서 불을 쬐고 있지 않습니까? 그렇다면 제가 비록 꿈에서 부엌 아궁이를 보았다고 하더라도 옳지 않겠습니까?[53]

여기서 부엌 아궁이 앞에서 불을 쬐는 이가 누군지 아시겠지요? 군주 바로 앞에서 또 옆에서 군주를 쥐락펴락하면서 국정을 농단하는 자, 바로 미자하였습니다.

권력의 대기실, 즉 최고 권력자 근처에 있는 실세로서 권력자에게 가는 정보의 창구를 담당하고 때론 거쳐 가는 정보를 비틀거나 통제하면서 권력자를 좌지우지하지요. 매우 높은 확률로 정치 공동체를 망치는 존재입니다. 국가 통치의 불투명성을 극대화시키는 존재로서, 골치 아프게도 권력의 대기실은 항상 있기 마련이지요. 권력의 대기실은 권력을 들었다 놓았다 하는 정도가 아니라 역사까지 바꿀 수 있습니다.

이 개념은 독일의 정치학자 카를 슈미트Carl Schmitt가 강조했습니다. 그는 직접적인 권력이 자리하는 모든 공간 앞에는 '간접적인 영향력과 위력을 지닌 대기실'이 형성된다고 했습니다. 권력자에게 이르는 통로이자 권력자의 심중으로 통하는 복도입니다. 이러한 대기실과 통로 없이는 권력이 존재하지 않는데, 아무리 권력자가 영명하여 현명한 제도를 만들어내더라도 이를 완전히 뿌리 뽑을 수는 없답니다. 희극적이고도 비극적이게도, 최고 권력자보다는 이 대기실로 권력이 집중되기 쉽다는 뜻입니다. 결국 대기실의 주인이 나라의 실세이지요.

권력의 대기실의 가장 큰 문제는 공적으로 행사되어야 할 권력이 누군가의 사적 이익을 위해 사유화된다는 점입니다. 미자하가 바로 권력의 대기실입니다. 사실 슈미트 한참 이전에 제가 문제로 거론했지요. 역사를 보면 친인

척, 내시, 후궁, 호위무사, 비서가 대기실을 만들어 장악한 경우가 많습니다. 대기실을 둘러싼 암투는 치열하기 마련이라, 대기실 안의 사람들끼리 살벌하게 싸우는 경우도 허다합니다. 그러다가 대기실의 주인이 정해지면, 그가 결국 최고 권력자를 꺾고 나라를 접수하기도 합니다. 수隋나라 문제文帝가 대표적이지요. 외척으로 군주를 쥐락펴락하다가 거기서 그치지 않고 나라를 아주 빼앗아버렸습니다.

권력의 대기실은 통로를 차단하고 정보를 왜곡합니다. 최고 권력자와 현장 사이를, 최고 권력자와 민심 사이를, 최고 권력자와 인민 사이를 차단하지요. 권력자에게 들어가는 정보를 왜곡하고 삭제합니다.

권력의 대기실은 한 사람이 아닌 경우가 많습니다. 여러 겹, 여러 형태의 권력의 대기실이 있을 수 있지요. 군주 바로 옆에 있는 자만이 권력의 대기실이 되는 게 아닙니다. 군주의 측근만이 정보를 차단하고 왜곡하는 게 아니지요. 권력의 대기실도 또 다른 대기실 주인에 의해 권력을 빼앗길 수 있습니다. 군주의 측근을 보좌하는 측근의 측근이 정보를 차단하고 왜곡하기도 합니다. 최고 권력자 바로 옆에 있는 자만이 권력자의 귀를 가리는 게 아닙니다. 지방관은 지방과 최고 권력자 사이를 막습니다. 지방관은 다른 형태의 권력의 대기실이지요. 지방관 이야기가 나와서 말인데요, 하부 정치 단위에도 대기실의 주인이 있습니다. 지방관을 차단하는 누군가가 또 있습니다. 지방관을 보좌하는 아전은 인민과 지방관 사이를 가로막습니다.

이처럼 권력의 대기실 역시 또 다른 권력의 대기실에 의해 차단당하고 농락당하는 경우가 많지요. 나라에 권력의 대기실은 하나 혹은 한 사람일 수 없고, 여러 단계나 형태로 존재하는 법입니다.

이를 저 한비자답게 이야기를 통해 말해보겠습니다. 서문표 이야기입니다.

이 이야기 역시 역사적 사실이라기보다는 우화에 가깝습니다.

서문표가 업의 장관이었을 때입니다. 그는 청렴결백하고 근면성실하여 털 끝만치도 사익을 취하지 않았습니다. 다만 궁중에 있는 군주의 측근들을 대단히 소홀하게 대하였지요. 그러자 측근들이 그를 미워하여 군주에게 모함했지요. 1년 뒤 연말 보고 때 서문표가 궁중에 들었습니다. 위 문후는 그에게 준 관인을 반납시키려고 했습니다. 해고하려 한 것이지요. 그러자 서문표가 자청하여 말했습니다. "제가 이전에는 업 땅 다스리는 방법을 알지 못하였다가 이제야 터득하였습니다. 원컨대 관인을 다시 주십시오. 한 번 더 업 땅을 다스리고 싶습니다. 그때도 제대로 다스리지 못하면 저를 처형하셔도 좋습니다." 문후가 차마 거절하지 못하고 서문표에게 관인을 다시 주며 업 땅을 다스리게 했습니다. 업 땅에 다시 부임한 서문표는 이전과는 반대로 정치를 했습니다. 인민을 쥐어짜 문후의 측근들을 섬겼습니다. 1년이 지나 연말 보고를 하러 궁중에 들자 문후가 마중을 나와 그에게 허리까지 굽혔다지요. 서문표는 "지난해에 제가 군주를 위해 업 땅을 다스렸는데 군주께서는 저의 관인을 빼앗았습니다. 지금은 제가 군주의 측근들을 위해 업 땅을 다스렸는데 군주께서 저에게 허리를 굽히십니다. (이런 형편이라면) 제가 다스릴 수 없습니다"라고 말하였습니다. 그러고는 관인을 반납하고 떠나려 하였습니다. 문후가 관인을 받지 않고 "과인이 지난번에는 자네를 제대로 알아보지 못했으나 지금은 그렇지 않소 다시 한 번 나를 위해 힘써 업 땅을 다스려주기를 바라오"라고 말하였지요.

지역을 제대로 다스릴 때는 험담과 나쁜 보고가 군주의 귀에 들어갑니다. 인민을 못살게 굴었을 때는 좋은 보고가 들어갑니다. 서문표와 군주 사이가 차단되어 뒤틀린 정보가 군주에게 보고되었습니다. 이 이야기를 통해 권력의 대기실이란 개념을 확실히 이해하셨을 겁니다.

권력의 대기실이 커지면 정치는 인민을 향하지 않습니다. 군주를 향하지도 않지요. 그 통로를 장악한 세력에게로만 향할 뿐입니다. 국가 권력이 철저히 사유화되는 거지요. 정치가 산으로 가게 됩니다.

## 권력의 대기실 네 가지

권력의 대기실에 대한 통찰 없이는 최고 권력자의 권력이 어떤 제약과 한계 속에서 행사되는지 알 수 없습니다. 저는 〈팔간八姦〉 편에서 권력의 대기실이 어떻게 형성되고 작동되는지, 누가 대기실의 주인이 되는지 이야기했습니다. 권력의 속성과 본질, 궁중 사회의 여러 이면에 대해 동서고금을 막론하고 저 한비자만큼 무섭게 통찰한 사람은 없다고 자부합니다.

무릇 남의 신하 된 자가 군주에 대하여 간악한 일을 꾸미는 방법으로는 여덟 수단이 있다.

첫째는 동상同牀, 즉 잠자리를 같이하는 자를 말한다. 누구를 가리켜 잠자리를 같이한다고 말하는가. 귀부인과 총애하는 첩, 군주의 마음에 든 미녀로서, 이들은 군주를 유혹하는 자들이다. 느긋하게 즐기는 침실을 핑계 삼아 취하고 흡족한 틈을 타서 원하는 것을 보채면 반드시 들어주는 법이다. 여기서 신하라는 자가 은밀히 이들에게 황금 보옥을 바쳐 이들이 군주를 현혹하게 만드니 이를 동상이라 한다.

둘째는 재방在傍, 즉 군주 곁에 가까이 있는 자를 말한다. 누구를 가리켜 곁에 가까이 있다고 하는가? 광대나 난쟁이, 측근의 친숙한 자들로서, 이들은 군주가 명하지 않았는데도 "예예" 하고, 시키지 않았는데도 분분대로 거행하겠노라고 말하며, 군주가 생각하기도 전에 뜻을 받들고, 용모를 엿보거나 안색을 살펴서 군주의 심중을 앞서 헤아리는 자들이다.

셋째는 부형父兄을 말한다. 누구를 가리켜 부형이라고 하는가? 방계傍系의 숙부나 서자, 형제 등의 자제로서 군주가 친애하는 이들인데, 대신이 되어 군주와 함께 일을 획책하는 자들을 말한다.[54]

〈팔간〉 편에서 저는 여덟 가지 간악함을 논했습니다. 신하가 군주의 권한을 어떻게 침해해 군주를 바보로 만드는지를 서술했지요. 아키타이프archetype라고, 전 늘 유형화해서 분석의 틀을 제공하지요. 〈팔간〉 편에서는 신하가 사익을 추구하기 위해 군주에게 부릴 수 있는 사악한 전술 여덟 가지를 유형화해 설명했습니다. 여기에 권력의 대기실에 관한 이야기가 많이 나옵니다.

팔간 가운데 네 가지가 바로 권력의 대기실과 관련한 내용입니다. 동상, 재방, 부형에 여섯째로 언급한 유행流行, 즉 말 잘하는 변사가 권력의 대기실이지요(141쪽 참조). 간신은 권력의 대기실에 들어가거나 이를 활용해 주권자인 군주를 농락하고 국정을 농단합니다.

첫째 동상은 잠자리를 같이 하는 자들로서, 귀부인·애첩·미소년 등으로 이들은 베갯머리송사를 할 수 있습니다. 재방은 배우·광대·기생·내시 등인데, 이들은 군주에게 즐거움을 주고 눈치를 살펴 비위를 맞춰 군주의 뜻을 먼저 알아차리며, 무리를 이루어 함께 행동하면서 군주의 마음까지 바꾸고 속일 수 있지요. 부형은 군주의 숙부·형제·외척까지 포괄하는데, 이들 역시도 군주를 좌지우지할 수 있기에 신하들은 이들에게 뇌물을 바치고 몰래 섬기며 군주를 조종하려 합니다. 유행은 신하가 다른 제후국에서 입심 좋은 변사를 불러들여 매수한 다음 이들을 군주의 곁에 두는 것을 말합니다. 그러고는 이들을 부려 자신에게 이익이 되는 말을 군주에게 하게 하지요. 교묘하고 유창한 언사와 변설로 군주를 꾀는 방법입니다. 군주의 생각을 흐트러뜨려 자신의 입맛에 맞게 군주를 조종하지요.

이렇듯 팔간 가운데 넷, 절반이 권력의 대기실이지요.

권력의 대기실이 중인과 무관할까요? 이쯤 되면 앞서 말한 법술지사의 등용을 가로막는 주막집의 개, 돌팔이 옥 감정사와 권력의 대기실이 연관된다는 사실을 눈치 채셨을 겁니다. 권력의 대기실은 중인과 유착하였거나 애초에 중인이 심은 사람일 수 있습니다.

이들이 법술지사의 진출을 두고만 보겠습니까? 그러면 자신의 권력에 누수가 생기겠지요. 법술지사가 득세하면 자신의 기득권이 사라질 테지요. 법술지사가 고용되면 개혁과 변법을 가로막는 장애물인 자신에게 칼을 겨누겠지요. 그러니 어림도 없습니다. 이들은 법술지사가 최고 권력자에게 도달하기 전에 바로 대기실 앞에서 차단합니다. 물론 궁중에 있는 충직한 신하도 내보내겠지요.

이렇듯 권력의 대기실은 군주에게 위협적입니다. 그런데 가장 큰 문제는, 앞에서도 잠시 언급한 권력의 사유화입니다. 권력은 철저히 공적으로 천하를 위해 행사되어야 합니다. 절대 사유화되어선 안 되지요. 사유화된 권력은 재앙일 수밖에 없습니다. 이러한 권력은 특히 공동체에 어떠한 정치적 책임도 지지 않는다는 데에 문제가 있습니다. 권력의 대기실은 잘 드러나지 않습니다. 막후 권력의 형태로 존재하지요. 불투명한 권력이 칼춤을 추며 국가를 자신들 입맛에 맞게 칼을 휘두르는 동안 정치가 어지러워져도 아무런 책임도 안 집니다. 모든 것을 누리는데 아무것도 책임을 안 진다면 정치 공동체가 어디로 가겠습니까?

## 지킬 것 세 가지

전제 왕권의 시대만이 아니라 어느 시대이든 권력의 대기실은 정치의 부패와 무책임을 낳는 권력의 악성종양으로 존재하기 쉽습니다. 정치와 권력에 대해 사유하는 사람이라면 늘 살펴야 할 것이지요. 특히 주권자인 군주가 살피고 또 살펴야 합니다. 그런데 모종의 비밀 엄수도 필요합니다.

제가 《한비자》에서 언급한 것들 가운데 '삼수三守'가 있습니다. 군주가 지켜야 할 세 가지이지요. 군주가 삼수를 완전하게 지키면 나라가 안정되고 군주 자신도 빛날 것이며, 그러지 못하면 나라도 불안하고 자신도 위태로워집니다. 그 하나가 권력의 대기실과 관련 있습니다. 바로 정보를 지키는 것입니다. 군주는 함부로 정보를 흘려서는 안 됩니다. 정보를 지킬 줄 알아야 합니다. 그래야 권력의 대기실을 군주 나름대로 견제하면서 자신의 권력을 보호할 수 있습니다.

신하 가운데 요직에 있는 자의 실수나 정사를 맡은 자의 허물이나 명성 있는 신하의 속사정에 대하여 논의하는 경우가 있습니다. 군주가 이를 마음에 담아 두지 않고 측근이나 총애하는 사람에게 흘린다면 신하 가운데 의견을 말하고 싶은 이로서는 감히 군주 아래의 측근이나 군주가 총애하는 사람의 마음에 들지 않고서는 위로 군주에게 의견을 들려줄 수 없게 됩니다. 그러하다면 바른 말을 직접 하는 사람은 군주를 만나볼 수 없으며, 성실하고 정직한 사람은 군주로부터 날로 멀어질 것입니다.[55]

군주에게 측근의 비리나 대신의 부정행위에 대해 제보해야 하는 사람들이 있습니다. 전근대 시절 중국과 한국의 관료 제도에 그런 역할을 맡은 사람들이 있었고 또 그런 역할을 따로 맡지 않아도 충직한 사람들이 군주에게 이야기를 하고는 했지요. 대기실을 장악한 사람들 그리고 이들과 결탁한 중신은 정보가 군주에게 전달되는 것을 당연히 원치 않았겠지요.

그럼에도 누가 이러한 비위를 저질렀고, 누가 이러한 횡포를 부려 군주의 명예에 누를 끼치는지를 간하거나 보고하는 사람들이 있었습니다. 군주는 이러한 보고를 받고 함부로 흘려서는 안 됩니다. 그런데 군주란 위인이 이 보고를 바로 대기실 사람들에게 흘립니다. 그러면 대기실 사람들이 가만히 있겠습니까? 정보를 제공한 이들을 직간접적으로 위협하고 겁박하며 죽이기까지 했습니다. 그러면 모든 사람이 대기실 사람들의 눈치를 보느라 군주에게 정말 필요한 정보를 전달하지 않겠지요. 상황이 이러하다면 군주는 어떻게 될까요? 갈수록 바보가 되겠지요. 측근의 부정행위에 대해 전혀 모르게 되고 결국엔 그들에게 권력을 침탈당할 것입니다.

측근의 부정행위에 대한 이야기가 들어오면 군주는 반드시 이를 지켜야 합니다. 정보를 제공한 이들을 보호하고 정보 통로를 깨끗하게 유지해야 합니다. 그래야 대기실 사람들을 견제할 수 있습니다. 이와 관련한 이야기가 있습니다. 당계공堂谿公과 한나라 소후昭侯의 일화입니다.

당계공이 소후에게 물었습니다. "만일 천 근 나가는 옥으로 된 술잔이 있다고 하더라도 속이 텅 비어 바닥이 없다면 물을 담을 수 있겠습니까?" 소후가 말하기를 안 된다고 했습니다. 당계공이 다시 물었습니다. "질그릇이 있어서 새지 않는다면 술을 담을 수 있겠습니까?" 소후가 말하기를 할 수 있다고 하였습니다. 그러자 당계공이 소후에게 말했습니다. "대저 질그릇이란 지극히 하찮은 것이지만 새지만 않는다면 술을 담을 수 있습니다. 그러나 비록 천금이나 나가는 옥 술잔이 있고 그게 대단히 귀중하더라도 바닥이 없어 물이 새고 술을 담을 수 없다면 누가 그 잔에 마실 것을 부으려 하겠습니까? 군주가 되어 신하들의 말을 누설하는 일은 마치 바닥이 없는 옥 술잔과 같습니다. 비록 훌륭한 지혜가 있더라도 그 술수를 다하지 못함은 바로 그 누설 때문입니다." 그제야 소후가 말하기를 "무슨 말인지 알겠소. 앞으로 조심하겠소"라고 하였습니다. 이때부터 소후는 중요한 일을 하려고 할 때 혼자서 잠을 자지 않은 적이 없었다고 합니다. 행여 잠꼬대를 하여 남들이 그 계획을 알까 두려워서였습니다.

자, 여기서 당계공은 정확히 무슨 말을 하고 싶었을까요? 옥 술잔과 질그릇의 비유는 무엇이고요? 쉽게 말을 흘리는 군주의 누설 행위는 밑이 없어 물이 새는 쓸모없는 옥 술잔과 같다는데, 당계공이 전달하고자 했던 뜻은 전혀 어렵지 않게 알 수 있지요. 바로 대기실 사람들에게 누설 행위를 절대 하지 말라는 겁니다. 당계공의 말을 수용한 소후는 이후 혼자 잠자리에 들었습니다.

밑이 빠진 술잔에 술을 붓는 바보는 없을 겁니다. 마찬가지로 물이 새는 밑 빠진 잔과 같은 군주에게 정보를 전달하는 신하도 없을 겁니다. 군주가 정보와 비밀을 지키려 하지 않는다면, 알짜 정보와 간언이 들어오지 않겠지요. 그러니 반드시 지켜야 합니다!

더불어 정보 통로 자체를 여럿 두어야 합니다. 대기실이 아닌 곳으로도 정보가 들어온다는 사실을 알게 되면 대기실 사람들도 함부로 행동하기가 쉽지 않겠지요. 대기실의 권력과 횡포를 제어할 여지가 생기기 때문입니다. 이것이 바로 한 사람만을 창구로 삼지 말아야 한다는 말의 정확한 의미입니다. 통로가 하나면 군주도 나라도 망하고 말 것입니다.

## 권력 자원의 이중성

권력의 대기실 이야기를 했습니다. 이왕 권력을 말한 김에, 권력의 본질에 대해 이야기를 더해보지요.

권력에 기반이 되는 권력 자원은 수익과 비용이라는 양면성을 가집니다.* 몇 가지 예를 들어 설명해보지요.

인민은 권력의 기반입니다. 인구로 이야기되는 인민은 권력의 기본 조건이라고 할 수 있습니다. 인민이 없으면 주권이 있을 수 없기 때문입니다. 국력의 크기는 인구수에 좌우되는 경우도 많습니다. 반면, 인민은 권력의 기반이지만 비용을 야기하기도 합니다. 인민은 노동력이자 조세 및 병역의 원천으로 권력에 자원을 공급하지만, 이와 동시에 인민의 다양한 요구를 충족시키기 위해 국가는 적지 않은 비용을 써야 합니다. 그러지 못할 경우, 권력 자체가 무너질 수도 있지요.

국토 역시 마찬가지입니다. 넓은 국토는 국가 생산력의 토대이자 권력 자원으로 기능하지만, 동시에 국토를 방어하기 위해 국가는 적지 않은 비용을 들여야 하지요.

관료 기구도 마찬가지입니다. 관료와 관료 기구는 권력의 중요한 기반이지만 이 역시 적지 않은 비용을 필요로 합니다. 게다가 많은 위험을 안고 있지요. 자신들만의 이익을 꾀하는 부패한 대리인 집단으로 전락하기 쉽고 권력 투쟁의 장으로 변질되기도 합니다. 중앙에서는 파벌을 형성해 국익을 내팽개치고 자기 집단만의 이익을 추구하는 경우가 많지요. 지방은 지방대로 문제

---

* 김영진, 《중국, 대국의 신화─중화제국 정치의 토대》, 성균관대학교출판부, 2015.

입니다. 지방 관료 기구는 중앙과 경쟁하기도 하고, 지역을 할거해 반란을 일으키기도 합니다.

군대도 마찬가지입니다. 정치권력의 중요한 구성 요소이지만 때로는 무서운 도전 세력이 되기도 합니다.

이처럼 권력 자원은 수익과 비용, 자산과 위험 요소로서의 측면을 동시에 갖습니다. 이게 바로 권력 자원의 이중성, 양면성입니다. 없으면 절대 안 되고, 있으면 있는 만큼 비례해 권력을 강화해주지만 존재 자체가 위험 요소가 되거나 크기에 비례해 국가 권력을 위협하지요.

이에 대해 순자가 통찰한 바 있습니다. 순자는 군주는 배, 인민은 물이라고 했습니다. 물은 배를 띄우기도 하지만 상황에 따라서는 배를 전복시키기도 하지요. 인민은 통치자의 권력을 뒷받침하는 중요한 기반이지만 통치가 제대로 되지 않을 때에는 통치자를 죽이기도 합니다. 역사에서 무수히 일어난 반란 사례가 이를 입증합니다.

저 한비자 역시 권력 자원의 이중성, 특히 관료와 신하에게 있는 이중성을 통찰했습니다.

관리는 군주가 시키는 대로 일만 하는 수동적인 존재가 아닙니다. 국가 권력의 대리인으로 국한할 수 있는 존재가 아니지요. 관리에게는 이기심, 아부, 나태, 위선, 협잡, 야합, 속임수, 기회주의, 위세, 파벌, 파당, 외세와의 결탁, 권력욕 등 많은 부정적인 속성이 있습니다. 특히 실세를 중심으로 파벌과 파당을 형성해 배타적 사익 추구에 골몰하는 문제가 있지요. 이들이 있어야 국사가 진행되고 군주의 권력이 현실화될 수 있지만, 이들은 아무 때나 군주의 목을 죌 수도 있지요. 당연히 군주는 이들의 이중성을 늘 살펴야 합니다.

외척, 대신, 제후, 장군 등도 군주 권력의 주요한 기반이자 동시에 군주 권력을 위협하는 도전 세력이 될 수 있습니다. 특히 장군이 그러하지요. 절도사 제도로 인해 당나라가 무너진 역사를 보면 쉽게 이해할 수 있지요. 중국 역사를 보면 변방의 장수들이 들고 일어나 권력을 찬탈하는 경우가 많았는데, 군과 군을 이끄는 장군에 대한 통제도 통치자들의 주요한 과제일 수밖에 없습니다. 멀리 나가 있는 장수는 중앙에서 통제하기가 쉽지 않습니다. 그럼에도 춘추전국시대에는 국토가 비교적 좁고 장수가 변방에서 독자 세력을 일굴 여지가 많지 않았기에 장수 통제가 심각하지는 않았습니다. 당시에는 대신들 통제가 먼저였지요. 귀족과 대신이 군주를 허수아비로 만들어 권력을 독과점해 농단하는 사례가 많았습니다. 다만, 한漢나라와 수나라, 당나라처럼 통일 이후의 중국만큼 장수 문제가 심하지는 않았습니다.

자, 권력 자원의 이중성에 대해 이야기하고 있습니다. 저는 관료 기구라는 권력 자원이 가진 이중성에 대해 고민을 많이 했습니다. 이들은 부패한 대리인이 되기 쉽고 군주의 권력을 농단하는 세력이 될 수 있지만, 어쨌거나 이들이 있어야 국가 행정이 돌아가고 군주 권력이 행사됩니다. 신하 하나하나가 가진 능력을 국력으로 전환시켜야만 국가가 강해질 수 있지요. 위험하지만 이들의 힘이 반드시 필요합니다.

군주는 이러한 이중성에 대해 명확히 인식하면서 비용과 위험성을 최소화하는 데 주력하면서도, 이들이 좋은 대리인이 될 수 있도록 유인해야 합니다. 그래서 저는 '인센티브'에 대해 많이도 말했습니다. 긍정의 인센티브와 부정의 인센티브 모두를 활용해 이들을 통제하고 관리하여, 이들이 능력을 발휘하도록 이끌어야 한다고 보았지요. 제가 주장하는 법치에는 이러한 고민이 담겨 있습니다.

지금까지 권력의 대기실과 권력 자원의 이중성에 대해 이야기하면서 권력의 속성을 통찰했습니다. 지금부터는 한비자만의 논의 전개 방식인 레토릭, 즉 수사에 대해 이야기해보겠습니다.

· 10장 ·

# 득이 되는 자가 도리어 비난받는다

**한비자만의 설명 방식에 대하여**

## 군주가 지켜야 할 세 가지

앞서 '삼수'라 해서 군주가 지켜야 할 세 가지가 있고, 그 첫째에 해당하는 정보 지키기에 대해서 이야기했습니다. 그러면 나머지 두 가지는 무엇일까요? 지금 삼수의 세 가지를 모두 이야기하겠습니다.

첫째, 요직과 실력자의 실수나 허물에 대한 보고가 들어올 경우 절대 함부로 흘리지 마라. 비밀스러운 정보와 보고를 지켜야 한다.

둘째, 자신의 의지대로 임명하고 파면할 수 있어야 한다. 즉, 인사권을 지켜야 한다.

셋째, 상과 벌을 주는 권리를 직접 행사하라. 절대 신하에게 양도하지 말라. 즉, 생사와 여탈의 칼자루를 지켜야 한다.

군주가 지켜야 할 세 가지입니다. 그러면 군주는 어떻게 해야 할까요? 늘 스스로 점검해봐야겠지요. 삼수를 잘 지키고 있는가? 혹시 누가 삼수를 앗아가려고 하지 않는가? 삼수를 노리는 자들이 없는가? 늘 점검해야 합니다.

자, 저는 군주가 지켜야 할 세 가지를 유형화해서 설명했습니다. 이렇게 설명하는 방법을 아키타이프라고 했습니다. 전 이러한 설명 방식을 즐겼습니다. 우화와 더불어 아키타이프는 저만의 설명 방식, 즉 레토릭이라고 할 수 있지요. 한비자의 수사법입니다.

앞서 권력의 대기실을 거론하면서 '팔간'을 말했습니다. 군주의 권력을 노리는 신하의 간악한 행동을 여덟 가지로 아키타이프, 즉 유형화해 설명했습니다. 팔간 가운데 네 가지는 이미 거론했습니다만, 전체를 말해보자면 다음과 같습니다.

첫째, 동상: 귀부인. 총애하는 첩, 마음에 드는 미녀. 신하가 이들에게 황금 보옥을 바쳐 군주를 현혹함.
둘째, 재방: 군주 곁에 가까이 있는 자. 광대나 난쟁이, 동성애 대상. 측근의 친숙한 자들로, 말하기 전에 뜻을 받들고 안색을 살펴 군주의 심중을 헤아리는 자들.
셋째, 부형: 방계의 숙부나 서형제인 공자. 가인과 무녀를 바쳐서 환심을 사는 자들.
넷째, 양앙養殃: 군주의 재앙을 조장하는 일. 궁실, 대지, 개와 말, 이상한 취미에 빠지게 하여, 그것에 정신 팔리게 하는 일.

다섯째, 민맹民萌: 신하가 공공의 재화를 흩뿌려 사람들을 좋아하게 하고, 하찮은 은혜를 베풀어 인민이 따르게 하여 조정이나 민간이 모두 자신을 칭송하도록 하여 세력을 얻는 일.

여섯째, 유행: 신하가 떠돌이 유세꾼을 불러들여 군주 앞에서 자신에게 이익이 되도록 말을 시키거나 허황된 언사를 펼치게 해 군주의 판단력을 흐리며 조종하는 일.

일곱째, 위강威强: 협객과 무사를 불러 모아 사적 폭력의 힘을 기르는 행위.

여덟째, 사방四方: 외세를 끌어 들이는 행위.


이 여덟 가지는 신하 된 자가 군주에 대해 간악한 일을 벌이는 수단이지요. 군주의 이목이 가려져 나라를 잃게 되는 원인이 되니 신중히 살피지 않을 수 없다고 했습니다.

팔간 가운데, 동상·재방·부형·유행이 권력의 대기실이라 했습니다. 이에 나머지 네 가지가 더해져, 군주를 바보로 만들어 군주가 권력을 잃게 하는 여덟 가지 간악함이 됩니다.

그러면 군주는 어떻게 해야 할까요? 이러한 행위가 보이지 않는지 자신이 주변을 시나브로 감싸지 않는지 성찰해야 합니다. 막연히 누가 간교한 짓을 벌이는지 보려고만 해서는 안 되지요. 팔간 유형의 인물을 사전에 알고 있다면 조금 더 상황을 면밀히 관찰하고 입체적으로 주시할 수 있습니다. 그러다 보면 자신이 보지 못하는 '인식의 사각지대'가 좁혀질 것입니다.

나라를 다스리는 이라고 해서 국정과 관련한 모든 일을 꿰고 살피지는 못합니다. 그러나 보지 못하는 부분과 범위를 어떻게든 줄여야겠지요. 보이는 부분은 구체성이라는 옷을 입혀 머릿속에 넣어야 합니다. 보지 못하는 부분은 줄이고 보이는 부분은 구체적으로 인식하면 '필연성'이 높아집니다. 저 한비자가 왜 유형을 나눠 설명하는 방식을 즐기는지 이제는 이해할 수 있을 겁니다. 정치는 무조건 철두철미해야 합니다. 그러려면 현실을 유형화해 볼 수 있어야 하지요.

저는 팔간에 대응하는 법도 말했습니다. 이 역시 유형화해 설명해보도록 하지요.

첫째, 현명한 군주는 후궁에 대해 여색을 즐기기는 하지만 공적인 말을 하지 못하게 하고 사적으로 청탁하지 못하게 한다.

둘째, 좌우 측근에 대해서는 일을 시켜 반드시 자신이 말한 그대로 실행하도록 요구하며 쓸데없이 말을 더하지 못하게 한다.

셋째, 부형이나 중신에 대해서는 그들이 하는 말을 받아들이지만 반드시 형벌로써 뒷일까지 책임지게 하여 경솔하게 행동하지 못하게 한다.

넷째, 군주가 보고 듣고 즐기는 애완품에 대해서는 반드시 그 출처를 알게 하여, 신하가 마음대로 올리거나 마음대로 물리치지 못하게 하고 군주의 의중을 추측하지 못하게 한다.

다섯째, 은혜를 베푸는 데 있어 궁 안의 재물을 방출하거나 큰 곡식 창고를 개방하여 인민에게 이익을 주는 일은 반드시 군주의 명을 통하도록 하여 신하가 사적으로 은혜를 베풀지 못하게 한다.

여섯째, 의견이나 논의를 듣는 데는 칭찬받는 자의 좋은 점과 비방당하는 자의 나쁜 점에 대하여 반드시 실제로 그 능력을 확인하고 그 잘못을 끝까지 살펴, 신하가 한패가 되어 말을 서로 맞추지 못하게 한다.

일곱째, 용력을 지닌 무사를 대하는 자세에 있어 전쟁에서 세운 공에 대해 아무렇게나 상을 주지 않고, 시장 거리에서 다투는 용기에 대해 죄를 용서하지 않으며, 신하가 사재를 들여 무사를 양성하지 못하도록 한다.

여덟째, 제후의 요구가 도리에 맞으면 받아들이고 도리에 안 맞으면 거절한다.[56]

여덟 가지 간악한 행태에 맞서는 여덟 가지 행동지침을 이야기했습니다. 이렇게 유형화해서 설명해야 현실을 명확히 파악하고 상황을 제어할 수 있는 유효한 힘이 생기지 않겠습니까? 아키타이프의 매력은 바로 이런 데에 있습니다.

아키타이프는 고대 중국에서 손자가 가장 먼저 시작했습니다. 그러고 보면 사실 제가 손자의 영향을 참 많이도 받았지요.

## 손자와 한비자 1-유형화: 분류와 분석

《손자병법孫子兵法》은 〈계計〉편으로 시작합니다. '계산하라'는 뜻이지요. 양국의 전력을 비교해 따져보라고 하는데, 계산을 위한 기준을 제시했습니다.

전쟁은 나라의 큰일이다. 인민의 생사와 국가의 존망이 결정되니 깊이 살피지 않으면 안 된다.[57]

그러므로 다섯 항목을 근거로 하고 일곱 계산법으로 비교하여(오사칠계五事七計) 적과 나의 상황에 대해 정확하게 파악해 접근해야 합니다. 다섯 가지 거

시적 항목을 뜻하는 오사와 일곱 가지 미시적 항목을 뜻하는 칠계로 양국의
전력을 비교해보라고 했는데, 먼저 오사는 이러합니다.


첫째, 도道

둘째, 천天

셋째, 지地

넷째, 장수將

다섯째, 법法


정치적 상황과 조건인 도, 기상과 기후 조건인 천, 지리·지형 조건인 지, 인
적 자원 조건인 장수, 군대의 보급과 시스템의 우수함이라는 조건인 법을 오
사라 합니다.

칠계는 이러합니다.


첫째, 어느 군주가 더 도를 지니고 있는가?

둘째, 어느 나라가 더 하늘과 땅의 이득을 얻었는가?

셋째, 어느 장수가 더 유능한가?

넷째, 어느 법령이 더 잘 운용되는가?

다섯째, 어느 병력이 더 강한가?

여섯째, 어느 병졸이 더 잘 훈련되어 있는가?

일곱째, 어느 나라의 상벌이 더 명확하고 공정한가?


이 기준에 비추어 적국과 아국의 전력을 따져보고 상대적 약점과 강점을

모두 파악하라고 했습니다. 단순히 우리나라가 강하고 상대 국가가 약하다가 아니라, 무엇이 어떤 면에서 얼마나 강하고 약한지 구체적으로 파악하기 위해 손자가 조언한 것입니다. 있는 그대로 현실을 마주하고 구체적으로 사안을 판단하려면, 이처럼 '분석의 틀'이 되는 아키타이프라는 도구가 반드시 있어야지요.

손자는 오사와 칠계 외에도 승패를 판단할 수 있는 기준이 되는 다섯 항목도 유형화해 승전오계勝戰五計를 말했으며, 지형을 전략적·전술적으로 나누어서 유형화해 설명하기도 했습니다. 손자의 탁월함이 바로 여기에 있지요.

사람들은 저 한비자를 순자와 많이 연관 지어 말하면서 제가 순자의 제자라고 보았지만, 아닙니다. 저에게 가장 큰 영향을 준 사람은 바로 손자입니다. 앞서 제가 손자가 말한 전쟁 철학과 전쟁 기술을 빌려왔고, 이를 궁중 사회에 적용할 수 있는 정치투쟁의 철학과 기술로 응용했다고 했습니다. 그러기 위해 항목을 유형화해 설명하고 해결책을 제시했는데, 이 역시 손자의 영향입니다. 손자의 도구인 아키타이프를 제가 계승해 발전시킨 셈이지요. 《한비자》에는 삼수와 팔간 외에도 아키타이프의 사례가 많습니다.

- 십과十過 : 군주가 자신을 망치고 나라를 잃고 마는 열 가지 원인.
- 오두五蠹 : 나라 안에 존재하는 기생충과 같은 사람들로서 국정이 어지러운 틈을 타서 혼란을 조장하는 자들의 다섯 행태.
- 삼수三守 : 국가를 통치하는 군주가 반드시 지켜야 할 세 가지.
- 팔경八經 : 천하를 다스리는 자가 반드시 유념해야 할 여덟 통치 원칙.
- 육미六微 : 군주가 명확히 꿰뚫어 보아야 할 여섯 조짐.

이처럼 저는 열 가지, 여덟 가지, 다섯 가지 등으로 사안을 유형화해 설명하는 경향이 있습니다. 그리하여 주권자가 현실을 면밀히 살펴 있는 그대로의 진실을 마주하는 데에 필요한 실사구시實事求是적 인식의 틀로 제시했습니다.

## 육반-인간의 여섯 유형

마음이 간악하고 사람들을 속이며 나라에 불필요한 사람이 여섯 유형이 있는데, 사람들은 이들을 칭찬한다. 농사짓거나 전쟁에 나가는 등 나라에 필요한 사람 또한 여섯 유형이 있는데, 사람들은 이들을 비난한다.[58]

저는 〈육반〉 편에서 법치에 잘 응하지 않고 사익만 추구하는 인간이 사람들에게 칭송받고, 법치에 순응하고 사람들에게 도움이 되는 인간이 세상에서 외면받고 놀림거리가 되는 현상을 보고 개탄했습니다. 이러한 현상 역시 유형화했지요. 군주에게 득이 되는 사람/해가 되는 사람, 더 정확히 말하자면 법치와 공공 이익에 도움이 되는 사람/도움이 안 되는 사람을 각각 여섯 유형으로 구분해 설명했습니다.

첫째, 죽음이 두려워 위난을 멀리 피하는 자는 항복하거나 도망친다. 그러나 세상은 그를 높여 생명을 소중히 하는 인사라고 한다.
둘째, 도를 배우고 관념적 주장을 세우는 자는 법을 어기는 사람들이다. 그러나 세상은 그를 높여 학문을 한 인사라고 한다.
셋째, 놀면서 잘 먹고 사는 자는 식량을 탐하는 사람이다. 그러나 세상은 그를 높여 유능한 인사라고 한다.

넷째, 간사하게 말하고 안다고 드러내는 자는 거짓으로 속이는 사람이다. 그러나 세상은 그를 높여 말 잘하고 재지가 있는 인사라고 한다.

다섯째, 칼을 휘둘러 사람을 치고 죽이는 자는 난폭한 사람이다. 그러나 세상은 그를 높여 용맹스러운 인사라고 한다.

여섯째, 적을 살리고 악한 자를 숨겨주는 자는 죽을죄를 지은 사람이다. 그러나 세상은 그를 높여 협객이라고 한다.[59]

육반에 해당하는 자는 법치 불응형 인간입니다. 공공의 이익을 해치고 공동체에 해를 끼치지만 사람들에게 칭송받습니다. 이 여섯 유형의 인간을 아무리 사람들이 칭찬한다고 해도 군주는 법으로써 이들을 엄히 다스려야겠지요. 그러기 위해서는 '분석의 틀'에 비추어 뭇 인간을 살펴야 합니다. 그래야 법치에 반하는 인간을 분명히 벌할 수 있지 않겠습니까?

첫째, 위험을 당하여 정성을 다 바치는 자는 절의 때문에 죽는 사람이다. 그러나 세상은 그를 헐뜯어 계산을 잘못하는 자라고 말한다.

둘째, 식견이 적고 명령에 잘 따르는 자는 법을 온전하게 지키는 사람이다. 그러나 세상은 그를 헐뜯어 멋없고 고루한 자라고 말한다.

셋째, 농사일에 힘써서 먹고 사는 자는 국가의 이득을 산출하는 사람이다. 그러나 세상은 그를 헐뜯어 능력이 부족한 자라고 말한다.

넷째, 선량 온후하며 순수한 자는 성실한 사람이다. 그러나 세상은 그를 헐뜯어 우직한 자라고 말한다.

다섯째, 명령을 소중히 여기고 일을 황송하게 받드는 자는 위를 존경하는 사람이다. 그러나 세상은 그를 헐뜯어 겁 많은 자라고 말한다.

여섯째, 적을 꺾고 간악을 막는 자는 위를 명찰하게 하는 사람이다. 그러나 세상은 그를 헐뜯어 아첨하는 자라고 말한다.[60]

이 여섯 부류는 법치에 순응하는 사람들입니다. 공공의 이익과 공공선에 부합하고 공동체에 득이 되는 사람들이지요. 그런데 사람들에게 인정받기는커녕 조롱과 멸시를 당합니다. 참 어이없습니다. 국가와 군주에 해가 되는 사람들은 협객이니 호걸이니 호인이니 뛰어난 선비니 칭찬을 받는데, 국가의 통치에 순응하고 의무에 성실한 사람은 어리석고 바보 같다는 소리를 들으니 말입니다.

국가와 군주는 어떻게 해야 할까요? 법치에 반하는 자는 손을 봐야 하고, 법치에 순응하는 자는 보호해야지요. 일단 손을 쓰기 이전에 '분석의 틀'로 현실을 명확히 살펴야 합니다. 바로 제가 말하고 싶은 바입니다. "명확히 살펴라, 분명히 인식하라, 구체적으로 보아야 한다." 위정자라면 현실을 있는 그대로 보고 인식의 사각지대를 최소한으로 좁혀야 합니다.

## 군주의 열 가지 과오

군주가 자신을 망치고 나라를 잃는 원인 열 가지가 있습니다.

첫째, 작은 충성에 집착해 결국 큰 충성을 망치는 경우.
둘째, 작은 이익 집착해 큰 이익을 놓치는 경우.
셋째, 행동이 방자하고 제후에게 무례한 경우.
넷째, 정사를 돌보지 않고 아낌 음악에만 정신이 팔리는 경우.

다섯째, 탐욕스럽고 빈둥거리며 이익만을 밝히는 경우.

여섯째, 여자의 무악에 빠져 국정을 돌보지 않는 경우.

일곱째, 도성을 떠나 멀리 유람하고 간하는 신하의 말을 무시하는 경우.

여덟째, 잘못을 저지르면서도 충신의 말에 귀 기울이지 않고 혼자만의 생각대로 행동하는 경우.

아홉째, 자신의 역량을 헤아리지 않고 대책 없이 밖으로 제후들에게 의지하는 경우.

열째, 나라가 작은데도 무례하고 간언을 수용하지 않는 경우.[61]

나라를 망치는 군주의 과오 열 가지, 십과十過를 유형화했습니다. 십과를 단순히 나열하여, 이런 경우가 있으니 조심하라고 말하는 데에 그치지 않고, 사례를 하나하나 들었습니다.

첫째, 초나라 장수 사마자반司馬子反의 사례.

둘째, 진晉나라 헌공虞公의 미끼에 넘어가 나라를 잃은 우나라 군주의 사례.

셋째, 송나라 태자를 잡아 가두고 서나라 군주를 모멸하고 제후와 사신에게 무례하게 대한 초나라 영왕靈王의 사례.

넷째, 위나라 영공의 사례.

다섯째, 진晉나라 제후 지백智伯의 사례.

여섯째, 진秦나라 목공의 흉계에 빠진 서융西戎 왕의 사례.

일곱째, 전성자田成子의 사례.

여덟째, 관중의 말 안 듣고 습붕隰朋 대신에 수조豎刁를 중용한 제나라 환공의 사례.

아홉째, 초나라만 의지하다가 의양宜陽 땅을 잃은 한나라 군주의 사례.

열째, 진晉나라 문공에게 무례함으로 원한을 산 조나라 군주 공공共公의 사례.


사례를 제시하면 이해하기 쉽고 경계심을 분명히 가지도록 도와주지요. 유형적 설명에 역사적 사례까지 덧붙여 설명하는 〈십과〉 편은 저 한비자의 설명 방식이 가장 잘 드러나지 않았나 싶습니다.

그럼, 십과 가운데 첫째 사례를 살펴보겠습니다.

옛날에 초나라 공왕共王이 진晉나라 여공厲公과 언릉鄢陵 땅에서 싸운 이야기이지요. 북방의 강자 진나라와 남방의 강자 초나라, 춘추시대 패권을 양분했던 이 두 나라는 붙기만 하면 정말 격렬히 싸웠습니다. 언릉 전투는 성복城濮 전투, 필邲 전투와 더불어 춘추시대에 벌어진 전투 가운데 가장 살벌했지요. 이 전투에서 초군이 패하면서 공왕은 눈에 상처를 입었습니다.

아무튼, 한창 전투하다가 잠시 소강상태에 접어든 시점이었습니다. 초나라 장수 사마자반이 잠깐 숨 돌릴 틈을 타 마실 것을 찾았지요. 시중들던 곡양穀陽이 술이 넘치는 잔을 자반에게 두 손으로 바쳤지요. 하지만 자반은 술잔을 받지 않고 "치우거라. 이건 술이 아니더냐"라고 물었습니다. 곡양이 술이 아니라고 말하자, 자반은 술잔을 받아 마셨습니다.

그런데 자반의 사람됨이 원래 술을 즐겨 마시기를 좋아하여 입에서 뗄 수 없어서 그만 취하고 말았지요. 그날 싸움이 끝나고 공왕이 이튿날 다시 싸움을 벌이려고 사람을 시켜 사마자반을 불렀습니다. 사마자반은 가슴이 아프다는 핑계로 사절하였지요. 전장에서 술 냄새 풀풀 풍기면서 군주 앞에 설 수는 없지 않겠습니까?

아프다는 말을 듣고 공왕이 말을 타고 직접 사마자반이 있는 막사에 들렀습니다. 심한 부상을 입지는 않았나 걱정했나 본데, 막사 안으로 들어가니 술 냄새가 코를 찔렀습니다. 공왕은 그대로 돌아왔습니다. 그가 말하기를 "오늘 싸움에서 나는 상처를 입었다. 의지할 자는 사마자반뿐이다. 사마자반이 많이 취해 있구나. 그는 초나라의 사직을 완전히 잊고 초나라 군사를 돌보지 않는다. 그러니 나는 다시 싸울 기력이 없다"라고 했습니다. 그러고는 군사를 철수시켜 돌아갔습니다. 공왕은 돌아가서 사마자반의 목을 베어 본때를 보였습니다. 군기를 잡고 영을 세운 것이지요.

애초에 시중들던 곡양이 사마자반에게 술을 바친 것이 문제의 발단입니다. 그런데 곡양은 자반에게 나쁜 마음을 가져서 그런 것이 아니었지요. 평소 술을 좋아하는 주인을 모시는 사람으로 마음속으로 그를 진실로 사랑하였기 때문에 제 딴에는 충성을 다하겠다며 그런 것이지요. 도리어 충성심이 자반을 죽게 만들었습니다.

그러므로 말하기를, 작은 충성이 큰 충성을 해친다고 합니다. 이 이야기는 군주가 된 사람은 작은 사랑이나 작은 충성을 바치려는 사람을 곁에 두지 말라는 뜻입니다.

## 인식의 사각지대와 유용 지식

정치하는 사람은 늘 현실을 있는 그대로 보고, 이를 토대로 판단할 수 있어야 합니다. 사실, 현실을 있는 그대로 보는 건 말처럼 쉽지 않습니다. 투명하게 보기보다는 녹이 낀 창이나 안경을 통해 보기 쉽지요. 녹이 낀 창이나 안경으로는 대표적으로 주술적 사고와 미신을 들 수 있습니다. 〈식사〉 편을 보면 제가 얼마나 주술적 사고를 경계했는지 알 수 있습니다.

'식사飾邪'의 '飾식'은 '戒계'라는 말로, 조심하라 멀리하라 경계하라는 뜻입니다. '邪사'는 점占으로 대표되는 미신적·주술적 사고를 가리킵니다. 군주가 절대 미신에 빠져선 안 된다고 〈식사〉 편에서 강조했지요. 군주란 모름지기 합리적으로 사고하고 결정해야 합니다.

이 역시 저답게 역사적 사례를 들어 설명했습니다. 조나라와 진나라의 사례입니다.

조나라는 거북등에 구멍을 뚫고 서죽筮竹으로 점을 쳤습니다. 대길이라는 점괘가 나오자 점괘만 믿고 연나라를 공격했지요. 그러나 오히려 조나라는 영토가 깎이고 군대는 치욕을 당하였으며 군주는 뜻을 이루지 못하고 죽었습니다. 진나라도 똑같이 대길이라는 점괘가 나왔습니다. 조나라와 달리 진나라는 영토를 넓혀 큰 이익을 보았습니다.

결과가 왜 달랐겠습니까? 한쪽의 거북이는 영험하고 다른 쪽의 거북이는 사람을 속였을까요? 아닙니다. 거북이에게는 죄가 없습니다. 점을 믿고 따른 사람이 문제이지요.

검정소 이야기도 있습니다. 전식前識이라는 비합리적 판단 행위에 대한 이야기입니다. 사물이 아직 일어나기 전에 행하고 이치가 아직 밝혀지기 전에 움직이는 것을 가리켜 전식이라 합니다. 근거 없이 제멋대로 헤아리는 억측이지요.

첨하詹何라는 초나라의 은자가 있었습니다. 도술을 잘하는 사람으로 유명했는데 제자가 그를 곁에서 모시고 있었습니다. 어느 날 소 울음소리가 밖에서 들렸습니다. 제자가 "저 소는 검정소입니다. 그리고 흰털 이마를 가졌습니다"라고 하였습니다. 이에 첨하가 "그렇구나. 검정소로구나. 그러나 흰색은 뿔에 있다"라고 하였습니다. 사람을 시켜 알아보았더니 과연 검정소였으며 흰 천으로 뿔을 싸매고 있었습니다.

어떤가요? 첨하의 신통력이 대단해 보입니까? 뭇사람에게는 대단해 보일 테고 극찬받겠지만, 제가 보기엔 대수롭지 않습니다. 추측할 필요 없이 삼척 동자를 시켜 확인하면 그만입니다.

검정소인지 누렁소인지, 이마가 흰지 아닌지, 맞췄을지 못 맞췄을지가 중요합니까? 설령 맞춘다고 그 사람의 신통력을 극찬해야 합니까? 그런 사람의 말을 받들어 국정 운영에 참고해야 합니까? 그러면 안 되지요. 근거 없이 헤아려 맞추었을 뿐 아무 의미가 없습니다. 억측이고 짐작일 뿐이지요.

국정도 마찬가지입니다. 어림짐작이나 근거 없는 예측과 판단에 기대어 나라를 이끌어서는 안 됩니다. 주술적 사고를 버려야 하지요. 인식의 사각지대를 없애야 합니다. 현실을 입체적으로 분석하고 유용한 지식을 추구해야 합니다. 실사구시의 눈으로 사실을 바라보아야지요. 정치하는 사람은 이를 늘 염두에 두어야 합니다. 아키타이프와 주술의 배제가 필요한 이유도 여기에 있습니다.

법가는 무서울 정도로 냉철한 이성에 바탕을 둔 실질주의, 합리주의를 추구했지요. 그래야만 약소국이 확실히 살아남아 강해질 수 있기 때문입니다. 약할수록, 고난에 처했을수록 현실은 현실로 사실은 사실로 바라봐야 합니다. 유가처럼 이념·관념의 눈으로 바라보면 안 됩니다. 이념과 관념이 사실을 압도하게 하지 말고, 사실이 이념과 관념을 대체하게 해야 합니다.

## 11장

# 옛것을 따르지도 법을 지키지도 않는다

**역사에 대하여**

법가와 애덤 스미스Adam Smith는 닮은 점이 많다고 합니다. 제가 보기에도 그러합니다. 일견, 있는 그대로의 인간을 말한다는 점, 인간의 이기심과 잘살려는 욕망을 적극 긍정한다는 점을 꼽을 수 있습니다. 이것 말고도 역사와 사회의 변천을 보는 관점이 비슷하다는 점이 있지요.

애덤 스미스가 마침 사회발전단계설을 주장했다고 알고 있는데 저나 상앙에게도 이와 비슷한 역사관이 있었지요. 그는 《법학강의록Lectures on Jurisprudence》에서 법을 비롯한 모든 사회제도는 사회의 역사적 발전 단계에 따라 끊임없이 생성과 변천을 거듭해왔고 지금도 그래야 한다고 했습니다. 그는 역사 변화의 주요 요인으로 경제 여건의 변화를 말했지요. 경제는 역사적으로 계속 발전해왔고, 경제 발전에 따라 정치·법·윤리·예술 등 다른 사회제도와 문화가 모두 변해왔다고 했습니다. 인간 생활에서 가장 중요한 것은 생존의 문제, 즉 의식주 해결이 가장 중요하니 경제 조건이 도드라질 수밖에요. 따라서 경제 조건의 변화가 사회 변화의 기본 요인이며 다른 사회제도의 변화는 경제 조건에 따라갈 수밖에 없다고 보았지요.

애덤 스미스는 인간 사회가 경제 문제를 중심으로 수렵-목축-농업-상업의 네 단계로 변화해왔다고 주장합니다. 이에 따라 사회제도와 법 역시 변화 발전했다지요. 이러한 역사관이 법가와 흡사합니다. 세상은 변화와 변천을 거듭하고 그 중심에 경제 문제가 있다는 관점이지요. 그럼, 과연 얼마나 비슷한지 저의 역사관을 말해보지요.

**수주대토**

정나라 사람 가운데 장차 신발을 사려고 하는 자가 있었습니다. 먼저 발의 치수를 재고는 치수 잰 것을 자리에 놓아두었는데, 시장에 갈 때 그것을 그만 놓고 갔습니다. 시장에 가서야 이 사실을 알았지요. 그는 신발 가게 주인에게 "내가 잊어버리고 치수 잰 것을 가지고 오지 않았소"라고 말하고서는 집으로 되돌아갔답니다. 집에서 그것을 가지고 다시 시장에 왔으나 이미 시장이 파했다지요. 결국 그는 신발을 살 수 없었습니다. 이를 본 다른 사람이 왜 발을 신발 가게에서 재보지 않았냐고 물었다 합니다.

〈외저설 좌상〉에 수록한 이야기입니다. 재미있는 사람이 등장하지요. 아니 신발 가게에서 발을 재면 되는데, 왜 굳이 집에까지 갔을까요? 이 이야기 역시 비유를 잘 살펴야 합니다. 그러면, 이 이야기에서 신발을 사려고 하는 정나라 사람은 누구를 비유할까요? 바로 유가와 묵가를 상징합니다. 지금이 아닌 과거에 집착하는 사람을 빗댄 것이지요. 과거의 성인군주를 들먹이면서 옛날 그들이 다스린 방식대로 오늘날 이 시대를 다스리자고 주장하는 사람들이지요. 이 이야기는 이들을 비판하기 위함입니다.

유가와 묵가는 요임금이나 순임금, 우임금 등 과거의 군주들을 참으로 좋아했습니다. 너무 좋아한 나머지 당시 그들의 방식과 가치관대로 지금 세상을 다스리자고 했지요. 그러나 과거는 과거고 지금은 지금입니다. 그때는 그때고 현재는 현재이지요. 시대가 변하면 통치 방식도 변해야 합니다. 새로운 정치 덕목과 새로운 정치 원리, 새로운 시스템으로 다스려야 하지요. 통치술을 알지 못하는 자는 고제古制를 고치지 말고 상법을 바꾸지 말라고 반드시 이야기합니다. 모름지기 군주는 이런 말에 귀를 기울이면 안 됩니다. 상황에 맞추어 다스려야지요. 정치는 확실해야 하는 것 아니겠습니까.


> 송나라에 밭을 가는 농부가 있었다. 밭 가운데 나무 밑동이 있어 토끼가 뛰어가다 그곳에 부딪혀 목이 부러져 죽었다. 그래서 그는 (밭 갈던) 쟁기를 버리고 나무 밑동을 지키며 다시 토끼를 얻기만을 바랐다. 그러나 토끼를 다시 얻을 수 없었으며 그는 송나라의 웃음거리가 됐다. 선왕의 정치를 가지고 요즘의 인민을 다스리려 하는 자는 모두 나무 밑동을 지키는 자와 같은 부류다.[62]


수주대토守株待兎라는 정치 우화입니다. 토끼를 기다리는 농부가 참으로 어리석습니다. 달려와서 나무 밑동에 부딪혀 죽는 토끼가 나오기만을 기다리다니요. 이 우화 역시 유가를 비판하고 있습니다. 툭하면 요임금, 순임금, 주문왕을 들먹이면서 이들이 다스린 대로 다스리라고 합니다. 그들이 성인군주였을지는 모르지만 아주 먼 옛날 사람들일 뿐인데 말입니다.

상고시대에는 사람은 적고 새나 짐승이 많았다. 사람들이 새, 짐승, 벌레, 뱀을 이기지 못하였다. 어느 성인이 일어나 나무를 얽어 집을 만들어 여러 해악을 피하게 하였다. 그래서 인민이 좋아하여 천하의 왕으로 삼고 이름하여 유소씨 有巢氏라고 불렀다. 인민은 나무 열매, 풀씨, 조개를 먹었으나 비리고 더러운 냄새 탓에 뱃속이 상하여 병을 많이 앓았다. 어느 성인이 일어나 부싯돌로 불을 일으켜서 비린내를 없앴다. 그래서 인민이 좋아하여 천하의 왕으로 삼고 수인 씨燧人氏라고 불렀다. 중고시대中古之世에는 천하에 큰물이 나서 곤鯤과 우禹가 물을 텄다. 만약 하후씨夏后氏의 시대에 나무를 얽거나 부싯돌을 긋는 자가 있었다면 반드시 곤과 우에게 비웃음을 당했을 것이다. 은주殷周 시대에 물을 트는 자가 있었다면 반드시 탕왕湯王과 무왕에게 비웃음을 당했을 것이다.[63]

위대한 성인군주가 있었습니다. 유소씨, 수인씨, 곤과 우. 문명을 일으킨 왕으로 일컬어지는 군주들이지요. 이들은 모두 과거의 통치 방법을 그대로 모방했을까요? 아닙니다. 각자 처한 사회적 조건에 맞게 다스림을 펼쳐 성과를 이룬 군주들입니다. 그런데 만약 지금 유소씨처럼 다스리려고 한다거나 우임금처럼 정치한다면 비웃음을 당할 것입니다.

"불기수고不期脩古, 성인은 옛것을 따르기를 기피하지 않고, 불법상가不法常可, 일정한 법을 지키려 하지 않는다"라고 딱 잘라 말했습니다. 명군은 과거의 통치 수단에 집착하지도 목매지도 않는다는 뜻입니다. 우리 법가가 원래 그렇습니다. 과거의 방식에 얽매여선 안 된다고 늘 역설했지요. 더구나 지금은 철기 문명의 도래라는 인류사 최대의 비가역적인 역사 변혁의 시기인데, 과거의 방법으로 다스리자니요, 유가가 어리석었지요. 묵가도 과거의 성인군주를 들먹일 때가 많았지만, 유가는 특히 심했습니다.

그런데 유가의 주장에 혹하는 군주가 많았습니다.

## 역사적 모델에 대한 뼈아픈 일침

유가는 과거 성인군주가 써먹었던 통치 방식이 지금도 통할 수 있다고 주장합니다. 게다가 그때의 방식대로 행해야만 지금 세상이 바르게 다스려질 수 있다고 하지요. 그런데 말입니다, 과거 방식이 통할지 안 통할지를 따지기 전에, 과거 성인군주가 무엇을 어떻게 행했고 어떤 다스림을 폈는지는 정확히 실증할 수 없다는 점이 문제입니다. 문명이 태동하던 시기, 무리 생활을 시작하던 그 당시에 구체적으로 무엇을 했는지는 사실 아무도 알 수 없습니다. 유가는 유가대로 묵가는 묵가대로 자신들의 주관적 욕망과 신념을 투영해서 과거 성인군주를 '만들어내고' 자신들 입맛대로 '채색하고 윤색해서', 사람들에게 성인군주를 보고 배우고 따르라고 주장했을 뿐입니다.

공자와 묵자가 함께 요순을 칭송하여 말하나 주장이 서로 엇갈려 같지 않은데, 모두 자신을 일러 정통 요순이라고 한다. 요순이 다시 살아나지 않는데 장차 누구로 하여금 유묵의 진실성을 판정하게 할 것인가? 지금 바로 삼천 년 전을 소급하여 요순의 도를 살펴보려고 하나, 아마도 결코 그리할 수는 없을 것이다. 확증도 없이 단정하는 짓은 어리석으며, 결코 할 수 없으면서도 이를 근거로 삼는 짓은 속임수다. 그러므로 선왕을 근거로 밝히거나 반드시 요순을 단정하는 자는 어리석지 않으면 속이는 자다. 어리석고 속이는 학설과 잡박하고 모순되는 행동을 현명한 군주는 받아들이지 않는다.[64]

〈현학〉 편에서 제가 한 말입니다. 유가와 묵가 모두 툭하면 요순을 이야기했지요. 공자의 무리 유가도, 묵자의 무리 묵가도 모두 요순을 떠받들면서 자신들의 사상에 권위를 부여했습니다.

재미있는 점은 유가가 말하는 요순과 묵가가 말하는 요순이 다르다는 것입니다. 똑같은 요임금, 순임금을 거론하면서도 말입니다. 천 년 이전에 살았던 성인군주가 무엇을 말했고 어떻게 행동했는지 공자와 묵자가 어떻게 알 수 있겠습니까? 사실, 그들이 실존 인물인지 알 수도 없지요. 그래서일까요, 공자와 묵자는 똑같은 요임금과 순임금에 대해 말하지만 서로 다른 이야기를 합니다. 이를 보면, 그들이 말하는 역사적 모델과 성군은 각자의 주관적 해석과 욕망에 따라 만들어졌을 뿐임을 알 수 있습니다. 그런데도 요순을 통치 모델로 삼을 수 있을까요? 허구적 인물의 허구적 업적과 허구적 철학을 통치 모델의 근거로 삼자니, 안 될 말입니다.

이야기를 하나 더 해보겠습니다.

정나라 사람 가운데 서로 나이가 많다고 다투는 자들이 있었습니다. 한 사람이 말하기를 "나는 요임금과 동갑이다"라고 하였습니다. 다른 사람이 말하기를 "나는 황제의 형과 동갑이다"라고 하였습니다. 서로 다투다가 결론이 안 나자 재판까지 가게 되었는데, 재판에서도 결론이 나지 않았습니다. 결국 끝까지 우긴 사람이 이겼을 뿐이었지요.

〈외저설 좌상〉에서 한 이야기인데, 유가와 묵가를 꼬집은 겁니다. 유가와 묵가는 정말 이렇게 '놀았습니다'.

사실 처음부터 유가가 요임금 순임금 이야기를 하지는 않았습니다. 묵가가 우임금을 말하니 안 되겠다 싶어 유가가 우임금보다 이른 시기에 살았다는 요순을 들고 나온 것입니다. 자신들의 권위를 높이기 위함이었지요.

그런데 여기에 도가道家까지 끼어들었습니다. 도가는 황제를 이야기했지요. 요순보다 앞선 시기에 살았다는 군주인데 이를테면, "우리는 요순보다 앞선 시대의 성인군주 황제를 모시니 너희들보다 우월한 집단이다" 이런 주장이지요.

각자가 상대방보다 낫다고 주장하기 위해 계속해서 인물을 끌어오고 만들었습니다. 그렇게 끝없이 더 오래된 성인군주를 내세워야 자신들의 주장에 권위가 실린다고 생각한 것이지요. 유치하기 짝이 없는 노릇입니다. 다 필요 없습니다. 현재의 조건과 상황을 눈 부릅뜨고 살펴 지금 시대에 맞는 해결책을 모색해야 합니다. 이것 외에는 다 부질없고 바보 같은 짓입니다.

이처럼 제자백가는 이상화된 과거의 전통을 말하고, 그것에 권위를 부여해 자신의 주장에 무게를 싣는 경우가 많았습니다. 어찌 보면 이는 우상숭배입니다. 합리적 사고를 저해하는 짓이지요. 과거를 답습해 오늘날의 문제를 해결할 수도 없을 테지만, 우상숭배와 반이성적 사고는 정치의 적에 불과할 뿐입니다. 제 조국 한나라는 우상숭배나 할 만큼 한가하질 않았지요. 중원에서는 한가하게 사고할 여유가 없었습니다. 당연히 중원이 낳은 사상가인 법가는 과거라는 우상을 파괴했습니다.

## 인정이 변하다

흉년이 든 이듬해 봄에는 나이 어린 동생에게도 밥을 먹이지 않으나, 풍년이 든 해의 가을에는 먼 손까지 반드시 먹인다. 이는 골육을 멀리하고 지나가는 나그네를 사랑함이 아니라 많고 적은 실익이 다르기 때문이다.[65]

풍년이 들면 생면부지의 남에게도 음식을 줄 수 있지만, 흉년이 들면 동생에게도 주는 것이 아깝습니다. 상황이 변해서 그런 거지요. 인심은 변합니다. 사람의 성정은 고정되지 않았습니다. 물적 토대의 변화와 경제 사정에 따라 변하고 제약을 받기 마련이지요. 인간이란 그러한 존재입니다.

자, 지금은 과거와 다릅니다. 특히 다스림의 대상인 인간이 변했고 인간성을 만들어내는 경제 여건도 변했습니다. 경제 여건이 변해 사람들의 성향과 성정이 변했지요. 아주 먼 과거 성인들의 통치 방식이 지금 시대에 유효할 리가 없습니다.

> 옛날에는 남자가 농사짓지 않아도 초목의 열매가 먹거리로 넉넉하였고, 여자가 베를 짜지 않아도 새나 짐승의 가죽이 옷을 해 입기에 넉넉하였다. 힘들여 일하지 않아도 생활이 넉넉하며 사람 수가 적고 물자가 남아 인민이 다투지 않았다. 이런 까닭에 후한 상을 내리지 않고 중벌을 쓰지 않아도 인민이 저절로 다스려졌다. 지금은 한 사람에게 다섯 자식이 있어도 많지 않은데, 자식도 다섯 자식이 있어 조부가 아직 죽지 않았다면 손주가 스물다섯 명이다. 이런 까닭으로 사람 수가 많아지고 재화는 적어져 힘써 일하더라도 생활이 야박하므로 인민이 다투게 되었다. 비록 상을 배로 하고 벌을 다하더라도 혼란에서 벗어나지 못한다.[66]

사람들은 이 구절에서 경제학적 통찰이 보인다고 합니다. 인구 대비 재화의 양, 국민 대비 재화 생산량이 경제와 정치의 근본 문제라는 시각이 잘 드러났기 때문이지요.

과거에는 인구가 많지 않고 이에 비해 먹을 것은 많아서 살기 나쁘지 않았습니다. 먼 옛날에 최초의 풍요 사회가 있었다고 하지요. 마셜 살린스Marshall Sahlins는 수렵채집 사회를 '최초의 풍요 사회original affluent society'라 불렀습니다. 인류학자나 고고학자에 따르면, 빙하기가 끝나고 초원과 수목이 우거지고 짐승이 많아 먹을 것이 풍족하던 때가 있었다고 합니다. 사람 수에 비해 먹을 것이 많으니 쟁탈하지 않고도 풍요롭게 살 수 있었답니다.

마침, 제 텍스트에도 그런 시기가 있었음을 말합니다만, 그때는 그때고 지금은 사정이 다릅니다. 인구가 대폭 늘어났습니다. 재화의 증식 속도는 인구수를 따라잡지 못했습니다. 먹고 입을 것이 부족해지다 보니 다툼과 쟁탈이 심해졌습니다. 사정이 달라진 것이지요. 제가 지금 맬서스Malthus적 압력과 비슷한 이야기를 합니다만, 맬서스에 따르면, 인구가 억제되지 않을 경우 그 수는 기하급수적으로 느는데 식량은 산술급수적으로 증가합니다. 인구에 비해 식량이 부족해지면 파국이 불가피하다고 했지요.

맬서스가 말한 인구 증가로 인한 재앙은 결국 경제 문제입니다. 인구수 증가에 따라 증가해야 할 것이 있습니다. 그러지 않으면 무질서와 혼란이 뒤따를 수밖에 없습니다. 그럼에도 옛날처럼 덕과 교화로써 다스릴 수 있을까요? 불가능하지요. 공맹이 말한 대로 너그럽고 관대한 통치로 급박한 세상의 인민을 다스리려 한다면 고삐나 채찍도 없이 사나운 말을 부리려는 것과 같습니다. 재앙을 불러일으키는 주장인데 경제 문제가 악화된 지금은 예전과는 다른 방법을 모색해야 합니다.

여기서 제가 '희소성의 문제'를 제기했습니다. 인구수에 비해 먹고 입을 것이 적은 문제, 즉 희소성의 문제가 커져 인심은 각박해지고 혼란이 심해졌습니다. 이럴 땐 어떻게 해야 할까요?

먼저 재산권을 분명히 하고 치안을 엄격히 해 국가를 운영해야 합니다. 제가 주장하는 법치는 사유재산 보호와 치안의 문제를 분명히 하고 있습니다. 하지만 여기서 그쳐선 안 되겠지요. 말씀드린 대로 희소성의 문제는 결국 경제 문제입니다. 재화가 부족해서 발생하는 문제이니 생산을 많이 해야 합니다. 생산성을 높이기 위해 노력해야 궁극적으로 혼란이 잡히지 않겠습니까? 그러면 어떻게 생산성을 높일 수 있을까요?

기술이 새로이 도입되고 발전되어야 합니다. 제도의 문제 또한 있습니다. 제도란 무엇입니까? 게임의 법칙입니다. 사람들이 교류하는 방법에 대한 규정이지요. 제도에 따라 인센티브와 거래 비용이 달라지는데, 이 둘이 제도의 핵심이지요. 제도를 새로 만들고 손보면 사회의 재화 생산력이 올라갈 수 있다고 봅니다.

저 한비자와 법가의 사고는 여기에까지 이르렀습니다. 법가는 제도와 생산성, 제도와 경제력을 늘 함께 놓고 고민한 이른바 제도경제학파라고도 할 수 있겠습니다.

토끼 한 마리가 달려가는데 백 사람이 뒤쫓는 것은 토끼를 백 사람 몫으로 나눌 수 있어서가 아니라, 누구의 것이라는 명분이 아직 정해지지 않았기 때문이다. 무릇 토끼를 파는 사람이 시장에 가득 있는데도 도적이 감히 토끼를 훔치지 못하는 것은 토끼가 누구의 것이라는 명분이 이미 정해져 있기 때문이다. 그러므로 성인은 반드시 법령을 위해 법관을 두고 관리를 두어 천하의 스승이 되도록 하였으니, 이는 명분을 확정하기 위함이다. 명분이 확정되면 큰 사기꾼도 곧아지고 믿음을 지키며 인민은 누구나 성실해져 저마다 자신을 다스리게 된다.[67]

상앙 선배가 한 말입니다.《상군서》〈정분〉편에 나오는데, 법가 사상가 신도도 같은 말을 했지요. 먼저 '누구의 것이라는 명분', 즉 사유재산을 보호해야 합니다. 사유재산을 누구도 침해하지 못하게 하고, 인민의 재산을 어느 특권층도 건드리지 못하게 하라고 주장했습니다. 그래야 인민이 성실해지고 부지런해지기 때문입니다. 경제가 발전하고 융성하려면 사유재산 보호가 제일 먼저이지요.

법가는 재산권 확립을 분명히 했습니다. 아무리 신분이 미천해도 자기 재산을 제 것으로 삼아 온전히 누릴 수 있게 했습니다. 내가 노력해서 일군 것을 내 것으로 삼아 재산을 늘려 더 나은 삶을 살 수 있다는 확신이 없으면, 사람들은 절대 부지런해지지 않습니다. 그러면 국가 생산력은 절대 신장될 수 없겠지요.

법가는 사유재산의 보호 관념이 확실합니다. 법으로 이를 어떻게든 보호하려고 했으며, 더 나아가 저 한비자는 균등 분배를 반대했습니다. 노력과 능력에 따라 누려야지요. 이게 저의 분배정의입니다. 노력한 만큼, 절약한 만큼, 능력을 발휘한 만큼에 비례해 잘살아야 합니다. 그러지 않고 놀고먹고 게으름 피우고 사치하는 자들이, 부지런히 일하고 절약하는 사람들 못지않게 잘살면 누가 열심히 일하겠습니까?

무릇 다른 사람과 같은 처지에서 풍년이 든 것도 아니고 부수입이 있지도 않은데 홀로 넉넉하다면, 노력을 했거나 검소했기 때문이다. 다른 사람과 같은 처지에서 기근이 든 것도 아니고 질병, 재난, 형벌과 같은 불행을 겪지도 않았는데 홀로 가난하다면, 사치하거나 게으른 탓이다. 사치하고 게으른 자는 가난하고 노력하고 검소한 자는 넉넉하다. 지금 군주가 넉넉한 사람에게서 거두어 가난한 사람에게 나눠 주며 베풀고 있으니, 이는 노력하고 검소한 자에게서 빼앗아 사치하고 게으른 자에게 나눠 주는 꼴이다. 이래서는 민중이 부지런하고 절약하기를 바란다고 하더라도 이루어지지 않을 것이다. [68]

각자가 노력한 만큼 가져간 대가가 사유재산으로 환원되고, 이를 온전히 누리는 것이 정의이며, 이러할 때 잘사는 나라가 됩니다. 이게 제가 생각하는 분배정의인데, 이러한 관점도 애덤 스미스와 그를 추종한 자유주의 경제학자들과 비슷하지요. 저 한비자는 그래야만 생산력이 진흥되어 국부가 증진되고 나라가 살아남을 수 있다고 보았습니다. 사람에 비해 입고 먹고 쓸 것이 적어서 생긴 혼란은 단순히 치안으로만 다스릴 수 있는 게 아닙니다. 재화가 많아야 하면서도 재산권을 보호하고 범죄 행위를 엄금해야 합니다.

생산성을 높이기 위해 필요한 것이 또 있습니다. 〈현학〉 편에서 제가 이런 말을 했습니다.

현명한 군주라면 재상을 시골에서 발탁하고 용장을 병졸 가운데서 발탁할 수 있어야 한다. [69]

이른바 '사회이동social mobility', 즉 사회유동성을 말한 것이지요. 저는 사회유동성이 있어야 한다고 생각했습니다. 출신을 구분하지 말고 특별한 능력을 보이고 공을 세우면 파격적인 상을 줄 수 있어야 합니다. 신분을 상승시켜줄 수 있어야지요. 신분과 부가 고정되면 안 됩니다. 사람의 능력에 따라 유동적으로 변할 수 있어야 합니다. 이 역시 생산성 신장을 위해 필요합니다. 하층민, 차상위 계층 사람의 욕망을 자극해 국가 생산력을 늘리기 위함이지요.

애초에 오기와 상앙도 사회유동성을 통해 생산력을 늘리자고 주장했습니다. 신분이 고정되고 부가 순환하지 않는 사회는 경제력이 퇴보할 수밖에 없음을 모두 잘 알았기 때문이지요.

한편, 법가는 정자산, 관중, 서문표처럼 수로, 보, 저수지 등을 건설해 공공재 확충을 통해 생산력을 신장하자고도 주장했습니다. 눈에 보이는 질서와 안정만 아니라 생산성의 신장과 경제력의 향상을 고민한 것이지요. 이처럼 법가의 철학, 한비자의 철학은 단순히 철학이 아니라 정치경제학이라 할 수 있습니다. 법과 제도를 만들 때 늘 생산성과 경제적 문제까지 고려를 했으니까요.

법과 제도는 인간의 본성에 부합해야 합니다. 거기에 역행하면 안 되지요. 인간 본성에 맞지 않는 법과 제도는 많은 문제를 일으키고 생산성 신장에 방해가 될 뿐입니다.

인간의 본성 가운데 가장 강한 것은 무엇일까요? 이익을 추구하는 마음, 자기 자신을 위하는 마음입니다. 이욕지심利欲之心, 자위심自爲心이라고 하지요. 이를 포함해 제가 생각하는 인간의 본성과 성정에 대해 이제 본격적으로 논해보겠습니다. 그 이전에 사회유동성과 관련해 조금 더 이야기하고 넘어가겠습니다.

## 욕망의 개방

우리 법가는 사회유동성을 강조했다고 했지요. 특출한 능력을 보이면 신분이나 출신에 상관하지 말고 발탁해 출세시켜주고, 특별한 공을 세우면 파격적인 상을 줘야 한다고 했습니다. 그래야 유동성이 생기고, 유동성이 있어야 욕망이 개방되기 때문입니다.

욕망의 개방이란 무엇입니까? 어렵지 않습니다. 신분이 낮은 사람도 "나도 할 수 있다. 나도 해보자" 하는 의욕을 가지고 부귀를 추구하는 것입니다. 모두가 자신의 욕망을 위해 노력할 때 사회가 발전하기 때문에 유동성을 강조하는 것입니다.

그런데 제가 사람을 뽑아 쓸 때 반대한 점이 있습니다. 언사, 언변, 용모를 기준으로 사람을 뽑으면 절대 안 됩니다. 왜 그럴까요? 이는 사회유동성을 죽이는 짓이기 때문이지요. 욕망을 열기는커녕 닫는 짓일 뿐입니다.

> 담대자우澹臺子羽는 군자의 용모를 가졌으므로 공자는 그것을 보고 취하였지만 오래 지내고 보니 그 행동이 용모와 맞지 않았다. 재여宰予는 말이 우아하고 찬란하므로 공자가 그것을 보고 취하였는데 오래 지내고 보니 그 지혜가 언변을 채우지 못했다. 그러므로 공자는 용모를 보고 사람을 취하였지만 자우로 실수하고 언사를 보고 사람을 취하였지만 재여로 실패하였다고 실토했다. 이처럼 지혜로운 공자도 인재를 잘못 선택해서 오명을 얻었다.[70]

사람을 발탁할 때 용모나 외형에 집착하지 말라는 이야기입니다. 얼마나 잘생겼는지 말을 얼마나 교양 있게 하는지 보지 말라고 했지요. 저는 시지관직試之官職, 과기공벌課其功伐이라 했는데, 이는 '관직으로 시험 보고 공적으로 평가하라'는 뜻입니다. 쉽게 말하자면, 사람의 능력을 시험을 봐서 판단하고 일하는 것을 보고 검증하라는 말입니다. 철저하게 능력과 실력을 기준으로 사람을 쓰라는 주장입니다. 사람의 배경이 아무리 미미해도 시험 성적이 좋고 일을 잘하면 중용해야 하지요. 외려 그런 사람을 놓치지 말고 그에게 기회를 주어야 인민의 욕망과 동기가 일어나 국력이 강해질 것입니다.

용모와 언변은 누구에게 유리할까요? 동서고금을 막론하고 있는 집안 사람들, 귀족 가문 사람들에게 유리하지요. 용모, 언변, 외양, 복식이 인사의 기준이 된다면 능력 있고 성실한 이들을 발탁해 쓰는 데 큰 장애가 될 수밖에 없습니다. 인사에서 잘못된 기준의 비중이 커지면 사회유동성은 경색됩니다. 욕망이 닫히겠지요.

재상을 시골에서 발탁하고 용장을 병졸 가운데서 발탁할 수 있어야 합니다! 용모와 언변은 보지 말아야 합니다! 늘 욕망을 열어놓아야 합니다!

· 12장 ·
# 아들을 낳으면 축하하고 딸을 낳으면 죽인다

**인간에 대하여**

## 성악론자 한비자

〈팔경〉편에서 제가 이런 말을 했습니다.

> 천하를 다스리려면 반드시 인정에 근거해야 한다.[71]

이는 사람의 성향, 인심, 실정을 명확히 파악해야 한다는 뜻이지요. 현실을 사는 인간의 민낯과 본심을 정확히 살펴 법과 제도의 틀과 규범을 만들어야 합니다.

분명히 저 한비자는 성악론자입니다. 인간을 보는 관점이 성악설에 기울어 있지요. 인간에 대한 불신이 《한비자》에 계속 보이고, 통제와 억압이 없을 경우 혼란이 일어난다고 지속적으로 이야기했습니다. 현실의 인간 모습을 부정적으로 보았기 때문에 법과 제도로 사회를 규제하고 바꾸어 좋은 방향으로 유도하라고 주장했습니다.

> 부모의 사랑도 자식 가르치기에는 부족하며, 반드시 관청의 엄한 형벌을 기다려야 하는 이유는, 인민은 본래 사랑에는 기어오르고 위압에는 복종하기 때문이다.[72]

좋게 좋게 말로 타이르자? 사람은 덕으로 다스리고 인의를 베풀어 끌고 갈 수 있는 존재가 아닙니다. 〈육반〉 편에서 제가 이런 말을 했지요. 어머니의 자식 사랑은 아버지의 갑절이나 되지만 아버지의 영이 자식에게 행해지는 것은 어머니의 열 배나 됩니다. 관리가 인민에 대해 애정은 없지만 명령이 인민에게 행해지는 것은 아버지의 만 배나 됩니다. 어머니가 사랑을 주더라도 명령이 잘 통하지 않지만 관리는 위엄을 부리므로 인민이 따릅니다. 사람은 자애보다는 폭력의 힘에 순응한다는 뜻인데요, 국가 폭력에 기반한 통제와 감시가 없으면 안 된다는 말입니다. 그렇지 않으면 혼란이 일어나고 무질서가 바로잡히지 않지요.

공법이 있어야 합니다. 항상 공권력의 위엄을 느끼게 해줘야 합니다. 감시를 통해 선을 넘으면 언제든 무거운 벌을 받을 수 있다는 사실을 알게 해야 합니다. 어머니 사랑이 두터운 곳에 못된 자식이 많고, 아버지 매질이 많은 곳에 착한 자식이 많은 법이지요. 유가처럼 덕으로 다스릴 생각을 말아야 합니다. 통치는 선을 넘으면 절대 봐주지 않는 아주 엄한 아버지 같아야 합니다. 인구가 늘어 이익을 둘러싼 쟁탈이 심각하게 벌어지는 사회에서, 모계제 사회 유습과 씨족공동체의 때를 모두 철저히 벗겨내야지요.

## 인정은 이익을 좋아할 뿐이다

법가 사상가는 전부 성악론자입니다. 법가에 큰 영향을 준 병가 역시 성악설에 기초하지요. 법가와 병가 둘 다 인간의 최저선에서 사유를 시작합니다. 인간을 믿지 않지요. 인간의 선한 의지를 밖으로 드러내기보단 악한 의지가 발현되지 않도록 막는 편이 낫다고 생각합니다. 인간은 이기적이기 쉽기 때문에 인간 사회에 쟁탈과 혼란이 일어나기 십상이라고 봅니다. 이는 인간의 욕망 탓입니다.

성악설은 욕망에 주목하는 인간을 보는 관점입니다. 이익을 추구하는 욕망이 모든 문제의 근원이라고 생각하지요. 이익 추구 탓에 인간은 이기적이기 쉬울뿐더러 공익과 질서를 파괴할 수도 있습니다.

법가와 병가 말고도 순자의 입장도 그러하고, 노자와 장자 같은 도가의 입장 역시 마찬가지입니다. 이들의 사유 역시 인간의 하한선에서 시작하지요. 사실 성악론자는 인간 자체가 나쁘다고 보지는 않습니다. 태어날 때부터 인간은 본성이 나빠서 틀려먹은 존재라며 비관하는 사상가들이 아닙니다. 성악설은 그런 이론이 아니지요.

성악설은 인간을 이렇게 봅니다. 욕망을 추구하고 이익을 추구하는 게 인간의 본질인데, 그런 인간이 모여서 사니까 문제가 발생합니다. 집단으로서의 인간을 전제하는 이론이지요. 인간이 나쁘다기보다는 사회가 혼란스럽고 무질서하다는 관점입니다. 이게 바로 성악설의 핵심입니다. 저 역시 마찬가지지요.

순자와 법가는 군집 생활, 집단생활을 하는 인간에 주목합니다. 개인으로서의 인간이 아니라 집단이라는 단위로서의 인간을 보는데, 이익을 추구하는 인간이 모여 사는 사회에서 벌어질 수 있는 무질서와 혼란을 문제 삼습니다. 저는 궁중 사회에 초점을 맞추다 보니 좀 더 극단적인 성악설에 이르게 되었지요.

성악설이라는 말에 대한 거부감과 선입견을 잠시 버리고, 인간에 관한 제 이야기를 들어보시면 고개를 많이 끄덕일 수 있을 것입니다. 현대 사회과학자와 경제학자는 제가 말하는 인간 이야기에 설득력이 충분하다 여길 것입니다. 인간은 착하다/나쁘다, 선하다/악하다 이전에 '이익'을 추구하는 존재라는 점, 특히 '이익'이라는 열쇳말에 주목하십시오. 저의 인간관은 거기에서 시작합니다.

> 장어는 뱀을 닮았고 누에는 큰 벌레를 닮았다. 사람이 뱀을 보면 깜짝 놀라고 큰 벌레를 보면 소름이 돋는다. 그렇지만 아낙네가 누에를 손으로 줍고 어부는 장어를 손으로 움켜쥔다. 이득이 있는 곳에서는 싫어하는 것도 잊어버리고 모두 맹분孟賁(위衛나라의 장사)이나 전저專諸(오나라의 장사)처럼 용감해진다.[73]

뱀처럼 징그러운 장어와 소름 돋는 누에라도 이익이 되면 잡습니다. 인간은 이익이 따른다면 위험도 감수하고 혐오스러움도 감수하지요. 전 인간을 말할 때 늘 '이익'에서 시작해야 한다고 보았습니다. 역시 현실을 직시해야 한다는 생각에서 비롯했는데, 여기서 이야기를 하나 해보지요.

위나라에 한 부부가 살았다. 부인이 기도하면서 말하기를 "우리 내외 무사하
게 하여주시고 삼베 백 필을 벌 수 있도록 하여주십시오"라고 하였다. 그때 남
편이 말했다. "어찌 그리 적게 말하시오? 더 많이 벌 수 있게 기도하질 않고."
그러자 부인이 대답했다. "그것보다 더 많이 벌면 당신이 앞으로 첩을 들일 것
이 아니오."[74]

많이 벌수록 좋을 텐데 부인은 그렇지 않은가 봅니다. 남편이 부자가 되면
첩을 들일까 걱정인가 본데, 내외간에도 이처럼 생각이 다르지요. 각자의 이
익을 생각하기 때문입니다. 현실의 인간이 이러합니다. 자기 이익이 최우선
이지요.

당시에는 아들을 낳으면 서로 축하했지만 딸을 낳으면 버리거나 죽이는 경
우가 많았습니다. 아들을 낳으면 부모에게 득이 되지만 딸은 득이 될 수 없
기 때문입니다. 인간은 모두 자신의 이익을 위해, 자신을 이롭게 하기 위해
삽니다.

제가 〈비내〉 편에서 한 주장인데, 사람들은 자신의 이득을 생각해서 살아
갑니다. 제가 이익을 통해 현실의 인간을 설명하는 것은 단순히 인간을 설명
하자고 그러는 것만은 아닙니다. 통치의 문제 때문이지요. 저는 이익이라는
창으로 인간을 볼 수 있어야 통치가 가능하다고 보았습니다. 통치의 확실성
과 필연성을 늘리기 위해선 무조건 이익에서 시작해야 합니다.

## 이로움과 해로움

치국은 이욕지심을 준거로 해야 합니다. 인간은 누구든 이문 보는 것을 좋아

하고 자기 재산이 늘어나는 것을 반깁니다. 그런데 싫어하는 것도 있습니다. 바로 이익의 반대이지요. 손해, 고통, 가난 이런 것을 싫어하기 마련입니다. 이러한 것을 피하고 꺼리는 것도 인간 본성이지요.

이익을 좋아하고 해를 싫어함은 모든 사람의 성향이다.[75]

대저 안전하고 유리한 쪽으로 나아가며, 위험하고 손해 보는 쪽을 피하는 것이 사람의 실정이다.[76]

저는 이로움과 더불어 해로움도 거론했습니다. 인간이 자연적으로 좋아하고 추구하는 것만이 아니라, 본능적으로 싫어하고 피하는 것도 말했지요. 이는 통치 문제에 직결되는 까닭입니다. 호好와 오惡, 둘 모두를 알아야 통치할 수 있지요. 상앙이 이러한 이야기를 했습니다.

사람은 태어나면서부터 호오를 가지고 있기 때문에 인민을 다스릴 수 있으니, 군주는 호오를 잘 살피지 않으면 안 된다. 호오를 가지고 상벌의 근본으로 삼아야 하는데, 무릇 사람의 정서란 작록은 좋아하고 형벌은 싫어하게 마련이다. 군주는 이 두 가지를 설정하여 인민의 뜻을 제어하고 그들이 하고자 하는 바를 세워주어야 한다. 대체로 인민이 자신의 힘을 다 바쳤으면 작위가 그 뒤를 따라야 하고 공을 세웠으면 포상이 그 뒤를 따라야 한다. 군주로서 능히 인민이 이를 마치 해나 달처럼 믿도록 한다면, 그 군대를 대적할 자가 없을 것이다.[77]

사력이란 인민이 가지고 있는 것이다. 사람의 실정이란 사력을 내어서 바라는 것을 얻기를 그만두지 못한다. 그러나 좋아하고 싫어하는 것은 위가 제어하는 것이다. 인민은 이득 되는 녹을 좋아하고 형벌을 싫어한다. 위는 좋아하고 싫어하는 것을 장악함으로써 인민의 역량을 활용한다.[78]

인간에게 호오가 있어 인간을 다스릴 수 있다고 합니다. 인간은 좋아하는 것을 얻기 위해 사력을 다하고 싫어하는 것을 피하기 위해 안간힘을 씁니다. 그래서 인민을 부릴 수 있지요. 인간이 무엇을 좋아하고 무엇을 싫어하고 무엇을 얻기 위해 애를 쓰는지 잘 살펴야지요. 그래야 유효한 상벌을 제정할 수 있고, 통치가 수월해집니다. 사회적으로 바람직한 행위를 하는 사람에게 좋아하는 것을 상으로 줍니다. 공공선을 해치는 사람에게는 싫어하는 것을 벌로 줍니다. 공익을 기준으로 이러한 법을 만들고 명문화해 시행해야 합니다.

인간에게는 좋아하는 것이 있고 인간은 그걸 가지고 싶습니다. 때로는 무한정 누리고 싶지요. 그래서 다툼과 혼란이 생깁니다. 싫어하는 것이 있습니다. 그걸 피하고 싶고, 그것이 내가 아닌 타인에게 향했으면 좋겠습니다. 그래서 역시 혼란과 방관이 생깁니다. 그러다 보면 국력이 약해지고 사회가 사회로서 기능하지 못하겠지요.

이익을 추구하고 손해를 피하는 인간 본성을 무작정 탓하고 욕해봐야 아무 소용 없습니다. 본성 자체는 바꿀 수 없고 없앨 수도 없지요. 이를 잘만 활용하면 얼마든지 국력 극대화와 사회 발전의 에너지로 활용할 수 있습니다. 그러니 외려 잘 써먹을 생각을 해야 합니다.

인민이 공공선에 이바지하고 의무를 다할 때 좋아하는 것을 누릴 수 있도록 하고, 남의 것을 빼앗거나 공동체의 의무를 게을리할 때 싫어하는 것을 부담하게 해야 합니다. 이를 법으로 강제하고 국가의 권위로 분명히 해야 합니다. 그러면 인간의 행동을 얼마든지 바람직한 방향으로 유도할 수 있고, 인간을 공공선에 이바지하고 공익의 범위 안에서 활동하는 존재로 변화시킬 수 있습니다.

　노장을 제외한 성악론자 대부분이 인간은 변할 수 있다고 보았습니다. 다만, 각자가 생각하는 교정 수단과 변화 방향이 다를 뿐입니다. 묵자는 하느님의 뜻, 순자는 예, 법가는 법이란 수단으로 인간을 변화시킬 수 있다고 주장했습니다. 저는 법가이기에 법이 문제였지요. 법이 인간 본성에 맞게 설계되어 사람을 유인하면 어렵지 않게 질서를 존중하는 방향으로 사람을 변화시킬 수 있다고 봅니다. 그의 행동만이 아니라 사고까지 말입니다. 그런데도 인간을 멸시하고 비관하는 이론이 성악설일까요?

　자, 이처럼 이욕지심이란 인간 본성을 나쁘게만 본 것이 아니라는 사실을 알 수 있습니다. 본성이 혼란과 무질서의 원인이기도 하지만 사회 발전의 원동력일 수도 있다고 보았지요. 이를 잘 이용해야 부국강병이 가능합니다.

## 이욕지심-사회 분업

인간관에 있어서 저와 입장이 비슷한 서양 사상가가 있습니다. 앞에서 언급했지요. 애덤 스미스, 그는 인간 본성에 대한 깊은 이해의 토대 위에서 경제를 설명했습니다. 이는 그의 사상의 중요한 특징이자 장점이지요. 그는 자신의 이익을 추구하는 것이 인간의 본성이기에 시장경제가 좋다, 시장경제가 인간 사회를 번영시킬 것이라고 했습니다.

　시장경제는 인간 본성에 근거하여 작동하는 제도입니다. 그래서 가장 자연스럽고 우수한 경제 질서이자, 최선의 경제체제로서 인간 사회에 발전과 부를 안겨줄 것이라는 그의 주장에 저 역시 동의할 수 있습니다. 저 한비자로서는 잘 모르겠지만, 시장경제는 저절로 이익을 향해가며, 남을 위해서가 아니라 자신과 자신의 가족을 위하여 일할 때 가장 열심히 일하는 것이 인간의 본성이라고 한 스미스의 말에는 특히 동감합니다.

아울러 스미스는 분업과 교환을 말했습니다. 분업과 교환을 통해 이익이 극대화되니 이익을 추구하는 인간은 저절로 분업하고 교환한다는데, 그는 분업과 교환도 인간 본성에 가까운 것으로 설명했지요. 인간은 분업하고 교환해야 자기 자신을 더욱 이롭게 할 수 있다는 사실을 본능적으로 안다는 말입니다. 물론, 저도 분업과 교환에 관해 언급했습니다.

왕량王良이 말을 사랑하고 월나라 군주 구천勾踐이 인민을 사랑한 것은 그들을 전쟁에 내몰고 말을 빨리 달리게 하기 위함이었다. 의원이 다른 사람의 종기를 빨거나 나쁜 피를 입에 머금는 것은 골육의 정 때문이 아니라 이득 때문이다. 가마 만드는 사람은 가마를 만들면 사람들이 부귀해지기를 바라고, 관을 짜는 사람은 관을 만들면 사람들이 요절하기를 바란다. 가마 만드는 사람이 어질고 관 짜는 사람이 잔혹해서가 아니다. 사람이 귀해지지 않으면 가마가 팔리지 않고 사람이 죽지 않으면 관이 안 팔린다. 정말 사람을 미워해서가 아니라 사람이 죽어야 이득을 볼 수 있기 때문이다.[79]

왕량이라는 전설의 수레몰이꾼이 있었습니다. 그는 말을 아꼈습니다. 말이 튼튼해야 수레를 잘 몰 수 있기 때문이지요. 말 자체를 사랑하는 마음을 타고나서 그런 게 아닙니다. 원수인 오나라 부차夫差를 꺾고 오나라를 무너뜨린 월나라 군주 구천이 있습니다. 그는 인민을 많이 아꼈지요. 인민을 위한 정책을 많이 시행했습니다. 인민을 정말 사랑해서였을까요? 아닙니다. 국력을 증가시켜 원수인 오나라를 무너뜨리기 위함이었지요. 왕량이나 구천이나 자신의 이익을 위해서 그러했습니다. 그러다 보니 결과적으로 말도 인민도 이득을 보게 되었지요. 뒤이어 나오는 의원이나 가마 만드는 장인, 관 만드는 장인도 모두 마찬가지입니다. 본성상 당연한 것으로 모두가 자신의 이익을 생각하면서 일을 합니다.

원래 인간은 자신의 이익을 생각하며 살기 마련이고 그런 사람들이 모인 집단이 사회이지요. 각자가 자신을 위하는 이욕지심 덕분에 사회가 분업 체계를 만들어 발전하기도 합니다. 관 만드는 사람도, 가마 만드는 사람도 있어야 하지 않겠습니까? 가마 만드는 사람도 죽으면 관이 필요할 것이고, 관 만드는 사람이 공을 세워 신분이 상승하면 가마 타고 행차해야 하니, 서로 필요하고 모두 필요하지 않겠습니까?

이러한 사회가 정상입니다. 분업 체계에서 각자 자신의 이욕지심에 충실하게 일하면 자연스럽게 사회가 유지되고 발전합니다. 모두에게 이로운 결과를 낳지요.

그런데 맹자가 다른 말을 했습니다.

화살 만드는 사람이 어찌 갑옷 만드는 사람보다 어질지 못할까마는, 화살 만드는 사람은 오직 사람을 다치지 못하게 할까 두려워하고 갑옷 만드는 사람은 오직 사람을 다치게 할까 두려워한다. 무당과 관 짜는 사람 또한 그러하다. 그러므로 직업을 택하는 데 조심하지 않을 수 없다.[80]

유가 사상가답게 직업에 대한 차별과 귀천 의식이 보이지요. 사회에는 화살 만드는 사람도, 관 만드는 사람도, 무당도 필요합니다. 그러나 맹자의 생각은 달랐습니다. 화살을 만들면 나쁜 사람이 되기 쉽다고 합니다. 관을 짜면 역시 못된 마음을 갖는 사람이 되기 쉽다고 보았지요. 이런 직업에는 종사하지 말라는 당부이지요.

그런데 말입니다. 화살 만드는 사람이 화살 위력이 강하길 바라는 마음이 그가 못되어먹어서가 아니지요. 이익 때문입니다. 화살이 강력하지 않아 적군을 죽이지 못한다면 팔리겠습니까? 그와는 달리 갑옷 만드는 사람은 갑옷 입은 사람이 절대 다치지 않기를 바라겠지요. 이 역시 그가 화살 만드는 사람과 본성이 다르거나 덕이 있어서가 아니지요. 갑옷이 튼튼해 사람이 다치질 않아야 이득을 보기 때문 아니겠습니까?

사회에는 국방을 위해서 활을 만드는 사람과 아픈 사람이나 망자를 위한 무당이 있어야 합니다. 분업된 환경에서 각자가 자기 이익을 위해 열심히 일해야 사회가 돌아가지요. 이욕지심을 가진 인간이 분업해서 사는 것은 당연합니다. 이 체계와 체계 안의 사람들은 늘 보호받아야지요. 타인의 이익을 침해한다든가 공익을 저해하지 않는 이상 사람들의 이욕지심을 억누를 이유가 없습니다. 법의 틀 안에서 최선을 다해 이욕지심을 충족하기 위해 노력하는 사람은 더욱 잘살게 해주고 지켜줘야 합니다. 반대로 노력하지 않는 자는 못 살아야 합니다.

이욕지심에 충실한 자가 더 잘살아야 한다, 이것이 한비자의 경제정의이자 분배정의입니다.

오늘날 세상 학자로 정치를 담론하는 자가 흔히 말하기를 빈궁한 이에게 토지를 주어 없는 자산을 채우게 하라고 한다. 무릇 다른 사람과 같은 처지에서 풍년이 든 것도 아니고 부수입이 있지도 않은데 홀로 넉넉하다면, 노력을 했거나 검소했기 때문이다. 다른 사람과 같은 처지에서 기근이 든 것도 아니고 질병, 재난, 형벌과 같은 불행을 겪지도 않았는데 홀로 가난하다면, 사치하거나 게으른 탓이다. 사치하고 게으른 자는 가난하고 노력하고 검소한 자는 넉넉하다. 지금 군주가 넉넉한 사람에게서 거두어 가난한 사람에게 나눠 주며 베풀고 있으니, 이는 노력하고 검소한 자에게서 빼앗아 사치하고 게으른 자에게 나눠 주는 꼴이다. 이래서는 민중이 부지런하고 절약하기를 바란다고 하더라도 이루어지지 않을 것이다.[81]

저 한비자는 균등 분배에 반대합니다. 이욕지심을 가지고 노력하고 능력을 발휘한 만큼 비례해 잘살아야지요. 이 점에 있어서는 애덤 스미스도 저와 생각이 비슷하다고 들었습니다. 노력과 능력에 비례해 이익을 누릴 수 없다면 누가 열심히 일하고 능력을 발휘하고 싶을까요? 그리되면 사회가 분업 체계를 통해 발전할 수 있겠습니까?

분배와 소득의 향유에 관해서도 저와 애덤 스미스는 비슷하게 생각했습니다. 더불어 애덤 스미스를 따르는 자유주의 경제학자들도 마찬가지였지요. 마침 밀턴 프리드먼Milton Friedman이란 노벨경제학상 수상자가 이런 말을 했다지요.

같은 능력과 같은 생산자원을 가진 사람들을 놓고 볼 때, 어떤 사람들은 한가한 것을 좋아하고 어떤 사람들은 시장 거래되는 재화를 좋아한다면 시장을 통해 얻는 것이 달라야 전체적으로 얻는 것이 같아지며 같은 대접을 받는 것이다. 어떤 사람은 높은 보수를 받고 까다로운 일을 하기보다는 판에 박힌 일을 하면서 남는 시간에 일광욕하는 것을 좋아하고, 어떤 사람은 그 반대를 좋아할 것이다. 두 사람이 버는 돈이 같다면 근본적인 의미에서는 소득이 같다고 할 수 없다. 마찬가지로 대접이 같아지려면 뿌듯하고 기분 좋은 일을 할 때보다는 남들이 꺼리는 일을 할 때 버는 돈이 많아야 한다.*

프리드먼의 말도 노력과 능력대로 이익을 얻어야 한다는 것입니다. 그렇지 않으면 시장경제가 발전하지 못한다는 뜻이지요. 이분이 보기에 다음과 같은 제 주장은 당연하다고 할 것입니다.

세상에서는 힘써 일하지 않고 먹는 사람을 능력 있다 하고, 싸움터에서는 공을 세우지 않고 벼슬하는 사람을 현명하다 한다. 현명하고 능력 있는 이들이 많아 지면 군대는 약해지고 땅은 거칠어진다.[82]

놀고먹으면서 성과를 내지 못하는 이들이 잘 먹고 잘살면, 당연히 국력은 신장되기는커녕 퇴보할 수밖에요.

## 네거티브 규제와 포지티브 규제

인간관으로 볼 때 저는 성악론자라고 했습니다. 저와 반대 입장인 성선설은 유가 쪽 주장입니다.

관점에 따라 인간관을 네거티브 규제와 포지티브 규제로 나눌 수 있습니

---

* 밀턴 프리드먼, 《자본주의와 자유Capitalism and Freedom》, 심준보·변동열 옮김, 청어람미디어, 2007.

다. 성악설은 네거티브 규제 쪽, 성선설은 포지티브 규제 쪽으로 보입니다.

사실, 성선설은 좀 이상합니다. 인간 본성이 착하다고 하는데, 그러다 보니 이런저런 자잘한 개입을 통해 억지로라도 인간을 착하게 만들려고 하지요. 시시콜콜한 것까지 간섭하고, 때론 매를 대려고도 합니다. 인간은 원래 착하니 착하게 해야 하기 때문이지요. 누구든 사람 만들어야 한답니다. 그래서 이런저런 규정을 만들어서 사람을 가르치고 지도해 끌고 가려고 합니다. 한마디로 포지티브 규제입니다.

대표적으로 유가는 예를 강조합니다. 예를 보면, 인간사의 다양한 부분을 망라하는 것을 알 수 있지요. 처음부터 끝까지 하나하나 어떻게 행동해야 하는지 규정한 것이기 때문이지요.

반면, 성악설은 그렇지가 않습니다. 원래 인간은 악한 존재이기에 좋지 않은 모습을 보일 수도 있다고 여깁니다. 봐주는 부분이 많지요. 그러나 넘지 말아야 할 선은 확실하게 제시해 그 선을 넘으면 강하게 제재합니다. 그 선 안에서는 절대 건드리지 않습니다. 금기나 어기지 말아야 할 규제 자체가 많지 않지요. 지켜야 할 몇 가지 사항만 지키고 선을 넘지 않으면 됩니다. 그 안에서는 자유입니다. 네거티브 규제라 할 수 있지요. 이를 보면, 자유주의 경제학과 맞는 구석이 있지 않습니까?

포지티브 규제는 일거수일투족을 감시하고 간섭하려고 합니다. 크게 처벌을 안 하지만 규제와 간섭의 범위가 너무 넓지요. 네거티브 규제는 지켜야 할 몇 가지만 공지해놓고 그것을 어기면 엄하게 처벌합니다. 경제 문제와 생산 진흥이란 문제를 놓고 볼 때 네거티브 규제가 좋을까요, 포지티브 규제가 좋을까요?

인민이 구태여 법을 어기지 않으면 군주가 안으로 형벌을 가하지 않으며 밖으로 산업의 이익을 탐하지 않는다. 군주가 안으로 형벌을 가하지 않고 밖으로 산업의 이익을 탐내지 않으면 인민이 번식할 것이다. 인민이 번식하면 축적도 풍성해지는 데 이를 가리켜 덕이 있다고 한다.[83]

제가 〈해로〉 편에서 한 말입니다. 경제에 함부로 규제·간섭·개입 하지 말라고 했지요. 크게 어기거나 잘못한 것이 없으면 내버려두라고 했으니 네거티브 규제이지요. '이래라저래라 하지 말고, 명백히 어겼을 때에만 개입하라.' 성악설은 경제와 궁합이 맞지요. 운신의 폭이 크고 덫이 많지 않기에 그 안에서 상공업에 종사하는 이들이 이윤을 마음껏 추구할 수 있습니다. 창의와 혁신을 시도할 수도 있지요. 그러면 국가의 부가 늘어나겠지요. 진秦나라가 괜히 생산력에서 산동의 육국을 압도했던 게 아닙니다.

상업과 경제학은 유가와 상극이고 반대로 법가와 찰떡궁합이지요. 법가는 성악설에 바탕을 둔 네거티브 규제를 주장하기 때문입니다.

## 인센티브-인간을 움직여라

월나라 군주가 대부 문종을 불러들였습니다. 사이가 나쁜 오나라를 치고 싶어서였지요. 오나라를 치려고 하는데 어떻게 하면 좋겠냐, 물었습니다. 문종이 답했습니다. "제가 상을 후히 하여 틀림없이 주고 벌을 엄히 하여 빠짐없이 반드시 행하겠습니다." 그리고 "군주께서 확인하기 원하신다면 시험 삼아 궁전을 불태워보십시오"라고 하였습니다. 군주는 일부러 궁전에 불을 질렀습니다. 그러나 불을 끄려고 하는 사람이 아무도 없었습니다. 이에 명을 내려

"불을 끄다가 죽은 자는 적과 싸우다가 죽은 공과 같이 상을 내리고 불을 끄지 않은 자는 항복하거나 도망친 죄로 처벌할 것이다"라고 하였지요. 그러자 몸에 진흙을 바르고 물로 적신 옷을 입고 불길 속으로 달려가는 사람이 왼쪽 대열에 삼천 명, 오른쪽 대열에 삼천 명이었다고 합니다. 월나라 군주는 비로소 반드시 이길 수 있는 방법을 알았다고 합니다. 〈내저설 상〉 편에 있는 이야기입니다.

월나라는 오랑캐 취급을 받았던 변방의 국가였습니다. 초나라 출신 관방상인 문종이 월나라 군주에게 인센티브 개념을 알려준 일화입니다. 시키는 대로 하면 상을, 그러지 않으면 벌을 내릴 것이다! 동기부여를 하고 강하게 유인하라고 일러주었지요. 인센티브 개념에 눈을 떠야만 인민의 힘을 끌어내 싸울 수 있다고 일러준 것입니다.

저 한비자가 왜 난데없이 인센티브를 이야기할까요? 앞서 이욕지심을 말하지 않았습니까? 이욕지심에 주목하고 호오를 파악해, 이를 바탕으로 법과 제도를 만들라고 했습니다. 그러니 인센티브를 말할 수밖에 없지요.

'이렇게 하면 원하는 것을 준다, 저렇게 하면 싫어하는 것을 부과할 것이다.' 이렇듯 호오를 가지고 법을 만들어야 함은 인센티브 개념을 가지고 제도와 규율을 만들어 통치해야 한다는 뜻이지요. 제가 말하려는 바는 인센티브 개념을 법과 제도에 담고 국가 명령에 실어야 한다는 것입니다.

이욕지심에 주목한 법가는 당연히 인센티브 개념에 충실합니다. 인센티브 개념에 위정자가 눈을 떠야 통치의 확실성과 필연성이 생기기 때문입니다.

월나라 이야기가 하나 더 있습니다.

일설에 이르기를 월나라 군주 구천이 허세 부리는 두꺼비를 보고 경례를 하였다 합니다. 시중들던 사람이 "무엇 때문에 경례를 하는 것입니까?"라고 물었습니다. 군주는 "두꺼비의 기세가 저렇게 당차니 경례하지 않을 수 있겠는가"라고 답하였습니다. 무사들이 그 말을 듣고 말했습니다. "두꺼비조차 기세가 있어 보이면 군주가 오히려 경례를 한다. 하물며 무사에게 용기가 있으면 더할 나위 없을 것이다." 그래서 무사들이 죽기를 각오하고 싸웠다고 합니다.

〈내저설 상〉편 '칠술七術'에 있는 이야기입니다. 이익만이 아니라 명예에 대한 욕심도 있는 게 인간이지요. 이욕지심만이 아니라 호명지심도 인간의 본성과 실정입니다. 인민을 움직이고 싶으면 명예도 인센티브로 활용해야 하지요. 그래서 오기는 국가유공자 제도를 주장했고, 상앙은 전사자의 위패를 고향의 사당에 걸라고 했습니다. 인민의 힘을 끌어내고 싶으면 이익과 명예 모두를 '긍정의 인센티브'로 활용해야 합니다. 물론, 인간은 본성상 이익이 우선이고 명예는 그다음이겠지요.

다른 이야기를 해보겠습니다.

동방의 부유한 제나라 사람들은 모두 후장厚葬(두터운 성의로 지내는 장례)을 좋아하였답니다. 베와 무명을 의금衣衾(옷과 이부자리)으로 다 쓰고, 가장 좋은 재목을 관각으로 만들어 탕진하였습니다. 환공이 이를 염려하여 관중에게 말했습니다. "베와 무명을 다 써버리면 몸을 가릴 수 없고, 재목이 탕진되면 방비를 할 수 없소. 그럼에도 사람들은 후장을 그치지 않는데, 이를 금하려면 어찌해야 좋겠소." 관중이 대답했습니다. "무릇 사람이 무엇인가 하려 함은 명예나 이익 때문입니다. 그러니 영을 내려 '관곽을 도에 지나치게 하는 자는 그 시체에 형을 가하고 상주된 자를 처벌한다'고 하십시오. 대저 시체에 형이 가해짐은 명예가 없어지는 일이며 상주 된 자가 처벌받음은 이익이 없어지는 일이니, 사람들이 무엇 때문에 그것을 하겠습니까?"

관중의 말은 불명예를 주고 처벌도 하여, 즉 '부정의 인센티브'를 활용해 바르지 못한 행동을 금해야 한다는 뜻입니다. 인간은 본능적으로 명예를 추구하고 불명예를 싫어하기 때문에 이익과 명예, 벌과 불명예로 사람들을 움직여야지요. 현실의 인간을 다루려면 긍정의 인센티브와 부정의 인센티브 모두를 적극 활용해야 합니다.

'옳으니까 하라', '사람의 도리니까 행하라', '이런 행동거지가 의롭고 어질다' 이렇게 말해서 사람을 움직이고 부릴 수 있을까요? 인원이 적은 집단이라면 모를까, 큰 단위의 공동체 특히 국가 공동체는 그런 식으로 다스릴 수 없습니다. 아니, 작은 규모의 공동체, 이를테면 가정이라고 해도 당근과 채찍 없이는 꾸리기 어려울 것입니다.

통치에 관해 치열하게 사고한 법가는 당근과 채찍, 긍정의 인센티브와 부정의 인센티브를 철저하게 검토했지요. 무엇 혹은 어떤 것을 걸고 국가 구성원을 움직이게 하면 좋을까요? 이쯤 되면 눈치를 채셨겠지만 법과 상벌 그 자체가 인센티브지요. 법가의 법치하면 무서운 것인 줄 아는 분이 많은데 그렇지 않습니다. 법과 상벌이 인센티브다, 이 정도로 생각하시면 됩니다.

## 고발자에게 내리는 상이 신뢰를 져버려선 안 된다

법가는 내부고발자 보호제도, 공익제보자 보호제도를 주장하기도 했습니다. 이를 법으로써 분명히 했지요. 사실, 이것도 인센티브의 일종입니다. 공익을 증진시키기 위함이기 때문이지요. 법가가 주장한 내부고발자·공익제보자 보호제도는 '상호감시체제'입니다. 이 때문에 욕을 먹기도 했지만, 실상 이는 고발자와 제보자를 보호하는 제도입니다.

인민을 5호, 10호로 편제하고 서로 감시하게 하고 죄를 연좌시켰다. 잘못된 자를 알리지 않으면 허리를 베고 잘못된 자를 알리면 적의 머리를 벤 것과 같은 상을 주고 잘못된 자를 숨기면 적에게 항복한 것과 같은 죄를 묻는다.[84]

상앙이 말했습니다. 형벌을 줄이는 데는 인민이 서로 감시하게 하는 것만한 게 없고, 고발자에게 내리는 상이 절대 신뢰를 져버려서는 안 된다고.

(죄악을 덮어주는) 선한 인민을 써서 (죄악을 고발하는) 간사한 인민을 다스리면 나라가 반드시 어지러워지고 쇠약해진다. (죄악을 고발하는) 간사한 인민을 써서 (죄악을 덮어주는) 선한 인민을 다스리면 나라가 반드시 잘 다스려져 강성해진다.[85]

여기서 상앙이 말한 선민善民(선한 인민)과 간민姦民(간사한 인민)은 특별한 뜻을 내포하고 있습니다. 선민은 타인의 죄악을 덮어주거나 잘못을 끼리끼리 눈감아주는 인간을, 간민은 타인의 죄악을 지나치지 못하고 고발하는 인간을 뜻하지요. 상앙은 간민이 많아져야 한다고 했지요. 선민이 많아지고 간민이 사라져야 할까요? 그렇지 않습니다. 그 반대입니다.

선한 사람을 등용하면 인민은 자기와 친한 사람을 가까이하며, 간사한 사람을 등용하면 인민은 법제를 따른다. 다른 사람을 생각해주어 그의 죄악을 덮어주는 사람이 선한 사람이며, 자기만을 생각하고 다른 사람의 죄악을 감시하는 사람이 간악한 사람이다. 선한 사람을 표창하면 죄악이 가려지며 간악한 사람을 임용하면 죄악이 처벌된다. 죄악이 가려지면 인민이 법을 따르지 않으며, 죄악이 처벌되면 법이 인민을 이끈다. 인민이 법을 따르지 않으면 나라가 혼란해지며, 법이 인민을 제압하면 군사력이 강해진다. 그러므로 선량한 인민을 등용하여 다스리면 나라가 반드시 혼란해져 쇠약해지지만, 간악한 인민을 임용하여 다스리면 나라가 반드시 잘 다스려져 강성해진다.[86]

선민 대신 간민이 많아지게 하라니, 유가와 반대되는 부분이자 법가의 특성이 잘 드러나는 부분입니다. '좋은 게 좋은 거다', '동향 사람이다', '지인이다', '우리가 남이냐' 등 인민이 서로 봐주고 눈감아주고 덮어주면서 때론 부정과 비리로 생긴 이익을 공유한다면 나라가 어떻게 될까요?

법가는 서로 죄를 고발하고 부정을 들추는 사람이 많아지길 바랐습니다. 그런 사람에게 상을 주어 더욱 시퍼렇게 감시하게끔 유도했지요. 내부의 비리와 부패를 제보하는 이에게 상을 주면 조직과 공직에 간민이 많아져 부패가 준다고 본 것입니다. 만약 부패를 보았는데도 눈감아준다든가 못 본 척하는 사람은 강하게 처벌해야 하지요. 부패 당사자는 물론이고 조직 내의 다른 사람도 처벌해서 선민이 사라지게 해야 합니다.

간민은 상을 줘서 더욱 많아지게 하고, 선민은 벌을 내려 적어지게 해야 합니다. 이는 부패 적발이라는 일을 정부가 독점해선 안 된다는 뜻이기도 합니다. 부패 적발을 정부가 독점한다면 또 다른 부패가 싹틀 수 있지요. 무엇보다 해당 조직과 단체의 비리 부패는 그 조직 안의 사람이 가장 잘 아는 법 아니겠습니까? 그러니 내부고발·공익제보 제도를 만들어야지요. 부패와 비리를 적발하는 데 혼자 할 것이 아니라 최대한 많은 사람의 힘을 빌리고, 때론 외주를 줄 수 있어야 합니다.

현명한 군주는 천하 사람이 자신을 위하여 보지 않을 수 없게 하며, 천하가 자신을 위하여 총기 있게 듣지 않을 수 없도록 한다. 그러므로 군주 자신은 깊숙한 궁중에 있으면서도 온 세상을 샅샅이 다 볼 수 있어, 천하 사람이 능히 군주의 눈을 가릴 수 없으며 군주를 속일 수 없다.[87]

군주가 어떻게 혼자서 공공 부분의 부패와 비리를 알 수 있을까요? 중앙 권력이 모든 것을 샅샅이 감찰하고 조사할 수는 없습니다. 조직 안에 있는 사람들이 제보하게 하고, 이들을 보호하며, 이들에게 상을 줄 수 있어야지요. 이게 공익이지요.

서로 믿지 못하게 되니 서로 못된 짓을 하지 않기에 이른다.[88]

용기 있게 폭로한 사람들을 보호하고 이들에게 상을 줍니다. 그러면서 서로 살피고 엿보고 감시하도록 합니다. 서로 믿지 못하게 해야지요. 그래야 부정한 담합과 봐주기가 사라지고 나쁜 공범 의식이 사라져 건강한 정부 조직이 만들어집니다. 단순히 서로 불신하게 하라는 뜻이 아님을 아시겠지요?

이처럼 법가의 내부고발·공익제보 제도 알아보았습니다. 앞서 말했듯, 이러한 제도 역시 인센티브입니다. 상과 벌을 내걸고 유인하는 것이지요. 국가는 항상 인센티브를 제시해야 합니다. 합리적이고 건강한 인센티브 제도가 나라를 살리는 까닭입니다. 더불어 건강한 의식과 정신을 가지게 하지요.

## 인정으로는 자식을 사랑하지 않을 수 없다

인성론을 이야기하다가 인센티브까지 이야기했습니다. 통치의 핵심인 인센티브는 인간성에 대한 정확한 통찰에 기초해 있어야 하기 때문이지요. 법가의 인간 이야기는 통치를, 특히 인센티브 체계를 제대로 만들기 위함임을 설명하다 보니 이야기가 길어졌습니다.

　내친 김에 저 한비자의 인간 이야기를 몇 가지 더 해보겠습니다. 저는 이익을 탐하는 게 인간의 상정常情이라고 했지만, 친족 간의 정이라는 또 다른 인지상정을 무시한 것은 아닙니다.

　제가 〈해로〉 편에서 이렇게 이야기했습니다.

　자식이 귀여운 자는 그 자식을 사랑한다.
　*愛子者慈於子.*

　사랑이 깊은 자모는 어린 자식이 행복해지도록 힘쓴다.
　*慈母之於弱子也, 務致其福.*

　부모 자식 간의 사랑, 친족 간의 애정도 인지상정이지요. 숨기거나 없앨 수 없는 겁니다.

　〈난일難一〉 편에서는 이런 말을 했습니다.

　인정으로는 자식을 사랑하지 않을 수 없다.
　*夫人情莫不愛其子.*

〈육반〉 편에서는 또 이렇게 말했습니다.

어머니의 자식 사랑은 아버지의 갑절이 된다.
母之愛子也倍父.

부모는 늘 자식이 행동할 때 안전하고 이득을 누리길 원한다.
父母之所以求於子也, 動作則欲其安利也.

제 눈은 늘 현실을 향하지요. 이러한 모습들도 엄연히 현실 속 인간의 상정常情인데 제가 외면했을 리가 있겠습니까? 이 또한 인정했고 인간의 모습이라고 말했습니다. 하지만 가족이나 골육 사이의 정이 사회규범과 통치 원칙을 만드는 데에 근본 토대가 될 수는 없습니다.

유가는 가족 간의 정과 친족 집단 내의 관습에서 사회규범을 연역해냈습니다. 그러나 이는 어디까지나 그들만의 주장일 뿐입니다. 친족 간의 감정과 사랑에서 국가라는 정치 공동체를 다스리는 규범을 만들어내자? 부모를 공경하는 마음을 집 밖으로까지 확장해 타인의 부모도 내 부모처럼 대하고 군주 역시 어버이처럼 모셔야 한다? 어불성설이지요. 이에 걸맞은 사람이 되도록 예를 만들어 가르쳐 익히게 해야 한다? 그러면 절로 좋은 세상이 올 것이고 천하가 다스려진다? 이건 어디까지나 유가의 망상일 뿐입니다.

법가와 묵가는 이를 철저히 배격합니다. 혈연집단 내의 정이나 관습은 국가 규범과는 철저히 분리되어야 합니다. 국가 규범은 철저히 공익·국익·질서·안정의 관점과 생산성 신장·사회적 신뢰 조성이라는 기준에 근거해 만들어야 하지요.

아무튼, 저 역시 친족 간의 애정과 사랑을 인간 본성의 한 부분이라고 인정했습니다.

애초에 제가 성악론자라고 못 박았는데, 성악이든 성선이든 저는 절대 인성 결정론자는 아닙니다. 시대가 변하고 세상이 변하면 통치의 방법 또한 달라져야 합니다. 지금 시대의 조건과 상황을 고려해 희소성과 경제적 조건을 이야기했지요. 기억하시지요? 앞서 말했습니다. 사회경제적 조건이 변하면 인간의 마음도 변한다고 했습니다. 즉, 인정은 고정된 것이 아닙니다. 인간의 성정은 변하기 마련이지요. 제가 성악론자라고 했으며 이익을 가지고 인간을 설명했지만, 이는 제 시대의 상황과 조건이 만들어낸 인간의 본성이지, 영원히 고정된 것이 아닙니다. 상황과 조건, 특히 경제적 여건이 달라지면 인간의 본성은 역시 변합니다.

《한비자》를 보면, 사람을 사서 땅을 경작시키는 부농 이야기가 나옵니다. 제가 살았던 전국시대 때는 지주가 있었지요. 소작인을 부리기도 하고 품삯을 주고 사람을 사서 쓰기도 했습니다.

춘추시대 때는 보기 힘든 풍경이었지요. 철기가 대대적으로 도입되기 전에는 생산력이 낮아 공동경작으로 농사를 지었습니다. 공동으로 생산한 물품을 공동으로 소비했지요. 잉여생산물이 적었기 때문에 공동 소유랄 것도 없었지요. 주로 씨족공동체를 단위로 해서 그런 삶을 영위했습니다. 하지만 춘추시대 말에 도입된 철기로 세상이 확 변했습니다. 생산력이 대폭 신장되면서 천지가 개벽할 만큼 변화가 생겼지요. 기술 문명의 발전이 엄청난 비가역적 irreversible 변화를 이끌었습니다.

철기로 농사를 지으면서, 땅을 깊이 파서 지력을 이용할 수 있게 되었고 쓸모없는 땅을 개간해서 자기 것으로 삼을 수 있게 되었습니다. 철로 된 쟁기로 우경牛耕할 수도 있었지요. 소 한 마리가 사람 여덟 명 몫을 하니, 소를 가진 사람 그렇지 못한 사람, 철제 농기구를 가진 사람과 아닌 사람의 차이가 커졌습니다. 과거에는 씨족공동체 구성원이면 누구든 아버지고 어머니고 형이고 동생이었지만, 그 안에서 계층 분화가 일어났습니다. 각자의 처지가 달라졌다는 말입니다. 같은 씨족이고 친척이어도 남이 되었지요. '내가 생산한 것을 축내는 입'에 불과하게 되었습니다. 생각해보십시오. 아홉 명이 달라붙어야 겨우 경작할 수 있는 땅이 있었는데, 소를 가진 사람 한 명이 경작할 수 있게 되었습니다. 그러니 나머지 여덟 명은 짐이 될 수밖에요.

생산력이 발전하면서 세상은 변했습니다. 일부에게 잉여생산물이 쌓여 자식에게 물려줘야 할 필요가 생기자 동일 집단 내에서 분화가 일어났습니다. 사람은 소유 의식만큼 개체 의식도 발달하지요. 한 사람 한 사람이 이익을 두고 다투는 존재로 변하자 사회가 이익사회로 변하면서 이기적인 개체가 많아지게 되었지요.

전국시대 현실이 그러했습니다. 철기 덕분에 생산력이 늘어나 인구는 많아졌지만, 시간이 갈수록 철기 도입의 생산력 증진 효과가 인구수 증가를 따라잡지 못했지요. 그러자 이익을 둘러싼 개인들의 쟁탈이 더욱 심해졌습니다.

그래서 제가 성악설과 이욕지심이라는 인간 본성을 말한 것입니다. 제가 그런 데에는 철기의 도입과 정착으로 인한 이익사회의 출현 말고도 궁중 사회라는 조건도 있습니다. 일반 인민이 아니라 궁중 사회의 인간에 관해서도 많은 말을 했습니다만, 정말 타고난 인간 본성이란 게 있을까요? 아닙니다. 오직 상황과 조건만 있을 뿐입니다.

제가 〈오두〉 편에서 한 말이 있습니다. 흉년이 든 이듬해 봄에는 나이 어린 아우에게도 밥을 먹이지 않으나, 풍년이 든 해의 가을에는 먼 손까지 반드시 먹입니다. 이는 골육을 멀리하고 지나가는 나그네를 사랑해서가 아니지요.

상황과 조건이 다르기 때문입니다.

그러고 보니, 저는 상황주의자situationist라고 할 수 있겠습니다. 고정된 인간 본성은 없습니다. 변하는 인간 본성은 통치에 있어 매우 중요한 조건입니다. 이에 맞게 통치의 방식과 규범 역시 달리해야지요.

저 한비자의 인성론에 마지막으로 이 이야기를 더하고 싶습니다.

호랑이를 길들이려 하면서 우리를 쓰지 않는 것은 맹분이나 하육夏育 같은 전설의 사육사도 어려워하는 바다. 간사함을 막으려 하면서 법을 사용하지 않으며, 사기를 막으려 하면서 부절符節(계약서)을 사용하지 않는 것은 요나 순도 어렵게 여기는 바다.[89]

우리를 설치하는 것은 쥐를 막기 위함이 아닙니다. 어린아이라도 호랑이를 무서워하지 않게 하고, 호랑이에게 다칠 일이 없도록 하기 위함이지요. 법을 제정하는 까닭은 증삼曾參이나 사어史魚같이 정직한 사람을 가정해서가 아니라, 군주가 능히 도척盜跖* 같은 자들을 막을 수 있게 하기 위함입니다. 부절을 만드는 것은 미생尾生같이 신의로 유명한 사람을 전제해서가 아니라, 욕심이 많고 이기적이며 틈만 보이면 나쁜 짓을 할 가능성이 높은 사람을 전제해서입니다.

법치는 그런 겁니다. 법과 법치는 인간의 하한선을 전제로 할 수밖에 없습니다. 통치자는 인간의 악한 의지와 이기심이 언제든지 드러날 수 있고 커질 수 있다고 생각해 법과 제도를 만들어야 합니다. 그래야 정직한 사람들과 사

---

* 춘추시대 말 유명했던 도적 집단의 수괴로 사람들의 목숨과 재물을 빼앗는 짓을 일삼는 잔인무도한 자였다.

회적 약자들이 다치지 않을 것이고, 신뢰 사회를 만들 수 있지요. 그러기 위해서는 성악설에 입각해 인간 본성을 불신해야 합니다. 인간에 대한 안이한 낙관을 배제해야 합니다. 성선설에 따라 인간 본성을 믿으면 혼란이 저절로 일고 약자의 삶은 늘 위태로울 것입니다.

불신으로 시작하면 신뢰 사회, 신뢰로 시작하면 불신 사회! 참으로 역설적입니다만, 이는 확실한 국가 안정과 사회적 신뢰를 만들어내기 위함이지요. 저 한비자의 성악설을 이렇게 이해하셔야 합니다.

## 13장

# 꾸짖는 사람이 맛있는 국을 먹는다

**군신 관계에 대하여**

## 관계도 이익이다

'Self-interest'는 '이기심'보다는 '자기 자신을 위하는 마음' 혹은 '사익을 추구하는 인간 심리'로 번역하는 편이 적절하다는 말이 있습니다. 경제학의 아버지 애덤 스미스가 한 말입니다. 스미스는 경제주체들이 그 마음을 가지고 있기에 오늘도 우리가 굶지 않고 밥술을 뜰 수 있다고 했습니다. 그 말 그대로 'self-interest' 덕분에 재화가 유통되고 사회가 발전한다지요.

저 역시 비슷한 말을 한 적이 있습니다.

서로 남을 위한다고 여기면 책망을 하게 되나, 자신을 위한다고 생각하면 일이 잘되어간다. 그러므로 부자간에도 혹 원망하고 꾸짖으며 사람을 사서 농사짓는 자는 맛있는 국을 내놓게 된다.[90]

자위즉행사自爲則事行, 각자가 자기 자신을 위해 살면 일이 이루어집니다. 어설픈 자비심이나 섣부른 이타심은 도움이 되질 않습니다. 모두가 자위自爲하며 각자 자신을 위해 살고 자신의 이익을 위해 일한다는 점을 분명히 하고, 서로 이를 깨닫고 일하는 편이 좋습니다.

왜 남을 위하나요? 명분과 대의를 위한다고요? 각자가 자신의 이욕지심에 충실하되, 다만 법 테두리 안에서 선을 넘지 않으며 성실히 살면 됩니다. 이익을 매개로 관계를 맺은 뒤 공적 규범과 함께 사적 합의를 따르면 되지요.

저 한비자의 사상에는 근대 계약의 원리도 보인다고 합니다. 인간만을 이익으로 보는 게 아니라 인간들 사이의 관계도 이익으로 보기 때문인가 봅니다. 인간은 이익이고 모든 인간관계는 철저히 이익을 매개로 이루어진다고 봅니다. 군신 관계 역시 마찬가지입니다.

신하는 죽을힘을 다하여 군주와 흥정하고 군주는 작록을 내 보여서 흥정한다. 군주와 신하 사이에는 부자간의 친근함이 아니라 이해타산이 있다.[91]

군주는 계산으로써 신하를 기르고 신하 역시 계산으로써 군주를 섬긴다. 군신 관계란 서로 계산하는 사이이지, 손해 보면서 국가에 이익이 되는 일을 신하는 하지 않으며, 국가에 손실을 끼치면서 신하에게 이득이 되는 일을 군주는 행하지 않는다. 신하의 속생각은 자신의 손해가 이로울 수 없으며 군주의 속생각은 국가 손실이 즐거울 수 없다. 군신 관계란 계산을 가지고 결합되는 것이다.[92]

군사부일체君師父一體? 부자 관계로 비유해서 설명하는 군신 관계? 그건 유가 측 이야기일 뿐입니다. 비현실적인 이야기지요. 신하이니 무조건 충성해야 하고 군주를 아버지처럼 따르라는 건 말도 안 됩니다. 비현실적이지요.

군신 관계도 이익을 매개로 결합하는 사이일 뿐입니다. 부부간도, 부모 자식 간도 이익에서 자유로울 수 없는데, 하물며 군신 관계는 말할 나위 없을 겁니다. 군주는 신하를 왜 부립니까? 신하의 능력을 이용해 나라의 힘을 부강하게 하기 위함입니다. 신하는 왜 군주에게 고용되어 일을 할까요? 부유해지고 귀해지고 싶은 자신의 사익 때문입니다. 군주와 신하는 서로의 이익을 위해 만나 관계를 맺지요.

앞서 제가 군신 관계를 주인과 대리인 관계로 설명했습니다. 주인과 대리인은 이익을 매개로 만나는 사이일 뿐이지요. 염불을 맡긴 신도와 염불을 담당하는 중 역시 주인-대리인 관계입니다. 잿밥이란 대가가 보장되지 않으면 염불할 중이 없겠지요. 공짜로 염불을 해준다? 그런 경우가 얼마나 있을까요? 대가(이익)가 있어야 거래가 성사됩니다. 군신 관계 역시 염불과 잿밥이 교환이 되는 것이지요.

그런데 말입니다. 잿밥이 보장된다고 해도 중이 염불을 성실히 할 거라는 보장은 없습니다. 염불 대충하고 잿밥만 먹으려고 할 수도 있지요. 주인의 바람은 배신당하기 쉽습니다. 대리인이 자신의 이익만을 생각하는 경우가 많고 둘의 이해관계가 어긋날 때가 많기 때문에 문제가 생깁니다.

## 창과 방패

초나라에 한 장사꾼이 저잣거리에서 방패와 창을 늘어놓고 팔고 있었다.

"자, 여기 이 방패를 보십시오. 이 방패는 대단히 견고해서 아무리 날카로운 창이라도 막아낼 수 있습니다."

이번에는 창을 집어 들고 외쳤다.

"자, 이 창을 보십시오. 이 창은 어찌나 날카로운지 꿰뚫지 못하는 것이 없습니다."

그때 구경꾼 하나가 이렇게 질문했다.

"그럼, 그 창으로 그 방패를 찌르면 어떻게 되는 거요?"

《한비자》에서 가장 유명한 고사가 아닐까 싶습니다. 〈난세〉편에 나오는 이야기지요. 누가 말도 안 되는 이야기를 할 때 모순矛盾이라고 합니다. 이치에 안 맞는 말을 지적할 때 쓰지요. 세상의 모든 방패를 뚫는 창과 세상의 모든 창을 막아내는 방패가 함께 있을 수 있겠습니까? 있을 수 없는 일을 있다고 하고 공존할 수 없는데도 공존한다고 하고 양립할 수 없는 것을 양립한다고 우기는 짓이지요.

이 고사는 군주의 권력과 신하의 권력이 양립할 수 없음을 말하기 위해 수록했습니다. 신하의 권력이 강하면 군주의 권력은 사라집니다. 둘의 이익이 상반되고 모순되기 쉬운 까닭입니다.

신하와 군주의 이익이 서로 다르고 모순된다. 무엇으로 이를 알 수 있는가? 군주의 이익이란 능력이 있어야만 관직을 맡기는 데 있으며, 신하의 이익이란 무능한 그대로 일자리를 얻는 데 있다. 군주의 이익이란 공로가 있어야만 작록을 주는 데 있으며, 신하의 이익이란 공로가 없어도 부귀해지는 데 있다. 또 군주의 이익이란 호걸(재사)들이 능력을 발휘하도록 하는 데 있으며 신하의 이익

이란 파당을 만들어 사리를 도모하는 데 있다.[93]

　군주의 이익은 간단합니다. 국가 힘이 강해지는 겁니다. 그러기 위해선 능력 있는 자들이 관직을 맡아 실력을 발휘할 수 있어야 합니다. 즉 유능한 대리인을 부릴 수 있어야 하지요. 조정에 우수한 대리인이 많아지게 하고 자기 수완을 발휘하게 해야지요. 그 유능한 대리인이 앞서 말한 법술지사입니다. 이들이 많아야 군주의 이익이 커집니다.

　그런데 궁중에 나쁜 대리인이 많아지면 이야기가 달라집니다. 나쁜 신하, 즉 나쁜 대리인의 이익은 군주의 이익과 상관이 없다 못해 상충되고 반대됩니다. 무능한데도 조정에 붙어 있고 때론 파벌을 만들어 유능한 대리인을 쫓아내며 자기 파벌 사람만 조정에 대리인으로 들이게 하면서, 즉 관료 자원을 통제합니다. 이런 까닭에 나라의 영토가 깎여도 이들은 부유해지고 군주의 지위는 낮아져도 이들의 권한은 막중해집니다. 이들의 이익이 커지면 커질수록 군주의 이익은 작아지지요.

　나쁜 대리인인 중신의 이익과 군주의 이익은 모순 이야기처럼 양립이 불가능합니다. 그래서 제가 〈팔경〉 편에 이런 말을 했습니다.

　신하와 군주의 이익이 다르다는 점을 아는 자가 왕이 되며, 그 이익이 같다고 여기는 자는 위협받으며, 일을 함께 하는 자는 살해당한다.[94]

　여기서 신하는 중신을 말합니다. 사리에 밝은 군주라면 중신의 이익과 군주의 이익, 대리인의 사익과 주권자(군주, 공공)의 이익이 서로 어긋난다는 사실을 반드시 알아야 합니다. 그런데 당시 상황이 참 안 좋았습니다. 여러 면에서 대리인들이 딴생각을 하기 쉬웠지요.

여기서 이야기를 하나 해보지요. 오월쟁패吳越爭霸의 와중에 있었던 이야기입니다. 오나라와 월나라는 서로 원수지간으로 참으로 지독하게 싸웠습니다. 수많은 이야기가 생겨났지요. 그때 일화 가운데 하나입니다.

월나라 군주가 오나라 군주를 쳐부수었다. 그러자 오나라 군주가 빌며 항복을 고해왔다. 월나라 군주는 항복을 받으려고 하였지만, 군주를 보좌하는 범려范蠡와 대부 문종文種이 "안 됩니다. 옛날에 하늘이 월나라를 오나라에 내주었으나 오나라가 받지 않았습니다. 지금 오나라 군주에게 보복하는 것은 역시 하늘의 앙화입니다. 하늘이 오나라를 월나라에 주는 것이니 재배하여 그것을 받으십시오. 오나라의 항복을 절대 받아들여선 안 됩니다. 허락하지 마십시오"라고 하였다. 그때 오나라의 태재비太宰嚭가 월나라 대부 문종에게 편지를 보냈다. "날쌘 토끼 다 잡히면 좋은 개는 삶아 먹히고 적국이 멸하면 계략 꾸미던 신하도 망합니다. 대부께서 왜 오나라를 괴롭히도록 만들지 않습니까?"95

〈내저설 하〉편에 있는 이야기입니다. 월나라의 범려와 문종의 말은, 과거 오나라가 월나라를 멸하였지만 월나라의 항복을 받아들여 나라를 합병하지는 않았는데, 그래서 하늘이 내린 화를 지금 받았다는 뜻입니다. 그러니 오나라의 전철을 밟지 말고 하늘이 오나라를 주니 취하자고 했지요.

그때 오나라에서 문종에게 따로 편지를 보낸 자가 있었지요. 편지 내용은 이랬습니다. "이보시오, 토사구팽兔死狗烹이라 하지 않았소? 사냥이 끝나면 당신은 사냥개처럼 잡아먹힐 것이오. 오나라가 살아남아 월나라 군주의 근심거리로 남아 있어야 당신이 천수를 누릴 수 있지 않겠소." 바로 태재비라는 사람이 보낸 것이었지요. 그는 문종더러 월나라 군주가 오나라의 항복을 받으라고 꼬드겨야 문종에게 이득이랍니다. 아주 틀린 말은 아니지요. 외부에 적이 있어야 신하에게 이득입니다. 외부에 적이 없으면 군주에게는 이득이지만 신하에게는 손해지요.

이처럼, 여러 강국이 부대끼며 싸우던 당시에는 신하들이 은밀히 외부의 적들과 결탁하기도 했습니다. 유능한 인재들에게 정해진 주인이 없었기 때문에 이쪽 신하가 저쪽 신하나 군주와 결탁하기도 했지요. 이 나라에서 죄를 짓고 저 나라로 도망가기도 했습니다. 대등한 힘을 가진 여러 나라가 다툼을 벌이던 때라 나라 사이에 담장이 낮았기 때문입니다. 주인과 대리인의 모순이 아주 심한 상황이었지요. 국제 환경이 주인-대리인 모순을 부추긴 셈이지요. 당시 현실이 그러했습니다.

이야기를 더해보지요. 송석宋石이란 장수가 있었습니다. 위魏나라의 장수였지요. 위군衛君이란 장수가 있었습니다. 초나라의 장수였지요. 두 나라 사이에 전쟁이 터지자, 두 장수 모두 군사를 거느렸습니다. 송석이 위군에게 편지를 보냈습니다. "양쪽 군대가 마주하여 두 깃발이 서로 바라보고 있다. 싸우면 반드시 양쪽이 살아남지 못한다. 이 전쟁은 바로 두 군주의 일일 뿐이다. 나는 당신과 사사로운 원한이 있는 것도 아니니, 당신도 좋다면 싸움을 피하고자 한다."

이 역시 〈내저설 하〉 편에 있는 이야기입니다. 전쟁터에 맞서는 양국의 장수가 한통속이 된 모습입니다. 군주들의 이익 따위는 생각하지 말고 자기들의 이익만 챙기려고 합니다. 나쁜 대리인들끼리 결탁한 사례지요.

군주와 신하의 이익이 다르므로 신하들에게 충이란 없다. 따라서 신하의 이익이 성립되면 군주의 이익이 없어진다. 이런 까닭으로 간신이란 자는 적의 군대를 불러들여 안의 방해자를 제거하여 밖으로 일을 꾸며 군주를 현혹시킨다. 적어도 그 개인의 이익이 이루어지면 나라의 재앙은 돌아보지 않는다.[96]

불고국환不顧國患. 나라의 재앙 따위는 안중에도 없습니다. 주인의 이익보단 자신의 이익만을 추구하기 때문입니다. 춘추전국시대에는 이처럼 나쁜 대리인이 많았습니다. 못된 대리인의 전성시대였지요. 못된 대리인들은 서로 싸우기보다는 뭉치는 일이 많았습니다. 사익을 극대화하기 위해서였지요.

## 반드시 붕당을 부수어라

나라를 잘 다스리려면 반드시 붕당을 쳐야만 한다. 붕당을 치지 못하면 이들이 장차 많은 무리를 모을 것이다.[97]

〈양권〉 편에서 한 말입니다. 나쁜 대리인, 즉 중신은 반드시 붕당을 만듭니다. 자신의 이익을 극대화하려면 사적 파벌이 필요하기 때문이지요. 원래 간악한 신하는 절대 혼자 행동하지 않습니다. 혼자의 힘으로 국정을 농단하고 나라를 훔칠 수 있겠습니까? 간신은 그것이 불가능함을 잘 압니다. 그래서 다른 신하, 귀족, 왕의 인척 등 공모자와 협력자를 찾지요. 늘 파당을 만들어 움직이는 간신을 단일 인격체로 보면 안 됩니다. 네트워크 자체입니다.

파벌을 이룬 간신들이 궁중을 장악했을 때 가장 큰 문제가 선한 대리인이 설자리가 없어진다는 점입니다. 궁중의 대리인 자리를 모두 자기 쪽 사람으로 채우기 때문이지요. 군주가 자기 파벌 사람을 쓰지 않을 수 없게 하니, 관료라는 권력 자원의 공급을 통제하는 모순을 만들어버립니다.

자, 군주와 신하는 이익을 매개로 하여 만난다고 했습니다. 군주는 녹과 지위로 신하를 사지요. 군주는 일종의 소비자이자 수요자로서 유능한 인재의 정치행정 서비스를 구매하는 셈입니다. 그런데 중신들이 만든 파당이 서비스 공급을 독점하는 판매자 집단이 되어버린다면 군주는 늘 손해를 볼 수밖에 없습니다. 저품질 서비스를 강매당하거나 자신을 해칠 사람을 구매할 수도 있습니다.

독점은 나쁜 겁니다. 생산자·공급자에게만 이익을 주고 소비자·수요자에게 큰 손해를 끼치기 때문이지요. 더욱 큰 문제는 공급자의 이익이 소비자의 손해보다 항상 작다는 데 있습니다. 그러니 독점이 많아지면 수요자만이 아니라 사회 전체가 손해를 보겠지요. 만일 관료 자원의 공급이 독점된다면 국가 전체의 손해가 얼마나 막심해지겠습니까? 나라가 망하겠지요. 권력을 쥔 주인이 독과점 구조에 치이면 정치권력은 독과점 구조를 만들어낸 대리인 집단에 넘어가겠지요. 결국 공급만이 아니라 정치권력까지 이들이 독점하게 됩니다.

간신 네트워크는 자기 파벌 사람이라면 나쁜 대리인이 될 것이 뻔해도 요직에 앉힙니다. 반면 누가 봐도 좋은 대리인이 될 사람을 자기 파벌 사람이 아니라는 이유로 배제하지요. 때론 이들에게 극악한 짓을 저지르기도 합니다. 군주의 손을 빌려서 좋은 대리인을 제거해버립니다. 군주가 좋은 정치행정 서비스를 구매하려고 해도 공급을 독점하는 이들의 횡포에 놀아날 수밖에 없는 까닭입니다.


중신들은 어리석고 더렵혀진 사람들을 껴안아 위로는 이들과 함께 군주를 속이고 아래로는 이들과 함께 이익을 찾아 침탈을 일삼는다. 파당을 짜서 한 패가 되어 서로 말을 맞추어 군주를 현혹시키고 법을 파괴한다. 인민의 생활을 어지럽히고 마침내는 나라를 위험에 빠뜨려 영토가 줄어드니, 군주는 애를 쓰며 욕을 당하게 된다.[98]

저는 대리인 공급 문제와 관료-정치 자원의 공급을 독점하는 이들의 행태를 지적했고, 이들의 폭주를 막지 못하면 벌어질 사태까지 경고했습니다.

그런데 이들은 대리인 공급만을 독점하는 게 아닙니다. 정보까지 통제하고 독점합니다. 정보를 틀어쥐고는 군주의 눈과 귀를 가려버리지요. 나쁜 대리인들이 서로 작당하여 좋은 사이임에도 거짓으로 꾸며 서로 사이가 나쁜 척, 상대를 견제하는 척하면서 사심이 없는 듯 연기를 합니다. 그러면서 서로의 눈이 되고 귀가 되어 군주의 틈을 엿보지요. 군주는 이목이 가려져 진실을 들을 방도가 없습니다. 군주라는 명목만 남고 실질은 사라지고 맙니다.

이계李季라는 사람의 이야기로 설명해보겠습니다.

이계는 멀리 나다니는 것을 좋아했습니다. 어느 날 이계의 처가 몰래 젊은 남자와 정을 통하고 있었는데 이계가 갑자기 돌아왔지요. 젊은 남자가 방 안에 있으니 처는 걱정할 수밖에요. 그때 여종이 꾀를 내어 "공자(젊은 남자)가 벌거벗은 채로 머리를 풀고 문밖으로 곧장 나가게 하십시오. 우리는 거짓으로 못 본 체하겠습니다"라고 말했습니다. 젊은 남자는 여종의 꾀대로 쏜살같이 달려 문밖으로 나갔지요. 이를 본 이계가 "저 사람이 누구냐"라고 물었습니다. 여자들이 한결같이 입을 모아 말하기를 "아무도 없습니다"라고 하였지요. 이계가 "내가 도깨비를 보았는가"라고 하자, 여자들이 "그렇습니다"라고 대답했습니다. 이계가 "다시 그러면 어찌하면 좋겠는가"라고 물으니, 여자들이 입을 모아 말하기를 "다섯 짐승의 똥을 모아서 몸에 끼얹으십시오"라고 답했습니다. 이계는 "그렇게 하지"라고 말하더니, 이내 똥물을 자기 몸에 퍼부었다고 합니다.

〈내저설 하〉에 있는 이야기로, 부인과 여종이 입을 맞춰 이계를 속이는 상황으로 중신들의 행태를 풍자했습니다.

이처럼 신하가 나쁜 대리인이 되어 자신의 사익을 극단으로 추구해 군주 권력이 위태로워지고 국력까지 기우는 일이 당시에 빈번했습니다. 그럼에도 신하와 관료는 반드시 있어야 합니다. 제가 군주에게 그들을 경계하라고 늘 상 말했지만, 그들의 필요와 존재 이유 자체를 부정하지는 않았습니다.

자, 군신 관계는 곧 주인과 대리인 관계라 했지요. 주인이 대리인을 왜 두겠습니까? 자신이 모든 일을 직접 챙길 수 없는 까닭입니다. 경영자가 직원을 왜 뽑겠습니까? 일을 혼자 할 수 없기 때문이지요. 신하와 관료가 있어야 국가 사무가 돌아가고 군주의 권력에 날개가 달립니다. 이익이 배치된다고 해서 군주가 신하를 두지 말아야 할까요? 신하도 인간이고 이익을 추구함이 당연합니다. 사익을 추구하는 인간 본성을 인정해야겠지요. 다만, 신하를 어떻게 활용하느냐의 문제가 있을 뿐입니다.

## 사익을 공익으로

앞서 사익을 추구하는 본성을 인정해야 한다고 했습니다. 잿밥을 탐하는 마음, 인정해줘야지요. 다만, 그 마음을 공익과 합치되는 방향으로 발현케 하는 것이 중요합니다. 대리인의 사익 추구가 주인의 이익과 합치되는 방향이지요. 그러면 국력이 크게 신장될 수 있습니다.

이는 국가의 장에서만이 아니라 회사를 비롯한 모든 조직에서도 늘 하는 고민입니다. 어떻게 하면 직원을 유도해 회사의 목표를 달성할까? 어떻게 하면 경영자가 주주의 이익에 복무하게 할까? 어떻게 하면 공무원이 국민 이익에 부합하게 할까? 이는 어느 집단이나 늘 고민하는 문제입니다.

사실, 답은 간단합니다. 경영자에게 이득을 줄 때 사원이 이득을 누리게 하고, 주주에게 이득을 줄 때 경영자의 부가 커지게 하고, 국민에게 이득을 줄 때 관료가 이득을 누리게 하면 되지요. 물론 말처럼 쉽지 않겠지만, 제도와 법을 설계할 때나 인센티브가 이런 방향으로 가도록 해야 합니다.

좋은 대리인이 있습니다. 그는 국법을 늘 준수합니다. 능력을 발휘해 업무를 충실히 합니다. 이런 신하에게 상을 줍니다. 부유하게 해주고 벼슬을 더 높여 사익을 누리게 합니다. 공익을 늘린 사람에게는 그렇게 상을 줍니다. 반대로 업무를 제대로 하지 않고 법을 어기고 공익을 해친 자에게는 무거운 벌을 내려야지요. 나쁜 대리인은 천하게 만들고 사익을 누리지 못하게 합니다. 그러면 신하는 군주의 이익에 복무하게 됩니다. 조정에 성실한 대리인이 많아지면 대리인과 주인 모두 사익을 확대하고 누릴 수 있지요.

상과 벌, 긍정과 부정의 인센티브를 활용하면 공익과 합치되게끔 대리인을 부릴 수 있습니다. 좋은 대리인을 구하고 나쁜 대리인을 선한 대리인으로 변하게끔 유도할 수 있지요.

인센티브 말고 '경쟁'도 있습니다. 신하들이 서로 경쟁하게 유도하는 방법이지요. 공익에 충실한 사람이 더 많은 이익을 가져가고, 공익에 기여 못하는 사람은 승진과 임용에 탈락합니다. 대리인을 통제하고 그들의 질을 높이는 데에는 경쟁이 반드시 있어야 합니다. 그렇기 때문에 더더욱 파벌이 생기는 것을 막아야겠지요. 대리인들이 담합하면 경쟁은 사라지고 맙니다. 파벌의 힘으로 경쟁 관계에 있는 유능한 대리인을 밀어낸다면, 경쟁은 의미 없어집니다.

신하를 다루는 기술로 '술術'이라는 것도 제시했습니다. '형명刑名의 술'이라고 하는데, 현대에는 흔히 성과관리 제도로 이해되는 관리 기술이지요. 형명의 술은 예를 들어 이런 겁니다.

군주가 "이런 정치 사안을 누가 맡아서 할 것이냐?"라고 묻습니다. 그때 자청하고 나서는 신하가 있습니다. 군주가 다시 묻습니다. "이 일을 네가 맡아서 한다고 했는데, 너는 얼마나 결과를 낼 것이냐?" 신하가 "이 정도 성과를 내겠습니다"라고 답합니다. 이렇게 묻고 답하면서 군주와 신하 사이에 약속이 성립되지요. 그 신하가 말한 만큼 결과를 내면 군주는 그에게 큰 상을 내립니다. 반대로 결과를 내지 못하면 불이익을 줍니다. 계약과 비슷하지요.

형명의 술이라는 신하 관리 기술을 보면 저 한비자에게 있는 계약의 관념이 잘 드러납니다. 법가의 근대적 면모도 보이지요.

자, 군신 관계가 주인-대리인 관계와 흡사하며, 양자의 이해관계는 엇갈리기 쉽다고 했습니다. 물론, 꼭 그렇지만은 않다고도 했지요. 군주가 하기 나름이고 제도를 만들기 나름입니다. 인센티브를 잘 설계하고 경쟁과 술이라는 통치 기술로 나라의 이익을 만들어낼 수 있습니다. 군주는 이러한 방향으로 유인하는 정치 상황과 조건을 만들어야 합니다. 이러한 상황과 조건이 바로 세勢입니다.

세는 저 한비자의 사상에서 가장 중요한 개념입니다. 군주의 권력이라고도 하고 힘이라고도 하고 권위라고도 합니다. 저는 세를 대리인들이 제대로 관리 통제되어 주인의 이익이 안정적으로 보장되게끔 하는 상황과 조건이라고 하고 싶습니다. 대리인이 주인의 이익을 위해 전력을 다하게 하는 상황과 조건이지요.

세가 있어야 합니다. 또한 안정되어야 합니다. 세 이야기는 뒤에서 따로 자세히 다루겠습니다.

마지막으로 애덤 스미스 이야기를 조금만 더하지요. 제가 신하들 사이의 경쟁을 말했듯, 애덤 스미스도 경쟁을 참 좋아했다고 들었습니다. 독점과 반대로 경쟁은 여러 이익을 낳기 때문이지요. 경쟁은 모든 기업이 자기 방어를 위해 훌륭한 경영 방법을 채택하도록 강요합니다. 이는 기업의 경영합리화를 촉진해 기업의 생산성을 높입니다.

어쩌면 신하는 1인 기업이고 군주는 소비자가 아닐까요? 소비자가 상품을 사서 활용하는데 한 기업 한 가게 것만 사서 쓰면 안 되겠지요. 특히 안 좋은 상품을 파는 기업과 가게에 소비자가 목을 맬 이유는 하나도 없습니다. 더 좋은 상품을 파는 가게가 있으면 그 가게 상품을 구매해야지요. 소비자가 현명하게 처신하면 안 좋은 상품을 파는 가게가 퇴출되고 남은 가게들끼리 경쟁하게 될 텐데요, 바로 이것입니다.

나쁜 가게에 목매지 말고 좋은 가게의 상품을 구매하여 가게들끼리 경쟁을 시키듯이, 대리인들끼리 경쟁을 시켜야 합니다. 선입견을 버리고 지방 출신이나 신분이 낮은 이도 능력이 있으면 거래를 해야지요. 그리고 앞서 말씀드린 대로 공익제보 제도를 활용해서 대리인 사이의 유착을 막고 서로 감시하면서 경쟁하게끔 해야 합니다. 1인 정치 기업인 신하들을 끊임없이 경쟁시켜야 합니다.

애덤 스미스는 경쟁이 존재하면 경쟁에서 낙오되지 않기 위하여 경쟁 참여자는 누가 감시하거나 강요하지 않아도 자발적으로 각자의 일에 열성을 다하게 된다고 말합니다. 궁중 사회도 마찬가지입니다. 최대한 우수한 대리인을 많이 확보해 더욱 치열하게 경쟁시켜야지요. 경쟁을 막는 장치와 제도를 없애고, 경쟁자들끼리 애초에 담합을 시도조차 못 하게 하는 제도와 법을 설계해야 합니다. 경쟁은 좋은 겁니다. 경쟁해야 전체의 부가 커지고 많은 사람이 더욱 행복해질 수 있습니다. 그리고 보면, 저는 참으로 여러 면에서 자유주의 경제학과 친화적이로군요.

· 14장 ·

# 먼 곳의 물로 가까운 곳의 불을 끌 수 없다

**성인과 통치자에 대하여**

## 사회과학자 한비자

미국의 4대 대통령 제임스 매디슨James Madison이 말했다지요. "사람이 천사라면, 정부는 필요 없다If men were angels, no government is necessary." 정부가 필요한 이유는 사람이 천사가 아니기 때문이랍니다. 매디슨도 성악설 입장에 동의하는 듯한데, 사실 이렇게 생각해야 사회과학이 성립합니다.

사회과학은 무조건 성악론입니다. 인간의 욕망과 이기심에 주목하고 그것을 전제한 뒤 이론을 전개하기 때문이지요. 이러한 의미에서, 저 한비자의 사상은 철학이라기보다는 사회과학에 가깝습니다. 저는 인간의 욕망에 주목했고 더 나아가 성인에 대한 미련도 없었습니다. 진정 사회과학이라고 해도 손색이 없지 않을까요? 사회과학은 성악론에 머물지 않고 성인이란 존재를 부정할 수 있어야 합니다. 이 두 가지가 전제되어야 진정 사회과학이라고 할 수 있지요.

> 등 문공이 세자 시절에 초나라로 가면서 송나라를 지나가다 맹자를 만났다. 맹자는 인간 본성의 선함을 말했는데 말할 때마다 꼭 요순을 언급했다.[99]

저와 반대되는 사람이 바로 맹자입니다 성선설과 성인을 말한 사람이지요. 맹자가 등 문공이라는 작은 등滕나라의 군주를 만나 유세할 때였습니다. 인간 본성이 선함을 주장할 때마다 요순을 언급했다지요. "언필칭言必稱 요순堯舜"이라고 '언필칭'이란 말이 여기에서 기원한 듯한데, 성선설을 주장하며 근거를 제시하거나 권위를 내세울 때 맹자는 성인을 꼭 언급했습니다.

그런데 성인이란 어떤 사람인가요? 어떤 요건과 덕목을 갖추어야 성인일까요? 이 질문에 앞서 인간 세상에 과연 성인이 존재할 수 있을까요? 유가가 요구하는 덕목을 보면 도저히 인간이 모두 지킬 수 없는 것들입니다. 그런데도 성인이 현실에 존재할 수 있을까요? 사실, 성인은 아주 보기 힘든 존재입니다. 인간 세상에 나타날 확률이 아주 희박하지요. 그런데 지금 나라가 위태롭고 사회가 어지럽다면 성인을 기다릴 여유가 당장 어디 있을까요? 지금 집에 불이 났으면 바로 옆에 있는 물로 불을 꺼야 합니다. 그러지 않고 저 멀리 황허강, 창장강長江(장강)의 물을 끌어오려고 하면 집이 불에 다 타버릴 것입니다. 성인이란 바로 아주 멀리 있는 물과 같은 존재입니다. 당장 난 불을 끄는 데는 아무 소용이 없지요.

## 반메시아주의

저 한비자는 지은 죄가 참 많습니다. 개혁과 변법을 주장하면서 귀족의 기득권을 뺏으려고 했으니까요. 더 나아가 성인까지 쓰레기통에 던져버렸습니다. 정말 죽을죄를 지었지요. 요임금, 순임금, 우임금, 탕왕, 무왕, 주공周公 같은 성인을 기다리지 말고, 지금의 군주가 성인이 되는 것 또한 기대하지 말자고 했습니다.

묵가와 유가, 특히 유가는 툭하면 과거 성인군주 이야기를 꺼내면서 지금의 군주에게 그들을 닮고 배우라고 했지요. 유가의 '성인팔이'는 현실 정치 문제를 해결하는 데에 아무런 도움이 되지 않는 요설일 뿐입니다. 성인은 어디까지나 예외적 인물입니다. 상상 속 허구적 인물일 수도 있지요. 그런데도 성인이 다시 나타나길 기대하고, 지금의 군주더러 성인이 되라는 말은 합리적이지도 않고 현실적이지도 않습니다. 무책임한 주장이지요. 이는 정치를 포기하는 것이며 세상을 버리는 것입니다. 메시아주의? 안 됩니다. 반反메시아주의가 정치입니다!

맹자가 말했다. "요순에서 탕왕에 이르기까지 오백여 년인데 우禹왕과 고요皋陶 같은 사람은 보고 알았을 것이고 탕왕과 같은 사람은 듣고 알았을 것이다. 탕왕으로부터 문왕에 이르기까지 오백여 년인데 이윤伊尹과 내주萊朱 같은 사람은 보고 알았을 것이고 문왕과 같은 사람은 듣고 알았을 것이다. 문왕으로부터 공자에 이르기까지 오백여 년인데…"[100]

요순과 탕왕 사이 간격이 500년, 다시 탕왕에서 문왕 사이 간격이 500년,

문왕과 공자 사이가 500년. 그러고 보면 500년마다 '그분'이 오시나 봅니다. 500년마다 강림하는 '메시아'라니요. 요임금, 순임금, 탕왕. 문왕, 공자 이들이 모두 성인이라고 쳐도 500년마다 등장하는 성인이 무슨 의미가 있을까요? 지금 현실은 혼란스럽고 어지러우며 인민은 신음하는데 말입니다. '성인 군주 대망론'이라니 유가 사상가들이 저렇게 한심했습니다.

> 도대체 백 일 동안 먹지 않고 좋은 쌀과 맛있는 고기를 기다린다면 굶은 자가 살지 못한다. 만약 요순 같은 현자를 기다려서 지금 세상의 인민을 다스리려 한다면 이는 마치 좋은 쌀과 맛있는 고기를 기다리느라 굶주리는 것과 같다. 대저 "좋은 말과 단단한 수레라도 노예가 그것을 부리면 남의 웃음거리가 되지만, 왕량이 부리면 하루에 천 리를 달린다"고 하였으나, 나는 그렇게 생각하지 않는다. 월나라 사람 가운데 헤엄 잘 치는 자를 기다려서 물에 빠진 사람을 구하려 한다면, 월나라 사람이 아무리 헤엄을 잘 친다고 하더라도 물에 빠진 자를 구하지 못할 것이다.[101]

굶주림에 지친 사람이 있으면 당장 먹이는 것이 우선입니다. 진수성찬이 차려진 잔치 때가 될 때까지 기다리다가는 사람이 죽습니다. 지금 당장 물에 빠진 사람이 있다면 월나라에 수영 선수를 찾으러 갈 것이 아니라 장대나 밧줄이라도 던져서 구하려고 해야겠지요. 월나라로 사람을 보내면 물에 빠진 사람은 익사할 뿐입니다. 유가의 성인 대망론은 비현실적입니다. 또 무책임합니다. 인민을 살리는 게 아니라 죽이는 주장이지요.

## 용주와 중주

자공이 말했습니다. "주紂의 악함이 그처럼 심하지는 않았다. 이런 까닭에 군자는 하류에 처하기를 싫어하는 것이니 천하의 악이 모두 그에게로 돌아가기 때문이다."[102]

주는 동양에서 폭군의 대명사로 통하는 군주입니다. 주지육림酒池肉林을 만들어 놓고 인민을 무자비하게 죽였으며 심지어 나라의 현자와 지식인마저도 학살해버린 사람이지요. 주 군주에 대해 자공이 그렇게까지 나쁜 사람이 아니라고 말했습니다. 쉽게 말하자면, '은나라의 주 군주가 폭정을 했다고 하지만 실제 세상 사람이 말하는 만큼 심한 짓은 아니었다. 없는 죄까지 뒤집어쓰고 역사의 오명을 얻은 것인데 사실 악명을 떨친 폭군을 보면 왜곡된 경우가 많다'는 말이지요. 군주가 정말 포악해서 나라가 망한 게 아니라 나라가 망했기에 군주가 포악하다는 오명을 얻었다는데, 실제 현실에서 폭군을 보는 것도 쉽지 않습니다. 제가 〈난세〉 편에서 이렇게 이야기했습니다.

대저 요순, 걸주桀紂는 천 년 만에 한 번씩 세상에 나타난다고 한다. 이들은 어깨를 맞대고 앞선 이의 발꿈치를 밟으며 태어나는 존재가 아니다. 그러나 세상의 통치자는 중간치 수준의 인물이 대체로 끊어지지 않고 등장한다. 내가 여기서 권력에 대해 말하려는 바는 바로 중간치 수준의 군주를 위한 것이다. 중간치 수준의 군주는 위로는 요순 같은 성군에 미치지 못하지만 또한 아래로 걸주 같은 폭군이 되지도 않는다.[103]

요순 같은 성군은 역사에 지극히 드문 사례이듯, 걸주 같은 암군도 역시 예외적인 사례일 뿐입니다. 현실의 군주가 걸왕이나 주왕 같은 인물일 경우는 매우 드물지요. 그래서 저는 성군도 폭군도 아닌 중간 정도의 인간을 군주로 상정했습니다. 현실의 군주가 중간 정도라 가정한 뒤 정치를 논하자는 말입니다.

성인을 살해한 저는 사실 폭군도 살해한 셈이지요. 저는 용주庸主, 중주中主를 주장했지요. 용주는 보통의 군주, 중주는 중간 수준의 군주를 말합니다. 자, 그런데 용주–중주 사상, 성인살해 관념은 제가 먼저 시작한 게 아닙니다. 선배 신도가 먼저 시작했습니다.

신도는 전국시대의 법가 사상가입니다. 맹자와 동시대에 활동했지요. 정치현장에 등용되진 못했고, 맹자와 순자가 몸담기도 한 제나라 왕립학술연구소인 직하학궁稷下學宮에서 연구한 학자입니다. 제나라는 재정이 넉넉했고 선비와 지식인을 아끼고 대우하는 전통이 강했습니다. 왕궁의 서쪽문인 직문이라는 곳 근처에 여러 지식인이 마음 놓고 연구와 학술 토론에 매진할 수 있도록 연구소를 만들었지요. 그곳이 직하학궁입니다. 그는 군주를 둘러싼 정치적 조건이라는 세를 중시했습니다. 저는 이 영향을 크게 받았지요. 그는 성인 또한 부정했습니다. 이 역시 저에게 큰 영향을 주었습니다.

그는 자신의 저서 《신자愼子》의 〈민잡民雜〉 편에서 이렇게 말합니다.

군주의 지혜가 반드시 인민보다 뛰어난 것은 아니다. 가장 총명하지 못한 군주의 재능에 의지해서 천하를 통치하려고 한다면 결국 다스림을 제대로 펼칠 수 없을 것이다.[104]

대담할 정도로 말했지요. 뭇 인민의 지혜나 군주의 지혜나 다를 것이 없답니다. 군주에 대한 비판 의식이 강하다고 하는 유가 지식인도 못 할 말을 이렇게 대놓고 했습니다. 그러니 군주의 지혜를 믿고 정치할 수 있겠습니까? 군주가 성인이 되길 바랄 수 있을까요?

군주도 사람입니다. 실제 현실의 군주는 거기서 거기이니 군주에게 많은 것을 바라지 말아야지요. 군주가 정말 특별한 사람이길 바라면 현실 문제를 해결할 수 없습니다. 결국 군주 한 개인의 덕, 재능, 지혜가 아닌 다른 것을 봐야 합니다. 바로 '시스템'입니다.

> 구체적인 제도와 실행 방법이 이미 확립되었다면 법을 시행할 수 있다. 그러므로 군주는 굳이 나서려 하지 않으며 자신을 삼가지 않을 수 없다. 이주離朱는 백 보 밖에서도 가는 털을 볼 수 있었는데 밝은 눈을 다른 사람에게 옮겨줄 수는 없었다. 오획烏獲은 천 근을 들 수 있었는데 큰 힘을 다른 사람에게 옮겨줄 수는 없었다. 성인이 가진 특성도 다른 사람에게 옮길 수는 없다. 그러나 공적이 성취될 수 있는 것은 법이 있기 때문이다.[105]

이처럼 상앙이 말한 대로 특출한 사람의 특출한 능력은 그 누구에게도 전수될 수 없습니다. 성인이 등장할 확률 자체도 희박하지만, 설령 등장한다고 해도 그의 총명함과 예지는 그 누구에게도 전수될 수 없지요.

하지만 법과 제도로 대변되는 시스템은 다릅니다. 시스템은 얼마든지 대를 이어 지속될 수 있고 개보수가 가능합니다. 중요한 것은 인간이 아니라 시스템입니다.

## 법가는 시스템

항해하는 사람이 가만히 앉아서 월나라에 도착할 수 있는 것은 배가 있기 때문이다. 육로로 가는 사람이 가만히 서 있어도 진나라에 갈 수 있는 것은 마차가 있기 때문이다. 진나라와 월나라는 매우 멀리 있는 나라이지만 편하게 도달할 수 있는 것은 바로 도구가 있기 때문이다.[106]

월나라에 가고 싶다고 수영을 배워서 직접 헤엄쳐서 먼 남쪽까지 가야겠습니까? 서쪽 변방에 있는 진나라에 가고 싶은데 걸어서 천 리, 만 리를 가겠습니까? 모두가 수영의 달인, 달리기의 달인이 될 수는 없습니다. 배를 만들고 마차를 만들어 타면 되지요. 이런 게 시스템입니다.

통치 역시 시스템입니다. 배를 만들고 마차를 준비하듯 시스템을 만들어야지요. 사람이 물에 빠졌을 때 멀리 사는 월나라의 수영선수를 불러올 것이 아니라 장대와 밧줄을 던져야지요. 사람이 자주 빠지는 지역이라면 장대와 밧줄을 구비해두어 아무나 재빨리 구조할 수 있게 하고, 위험 입수 금지 팻말을 달아서 사람이 들어가지 않도록 해야 합니다. 이런 것이 바로 시스템을 만들자는 말입니다.

물건을 수십 근, 수백 근 놓아두고 하나라 우임금과 같은 성현에게 이를 계산하게 하더라도 그 중량이 얼마인지 알 수가 없다. 하지만 저울을 사용해 측정하면 틀림이 없다. 우임금 같은 성인의 지혜를 기다리지 않아도 보통의 지력을 가진 사람이라면 분명히 알 수 있다.[107]

신도가 한 이 말 역시 시스템에 대한 역설입니다. 누구든 저울이 있으면 무게를 정확히 잴 수 있습니다. 저울과 같은 정치의 도구가 있으면 보통 사람이라도 정치를 무난히 할 수 있습니다. 저울이 바로 시스템이지요. 보통 사람이 정치를 해도 잘 돌아가도록 하는 시스템을 만들어야 한다는 말입니다.

조직의 수장이 바뀌고 최고 권력자가 바뀔 때마다 조직과 나라가 휘청거리면 되겠습니까? 누가 리더가 되더라도 조직과 나라가 굴러가도록 해야지요. 시스템이 필요한 이유입니다. 제가 언급한 '성인살해'는 단순히 성인을 하염없이 기다리지 말자는 주장이 아닙니다.

대체 옛날의 왕량을 기다려서 지금의 말을 부린다고 함은 역시 월나라 사람이 물에 빠진 자를 구한다는 것과 마찬가지의 이야기다. 할 수 없음이 역시 분명하다. 대저 좋은 말과 단단한 수레를 오십 리마다 하나씩 두고 중질의 마부에게 그것을 부리도록 하면 빠른 것을 쫓고 먼 데에 이르고자 함을 가히 이를 수 있으니, 하루에 천 리에 이를 것이다. 어찌 반드시 옛날의 왕량을 기다려야 되겠는가?[108]

급히 일이 생겨서 먼 길을 가야 합니다. 자그마치 1,000리를 가야 하지요. 그렇다고 전설의 수레몰이꾼 왕량 같은 사람이 나타나기를 기다려야 할까요? 제가 말한 대로 역참 제도를 두어 역을 여러 개 두면 되지요. 오십 리마다 말과 수레를 둔 정거장을 마련해놓는다면 실력이 중간 정도 되는 마부가 수레를 몰아도 하루에 천 리를 갈 수 있지 않겠습니까?

저 한비자의 법치에는 시스템을 만들고자 한 고민이 담겨 있습니다. 평범한 군주나 중간치 군주가 권력을 쥐고 있는 기간이 훨씬 더 길고 일반적이니,

정치의 확실성을 높이려면 결론은 시스템일 수밖에요. 군주를 보통 사람으로 전제하고 법과 제도를 잘 만들어놓는 게 정치의 최우선이지요. '보통 사람 군주론 → 결론은 시스템.' 제 사상에서 가장 빛나는 부분이 아닐까 싶습니다.

이처럼 저의 법치는 곧 시스템입니다. 그리고 시스템은 바로 인치人治의 부정이지요. 인치는 정말 안 될 일입니다. 유가는 늘 정치는 사람 하기 나름이니 그저 사람이 착해야 하고 덕이 있는 사람이 정치를 해야 한다는데, 절대 안 될 말입니다. 정치를 개인윤리와 도덕의 영역에 가두면 안 됩니다. 개인윤리를 완성한 사람이 정치를 잘한다는 보장도 없습니다. 개인윤리와 나라 다스림은 애초에 큰 상관이 없습니다. 수신을 중시하고 수신한 사람만이 정치를 해야 한다고 유가가 우겼는데, 수신의 윤리는 어디까지나 개인윤리에 그쳐야지요. 정치와 도덕은 분리되어야 하며, 착한 사람보다는 우수한 시스템이 일하게 해야 합니다.

## 샤워실의 바보와 백락

성인군주 사상은 특히 맹자가 강렬히 주장한 바였습니다. 유가 가운데 맹자가 특히 유별났지요. 맹자는 군주에게 덕과 지혜를 끊임없이 닦으라고 강조했습니다. 성군 사상을 펼칠 때면 덕을 닦아 천명을 받은 군주들의 사례를 열거했지요. 덕의 화신이 되었고 그리하여 천명을 받아 천하를 얻었다고 말하면서 자신의 성군 사상을 강조했습니다. 반대로 성군과 대조되는 폭군의 사례를 열거하기도 했습니다. 그들처럼 하면 나라를 잃고 목숨을 잃을 것이라며 겁을 주었지요.

맹자의 이야기를 듣다 보면 '샤워실의 바보Fool In The Shower Room'가 생각납니다. 샤워실의 바보는 앞서 언급한 시카고 대학 교수인 밀턴 프리드먼이 제시한 개념입니다.

샤워실에 들어간 바보가 있었습니다. 그가 글쎄 샤워기 물을 틀자 너무 차가운 물이 나오는 겁니다. "아, 차가워" 하면서 샤워기 꼭지를 반대로 돌립니다. 그러자 너무 뜨거운 물이 나옵니다. "아, 뜨거워" 하더니 다시 반대 방향으로 꼭지를 돌립니다. 그러더니 또 "아, 차가워"라고 외쳤습니다.

현실에서는 이런 사람이 거의 없겠지요. 대부분 알맞게 온도를 조절해서 샤워를 할 텐데, 군주도 역시 마찬가지입니다. 군주 대부분은 중간 수준 정도의 사람이겠지요.

여기서 저 한비자답게 정치 우화로 이 장을 끝맺음해보지요. 백락伯樂이란 사람이 있었습니다. 전설의 말 감정꾼이지요. 그는 말을 보면 A급인지 B급인지 C급인지 정확히 감정해냈습니다. 안목이 귀신같았다지요. 전국시대는 말 그대로 전쟁의 시대이니, 말이 무엇보다 소중한 국가 자원이었습니다. 당연히 말 감정 또한 중요했지요. 아마도 백락은 그런 능력에 대한 사회적 수요가 많아서 만들어진 설화 속의 인물이 아닌가 싶습니다. 아무튼 제가 《한비자》에 수록한 백락에 관한 이야기가 있습니다.

백락은 자기가 미워하는 이에게는 천리마를 감정하는 법을 가르쳐주고 자기가 아끼는 이에게는 보통 말을 감정하는 법을 가르쳐주었다. 천리마를 감정할 일은 계절이 가도록 한 번 있을까 말까 하기에, 돈을 벌기는 쉽지 않지만 보통 말은 매일 사고 팔리므로 이득을 빠르게 볼 수 있기 때문이다.[109]

백락의 일화를 통해 제가 하고 싶은 말은 "성인군주를 생각하지 말라! 그러면 인민이 죽어난다"입니다. 백번 양보해서 성인이 존재한다고 칩시다. 그 사람이 정치한다고 해서 뭐가 좋을까요? 아닌 말로 군주가 사람 좋아서 뭐하겠습니까? 조직의 리더가 어질고 착해서 좋을 게 뭐가 있을까요? 정치인은 공동체의 문제를 해결하라고 있는 사람이고, 리더는 조직의 문제를 개선하라고 있는 사람 아니겠습니까?

무골호인無骨好人? 군자? 그건 어디까지나 사적 영역에서 중요한 문제입니다. 유가는 정치를 몰라도 너무 모릅니다. 유가의 윤리와 사상은 사적 공간, 작은 규모의 공동체에서나 통할 뿐이지, 정치의 장에서 통할 사상이 절대 아닙니다.

# 흙밥과 진흙국을 먹을 수는 없다

**유가 사상에 대하여**

앞서 성군 사상에 집착하는 유가를 비판했습니다. 수신으로 대표되는 유교의
가르침이 개인윤리로는 가능할 수 있어도 사회와 국가를 다스리는 통치 규범
과 공적 윤리로는 부적절하다고 했습니다. 지도자 개인이 덕의 상징이 되어
인민과 사회 전체를 교화한다는 말은 듣기에는 좋을지 모르지만 비현실적일
뿐입니다. 옛날 소규모 씨족공동체나 아주 작은 규모의 밴드 사회에서는 통
할지 모르겠지만 말입니다.

군주는 물론이고 신하도 마찬가지입니다. 덕이 있고 그저 무골호인인 사
람을 뽑아 쓰면 정치 공동체의 문제가 해결될까요? 상앙이 이런 말을 했습니
다. 명철한 군주가 다스릴 때는 사람들의 공헌을 기준으로 삼을 뿐 덕행을 따
져 임용하지 않는다고. 능력을 기준으로 사람을 쓰라는 말이지요. 신하 역시

사람 좋아서 뭐하겠습니까? 능력과 권한을 발휘해서 군주를 대신해 국가 공동체의 문제를 해결해야 할 사람일 뿐인데 말입니다.

그런데도 사람을 쓰고 부릴 때 꼭 덕과 착함을 따지는 사람들이 있었지요. 자, 이야기 하나 하겠습니다. 맹헌백孟獻伯이라는 재상 이야기입니다.

재상 맹헌백은 검소한 사람 같습니다. 그의 집을 보면 뜰 아래 잡초가 나고 문밖에 가시나무가 자랐다지요. 밥상에는 두 가지 이상 반찬을 올리지 않고 앉을 때 방석을 포개지 않았으며 곁에 비단을 입은 시녀가 없었다고 합니다. 집에 있을 때 말에게 곡식을 먹이지 않았으며 밖으로 나갈 때 수레를 타지 않는 경우도 많았답니다.

숙향이 이를 전해 듣고 묘苗 분황賁皇에게 이야기하였습니다. 그러자 분황이 맹헌백을 비난하며 말했습니다. 이는 군주가 준 작록을 버리고 아랫것들에게 아부하는 짓이라고. 숙향은 그가 마음에 들어 이야기한 것인데 분황을 왜 비난했을까요? 재상이 검소한 게 뭐 그리 문제라고 말입니다.

맹헌백에 관한 다른 이야기도 있습니다. 이 이야길 들으면 분황이 왜 그를 비난했는지 알 수 있지요.


일설에 따르면 맹헌백이 상경에 임명되었다고 한다. 숙향이 그를 축하하러 갔다. 문에 수레 끄는 말이 있었으나 곡식을 먹이지 않았다. 숙향이 말하기를 당신에게 두 마리 말과 두 대의 수레가 없으니 어찌 된 일이냐고 물었다. 헌백이 말하기를 "도성 안의 사람들을 보니 아직 굶주린 기색이 보여서 말에게 여물을 먹이지 않았습니다. 머리가 흰 노인이 많이 걸어 다니기에 수레를 두지 않았습니다"라고 하였다. 숙향이 말하기를 "내가 처음에는 당신의 벼슬을 축하하려고 하였는데 이제는 당신의 검소함을 축하하오"라고 하였다.

숙향이 묘 분황에게 이를 이야기했다. 자신과 함께 맹헌백의 절검節儉을 축하하해주자고. 분황이 정색하며 말했다. "무슨 축하인가? 대저 작록과 기장旗章이란 공적인 등급을 달리하며 현명하고 어리석음을 구별하는 수단이다. 그러므로 진나라의 국법에 상대부는 두 대의 수레와 끄는 말 이승二乘, 중대부는 두 대의 수레와 끄는 말 일승, 하대부는 오로지 말 일승으로 규정한다. 이것은 신분의 등급을 명확히 하려는 것이다. 또한 대저 경이라고 하면 반드시 군사의 일에 참여해야 한다. 이런 까닭으로 수레와 말을 잘 정돈하고 병졸과 기마를 모두 갖추어서 싸우는 일에 대비해야 한다. 어려운 일이 있으면 그것으로 만일의 사태를 대비하고 평상시에는 그것으로 조정 일을 도와야 한다. 지금 진나라의 법도를 어지럽히고 만일의 사태에 방비하지 않으며 절약하고 검소한 모습을 연출해 개인의 명성을 꾀하고 있는 헌백의 검약이 옳다고 보는가? 그런데 무슨 축하인가?"[110]

묘 분황이 작록과 기장은 공적 등급을 달리하며 현명하고 어리석음을 구별하는 수단이라고 했습니다. 한 신하에게 높은 벼슬을 내릴 때면 직위만 주는 게 아니라 따로 제공하는 것이 많습니다. 그만큼 권위를 세워줘 뭇 인민과 구분시키고 다른 관리가 그를 잘 따르게 하기 위함이지요. 그에게 주어진 권한이 잘 행사되어 그에게 맡긴 중대한 임무를 해결할 수 있도록 국가가 배려해주는 것입니다.

그러라고 말과 수레를 나라에서 내린 것인데, 맹헌백은 수레를 쓰질 않고 말을 제대로 먹이질 않았습니다. 자기 딴에는 노인이 걸어 다니는데 수레를 쓰는 게 미안하고, 인민이 제대로 먹지를 못하는데 말을 잘 먹이는 게 미안했나 봅니다. 분명 검소한 모습이지요. 그런데 애초에 맹헌백에게 국가가 기대한 것이 검소함이었을까요? 당연히 아닙니다. 중대한 국가의 임무를 문제없이 해내라는 기대였습니다.

높은 벼슬에 있는 이가 검소한 것이 나쁘다는 말이 아닙니다. 부정 축재 하라는 말도 아닙니다. 다만 검소하고 소탈하고는 사소한 문제란 말입니다. 중요한 것은 공공의 임무를 잘하는 것이지요. 군주를 잘 보필하고 국정을 잘 총괄하는 일이 중요합니다.

상경은 군사의 일도 지휘해야 하는 자리이기에 준비 태세를 본인부터 갖추고 군사의 일에 종사하는 사람들이 방심하지 않게 관리해야 합니다. 검소함이나 청렴함 같은 개인적인 덕목은 국가의 정치와 큰 상관이 없습니다. 아니, 그런 덕목에 충실하느라 국가의 사무를 등한시하는 모습을 보인다면, 외려 나쁜 정치인이고 더 나아가 나라를 망치는 신하일 수도 있지요. 좋은 사람이 좋은 정치인이 되는 게 아닙니다. 무릇 호인과 군자가 정치를 잘하라는 법은 없습니다.

이는 유가를 비판하는 이야기입니다. 그저 좋은 사람이 절로 좋은 정치를 할 수 있다, 착한 사람이 정치하면 이상 세계가 올 것이라고 말하는 책상물림들을 비판하고 있지요.


## 국가는 국가를 보는 눈으로

계강자가 정치에 대해 묻자 공자가 답했다. "정치란 바름입니다. 스스로 솔선해서 바른 모습을 보이면 누가 감히 부정한 짓을 하겠습니까?"[111]

공자가 말했다. "위정자가 몸가짐을 바르게 하면 명령을 내리지 않아도 자연히 정치가 이루어지고, 반대로 몸가짐이 바르지 않으면 명령을 내려도 사람들이 따르지 않는다."[112]

《논어》에 나오는 말들입니다. 정치하는 사람은 좋은 사람이 되어야 한다, 그들이 늘 모범을 보이고 솔선하면 인민이 저절로 순응해 나라가 편안해진다는 주장입니다. 철저히 지배층의 인격에 호소하는 사상이지요.

그런데 과연 정치가 그렇게 만만할까요? 앞서 말한 대로 인구가 폭증하고 다양한 이해관계가 부딪히고 나라 밖에는 호랑이 같은 강국들이 득시글거리고 생산력 진흥을 위해 구시대적 한계와 묵은 때를 털어내야 하는 시점에 말입니다. 그런 시대에 위정자의 도덕적 재무장으로 수많은 정치의 문제를 귀결시키는 유가의 사상은 답이 될 수 없었을 것입니다. 듣기에는 좋은 말들이었을지 몰라도요.

대저 어린아이들이 서로 장난치며 놀 때에 흙을 밥이라 하고 진흙을 국이라 하며 나무를 고기라 한다. 그러나 저녁이 되면 반드시 집에 돌아가 밥을 먹는 것은 흙밥과 진흙국을 가지고 놀 수는 있어도 먹을 수는 없기 때문이다. 대저 오랜 옛날의 전설과 기리는 말을 외는 것은 말뿐으로 정성이 담기지 않았으며, 선왕의 인의를 말하더라도 나라를 바로잡지 못하는 것은 이 또한 놀이가 될 수는 있어도 나라를 통치하는 방법이 될 수는 없기 때문이다.[113]

아이들이 소꿉장난을 하는데, 이게 밥이야 국이야 반찬이야 해도 그걸 가지고 놀기만 하지 먹지는 못합니다. 아이들도 압니다. 놀이는 놀이일 뿐이라는 것을. 집에 와선 진짜 밥과 국을 따로 먹는데, 유가가 말하는 선왕이니 인의니 예니 군자니 하는 것도 소꿉장난과 마찬가지이지요. 보기엔 그럴듯해 보일 수 있어도 그것을 가지고 정치를 할 수는 없습니다. 사람이 진짜 밥과 국을 먹어야 하듯, 국가에도 제대로 된 통치 규범이 있어야 합니다.

> 집안을 보는 눈으로 마을을 살피면 마을을 다스릴 수 없다. 마을을 보는 눈으로 국가를 살피면 국가를 다스릴 수 없다. 국가를 살피는 눈으로 천하를 살피면 천하를 다스릴 수 없다. 집안을 보는 눈으로 집안을 보고 마을을 보는 눈으로 마을을 보고 국가를 보는 눈으로 국가를 대하라. 천하를 보는 눈으로 천하를 대하라.[114]

유가의 눈은 집안 그리고 마을에만 적합할 뿐이었습니다. 고대 중국에서 최초로 제대로 된 국가 통치 철학을 말한 사람, 공자도 접어준다는 관중管仲이 한 말이지요. 그는 제나라를 첫 번째 패자로 만들었지요. 제대로 된 영토 국가를 홀로 만들어내다시피 했습니다. "씨족공동체, 부족국가 시대의 덕목과 규범은 잊어라. 국가는 국가고 천하는 천하다. 국가를 다스리는 규범과 방식이 있고 천하를 관할해가는 방법이 따로 있다."

당시 패자는 종주국인 주나라 왕실의 권위를 대신해 천하의 질서를 지킨 국제사회의 큰 형님이었지요. 관중이 분명히 국가와 천하를 다스리는 것과 부족·씨족 공동체를 다스리는 것은 엄연히 다르다면서, 국가의 법을 만들어나갔습니다. 그래서 관중을 법가의 시조로 보는 사람도 많습니다.

## 예와 법, 인치와 법치

유가가 말하는 예, 인, 의 등은 통치 규범으로 별 쓸모가 없고 법치와 양립할 수 없습니다. 사실, 유가의 덕목은 지금은 그 실효성과 타당성에 의문이 들지만 과거엔 그래도 어엿한 사회규범이자 통치 규범이었습니다. 이는 서주 시대까지만 해도 그럭저럭 통했지요.

고대 중국의 사회규범은 세 범주로 나눌 수 있습니다.

첫째는 바로 예禮. 유가가 고집하던 사회규범이지요. 예는 관습과 문화에서 비롯했습니다. 주나라 때 사회의 기본 구성단위는 가족, 씨족 집단이었습니다. 공통 조상을 모시고 같은 피를 가진 친족을 중심으로 모든 사회경제적 생활을 영위했는데, 친족 집단의 규범과 관습이 바로 예였지요. 특히 높은 신분과 기득권을 가진 귀족 가족 사회의 규범과 관습이 예였는데, 이것이 점차 통치 규범으로 발전되었습니다. 유가의 통치 사상은 이러한 관습 규범이었던 예를 기반으로 합니다.

둘째는 인仁과 의義입니다. 공자가 인을 주장했고 묵자의 영향을 받은 맹자가 인에 더해서 의를 주장했지요. 이것으로 세상을 다스리면 안정할 수 있다, 어진 정치와 의로운 정치를 펼치면 공동체에 평화가 온다고 유가가 주장했습니다.

셋째가 법法입니다. 예나 인의와 달리 강제성을 띠며, 성문화되어 명확히 공포된 규범이라는 차이가 있습니다.

유가 대부분은 법치를 단호히 거부했지만, 그래도 순자가 유일하게 법치를 부분적으로 인정했습니다. 하지만 순자는 이런 말도 했지요. 법은 홀로 설 수 없고 스스로 적용될 수 없으며, 그것을 실행하기에 적합한 사람을 만나면 존속하고 적합한 사람을 만나지 못하면 없어진다고 했습니다. 군자가 있으면 법이 비록 간략하더라도 두루 시행되지만, 군자가 없으면 법이 비록 체계적으로 갖추어졌더라도 제대로 시행되지 않아 사태의 변화에 대응할 수 없어 나라가 어지러워지고 만다고 했지요. 순자에게도 중요한 것은 법보다는 위정자와 지식인의 인격입니다. 순자의 사상도 인치에서 크게 벗어나지 않았기 때문입니다.

유가는 역시 인치입니다. 그런데 국가의 규모가 커졌고 큰 규모의 국가를 강성하게 만들어야 하는 시점에서 인치라니요! 과거에 집착하는 점도 그렇고 인간에 대한 안이한 이해도 그렇지만, 국가와 사회의 시스템을 명확히 설계하자는 노선을 거부하고 인정, 관습, 도덕에만 호소하다니요! 이들의 가르침은 쓸모없는 책상물림들의 발언에 불과할 뿐이었습니다. 혼란 방지와 약자 보호에 아무런 보탬이 되지 않았습니다. 무엇보다 약소국의 생존 노선으로 삼을 수 없었지요. 나라의 힘을 키우는 데 아무 도움이 안 되기 때문입니다.

당시 국력을 키우는 데에는 사민계급 보호가 중요했습니다. 사민계급은 밑에서 자세히 설명하겠지만, 유가가 말하는 예, 덕, 인, 의는 새롭게 등장한 사민계급을 보호하거나 그들의 성장을 담보할 수 없는 규범이었습니다. 유가의 규범으로는 '질서가 잡히느냐 안 잡히느냐' '국가의 운영이 제대로 되느냐 안 되느냐'라는 문제 이전에 사민이라는 새롭게 등장한 계급을 제대로 관리하고 포용할 수 없다는 문제가 있었습니다.

그럼, 사민계급을 살펴보지요.

## 사민의 등장

서주 시대에서 춘추시대까지는 국國과 야野, 즉 성안과 성 밖으로 이분화해 사회를 볼 수 있습니다. 성안에는 군자 계급과 국인이 살았고 성 밖에는 소인 과 야인이 살았지요. 이원화된 계급사회였습니다. 성 밖에 사는 야인을 군주 는 귀족이나 토착 세력을 통해 간접 지배 했습니다. 때로는 군주의 통치가 먹 히지 않기도 했지요.

그런데 춘추시대 말 철기 문명이 일어나자 이야기가 달라집니다. 철기가 정착되며 생산력이 폭발적으로 증가하고 전국시대에 접어들면서 영토 국가 화가 진행되자, 야인을 군주가 직접 지배할 필요가 급격히 증대했습니다.

야인 가운데 많은 이가 농업에 종사했습니다. 이 농민들은 현물 조세를 국 가에 납부했고, 그 밖에도 축성, 도로 정비, 치수 사업 등 국가 부역에 동원됐 습니다. 또 군사로 동원되는 등 병역의 의무까지 지게 되었지요. 예전에는 군 주의 존재를 느끼지 못하며 씨족공동체의 구성원으로 살면서 턱없이 낮은 생 산력 탓에 겨우겨우 생존을 이어나갔습니다. 그러나 철기가 보급되자 잉여생 산물이 많아지면서, 이들은 조세, 부역, 병역을 담당하는 국가의 핵심 계층으 로 성장하게 되었습니다. 이들의 수가 얼마나 많으냐에 따라 국력이 좌우되 었지요. 서주 시대에 피지배계급이었던 농민층과는 그 성격이 근본적으로 다 른 새로운 농민 계층이 탄생하게 된 겁니다.

국가의 핵심 자원을 어찌해야겠습니까? 통제 이전에 일단 보호해야 하지 않을까요? 안심하고 생산에 종사할 수 있도록 귀족이나 토착 세력이 이들을 함부로 뜯어먹거나 사적인 일에 동원하지 못하게 해야지요. 저를 포함한 법 가 사상가들은 법을 통해 이들을 보호하려고 신경을 많이 썼습니다. 특히 이들의 사유재산을 보호하려고 했습니다. 애써 일군 것을 자기 것으로 삼을 수 있어야 부지런히 일하고 생산에 힘을 쓸 테니까요.

자, 생산력이 신장하면서 새로운 농민만 등장한 게 아닙니다. 상인과 공인도 갑자기 쏟아져 나왔습니다. 이들도 과거의 상공인과는 달랐지요. 단순히 궁중에서 원하는 것을 만들어서 공급하던 수동적인 사람들이 아니었지요. 적극적으로 이윤을 추구해 천하의 모든 사람을 소비자로 생각하며 물건을 만들어 팔고 유통했습니다.

한편, 사士라고 해서 군주의 꾀주머니 역할을 하거나 행정 실무를 담당할 예비 자원이 많아졌습니다. 이들은 춘추시대까지만 해도 무사 또는 부사관에 가까웠으나, 이제는 지식인 또는 예비 정치인이라는 새로운 정체성을 가지게 되었지요. 몰락한 귀족이 생겨남에 따라 사학이 흥성하게 되자, 글자를 알고 지식을 갖춘 사람 또한 늘어났습니다.

이렇게 새로운 성격의 사민계급이 대대적으로 출현하게 되었습니다. 곡물을 생산하고, 국가의 의무를 담당하며, 재화를 만들어 유통시키고, 행정 실무를 담당하는 계급이 형성된 것이지요.

당시는 사람을 구하지 못해 안절부절못하던 시기였기에 군주들은 '사'를 경쟁적으로 채용해 기존의 귀족계급을 대신해 수족으로 삼으려 했습니다.

이제 사민계급의 세상이 되었으니, 국가는 이들을 보호해야 합니다. 이들의 수가 많아지게 하고 이들이 성실히 일하게 해 자신의 능력을 발휘하게 해야지요. 그러기 위해선 새로운 사회규범과 질서가 필요한 상황이었습니다. 그런데 그게 유가의 덕목으로 가능할 일이었을까요?

예는 구시대의 문화와 관습에서 기원했기에 귀족의 위신과 권리를 보장하려는 속성이 있습니다. 보조적 규범이나 사적 영역에서의 예절(에티켓) 정도에 그치니, 나라를 다스리는 절대 규범으로 기능할 수는 없겠지요.

인과 의 등의 도덕 감정에서 기원한 덕목은 귀에 걸면 귀걸이 코에 걸면 코걸이와 같습니다. '높으신 분'의 변덕에 따라 변할 수 있고 성문화의 여지 또한 거의 없는 덕목이지요. 그런데 인과 의로 상거래를 보장하고 복잡한 이해관계에 얽힌 사람들을 다룰 수 있을까요? 불가능합니다.

유가의 덕목만으로는 사민계급을 보호할 수 없었습니다. 보호하기는커녕 이들을 억압하고 이들의 욕망을 규제할 수밖에 없을 겁니다. 실제로도 그러했지요. 예만 하더라도 사민계급 상당수를 소인으로 타자화하고 외부화하는 규범으로 작용했습니다. 귀족계급 외의 사람들은 아무리 실력이 있고 의욕이 넘치더라도 그저 소인일 뿐이었지요. 그러니 '함부로 기득권을 탐내지 마라'는 식으로 작용했습니다. 정치는 귀족계급과 군자의 일일 뿐이라며 선을 그었습니다. 예를 참 좋아하던 유가의 논리가 그러했지요. 그러니 새 시대에는 유가의 논리와 구질서는 반드시 폐기해야 했습니다.

그런데 유가의 덕목을 따르자면, 사민계급 보호 말고도 더 큰 문제가 있었습니다. 유가 논리가 득세할 경우 군주의 권위가 손상되고 군주의 입지가 좁아집니다. 저는 이 점을 특히 집요하게 비판하고 공격했습니다. 군주 권력에 누수가 생기기 때문에 유가의 주장에 절대 귀를 기울이지 말라고 군주에게 역설했지요.

## 덕치와 법치의 양립 문제

부모 자식 사이에도 이기심과 이익을 계산하는 마음이 작동됩니다. 하물며 군신 관계에 있어서 인이니 의니 하면서 그저 믿어주고 적당히 봐주고 눈감

아주고 관대함을 베풀면 되겠습니까? 그러면 군주의 권위는 손상되고 더 나아가 신하에게 겁박당할 수 있지요.

인의 필요 없습니다. 대신 다른 두 무기가 필요합니다. 바로 형刑과 덕德입니다. 현명한 군주는 신하를 제어하기 위해 이 둘에 의존합니다. 여기서 형은 처벌을, 덕은 상을 뜻하지요. 유가가 말하는 덕목은 인격의 완성자가 풍기는 매력이 아닙니다.

여기서 주의해야 할 것이 있습니다. 법가의 덕은 유가가 주장하는 내면으로부터 드러나는 도덕 의지와 윤리 감정이 아닙니다. 눈에 보이는 대가입니다. 이득이지요. 군주는 벌만이 아니라 상을 내려야 신하를 부릴 수 있습니다. 단, 상과 벌은 감정의 기복에 따라 내리면 안 되겠지요. 법에 규정된 대로 행해져야 합니다. 어쨌든 꼭 부여잡고 있어야 할 무기입니다.

만일 신하를 대할 때 덕으로써 감싸 안고 그들의 말을 경청한다? 그러면 군주는 끝장입니다. 오직 법대로 해야 합니다. 신하는 물론 모든 인민에게도 늘 법을 앞세우는 군주가 되어야지요.

빈곤한 자에게 물질적 혜택을 베푸는 일이 세상에서 말하는 인의라고 합니다. 인민을 가엽게 여겨 차마 처벌하지 못하는 것을 세상에서 말하는 은혜와 사랑이라 하지요. 〈간겁시신〉 편에서 한 말입니다. 아니, 부지런히 일하지 않는 자에게 베풀어야 합니까? 그러면 공이 없는 자가 상을 받는 셈입니다. 또 죄를 지었는데도 동정심 때문에 봐줘야 합니까? 그러면 법 무서운 줄 모르고 죄짓는 사람이 많아져 약한 사람들이 피해를 입습니다.

세상이 이러하다면 누가 열심히 일하고 법을 준수하려고 할까요? 당장 범법 행위가 기승을 부릴 것이고 난폭한 일이 끊이지 않을 것입니다. 공 없이 상 받는 자가 있다면 인민은 적에게 맞서 힘쓰지 않게 되며 농사짓는 일도 게 올리할 터인데, 사회 혼란이 심해질 수밖에요. 무엇보다 공적 신뢰, 사회적 신뢰가 사라지겠지요. 바로 인과 의가 국가 운영에 가장 중요한 자원인 신뢰를 사라지게 합니다. 한 번 무너진 신뢰와 권위는 세울 수 없습니다.

## 신하의 인의

군주가 아닌 신하가 공공의 재화를 유용해 사적인 은혜를 베풀면서 자신의 세력을 키우면 될까요? 당연히 안 되겠지요. 그런데 그런 일들이 인의로 포장되어 벌어지곤 했습니다. 인의를 베풀면서 자신의 세력을 키워 군주의 권력을 침해한 신하가 있습니다. 제나라의 전상이란 사람입니다.

　제나라에 경공景公이란 군주가 있었습니다. 안자晏子와 함께 소해에서 노닐며 백침대에 올라가 나라를 둘러보며 말했습니다. "후세에 누가 이를 차지하게 되려는가?" 그때 안자가 대답했지요. "전씨 집안의 사람일 것입니다." 경공이 말하기를 "내가 이 나라를 가지고 있는데 무슨 말이요? 전씨 집안이 이 나라를 차지한다니" 하니,

　안자가 대답하였습니다. "전씨 집안 사람들은 제나라의 민심을 크게 얻고 있습니다. 위로는 군주께 청하여 작록을 내려달라 말하며 대신들에게 행사하고, 아래로는 사적으로 재물을 베풀고 있습니다. 줄 때는 자기 집안의 커다란 되에 곡식을 퍼서 주고, 받을 때는 작은 되로 받습니다. 소 한 마리를 잡으면 한 그릇의 고기만을 취하고 나머지는 무사들에게 나누어 먹입니다. 한 해에 들어오는 베와 비단 가운데 일부만 취하고 나머지는 사인들에게 나누어 입힙니다. 군주께서는 세금을 엄히 거두지만 전씨 집안은 이렇게 후하게 베풀고 있습니다. 제

나라에 일찍이 큰 기근이 들었을 때 길가에 굶어 죽은 사람의 수가 셀 수 없었는데, 전씨 집안에 기탁한 사람 가운데 굶어 죽은 사람이 있다는 이야기는 못 들었습니다. 제나라 인민에게서 이런 노래가 들린답니다. '아아 가자, 전씨 집안에 가서 의탁하자.' 지금 전씨가 덕을 베풀어 인민이 귀의한다는 겁니다. 그러니 장차 이 나라를 전씨 집안이 취할 것입니다.

안자의 말에 경공이 눈물을 흘리며 답했습니다. "슬프지 않은가. 내가 나라를 가지고 있는데 전씨 집안이 가지다니 이 일을 어찌하면 좋겠는가?"[115]

신하가 사적으로 재물을 뿌린답니다. 그 재물로 무사를 키우고 지식인을 부리고 뭇 인민의 인심을 얻습니다. 세력을 키웁니다. 특히 인민의 인심을 얻는 데에 전씨 집안이 잘했습니다. 같은 쌀 열 말을 두고 빌려줄 때는 커다란 되로 주고 받을 때는 작은 되로 받았다지요.

전씨 집안이 인민을 정말 사랑해서 그랬던 게 아닙니다. 제나라를 차지하려는 야심이 있었기 때문이었지요. 제가 〈팔간〉 편에서 이런 말을 했지요. 민맹民萌이라는 행위가 있는데 사적으로 은혜를 베풀어 인민의 눈을 멀게 하는 짓이라고. 전씨 집안은 민맹이라는 행위를 하고 있었습니다.

무엇을 일러 민맹이라고 하는가? 신하란 자가 공공의 재화를 뿌려 사람들이 좋아하게 하고, 하찮은 은혜를 베풀어 인민이 따르게 하며, 조정과 민간이 모두 자신을 칭찬하게 함으로써, 군주를 차단하여 자기가 바라는 욕망을 이루는 것을 민맹이라 한다.[116]

전씨 집안의 대표 전상이란 사람이 해온 것이 민맹입니다. 인, 의 하면서 사적으로 나라의 재산을 인민에게 마구 뿌립니다. 민심을 얻고 세력을 키워 나라의 '강타자'가 되어, 시나브로 왕권을 위협하는 거물로 성장합니다. 결국 전상은 간공을 시해했고 강씨의 제나라를 전씨의 강산으로 바꿔버렸지요.

이처럼 인과 의는 세력가가 야심을 키우고 세력을 확장하는 데에 명분이 되고 흑심을 가리는 포장지가 됩니다. 그러니 제가 유가가 내세우는 정치 덕목을 싫어했고, 군주에게 이를 경계하라고 당부한 겁니다. 공공의 재화를 가지고 그러한 야심을 키우는 자는 더욱 강하게 처벌해야 합니다. 그래야 다가올 재앙을 물리칠 수 있습니다.

자하가 말했습니다. 《춘추春秋》 기록에 신하가 군주를 살해하고 자식이 아버지를 죽인 일이 수십을 헤아립니다. 모두 하루아침에 이룬 것이 아니라 점점 쌓인 것입니다. 왕을 겁박하고 압박하고 죽이는 게 단시일 내에 되는 일이 아니라는 거지요. 음모를 숨긴 채 힘을 모으는 시간이 있었는데, 모두 하루아침에 이룬 것이 아닙니다. 오랜 시간이 걸리는 일이기에 징조가 드러나고 꼬리가 보일 수밖에 없습니다. 그래서 현명한 군주는 일찍이 이를 간파하고 잘라버리지요. 전씨 집안이 사람을 모으고 제나라를 차지하려는 야심을 키운다는 것은 일찍이 조짐이 보였고 사실상 공공연한 일이었습니다. 그러면 군사를 움직여서라도 초장에 제압했어야 합니다. 하지만 그러지 못한 채 시간을 하염없이 보내다 결국 나라를 빼앗겼습니다.

이런 말도 했지요. 선지세자善持勢者 조절간지맹蚤絕姦之萌. 세를 잘 유지하는 자는 간악한 싹을 일찍이 잘라버린다는 뜻입니다. 일찍이 손을 써야 합니다. 유가적 수사의 달달함에 혹하지 말고, 신하가 인의 어쩌고 하면 의심해야 합니다.

〈외저설 우하〉에 있는 이야기를 하나 해보겠습니다.

계손이 노나라의 재상일 때 자로가 후郈 지방의 장관이었습니다. 노나라에서 오월에 인민을 동원하여 긴 수로를 만들었습니다. 이때 자로는 봉록으로 받을 쌀로 죽을 끓여 오보 거리에서 수로 일꾼들을 맞아들여 먹였습니다. 공자가 그것을 듣고는 자공에게 시켜 가서 밥을 뒤엎고 그릇을 부수며 '노나라의 군주가 인민을 돌보고 있는데, 자네가 어찌하여 그들에게 밥을 먹이는가'라고 말하도록 하였습니다. 자로가 불끈 성을 내며 팔뚝을 걷어 올리고 묻기를 "선생님은 제가 인의를 행하는 것을 미워하십니까? 선생님에게 배운 것이 인의입니다. 인의란 가진 것을 천하와 함께하며 이득을 똑같이 하는 것입니다. 지금 저의 봉록으로 인민을 밥 먹이는 일이 옳지 않다고 함은 어째서입니까?"라고 따졌습니다.

공자가 말하기를 "자네는 교양이 없구나. 자네가 안다고 여겼는데 자네는 여기에 미치지 못한다. 자네는 본래 이와 같이 예를 알지 못하는구나. 자네가 밥 먹이는 것은 사랑하기 때문이다. 대저 예란 천자가 천하를 사랑하고 제후가 그 구역 안을 사랑하며 대부가 그 관속을 사랑하고 사인이 그 집안을 사랑하는 일이다. 사랑해야 할 한계를 넘는 것을 침범이라고 한다. 지금 노나라의 군주가 인민을 돌보고 있는데도 자네가 제멋대로 인민을 사랑하는 것은 바로 자네가 경계를 넘고 침범한 것이다. 이는 무책임한 일 아닌가"라고 하였다.

말이 끝나기도 전에 계손의 사자가 이르러 꾸짖기를 "내가 민중을 동원하여 일을 시켰는데 선생이 제자를 시켜 일꾼들을 불러 밥 먹이고 있습니다. 장차 내 인민을 빼앗으려는 것입니까?"라며 따졌습니다. 강하게 항의하여 결국 공자는 노나라를 떠나게 되었습니다.

공자가 왜 화를 냈고 계손씨가 왜 항의를 했을까요? 자로가 오해받을 짓을 했기 때문입니다. 사적으로 은혜를 베풀다니, 계손씨의 눈에는 자로가 따로 세력을 모으려는 짓으로 보였을 겁니다. 공자 역시 자로의 행위가 그렇게 인식될 여지가 있다고 보았기에 자공을 시켜 자로를 경계시킨 것이지요.

안 그래도 자로는 통이 크고 그릇이 커서 사람들에게 적지 않은 신망을 얻던 인물이었습니다. 그런데 드러내놓고 전씨 집안의 전상처럼 사람들에게 은혜를 베풀다니요? 나라 안의 다른 세력가들이 '자로라는 자가 딴마음을 먹었구나'라며 크게 오해할 수 있는 일이었지요. 자로의 스승 공자에게도 화가 미칠 수 있었습니다. 그래서 공자가 막으려고 했던 것입니다. 하지만 계손씨가 이미 의심하고 있었기에 결국 공자는 노나라를 떠나야 했습니다. 노나라의 권력자 계손씨의 눈 밖에 나면서 벌어진 사단인데, 당시에 인의라는 명분을 내건 채 사람을 모아 권좌에 도전하기 위한 기반을 다지는 일이 적지 않았습니다.

유가적 덕목으로 나라 다스릴 생각을 하지 맙시다. 특히 그들이 말하는 인의에 속지 맙시다. 군주의 권력이 침해받고 공적 신뢰를 해칠 수 있습니다. 유가의 예치와 덕치는 앞서 말씀드린 대로 사민계급을 보호할 수도 없습니다. 국력 신장에 전혀 도움이 되질 않지요. 법치만이 살길입니다. 특히 강국 사이에 끼인 작은 한나라는.

· 16장 ·

# 좀벌레가 많으면 나무가 부러진다

**공과 사에 대하여**


## 법으로 사를 제거한다

좀벌레가 많으면 나무가 부러지고 틈이 커지면 담장이 무너진다.[117]


상앙이 한 말입니다. 무슨 말이냐. 군주가 법을 버려두고 사적 욕심과 취향을 좇으면 좀벌레 같은 간신이 들끓을 거라는 뜻이지요. 군주가 공사를 구분하지 못하면 못된 신하가 군주에게 빌붙어 갖은 아부를 다하며 사사로운 이익을 다투게 됩니다. 그러면 위만 속이는 게 아니라 아래까지 속이겠지요. 인민을 착취하게 될 것입니다. 결국 좀벌레가 많으면 나무가 부러지고 틈이 커져 담장이 무너지듯이 나라가 망할 것이라는 말이지요.

좀벌레를 어떻게 해야겠습니까? 없애야지요. 그래서 상앙이 철저히 법에 맡겨 사사로움을 없애야 한다고 했습니다. 임법거사任法去私! 명석한 군주는 철저히 법에 맡겨 사사로움을 없애 나라에 좀벌레가 생기지 않게 합니다. 법대로 해야지요.

위나라 사람이 딸을 시집보내면서 가르치기를 "반드시 남모르게 돈을 모아 두거라. 남의 집 며느리가 되어 내쫓기는 일은 보통이고 줄곧 살게 되는 것은 우연이다." 시집가는 딸에게 이런 말을 한 아버지가 있었나 봅니다. 딸은 아버지 말대로 은밀하게 돈을 모았습니다. 그런데 이를 이상하게 여긴 시어머니에게 의심을 사 결국 쫓겨나고 말았지요. 사사로운 것이 많다고 여겨 내쫓은 것입니다. 그런데 집에 와서 정산해보니 딸이 가지고 돌아온 것이 시집갈 때 가지고 간 것의 갑절이나 되었습니다. 아버지는 딸을 잘못 가르친 것을 반성하지 않고 더욱 부유해진 것을 자랑스러워하였답니다.

이 일화는《한비자》〈설림 상〉 편에 있습니다. 제가 이 이야기를 왜 했을까요? 저 며느리와 아버지 같은 사람이 많았기 때문입니다. 그것도 궁중 사회가 그러했습니다. 남의 신하가 되어 관직에 나아가 있는 자 가운데 적지 않은 자가 저러한 마음을 먹었지요. 국가의 이익이나 공적 질서보다는 개인의 이득을 챙기는 것에 주력한 이가 많았습니다. 대리인인 자신의 이익만을 생각한 꼴이지요. 이들 가운데 힘 있는 자는 세력을 모으고 파벌과 파당을 형성해 전횡을 더욱 일삼고 왕권에 도전했습니다.

군주는 어떻게 해야 할까요? 철저히 공으로, 공적 질서로 이들을 다스려야 합니다. 그러자면 군주 자신부터가 국사를 다룰 때 사적 논리와 감정을 개입시키지 말아야 합니다. 그러면 대신과 첩이 감언이설로 청탁을 하더라도 모두 물리칠 수 있습니다.

해호解狐라는 사람이 있었다. 이 사람이 원수를 추천하여 재상으로 삼았다. 원수는 이를 다행스럽게 여겨 해호가 자신을 용서했다고 여기고는 곧장 가서 사례하려고 하였다. 하지만 해호가 곧바로 활을 당겨 그를 향해 쏘며 말했다. "내가 당신을 추천한 것은 공적인 일로 당신이 능히 그것을 감당해낼 수 있기 때문이었소. 그러나 지금 당신을 원수로 대하는 것은 나의 사적인 원한 때문이오. 사적인 원한을 이유로 군주에게 인재를 감추지 말라고 하였으니 추천한 것일 뿐이오. 사사로운 감정을 궁중 안으로 들이지 말아야 하기에 추천했을 뿐 당신에 대한 원한이 사라지지는 않았소. 그러니 썩 물러가시오."[118]

〈외저설 좌상〉에 나오는 이야기입니다. 당신이 예뻐서 추천한 게 아니다, 공적 일이니 사적 감정을 개입시키지 않았던 것뿐이다, 지금은 사적 상황에서 당신을 만나 사적 감정을 폭발시킬 수 있으니 죽기 싫으면 어서 떠나라는 말이지요. 이야기 하나 더 보겠습니다.

관중이 포박되어 노나라에서 제나라로 가는 도중에 배가 고프고 목이 말라 국경을 지키는 사람에게 먹을 것을 구걸하였다. 그러자 그가 무릎을 꿇고 관중에게 매우 정중하게 먹이며 대접하였다. 그러고 나서 몰래 관중에게 물었다. "만일 다행스럽게 죽지 않고 제나라에 도착해 등용된다면, 장차 무엇으로 저에게 보답하겠습니까?" 관중은 이렇게 답했다. "당신 말처럼 된다면 저는 앞으로 현자를 등용하고 유능한 자를 일시키며 공로 있는 자에게 상줄 것입니다. 그러니 내가 무엇으로 당신에게 보답하겠습니까?" 그러자 국경을 지키는 사람이 관중을 원망하였다고 한다.[119]

관중이 딱 잘라 말하네요. 기대하지 말라고. 잘 좀 봐달라고 해봐야 아무 소용 없다고요. 내가 한자리 맡게 되면 공사 구분을 명확히 할 것이니 엉뚱한 보답을 기대하지 말라는 일침입니다. 이러한 관중이 제나라의 재상이 되었기에 제나라가 강성해진 것이 아닐까요?

해호와 관중처럼 반드시 공사 구분을 해야 합니다. 특히 군주는 공사 구분에 밝아야 하지요. 이들보다 더 공사 구분을 명확히 한 사례가 있습니다.

공의휴公儀休는 노나라의 재상으로 생선을 즐겨 먹었다. 그러자 온 나라가 앞다투어 그에게 생선을 사서 바쳤다. 그러나 공의휴는 받지 않았다. 아우가 그에게 물었다. "생선을 즐겨 드시면서 받지 않으시니 왜 그러십니까?" 공의휴가 대답했다. "오로지 생선을 좋아하기 때문에 받지 않는 것이다. 만약 생선을 받는다면 반드시 남에게 태도를 낮출 것이다. 그러면 장차 법을 굽히게 될 것이다. 법을 굽히면 재상 자리를 면직당할 것이다. 그때가 되면 내 비록 생선을 즐겨 먹는다 하더라도, 분명 나에게 생선을 보내줄 리가 없고 나 또한 생선을 구할 수 없을 것이다. 만약에 생선을 받지 않는다면 재상 자리를 면직당하지 않을 것이며, 내가 계속해서 오래도록 생선을 스스로 구해 먹을 수 있을 것이다."[120]

공의휴는 참으로 똑똑한 사람 같지요? 단순히 공은 공이고 사는 사니까 지켜야 한다고 말하지 않았습니다. 공사 구분을 확실히 하는 게 자신에게 궁극적으로 이득이 된다는 사실을 알았던 겁니다. 공사 구분을 확실하게 해야 재상 자리를 잃지 않고 지금 누리는 것을 계속해서 누릴 수 있다는 사실을 알았지요.

당장 눈앞의 작은 이익과 감언이설에 마음이 동해 청탁을 받으면 공법을 제대로 시행할 수 없습니다. 장기적으로 막심한 손해를 보게 되지요. 이 이야기를 보고 군주는 깨달아야 합니다. 공사를 구분해야 군주 자리에 오래 앉아 이득을 누릴 수 있고, 국가 역시 오래 안정될 수 있습니다. 단순히 공사 구분을 명확히 하는 것이 '옳다', '정의롭다'가 아니라 철저한 공사 구분이 자신에게 '장기적 이익', '근본적 이익'을 준다는 점을 깨달아야 합니다. 그러기에 상앙이 공사 구분이 국가 존망의 근본이라고 한 것입니다.

## 군주의 욕구와 공사 문제

군주가 늘 국가의 법대로 처리하지 않고 사적 논리에 휘둘리게 되면 청탁이 들어옵니다. 신하에게서 들어오고 첩을 통해 들어오고 인척을 통해 들어오지요. 앞서 말한 권력의 대기실이 기승을 부리겠지요. 공사 구분을 못 하면 군주의 권력에 바로 누수가 생기는데, 군주가 정한 법률을 버려두고 사적 청탁을 받아들인다면 그 신하는 위로는 관직을 팔고 아래로는 대가를 얻을 것입니다. 이런 까닭으로 이익은 개인과 사가에 가기 마련이고 권력의 위세는 신하 수중에 있게 됩니다. 그들이 국가의 실세가 되겠지요. 그런 상황에서 누가 있는 힘을 다하여 군주를 섬기고 나라의 일을 하려고 할까요?

사람들은 그 실세가 된 사람과의 교제만을 일삼습니다. 이와 같아지면 실제 힘을 다해 공을 세울 자가 점점 줄어들 것입니다. 간악한 신하가 더 기승을 부리게 되고 생각 있고 재능 있는 신하는 물러나겠지요. 그러면 궁중에 군주가 부릴 좋은 대리인이 없어집니다. 좋은 대리인이 없으면 주인도 허수아비가 될 뿐이지요.

이처럼 공사 구분을 잘하지 못하면 순식간에 군주의 권력이 망가지고 국가는 주인이 없는 상태가 되어 사적 이익만을 관철시키려는 승냥이들의 놀이터가 됩니다.

간악한 이들이 처음부터 사적 청탁을 하지는 않습니다. 그들은 어리숙한 사람들이 아니지요. 부지런하고 명석하며 치밀하고 인내심이 많은 자들입니다. 그들은 군주의 취향을 먼저 알아냅니다. 군주가 좋아하고 즐기는 것을 이용해 군주의 사적 욕망과 취향을 충족시켜주면서 군주의 신임을 얻을 때까지 기다립니다. 시나브로 군주를 통해 자신의 욕심을 채우고 권력을 사유화해가지요.

〈설의〉 편에서 제가 이런 말을 했습니다

주활지周滑之, 정왕손신鄭王孫申, 진공손녕陳公孫寧, 의행부儀行父, 형우윤荊芋尹, 신해申亥, 수소사隨少師, 월종간越種干, 오왕손액吳王孫頟, 진양성설晉陽成洩, 제수조齊竪刁, 역아易牙 등 열두 사람은 신하가 되어 모두 작은 이득만을 생각하여 법도를 잊고, 나아가서는 현량한 사람을 가로막아 군주의 눈을 어둡게 하였으며, 물러나서는 백관을 못살게 굴어 화란을 일으켰다. 그런데 이들 모두가 군주를 도와서 군주의 욕구를 채워주며 군주가 조금이라도 좋아한다면, 비록 나라가 부서지고 인민을 죽이더라도 서슴지 않고 행했다.[121]

군주에게 사적 청탁을 하면서 군주를 허수아비로 만들고 국가 권력을 사적 이익을 위해 농단한 자들을 열거했습니다. 저들이 군주에게 처음부터 사적 청탁을 종용한 것은 아닙니다. 처음에는 자신의 사적 욕심을 전혀 내비치지 않습니다. 먼저 군주의 욕심을 철저하게 채웠지요. 그러면서 군주의 신임을 얻어 결국 군주를 허수아비로 만들고 선량한 신하와 유능한 인사를 내치며 궁중을 장악했습니다. 현명한 군주라 하더라도 이런 자들을 만나면 나라를 빼앗길까 두렵지 않을 수 없습니다. 하물며 어둡고 어지러운 군주가 이런 자들을 만난다면 버텨낼 재간이 있겠습니까?

신하 된 자들이 가산을 다 써가며 안으로는 패거리를 꾸미고 밖으로는 호족과 사귀어 평판을 내어 은근슬쩍 동맹을 맺어 서로 다지고 빈말로 작록을 주어 서로 권장한다. 그러고는 말하기를, "우리와 함께하는 자는 장차 이로울 것이며 우리와 함께하지 않는 자는 장차 해로울 것이다"라고 한다. 여러 사람이 그 이득을 탐내고 그 위협에 겁을 먹는다. 그가 정말 좋아하면 능히 나에게 이득을 줄 수 있고 노여워하면 능히 나를 해칠 수 있다. 즉 그의 눈에 들면 이득을 취할 수 있고 그의 눈 밖에 나면 큰 손해를 보게 된다. 이익을 좋아하는 사람은 자연히 그렇게 판단해 움직인다.[122]

그런 자들은 사적 욕심을 채워주며 군주의 환심을 산 뒤 군주의 머리 꼭대기에 오른 다음 이런 짓을 벌입니다. 세력을 형성해 사익을 더 많이 추구합니다. 정보와 인력 공급을 독점해 군주를 포위하고 철저히 고립시킵니다. 결국 그들은 권력을 사유화하겠지요. 나라를 좀먹는 거대한 세력으로 성장하면 나라가 어찌되겠습니까? 사회적 재화가 그들에 의해 독점될 텐데요. 국가를 위해 의무를 충실히 이행하는 인민에게 줄 것이 없어지지요. 사회의 인센티브 체계가 뿌리부터 흔들리게 됩니다.

# 군주의 도

대저 좋은 전답이 훌륭한 주택을 벌여놓은 것은 사졸들을 싸우게 하기 위함입니다. 그러나 광야에서 머리가 잘리고 배가 터지며 뼈를 드러내는 자는 몸을 둘 집도 없이 논밭 사이에서 죽고 맙니다. 반면 여자 가운데 예쁜 이나 대신과 측근 가운데 공 없는 이가 집을 골라서 받고 전답을 가려서 살고 있는 실정입니다. 그리고 은상과 이득이 위로부터 한결같이, 즉 하나의 공정한 기준대로 나오는 것은 아랫사람을 관리하고 제어하기 위함입니다. 그러나 갑옷 입은 전사가 관직을 얻지 못하고 하는 일 없는 자가 부와 명예를 누립니다. 이렇게 되면 군주의 명성이 어찌 낮아지지 않을 수 있겠습니까? 또 어찌 군주의 자리가 위태롭지 않을 수 있겠습니까?[123]

애써 일하는 자와 국가가 부과한 의무를 다한 자에게 군주가 줄 것이 없습니다. 사적 이득을 추구하는 자들이 세력화하여 국가 자원을 독점하니 따로 줄 것이 어디 있겠습니까? 이런 나라에서 누가 애써 부지런히 생산하고 전쟁터에서 목숨을 걸고 싸우겠습니까? 자신에게 돌아올 것이 아무것도 없으니 말입니다.

분명히 기억해야 합니다. 꼭 잊지 말아야 할 군주의 '도'를 지켜야 합니다. 주지도主之道, 필명어공사지분必明於公私之分. 군주의 도는 반드시 공사 구분을 명확히 하는 데 있습니다. 공사 구분을 명확히 함이란 명법제明法制 거사은去私恩, 즉 법제와 규정을 밝혀 사사로운 정을 물리치는 일입니다. 그러지 않으면 사적인 의가 횡행하게 되고 뭇 인민에게 돌아갈 몫이 없어집니다.

제가 〈궤사〉 편에서 공의公義와 대립되는 사의私義를 말했지요. 사의는 철저히 신하 쪽 이익이지요. 더 정확히 말하자면 권력을 사유화한 패거리와 나쁜 대리인 집단의 이익입니다. 사의는 군주의 사은에서 비롯되기에 간악한 신하들은 군주가 사은을 베풀도록 유도합니다. 이를 늘 멀리하는 것이 군주의 도입니다. 그러지 않으면 사회적 자원이 특정 집단에게 사유화되어 인민에게 줄 것이고 남아나질 않게 됩니다. 인센티브 체계가 망가지겠지요.

군주 스스로도 자의에 의한 사은을 베풀어선 안 됩니다. 신하들이 청탁하지 않았어도 권력자 스스로의 판단에 의해 사적인 은혜를 베풀 수 있습니다. 물론 선의에 바탕을 둔 경우도 있겠지만 이러한 경우에도 사은을 베풀어서는 안 됩니다. 이 역시도 인센티브 체계를 파괴할 따름입니다.

공자 이야기를 해보겠습니다. 제 텍스트 〈오두〉 편에 이런 일화가 있습니다. 노나라 사람이 있었습니다. 그 사람이 글쎄 전쟁터에서 세 차례나 달아났다고 합니다. 그가 공자에게 붙들려 왔을 때 공자가 그 까닭을 물었습니다. 그가 말하기를 내가 죽으면 늙은 아버지를 봉양할 사람이 없다고 대답했지요. 이에 공자는 그를 효자라 하여 천거하고 높은 벼슬에 앉혔습니다. 그 뒤로 노나라 사람들은 쉽게 항복하고 쉽게 달아났다고 합니다. 싸워야 할 병사들이 싸울 생각을 안 하고 쉽게 탈영했습니다. 이는 공자의 잘못이지요.

정치를 이와 같이 하면 안 됩니다. 가족을 핑계로 전쟁터에서 도망가면 상을 받는데 어느 누가 전쟁터에 남아 있겠습니까. 나아가 누가 공동체를 위해 궂은일을 하겠습니까? 위정자의 판단과 결정은 그 자체가 구성원에게 보내는 강력한 신호이자 메시지이고 방향 제시입니다.

그렇기에 공자가 잘못한 거지요. 도망간 사람이 효자라고 하여 상을 주다니요. 자신은 효자에게 상을 주는 인자한 정치인으로 사람들에게 인식되고 싶었나 본데, 선의에 기반했을지라도 그래선 안 됩니다.

위정자의 선의도 사적 감정일 뿐입니다. 더 직설적으로 말하자면, 위정자의 선의란 사적 취향에 가까운 감정일 뿐입니다. 그 기분대로 정치를 하면 공사 구분이 어지러워질 뿐이지요. 이러한 정치적 선의는 유가가 불어넣는 정치적 취향인 경우가 많습니다. 유가 이념은 공사 구분이 흐릿하다는 문제가 있습니다.

자, 앞의 이야기를 정치적 측면에서 따져보지요. 공자가 특히 잘못한 부분은 그릇된 신호를 준 것보다는 즉흥적으로 결정을 내린 데 있습니다. 사람이 착한 일을 한 것에 대한 상으로 벼슬을 주고 싶으면 관련 법을 만들어야 합니다. 아무개가 착하다고 그에게 바로 상을 내려서는 안 됩니다. 아무개가 이러한 요건의 일을 했을 때 상을 준다고 법으로 명문화함이 옳습니다. 즉, 제도의 틀 안에서 법이 규정하는 바에 따라 상을 내려야지, 법 규정에 없는 상을 즉흥적으로 내려선 안 됩니다. 공자의 행동은 공적 신뢰를 무너뜨리는 일이지요.

그런데 위정자들은 재량권과 결정권을 즉흥적으로 휘두르고 싶은 유혹에 빠지기 쉽습니다. 소위 말해 '정치하는 맛'이 나기 때문이지요. 사적 감정과 판단으로 그 자리에서 즉시 은혜를 베풀면 군주 노릇 원님 노릇 하는 맛이 나지 않겠습니까? 이러한 흡족함을 만끽하면서 사람들에게 자랑하고 싶은 존재가 바로 정치인이란 생물입니다. 그러니 위정자는 '정치하는 맛'을 멀리해야 합니다. 자신의 감정이 아니라 공적 제도와 공법이 움직이게 해야 합니다. 더 정확히 말하자면 국가 시스템이 일하도록 해야지요. 이게 진정한 정치고, 정치하는 맛입니다.

감정과 의지가 아니라 법과 제도가 일하게 하는 것을 다른 말로 '무위無爲'라고 하지요. 이는 묵가를 제외한 대부분의 제자백가 사상가가 말한 것입니다. 어쩌면 제가 가장 중시한 정치의 이상이자 덕목일지도 모릅니다. 이제 무위에 대해 이야기를 해보겠습니다.

· 17장 ·
# 겸허한 몸가짐을 보배로 삼는다

**무위에 대하여**


## 자연에서 배우다


옛날에 치국의 대체를 온전하게 터득한 이는 하늘과 땅을 본받아 만민을 기르고 강과 바다를 보고 널리 배웠다. 산과 골짜기를 보고 배웠고 통치할 때 해와 달이 번갈아 비치듯이 했으며 네 계절이 차례로 번갈아 오듯이 했고 구름이 펼쳐지고 바람이 불어 나부끼듯이 하였다. 치국의 대체를 아는 대자연을 보고 배운 사람이며 대자연처럼 통치한 것인데, 이처럼 대자연과 같았던 통치자는 지혜를 가지고 자신의 마음을 괴롭히지 않았고 사심을 가지고 몸을 괴롭히는 일이 없었다. 그리고 치난을 법술에 의지하고 시비를 상벌에 의탁하며 경중을 저울대에 맡겼는데….[124]

《한비자》에 나라를 다스리는 큰 요점에 관해 총괄해서 말하는 〈대체〉 편의 시작 부분입니다. 치국의 대체를 아는 이는 자연을 닮았다, 자연을 배웠다, 대자연처럼 통치를 했다고 하는데 어떻게 정치하길 바라기에 이런 말을 했을까요? 바로 무위를 말하기 위함입니다. 사적 감정과 얕은 지혜를 버리고 사심 없는 대자연처럼 무심하게 자신을 내세우지 않으며, 법에 의해 법대로 법에 따라 다스리는 것이 치국의 큰 요체입니다. 이것이 바로 법가와 저 한비자가 강조하는 무위입니다.

사실 '무위' 하면 노자입니다. 노자 텍스트의 최초 주석자가 저 한비자입니다. 《한비자》〈해로〉 편과 〈유로喩老〉 편에 《노자老子》의 주석을 달고 설명했습니다. 제가 말하는 무위는, 앞서 말한 대로 사적 감정과 욕망을 버리고 공적 원리와 규범인 법에 따라 통치하는 것입니다. 대자연처럼 그 자체의 질서에 따라 무심히 돌아가는 하늘·땅·계절처럼, 자신을 내세우지 않고 법에만 의거해 통치하는 것이지요.

자, 그러니 법대로 해야 합니다. 공적 원리에 따라야 합니다. 법으로 대변되는 시스템을 따라야지요. 상앙이 말했습니다. "무릇 천하 사람을 이롭게 하는 것으로 다스림보다 큰 것이 없고, 다스림에는 군주를 세우는 것보다 더 즐거운 것이 없으며, 군주를 세우는 방법 가운데 법을 잘 지키는 것보다 중한 것이 없다."

군주를 위해 군주를 세우는 것이 아닙니다. 공천하公天下! 공공의 것인 천하를 이롭게 하기 위해 군주를 세우지요. 그러니 군주는 마땅히 법을 지켜야 합니다. 이게 바로 무위입니다. 다만, 무위는 단순히 법 준수에만 한정되지 않습니다. 여러 맥락에서 제가 강조한 바가 있습니다. 하나씩 차근차근 설명해 보겠습니다.

① 입법 과정에서 객관성 담보

② 통치 과정에서 공정무사 담보

③ 신하를 상대하는 기술

④ 군주를 위한 양생술

⑤ 적절한 분산과 위임

⑥ 집단의 힘 빌리기

이 여섯 가지 정치적 목표가 저 한비자의 무위가 지향하는 바입니다. ④에서 ⑥은 연결되어 있습니다. 먼저 ①과 ②를 설명하겠습니다.

## 입법과 통치에서 공평무사

나라의 법이란 하늘에서 떨어진 것이 아니고 땅에서 솟아나는 것도 아니다. 이것은 사람들에 의해서 발생한 것이고 민심에 부합되고 인민의 정서에도 적합한 것이다. 이는 마치 물을 다스리는 자는 물의 상황과 세력에 따라서 이를 인도해야 하는 것과 같다.[125]

신도가 한 말입니다. 법을 만들 때 군주의 자의대로 해선 안 된다는 말이지요. 보통 사람의 인지상정과 세상의 인심, 객관 현실 세계에 맞게 법을 만들어야지요. 사람들이 무엇을 좋아하고 무엇을 싫어하는지, 무엇을 가까이하려하며 무엇을 두려워하는지, 무엇이 사람을 움직이게 하는지를, 지금 사회의 경제 발전 단계와 상황 등을 모두 헤아려 법을 만들어야 합니다. 군주 독단으로 법을 제정해서는 안 됩니다.

범치천하凡治天下, 필인인정必因人情. 〈팔경〉 편에서 한 말입니다. 무릇 천하를 다스리는 것은 인정에 인因해야 합니다. '인'이라는 말은 '그에 맞게', '그것을 근거로', '그것을 토대로' 하라는 뜻입니다. 인정에 반드시 인해야 한다는 말은, 사람들의 실정에 맞게, 실정을 근거로, 실정을 토대로 해야 한다는 뜻이지요.

법이란 것은 현재 세속의 정서와 인심에 맞아야 합니다. 그래야 법이 수용되고 법치가 합리성을 견지할 수 있습니다. 특히 저는 합리성을 잃은 가혹한 형벌에 반대했습니다. 〈식사〉 편에서 형벌을 지나치게 가하는 지도자는 되려 인민이 두려워하지 않게 될 것이라고 했지요. 인민이 생각하기에 법이 너무도 가혹하고 지나치다 싶으면 인민은 역으로 국가의 형벌을 무서워하지 않고, 이래 죽으나 저래 죽으나 마찬가지이니 모진 마음을 먹게 되어 형벌로써도 나쁜 짓을 금할 수 없습니다. 이러한 나라는 아무리 강하더라도 반드시 위태로워집니다.

법은 피통치자인 인민의 상식과 인정에 수용되어야 합니다. 거기서 크게 어긋나면 안 됩니다. 법의 입법과 제정은 현실의 조건에 부합해야 하고 객관현실에 맞아야 합니다. 피통치자의 정서와 감정은 엄연히 따라야 할 현실이지요. 법은 무엇보다 세속의 정서와 인민의 정서에 맞게 만들어져야 한다는 것이, 또한 한비자의 무위입니다.

법을 제정할 때만이 아니라 법을 집행하며 통치를 할 때에도 사적 감정과 요소가 개입되면 안 됩니다. 무위엔 이러한 의미도 있습니다. 통치와 집행 과정에서의 사적 감정 배제와 법의 준수를 포괄하지요. 안 그래도 상앙이 이런 주장을 했습니다.

밝은 군주는 법률 제도를 신중히 한다. 말이 법에 부합하지 않으면 따르지 않으며, 행위가 법에 부합하지 않으면 높이 사지 않으며, 일이 법에 부합하지 않으면 행하지 않는다.[126]

세상의 위정자는 대부분 법을 버리고 사사로운 의론을 신임한다. 나라가 혼란스러운 이유이다. 옛날의 제왕이 무게를 재는 저울을 제정하고 길이를 재는 자를 확립했다. 오늘날에도 이를 본받는 것은 그 표준이 명확하기 때문이다. 저울을 버려둔 채 무게를 가늠하고 자를 버려둔 채 길이를 추측하는 것은 설령 정확히 알아맞힐지라도 상인이 취하지 않는다. 늘 정확할 수 없기 때문이다. 법은 나라의 저울인 셈이다.[127]

법은 국가의 저울이라고 했습니다. 틀림없이 무게를 판단케 해주는 도구와 같습니다. 내 마음대로 물건의 무게를 가늠하는 게 아니라 저울에 맡겨 무게를 재보듯 통치도 그래야지요. 이 역시 무위입니다. 자의적 판단을 철저히 버려야지요. 저울에 재봐서 판단하듯 법을 기준으로 삼아 통치해야 합니다.

이상적인 군주가 취할 정치 방식은 지혜와 기교를 버리는 일이다. 지혜와 기교를 버리지 않으면 상도라고 하기 어렵다.[128]

지혜와 기교까지 버리라고 했습니다. 이 말은 통치를 할 때 사적인 것을 모두 버릴 수 있어야 함을 뜻합니다. 입법 과정만이 아니라 통치 과정도 자의를 배제해야 하지요. 이것이 통치의 대원칙이 되어야 합니다!

이는 무위가 가지는 두 번째 의미입니다. 통치 과정에서 무위의 원칙이 지켜지질 않고, 통치자의 자의적 판단과 사적 감정이 개입되면 어떻게 될까요? 제가 〈망징〉 편에서 한 말을 살펴보겠습니다.

군주가 재주로 법을 왜곡하기를 좋아하고 사적인 일로 수시로 공사를 잡되게 하며 법령을 수시로 바꾸고 명령을 수시로 내리면 나라는 망한다.[129]

위정자의 재량권이 지나치게 개입되어 법이 그때그때 위정자의 심기에 따라 다르게 적용되면 인민이 불안해서 살 수가 없습니다. 특히 상공인, 경제인은 국가의 법령과 제도가 자신들의 이해관계에 직결되지요. 그런데 법이 자주 바뀌고 어떻게 적용될지 판단이 안 서면 경제활동을 제대로 할 수가 없겠지요. 통치에서 법대로 하지 않고 위정자의 심기에 따라 말이 틀려지면, 즉 무위를 지키지 않으면 경제력과 생산력에 큰 문제가 생깁니다.

법령을 바꾸면 인민의 이해관계가 달라진다. 인민의 이해관계가 달라지면 인민의 일이 달라진다. 인민의 일이 달라지는 것을 변황變荒이라고 한다. (중략) 큰 나라를 다스리는데 법을 수시로 바꾸면 인민이 고생한다. 그러므로 현명한 군주는 허정虛靜을 귀히 여기고 법 바꾸는 것을 신중히 한다. 국가를 다스림은 작은 생선을 굽는 것처럼 해야 할 것이다.[130]

치대국자약팽소선治大國者若烹小鮮. 나라를 다스림은 작은 생선 굽듯이! 노자가 국가를 다스리는 원칙 또는 군대를 다스리는 원칙으로 한 말입니다. 제 사상에 편입시켰지요. 저는 이를 통치의 대원칙으로 삼았습니다. 생선을 구울 때 자주 뒤집으면 생선을 먹지 못하게 됩니다. 함부로 생선에 젓가락을 대지 말아야 합니다. 통치 역시 그래야 합니다. 법을 만들었으면 법대로 하고 통치자의 사적 의지와 감정으로 비틀지 말아야지요. 법을 왜곡시켜 적용하고 만든 지 얼마 안 되어서 바꾼다면 위정자가 어떻게 신뢰를 얻겠습니까?

〈유도〉 편에서는 이런 말도 했습니다.

군주가 법을 버리고 사적으로 쓰면 군신 상하 간의 구별이 없어진다.[131]

원칙대로 하지 않고 우왕좌왕하는 리더는 신뢰를 잃습니다. 위신이 사라집니다. 신하들이 우습게 여기겠지요. 원칙과 규범을 존중하지 않는 리더는 인민의 신뢰도 못 얻지만 바로 옆에서 보좌하는 사람들의 신뢰도 얻지 못할 뿐입니다.

군주가 나라를 다스리는데 법을 버리고 자신의 주관대로 판단하면 주살과 장상, 임용, 파면 등을 모두 군주 한 사람이 사사로이 결정하게 될 것이다. 이렇게 되면 상을 받는 자는 장상이 비록 합당하더라도 그 욕망이 끝이 없을 것이다. 반면에 벌을 받는 사람은 비록 타당하다고 하더라도 끊임없이 형벌의 경감을 요구할 것이다. 군주가 법을 포기하고 사사로운 마음으로 상벌의 경중을 결정하게 되면 같은 공로인데 상은 서로 다르게 되고 동일한 죄인데도 벌은 서로 다르게 될 것이다. 원망은 여기서부터 출발한다.[132]

그렇기에 군주는 법에 근거해 국가를 통치해야 하고 개인의 주관대로 해서는 안 되며 모든 일은 법으로 처리해야 한다고 했다. 군주가 법치를 근거로 하면 사람들은 자신이 행한 만큼 상을 받고 벌을 받게 된다. 그리하여 상벌을 받는 이들은 사사롭게 군주에게 기대려 하지 않고 사람들의 마음에 원한이 생기지 않게 되니 결국 사람들은 모두 화목하게 될 것이다.[133]

입법만이 아니라 통치도 철저히 법대로 해야 합니다. 법을 함부로 바꾸지 말고 함부로 재량권을 가지고 왜곡시켜서도 안 됩니다. 이처럼 무위에는 법 제정은 물론 법 시행에서도 사적 의지, 판단, 감정을 배제하고 재량권을 축소 하라는 의미가 있습니다.

앞서 통치 과정에서 특히 법 시행을 거론할 때 생선 굽는 일을 비유로 들었 습니다. 이는 생산성 및 경제력과 연관됩니다. 자유방임을 말한 애덤 스미스 를 포함한 자유주의 경제학자들과 유사한 주장이지요. 이들도 정부의 지나친 개입이 국가 경제 발전에 큰 방해가 된다고 했지요. 역시나 저 한비자는 자유 주의 경제학자와 닮은 점이 많습니다.

## 은폐와 엄폐, 통치의 전술

말이 많으면 궁해진다. 가운데를 지키는 것이 능사니….

多言數窮. 不如守中….

《노자》에 나오는 말입니다. 말이 많으면 안 된다고 했습니다. 말이 많으면 자신이 드러나 읽히기 때문이지요. 그러니 가운데 자리를 지키는 것만 못합 니다. 조용히 있으라는 말이지요. 이는 장수나 군주에게 하는 말입니다. 조용 히 있으면서 자신을 잘 드러내지 말아야 상대와의 주도권 싸움에서 밀리지 않습니다. 신하나 적을 상대할 때 이러한 자세를 유지해야 합니다.

속을 숨기고 의사를 드러내지 마라. 저 한비자의 무위에는 이런 의미도 있습니다. 신하를 대할 때의 자세와 신하를 다루는 기술로서의 무위이지요.

군주는 자신이 바라는 것을 밖으로 드러내지 말아야 한다. 군주가 바라는 것을 밖으로 드러내면 신하는 그대로 보이려고 꾸밀 것이다. 또한 군주는 자기 의사를 표시하지 말아야 한다. 군주가 자기 의사를 표시하면 신하는 군주의 뜻에 맞추려고 할 것이다.[134]

군주가 뭔가를 밖으로 드러내면 신하가 읽습니다. 신하는 그것에 맞춰 자신을 위장하고 꾸밉니다. 그러면서 시나브로 주도권을 신하에게 빼앗기기에 군주는 늘 노출을 조심해야지요. 자신의 감정, 의도, 호오, 선호를 읽히면 안 됩니다. 이는 스스로 자기 패를 노출시키는 짓으로 노출을 조심하지 못하면 신하에게 끌려가고 질 수 밖에 없습니다.

빗장 닫기를 소홀히 하고 문단속을 철저히 하지 않으면 곧 호랑이가 나타날 것이라는 말도 했습니다. 이 역시 군주가 자신의 감정과 속을 드러내고 들켜서 좋을 것이 하나도 없다는 뜻입니다. 군주가 자기 의욕을 겉으로 드러내면 신하들은 자신들을 꾸밉니다. 그리되면 호랑이한테 잡아먹히는 꼴이 될 수 있습니다.

이는 궁중 투쟁에서 살아남기 위한 전술로 군주에게 주문한 것이지요. 전술로서의 무위를 역사 사례를 들어 이야기해보겠습니다.

연나라의 자지子之는 연나라의 군주 자쾌子噲가 어진 것을 좋아하는 성향을 알게 되자 자신을 어진 이로 포장해 군주의 신임을 얻고 나서 군주의 자리를 빼앗았습니다. 제나라의 수조와 역아는 식색食色의 욕망을 주체하지 못하는 환공의 욕망을 알아내자, 이를 충족시켜 군주의 환심을 사 군주를 바보로 만들었습니다. 나중에 가서 자쾌는 내란 때문에 죽었고, 환공은 죽어 구더기가 문밖으로 기어 나오도록 시신이 매장되지 못하였는데, 이렇게 된 이유가 무엇이겠습니까? 군주가 자기 본심을 드러냈기 때문입니다. 자신의 속을 보인 탓에 신하들이 빌미를 얻었습니다.

자지는 거짓 현자였습니다. 군주가 어진 자와 유교의 가르침을 좋아함을 알게 되자 자신을 가장했습니다. 그리하여 '선양*의 전설'로 유가에서 떠받드는 요임금처럼 행동하도록, 자지는 군주를 유도해 권력을 장악했지요. 요임금은 아들이 있었지만 가장 어진 사람이 순임을 알아보고 아들 대신에 순에게 나라를 맡겼 듯 말입니다. 결국 이 때문에 내분이 일어나 연나라는 쑥대밭이 되어버렸습니다.

역아는 군주가 미식가임을 알고 자기 자식까지 죽여 인육으로 요리해 군주의 환심을 샀습니다. 측근이 된 그는 수조와 더불어 환공을 꼭두각시로 만들더니, 결국 환공을 유폐시켰지요. 오패의 수장인 환공, 천자를 대신해 천하를 호령했던 그는 감금된 채 굶주려 죽었는데 아무도 그의 시신을 수습하지 않아 구더기가 문밖으로 기어 나올 정도였다고 합니다.

자신의 본심과 속을 밝힌 탓에 권력을 침탈당했던 권력자들의 최후는 비참했습니다. 사례를 더 들어보지요.

맹상군의 아버지 전영이 제나라의 재상이었을 때, 왕후가 죽었는데 후궁 가운데 누구를 새 왕후로 정할지 아무도 알지 못하였습니다. 대략이라도 가늠이 되어야 미리 줄을 서서 권력의 중심에 가까이 갈 텐데 말입니다.

---

\*   가장 어진 사람을 군주로 추대하는 정권 이양의 방식.

실력자 전영 역시 군주가 누구를 새 왕후로 삼을지가 궁금했습니다. 군주가 마음에 두고 있는 후궁을 왕후로 세우라고 군주에게 권하고 싶었지요. 그래야 군주와 새 왕후의 환심을 살 수 있을 테지요. 그때 전영은 꾀를 내어 귀한 옥 귀고리를 열 개를 만들어 군주에게 바쳤습니다. 그런데 그 가운데 한 개는 유독 더 아름답게 만들었습니다.

이윽고 군주가 유자儒子 열 명에게 옥 귀고리를 나누어 주었습니다. 전영은 유독 아름다운 옥 귀고리가 누구에게 갔는지 살폈습니다. 그러고 나서 그는 군주에게 그 유자의 어머니를 왕후로 삼도록 권했습니다. 마음에 둔 사람을 왕후로 추천한 전영이 군주의 마음에 쏙 들었을 테지요.

이처럼 신하는 군주의 의중과 속마음을 알기 위해 안달복달하는 존재입니다. 여러 신하가 군주의 마음을 읽으려 애를 씁니다. 군주의 마음은 군주가 아무리 숨기려 해도 드러나기 쉽고 감추려 해도 읽힐 수 있습니다. 하물며 대놓고 감정과 의지를 드러내면 어찌 될까요? 늘 군주를 탐색하는 신하는 단순 관료가 아니라 권력을 두고 경쟁하는 적입니다. 자신의 의도가 적에게 읽히면 패할 수밖에 없겠지요. 이는 곧 비참한 최후로 결말을 맺습니다. 그러니 꼭 명심해야 합니다. 읽히면 지고 지면 죽습니다!

이야기를 더 해보지요. 〈외저설 우상〉에 있는 이야기입니다.

선왕이 당이자唐易子에게 주살로 새 잡는 일에 대하여 물었다. "주살로 새를 잡는 사람은 무엇을 소중하게 여기는가?" 당이자가 대답하기를 "조심스럽게 몸을 감추는 것을 소중히 여깁니다"라고 하였다. 선왕이 다시 "무엇을 가리켜 조심스럽게 몸을 감춘다고 하는가"라고 물었다. 당이자가 대답하기를 "새는 수십 개의 눈으로 사람을 보지만 사람은 두 개의 눈으로 새를 봅니다. 어찌 조심스럽게 몸을 감추지 않을 수 있겠습니까. 그러므로 조심스럽게 몸을 감춘다고 말한 것입니다"라고 하였다. 선왕이 또 묻기를 "그렇다면 천하를 다스리는 데 있어 무엇을 감추는 것으로 삼아야 하는가? 지금 나는 두 눈으로 온 나라를 보고 있으나 온 나라가 만 개의 눈으로 나를 보고 있다. 앞으로 어떻게 하여야 나를 감출 수 있겠는가?"라고 하였다. 당이자가 대답하기를 "정나라의 장로가 이르는 말에 허정하여 무위의 태도를 취하여 겉으로 드러나 보이지 않게 하여야 감추는 것을 할 수 있다고 하였습니다"라고 하였다.**135**

사냥이라는 행위를 비유로 들어 군주의 처신을 논하고 있습니다. 당이자가 군주에게 늘 자신을 숨기고 가릴 수 있어야 한다고 하면서 정나라 장로의 말을 인용합니다. 부허정무위이무현야夫虛靜無爲而無見也. '허정'하고 '무위'해서 '무현'해야 한답니다. 허虛한 상태로 정靜해라, 즉 비어 있는 듯하고 고요하게 있으면서 무위無爲, 즉 아무것도 하지 않아야, 무현無見, 즉 자신을 드러내지 않습니다.

새를 잡는 사냥꾼이 새에게 노출되면 안 되지요. 숨어야 합니다. 나는 새를 보지만 새는 나를 보지 못하게 해야 하는데 신하에게도 그러합니다. 군주는 신하를 보지만 신하는 군주를 보지 못하게 해야 합니다. 그래야 군주 노릇을 무사히 계속할 수 있습니다.

신불해도 말했지요. 총명함도 드러내지 말고 총명하지 않음도 드러내지 말라고. 욕심이 있다는 것도 없다는 것도 드러내지 않는 것이 무위인데, 이 원칙을 견지해야 군주 권력이 안정된다고 했습니다.

신불해는 오직 무위하여야만 신하의 실정을 살필 수 있다고도 했지요. 자신의 의도와 감정을 노출하지 않으면 단순히 상대에게 읽히지 않는 것만이 아니라 상대를 읽을 수 있습니다. 신하가 어떤 생각과 의도를 가지고 있는지, 누가 충신이고 누가 역신인지 읽을 수 있지요.

그러기 위해 먼저 자신을 무無로 만들어야 합니다. 자신이 유有해지면, 즉 사냥꾼이 보이면 새가 도망가지 않겠습니까? 유무위가이관지惟無爲可以觀之라고 했습니다. 오직 무위해야만 상대를 볼 수 있습니다.

이것이 무위이자, 무위의 목적입니다. 군주의 전술입니다. 신하들과의 권력투쟁에서 자신을 보호하기 위해 반드시 지켜야 할 투쟁의 원칙이지요.

> 군주가 취할 길은 조용히 물러앉는 겸허한 몸가짐을 귀중한 보배로 여기는 것이다.[136]

군주는 장막 뒤에 물러나 고요히 앉아 있어야 합니다. 그렇게 은폐할 수 있어야 신하들에게 틈을 주지 않고 오히려 그들의 틈을 볼 수 있습니다.

> 너무나 조용하여 그가 어느 자리에 있는지 알 수 없으며 텅 비어 그의 소재를 파악할 수 없다. 현명한 군주는 윗자리에서 아무것도 하지 않으며 신하들은 그 아래에서 두려움에 떨고 있다.[137]

무위해서 신하들에게 틈을 전혀 보여주지 않는 군주. 신하들은 군주를 쉽게 보지 않고 두려워합니다. 반대로 군주가 속을 드러내면 어찌 될까요?

> 빗장을 허술하게 하고 문단속을 단단히 하지 않으면 곧 호랑이가 나타날 것이다. 군주가 정사를 신중하게 다루지 않고 내부 사정을 숨기지 않으면 곧 역적

이 생겨날 것이다. 주인을 죽이고 그 자리를 갈아치우면 아무도 그 편을 들지 않을 수 없으므로 이를 가리켜 호랑이라고 하며 주인 곁에 있으면서 주인의 틈을 노리므로 이를 가리켜 역적이라고 한다.[138]

금은보화를 집에 두고 문단속하지 않으면 도적이 들 수밖에 없습니다. 주인 스스로 도적을 불러들이는 꼴이지요. 이처럼 명청한 군주가 되지 말라는 말이지요. 군주는 전술로서 무위의 원칙을 늘 견지해야 합니다. 그래야 호랑이 같은 역적에게 잡아먹히지 않습니다.

자, 그런데 군주가 무위해야 하는 데에는 다음과 같은 이유도 있습니다.

## 군주의 모든 것이 정치적 메시지다

한나라의 소후가 사람을 시켜 다 해진 바지를 잘 간수하도록 하였다. 가까이 모시는 자가 말하기를 "군주께서는 어찌 그렇게 인색하십니까? 다 해진 바지까지 좌우 측근들에게 내려주시지 않고 간수하십니까?"라고 하였다. 소후가 말하기를 "자네 알 바가 아니다. 내가 듣기로는 현명한 군주의 몸가짐이란 한 번 찌푸리고 한 번 웃는 일조차 그 이유가 있고 웃는 데에도 그 이유가 있다고 한다. 지금 그 바지가 어찌 단순히 찌푸리거나 웃는 정도이겠는가. 바지는 찌푸리고 웃는 것과는 훨씬 다르다"라고 하였다.[139]

군주는 한 번 인상 쓰고 한 번 웃는 것도 조심해야 한다고 합니다. 그런데 바지를 특정인에게 주면 될까요? 다른 일화가 있는데, 그 이야기도 한번 보겠습니다. 제 환공의 일화입니다.

제 환공이 자주색 옷을 즐겨 입자 온 나라가 모두 자주색 옷을 입었다. 그러자 흰 비단 다섯 필을 가지고도 자주색 비단 한 필과 바꿀 수 없었다. 환공이 걱정되어 관중에게 말하기를 "내가 자주색 옷을 즐겨 입어 자주색 비단값이 대단히 비싸졌다. 온 나라 인민이 자주색 옷을 즐겨 입기를 멈추지 않으니 내가 어찌하면 좋겠는가?"라고 하였다. 관중이 말하기를 "군주께서 그것을 막으려 하시면서 왜 자주색 옷을 입지 않도록 시험하지 않으십니까? 좌우 측근에게 '나는 자주색 옷 냄새가 대단히 싫다'고 말하십시오"라고 하였다. 환공이 "좋다"고 답했다. 환공은 측근 가운데 자주색 옷을 입고 나오는 자가 있으면 반드시 말하기를 "좀 물러가라. 나는 자주색 옷 냄새가 싫다"고 하였다. 그날로 궁 안에 자주색 옷을 입은 사람이 없었고, 그 이튿날부터는 도성에서 자주색 옷을 입은 사람이 없었으며, 삼 일이 지나자 나라 안에서 자주색 옷을 입은 사람이 없었다.[140]

제 환공이 자주색 옷을 즐겨 입으니 온 인민이 자주색 옷을 입어 자주색 원단 가격이 폭등했나 봅니다. 이 사태를 바로잡으려고 환공이 고민하자 관중이 조언합니다. 자주색 옷을 싫어한다고 보좌하는 이들에게 말씀만 하면 간단히 해결될 일이라고.

이를 단순히 군주의 취향이 온 인민에게 퍼져 유행이 된 것으로 보아선 안 됩니다. 군주가 왜 자신의 속을 드러내면 안 되는지를, 단순한 취향이라도 드러내고 보여선 왜 안 되는지를 이야기하고 있습니다.

권력자는 메시지입니다. 군주의 모든 것이 정치적 메시지입니다. 취향, 성향, 말 한마디, 일거수일투족, 표정, 감정 등이 정치적 메시지로 받아들여져 온 나라에 영향을 줍니다. 이는 군주 스스로도 예측하지 못한 나쁜 효과를 일으켜 인민에게 경제적으로 큰 부담을 지울 수 있습니다.

권력이란 이처럼 무서운 것입니다. 권력자는 자신만을 위해서가 아니라 인민을 위해 조심하고 조신해야 하지요. 무위에는 이러한 염려도 담겨 있습니다. 군주의 모든 것은 정치적 신호와 메시지로 해석되니, 정도의 차이가 있을지언정 관료와 인민 모두에게 큰 부담을 줄 수 있기에 조심해야 합니다. 불필요한 언행은 모두 최소화해야 하겠지요.

## 손자와 한비자 2-무위와 세

무위의 나머지 의미를 마저 말하기 전에 손자 두 번째 이야기를 먼저 하겠습니다. 저 한비자의 사상에 대한 이해를 깊게 하고, 가장 중요한 저의 정치철학 개념인 '세勢'에 대해 예습하기 위함입니다. 전술적 의미의 무위에 대해 다시 한 번 보면서 손자 이야기를 해보겠습니다.

무위를 말하면서 앞서 텅 비어 소재를 파악할 수 없게 해야 한다고 했지요. 그래야 상대인 신하가 군주를 무서워하는데, 궁중 권력투쟁을 전제한 맥락의 무위는 사실 손자에게서 기원했습니다. 전술로서의 무위를 가장 처음 말한 신도는 손자를 보고 이를 배웠습니다.

병법의 극치는 나를 무형으로 만드는 것이다. 무형이 되면 깊이 숨은 간첩도 엿볼 수가 없고, 아무리 지혜로운 자라도 계책을 낼 수 없다.[141]

미묘하도다, 미묘하도다. 전혀 형세가 없구나. 신묘하도다. 전혀 소리가 없구나. 그러므로 적의 생명을 좌우할 수 있다.[142]

보이는 적보다 보이지 않는 적이 훨씬 무섭습니다. 언제 어디서 어떻게 나를 칠지 모르기 때문이지요. 보이지 않는 군대는 상대를 전전긍긍하게 하고 섣불리 움직이지 못하게 합니다. 보이지 않을수록 전쟁터에서 주도권을 쥐고 자신이 원하는 곳으로 상대를 끌고 갈 수 있으며 상대의 심리를 조종할 수 있습니다. 그러니 항상 아군의 전략과 전술은 물론 약점과 허점을 철저하게 은폐해야 합니다. 손자는 늘 자신을 무無하게 만들고 보이지 않게 하라고 강조했습니다.

저의 무위는 이처럼 손자의 영향을 받았습니다. 말씀드린 대로 손자의 투쟁술을 빌려 궁중 사회 안으로 가져왔지요. 그리고 무위만이 아니라 결정적으로 제가 주장하는 세 또한 손자의 영향을 받았습니다. 저는 사상적으로는 철저히 손자의 제자라고 해도 과언이 아니지요.

제가 주장하는 세는 군주가 가지는 정치적 주도권, 우월한 정치력, 강한 권력이 안정적으로 행사되는 정치적 상황과 조건이라는 뜻이 있습니다. 철저히 정치적 의미이지요. 그런데 본래 손자 철학에서 세는 전쟁을 염두에 둔 개념입니다. 손자에게 세는 전술적 주도권이란 의미였습니다. 아군이 적군과 싸우는데 적에게 절대 끌려다녀선 안 될 것입니다. 늘 내가 주도권을 쥐고 적을 흔들며 끌고 다닐 수 있어야 합니다.

이에 못지않게 중요한 것이 있습니다. 장수는 병사들에게 권위가 있어야 합니다. 아군은 적군에게 끌려가선 안 되고 장수는 병사들에게 끌려가선 안 됩니다. 적군이 아군을 두려워하게 하고 병사들이 장수를 두려워하게 해야 합니다. 병사들이 때로는 적보다 장수를 더 두려워하게 할 수도 있어야 합니다. 그래야 장수의 권위와 영이 서서 병사들이 죽기를 각오하고 싸우게 할 수 있습니다.

장수의 권위도 손자가 중시했습니다. 손자가 말한 세의 범주에 속하지요. 손자의 세에는 두 의미가 있습니다. 적군에 대해 가지는 주도권이자 우월적 힘이라는 의미에서의 세, 그리고 병사들에 대해 가지는 주도권이자 우월적 힘이라는 의미에서의 세입니다. 신하들은 군주 밑에서 일하는 부하이기도 하지만, 권력투쟁에 있어서는 적이기도 합니다. 전자의 의미든 후자의 의미든 모두 저의 세 개념에 영향을 주었다고 볼 수 있습니다.

손자에게 영향을 받은 것은 무위와 세만이 아닙니다. 법가의 법, 한비자의 법 역시 손자를 위시한 병가의 '군법'에서 크게 영향받았지요. 그렇기에 법이 무서운 법입니다. 법가의 법이 공정함을 내세우는데, 이 역시 군문軍門(군대)의 영향입니다.

군법은 단순히 엄하기만 해서는 안 되지요. 공정함이 더 강조되어야 합니다. 군문의 법을 어겼으면 계급을 막론하고 벌을 받아야 합니다. 장수 등 계급이 높은 자에게 더 가혹하게 적용되어야 합니다.

문공이 포륙이란 곳에서 사냥하기로 명령하여 시각을 정오로 정하고 늦는 자를 군법으로 다스리기로 약속하였다. 이때 문공이 총애하는 전힐顚頡이라는 자가 시각에 늦었다. 관리가 죄를 물을 것을 청하자 문공은 눈물을 떨어뜨리며 슬퍼하였다. 관리가 말하기를 "일을 집행하게 해주십시오."라고 하였다. 드디어 전힐의 등을 베어 인민에게 돌려 보임으로써 법 집행이 확실함을 밝혔다. 그러고 난 뒤로는 인민이 모두 두려워 말하기를 "군주가 전힐을 소중히 여김이 그렇게 대단한데도 오히려 법을 집행하였다. 하물며 우리에게는 무엇이 있겠는가"라고 하였다. 문공은 인민을 싸우게 할 수 있다고 보아 이에 군사를 일으켜 원나라를 쳐서 이겼다. 위나라를 쳐 그 밭두렁을 동쪽으로 향하게 만들어

오록五鹿 땅을 빼앗았다. 양나라를 공략하고 괵나라를 이기고 조나라를 쳤다. 남으로 나아가 정나라 도성을 포위하여 성벽을 무너뜨렸다. 송나라를 포위했던 것을 풀고 초나라의 군사와 성복城濮에서 싸워 초나라 군대를 대패시키고 돌아오는 길에 천토의 맹주가 되어 마침내 형옹衡雍에서 대의를 성취하였다. 한 번 일을 일으켜서 여덟 공적을 이루었다. 그렇게 할 수 있었던 까닭은 다른 이유 없이 호언狐偃의 꾀에 따르고 전힐의 등을 빌렸기 때문이다.[143]

총애하던 신하가 법을 어기자 머뭇거렸지만 어쨌든 법대로 처리했습니다. 그러자 인민이 두려워하며 따랐다는데 국법에 예외가 없음을 알았기 때문이지요. 전힐에게 군법을 적용했다고 하는데, 사실 제나라에 있었던 사마양저의 고사*에서 봐서 알 수 있듯이 군문의 법은 엄합니다. 예외가 없고 때론 높은 사람일수록 더욱 엄하게 책임을 묻습니다.

이러한 군법의 영향이 법가에 큰 영향을 주었지요. 단순히 엄한 정도가 아니라 모두에게 똑같이, 또 약자에게만 엄한 게 아니라 강자와 책임 있는 자에게 더 냉정하게 적용합니다. 그래야 국가의 통치가 신뢰받고 인민이 힘겨움을 짊어지려 한다고 보았기 때문입니다.

* 제나라 경공 시절 사마양저司馬穰苴가 군권을 부여받고 전쟁에 나갈 때. 전날 주연에서 과음을 한 나머지 합류에 늦은 군사고문 장가莊賈를 처형한 일이 있었다. 그가 제나라 장군으로 진나라와 연나라 양국의 연합군과 싸우게 되었을 때의 일화다. 사건은 이렇다. 싸움터로 출진하는 날인데 기다려도 나타나지 않는 사람이 있었다. 군주가 천거한 사람으로 군의 감찰을 맡은 장가. 정해진 시각을 훨씬 넘어서야 겨우 나타난 장가는 사마양저에게 이런저런 핑계를 늘어놓았다. 하지만 사마양저는 "무릇 장군이 되면 모든 것을 잊어버려야 한다. 지금 적군이 눈앞에 쳐들어와 온 나라가 들끓고 있는 판국에 송별회라니…" 하고 힐책하고서는 뒤에 서 있는 법무관을 돌아보며 물었다. "군대에 기약한 시각을 어긴 자는 어떤 처벌을 받는가?" "네. 참수에 처합니다." 그러자 사마양저는 군법관의 말대로 처형해버렸다. 장가는 당시 군주 제 경공에게 총애받던 사람이라 군주가 직접 보낸 사람이 도착해 처형을 만류했지만, 사마양저는 망설이지 않고 법대로 시행했다. 장가의 목을 본 병사들은 군기가 바짝 들었고 사마양저는 전쟁에 나가 승리했다. 사마양저는 《사마병법司馬兵法》을 남긴 군사 전략가다. 병가는 이렇듯 군법을 추상같이 모두에게 적용하고 특히 신분이 높을수록 엄히 책임을 물었다.

군대의 법에는 벌만이 아니라 상도 규정하고 있습니다. 그래야 병사들의 힘을 모두 끌어내 싸워 이길 수 있지 않겠습니까? 법가가 상을 중시하는 것 역시 병가의 영향입니다.

팽창에 대한 욕구에서부터 장수가 가져야 할 덕목, 법의 성격 등 많은 것을 손자로 대변되는 병가가 법가에 영향을 주었습니다. 사람들이 제 스승이라고 말하는 순자는 저와 아무 상관이 없습니다. 굳이 사상적 스승을 꼽자면 순자가 아니라 손자입니다. 그다음이 정자산이지요.

## 리더의 건강을 위하여 - 방전 방지

자, 입법과 통치 그리고 신하와 맞서는 전술로서의 무위를 지금까지 설명했습니다. 아직 끝나지 않았습니다. 다른 의미의 무위도 있습니다. 군주의 건강과 양생이란 맥락이지요. 이야기를 먼저 들어보지요.

> 복자천宓子賤이 단보라는 땅을 다스렸다. 유약有若이 복자천을 만났는데 그를 보고 물었다. "어찌 그렇게 당신은 야위었습니까?" 복자천이 "군주께서 제가 무능한 것을 알지 못하고 단보 땅을 다스리게 하셨습니다. 관청 일이 바쁘고 마음이 걱정되어서 이렇게 야위었습니다"라고 답했다. 유약이 말했다. "옛날에 순임금은 다섯 현의 거문고를 타고 남풍의 시를 노래하면서도 천하를 잘 다스렸습니다. 지금 단보처럼 작은 지역을 다스리는데도 걱정이 된다면 천하를 다스리게 되면 장차 어찌할 것입니까? 그러니 무위의 술術을 익혀 다스리면 몸은 묘당 위에 앉아 처녀 같은 안색을 하고 있어도 정치에 해가 없을 것이나, 술을 익히지 못하고 다스리면 몸은 비록 고달프고 마르더라도 오히려 도움이

되지 않을 것입니다."[144]

땅을 다스리는 사람 가운데 통치의 기술을 모르는 복자천이라는 사람이 있었나 봅니다. 그에게 유약이라는 사람이 조언한 내용입니다. 복자천은 유약이 말하는 '술'이라는 것이 무언지는 몰랐지만 정말 열심히 일하긴 했나 봅니다. 모든 일을 자기가 다 챙기려고 하다 보니 너무 힘들어서 몸이 삐쩍 마른 것 같지요.

수장이 늘 바쁘게 일하면 될까요? 몸이 상할 정도로 애써 일한다고 그 조직이 건강해지고 성과를 낼 수 있을까요? 누구보다 조직의 장이 제명에 죽지 못할 공산이 큽니다. 수장, 특히 군주는 너무 부지런히 일하면 안 됩니다. 에너지를 아껴야지요.

총명과 예지는 하늘이 준 것인데 행동이나 사료는 인위적인 활동이다. 사람은 하늘이 준 시력을 가지고 보며 하늘이 준 청력을 가지고 들으며 하늘이 준 지력에 의지하여 사료한다. 그러므로 시력을 무리하게 쓰면 눈이 잘 보이지 않고 청력을 심하게 쓰면 귀가 밝지 못하며 사료를 도에 지나치게 하면 지혜가 어지러워진다. 눈이 잘 안 보이면 흑백 색깔을 구분할 수 없고 귀가 밝지 못하면 맑고 탁한 음성을 분별할 수 없으며 지혜가 혼란하면 이득과 손실 보는 곳을 가려낼 수 없다. 눈이 흑백 색깔을 구분할 수 없는 것을 가리켜 맹盲이라 하고 귀가 맑고 탁한 음성을 분별할 수 없는 것을 가리켜 농聾이라 하며 마음이 이득과 손실 보는 곳을 가려낼 수 없는 것을 광狂이라고 한다.[145]

노자가 한 말을 제가 〈해로〉 편에서 저 나름대로 해석했습니다. 철저히 제

왕학의 입장에서 사상을 편 노자는 양생을 강조했습니다. 군주는 에너지를 아끼고 효율적으로 쓰라고 역설했지요. 사람인 이상 쓸 수 있는 에너지의 양은 정해져 있으니 함부로 소모해선 안 된다며, 에너지를 아끼라고 했습니다.

저도 동의합니다. 제 생각에도 군주는 양생養生을 할 줄 알아야 합니다. 양생에 실패하면 지각 능력, 사유 능력, 계산 능력에 장애가 생기고 권력에 누수가 생기며 국가는 위태로워집니다. 노자가 말했습니다. 치인사천막약색治人事天莫若嗇이라고.

《노자》에 이른바 치인治人이라 함은 행도에 있어 알맞게 취하고 사료에 있어 낭비를 줄이자는 것을 말한다. 또 이른바 사천事天이라 함은 청력이나 시력을 끝까지 쓰지 않고 지혜의 기능을 다하지 않는 것을 말한다. 굳이 끝까지 다하면 정신적인 낭비가 많으며, 그러면 눈이 멀고 귀먹고 도리에 어긋난 광적인 화가 닥치게 된다. 이런 까닭에 아껴야 한다. 아낀다는 것은 정신을 소중히 하고 지혜를 아껴 쓴다는 뜻이다. 그러므로 노자가 말하기를 인위人爲를 조정하고 천연天然 상태를 유지하는 것은 소중히 아낌이 제일이라고 한 것이다.[146]

사천, 하늘을 섬기라고 합니다. 천연 상태를 유지하라고 합니다. 치인, 남을 다스리고 세상을 다스리는 데 있어 가장 기본이 되어야 할 덕목입니다.

사천이 뭐고 천연 상태의 유지가 뭐겠습니까? 청력과 시력, 지혜, 감각기관의 능력과 사유 능력일 것입니다. 하늘이 준 것들이 동나지 않게 유지하는 것이 바로 사천입니다. 사천하기 위해선 아껴야지요. 그게 바로 색嗇입니다. 치인사천治人事天, 사람을 다스리고 하늘을 섬기는 데에 막약색莫若嗇, 아끼는 것만 한 게 없습니다.

군주에게 몸과 마음의 혹사는 금물입니다. 혹사해서 하늘이 준 능력이 상하면 군주의 권력이 누수됩니다. 그러니 무위해야지요. 무위하면서 군주의 에너지를 아껴서 양생해야 합니다. 늘 건강해야지요.

노자가 말하는 무위는 군주의 양생을 위한 통치 방법이기도 합니다. 이는 노자만이 아니라 저도 주장했습니다. 신도 역시 군주의 건강을 위해 무위를 말했지요.

군주가 어떻게 모든 정치 사무를 일일이 다 직접 챙길 수 있을까요? 그리하면 군주의 몸이 견뎌낼 수가 없지요. 피로해지고 건강이 상하게 되는데 바로 군주 권력이 위협받습니다. 군주가 피로해지면 권력도 피로해집니다. 군신 간의 권력 지형이 바뀌는 일이 일어날 수도 있겠지요. 신도는 이것을 일러 도역倒逆이라고 했습니다.

도역이란 거꾸로 되어 혼란이 일어남을 의미합니다. 아래위가 뒤바뀌게 됩니다. 군주는 일하고 신하는 한가합니다. 군주는 피로하고 신하는 건강합니다. 더 나아가 은근슬쩍 신하가 일에 책임과 성패를 군주에게 물으려고 합니다. 군주가 일했으니 군주가 책임지라는 거지요. 결국 군주의 피로함에 그치지 않고 권력에 균열이 일어납니다.

신도는 군주가 신하에게 일을 맡기고 스스로 직접 관여하지 말아야 한다고 강조했습니다. 신하는 자신이 담당한 일에 매진함으로써 군신의 도리가 바로 서게 됩니다. 다스려짐과 혼란스러움이 여기서 나누어지니 이를 잘 살피지 않으면 안 된다고 강조했습니다.

결국 신도가 하고 싶었던 말은 일을 맡기되 업무를 나누어 위임해주고 권한을 적절히 분산시키라는 것이지요. 군주는 관리 감독만 하면서 법에 규정된 대로 상과 벌만을 내리면 그만이지요.

군주는 절대 유위有爲하지 말고 무위해야 합니다. 체력의 방전과 조로를 막고 더 나아가 신하가 직접 일하게 할 수 있어야 합니다. 무위를 통해 양생하면서 몸과 정신을 튼튼히 해 권력을 굳건하게 유지해야 합니다. 일은 신하의 몫이니 신하가 신하의 일을 하게 합니다. 간섭하지 말고 기다려야 합니다. 무위하는 군주는 편안하게 지내지만 유위하는 신하는 힘든 일을 수행합니다. 군주는 기다리다가 오로지 그 성과만 향유하면 됩니다. 성과를 내지 못하면 벌을 내리고요.

이렇게 되면 나라의 일은 통치되지 않는 것이 없고 통치의 도리가 바로 이루어질 수 있습니다. 양생으로서의 무위는 일의 분담, 분산, 위임으로 귀결됩니다.

## 일은 대리인이, 힘과 지혜는 남의 것을

한 사람의 힘으로는 많은 사람을 당하지 못하며 한 사람의 지혜로는 모든 것을 다 파악하지 못한다. 한 사람을 쓰는 것은 온 나라를 쓰는 것만 못하다.[147]

한 사람의 힘이 아니라 여러 사람의 힘을 쓰고 한 사람의 지혜가 아니라 여러 사람의 지혜를 쓸 수 있어야지요. 양생에서 시작되어 위임과 분산으로 귀결되는 무위는 단순히 군주의 건강만을 위한 것도 군주의 권력 누수 방지만을 위한 것도 아닙니다. 궁극적으로 신하의 힘과 지혜를 빌리고 시스템의 힘을 완전히 이용하기 위함이지요.

현명한 군주의 길이란 지혜 있는 자로 하여금 생각을 모두 다 짜내게 하여 그것을 근거로 일을 결단하는 것이기 때문에 군주로서의 지혜가 막다른 데 이르지 않는다. 그리고 슬기 있는 자로 하여금 그 재능을 스스로 알리게 하여 군주가 그것을 근거로 일을 맡기므로 군주로서의 능력이 막다른 데 이르지 않는다. 공이 있으면 군주가 슬기롭기 때문이라 하고 잘못이 있으면 신하에게 책임을 지게 하므로 군주로서의 명성이 막다른 데에 이르지 않는다. 이런 까닭으로 군주는 슬기롭지 않으면서도 슬기로운 자를 거느리고, 지혜롭지 못하면서도 지혜로운 자의 우두머리가 된다. 신하는 수고를 되풀이하고 군주가 그 성과를 누리는 것을 일컬어 현명한 군주의 상도라 한다.[148]

앞서 군주는 대부분이 중질의 인간이라고 했습니다. 육체적, 정신적 체력도 역시 뭇사람과 비슷할 것입니다. 그러니 여러 사람의 힘을 빌려야 하지요. 제가 용중과 용지를 중시한 까닭입니다. 용중用衆, 뭇사람을 이용해야 합니다. 용지用智, 뭇사람의 지혜를 빌려야 합니다.

양생의 맥락을 가진 저 한비자의 무위는 이처럼 집단지성의 힘을 빌리는 것으로 귀결됩니다. 건강을 도모하면서 똘똘한 사람들의 힘도 빌려야지요. 그러려면 반드시 시스템을 만들어야 합니다. 특히 분업의 틀이 내재된 시스템이어야 합니다. 그래서 우리 법가가 관료제를 말했던 것입니다. 동아시아에서 제대로 된 인사행정학, 조직학을 처음으로 주장한 사람들이 법가입니다. 시스템을 중시하니 당연히 그럴 수밖에요.

군주는 똘똘한 신하들을 영입하기만 하는 게 아니라, 시스템을 통해 신하들의 힘을 더욱 효율적으로 조직해서 활용해야 합니다. 시스템의 뼈대는 제도와 법이지요. 즉, 군주는 무위하면서 용지, 용중을 해야 합니다.

이제 저 한비자의 무위를 정리해볼까요.

군주는 입법에서든 통치에서든 자의를 배제해야 합니다.

군주 마음대로가 아니라, 실정과 뭇사람의 정서에 맞게 법을 만들어야 합니다. 그리고 그 법을 통치의 과정에서 반드시 준수해야 합니다.

군주는 궁중에서 자신을 무無로 만들어야 합니다. 속마음과 감정, 호오를 숨길 수 있어야지요.

군주는 모든 일을 직접 챙기려 하면 안 됩니다. 군주는 무위하면서 유위는 신하에게 맡겨야 합니다. 그러면서 양생을 도모하고 집단의 힘과 지혜를 이용할 수 있어야 합니다.

이게 바로 제가 말하는 무위입니다.

무위에는 가장 큰 적이 있습니다. 바로 유가에서 좋아하는 솔선수범입니다. 군주가 직접 모범을 보이는 일이지요.

> 군주가 어질면 어질지 않을 자 없고 군주가 의로우면 의롭지 않을 자 없으며
> 한번 군주가 바르게 하면 곧 나라가 안정된다.[149]

유가는 늘 그렇습니다. 윗사람이 늘 도덕적으로 살아야 한다지요. 특히 군주가 착하게 살아야 한답니다. 그가 늘 바른 몸가짐과 마음가짐을 보이면 인민이 교화된다는데, 글쎄요….

## 무위의 가장 큰 적, 솔선수범 금지

사냥을 하려는 사람은 수레의 안전에 의탁하고 육마의 말을 이용하면서 왕량이 고삐를 잡도록 한다면 몸이 피로하지 않으면서도 쉽게 날랜 짐승을 따라잡

을 것이다. 만일 수레의 편리함을 놓아두고 육마의 발과 왕량의 솜씨를 버리고 땅바닥을 달려 짐승을 쫓는다면 비록 누계樓季*의 빠른 발이 있을지라도 짐승을 따라잡을 틈이 없을 것이다. 그러나 훌륭한 말과 튼튼한 수레에 의탁한다면 노예일지라도 여유가 있을 것이다.[150]

솔선수범한다고 나서지 말고 주변의 힘을 빌리라는 이야기입니다. 그래야 정치적 목표를 이루고 실익을 거둘 수 있습니다.

〈외저설 우상〉 편에 이런 이야기도 했습니다. "무릇 군주가 솔선수범이라고 생각한다면 군주가 몸소 농사를 지어서 쌀을 먹어야 하고 전쟁터에 직접 나가 칼과 창을 들어야 할 것이다. 그러면 군주는 너무 위험하고 신하들은 너무 편안하지 않겠는가?"

군주에게는 군주의 일이 있고 신하에게는 신하의 일이 있습니다. 모범을 보이겠다고, 솔선수범한다고 나서서는 안 됩니다. 군주가 솔선수범한다고 신하와 인민이 꼭 따른다는 보장도 없습니다. 필연성이 없지요. 현실이 그러할까요? 군주가 아무리 어질다고 해서 제대로 된 보상 체계와 신상필벌의 법이 강제되지 않는다면 그 나라가 제대로 돌아갈 리 만무하지요.

솔선수범은 통치의 필연성을 조금도 담보할 수 없습니다. 유가에서는 그렇다고 우기지만 현실 정치에서는 어림없지요. 군주도 보통 사람인 경우가 대부분인데, 군주가 늘 솔선수범한다는 것 자체가 비현실적입니다.

무위와 상극이 되고 필연성도 현실성도 없는 솔선수범에는 더 큰 문제가 있습니다. 시스템을 활용하는 것에 방해가 된다는 점입니다. 애써 만들어놓

---

* 달리기 잘하기로 유명했다는 사람.

은 시스템이 무용지물이 되어 정치와 행정에 비효율성이 증가할 수 있습니다. 군주가 솔선수범한다면서 직접 나설수록 효율성은 사라지겠지요.

솔선수범 같은 것은 그냥 유가나 하라고 하면 됩니다. 그저 입바른 소리, 단순히 글자로서만 의미 있는 말, 지적 유희의 대상으로만 가지고 놀라고 하면 됩니다. 다만, 군주가 나쁜 놈, 모진 놈이 되라는 뜻은 절대 아닙니다. 비효율에 집착하고 정치의 지름길을 외면하지 말라는 뜻입니다. 역사적 사례를 들어보지요.

위魏나라에 소왕昭王이란 군주가 있었답니다. 관리가 하는 일에 나서고 싶어 했습니다. 그래서 그는 맹상군에게 일러 말하기를 나는 관리가 하는 일에 참견하고 싶다고 하였습니다. 맹상군은 "군주께서 관리가 하는 일에 참견하고 싶으시다면 왜 법전을 시험 삼아 숙독하지 않으십니까?"라고 말하였지요. 그러자 소왕이 법전 십여 쪽을 읽었는데 그만 졸음이 와서 잠이 들어버렸습니다. 잠에서 깬 소왕이 "나는 이 법전을 읽을 수 없다"고 하였지요. 신하가 마땅히 해야 할 일을 군주가 하고 싶다고 나서니 피곤한 것이 당연하지 않겠습니까?

〈외저설 좌하〉에 있는 이야기입니다. 군주가 법전을 조금 읽다가 잠을 자 버렸습니다. 무위하지 않고 유위를 한 것인데, 법전대로 사무를 보고 행정을 해야 할 사람이 군주입니까, 신하입니까? 당연히 신하이지요. 그런데 담당 신하를 쫓히고 군주가 직접 하겠다고 나섰다가 그만 피곤해 잠이 들었습니다. 이는 단순히 잠이 든 게 아니라 그 순간 조직이 멈춘 것이자 국가 행정과 국가 시스템이 정지된 것입니다.

이러니 솔선수범을 좋아할 것 없습니다. 아니 생각하지도 말아야 합니다. 군주는 오로지 무위해야 합니다. 군 무위! 신 유위!

# 지혜를 버림으로써 총명해진다

**지혜를 모음에 대하여**

## 대중은 군주의 큰집이다－용중, 용지

많은 사람의 집단적 용기는 맹분猛奮을 두려워하지 않는다. 여러 사람이 합친 힘은 오획鳥獲을 겁내지 않는다. 여러 사람이 함께 보면 이루離婁가 두렵지 않다. 많은 사람의 지혜는 요순 못지않다. 대중은 군주의 큰 집 역할을 한다.[151]

《여씨춘추》에 나오는 말입니다. 여럿이 힘을 합치면 오획이라는 전설의 장사보다 훨씬 강하고, 여러 명의 시력을 합치면 전설의 천리안 이루보다 멀리 또 정확히 볼 수 있답니다. 심지어 여럿의 두뇌를 합치면 요순이라는 전설의 성인군주보다 지혜로울 수 있다지요.

《여씨춘추》에서는 이를 '용중用衆'이라 했습니다. 중衆을 용用하라, 즉 뭇사람의 지혜와 힘을 쓰라는 뜻입니다. 특히 통치에 여러 사람의 힘을 활용하라는 의미로 한 말입니다.

이는 저 역시 했던 이야기입니다. 정치에서 군주가 자신의 능력에만 의존하거나 몇몇 유능한 사람의 능력에만 의지해서는 안 됩니다. 최대한 많은 사람의 지혜를 빌려야 합니다. 특히 뭇 신하의 지혜를 빌릴 수 있어야 합니다. 관중은 이를 '용지用智', 지혜 활용하기라고 표현했고 저는 '결지結智', 지혜 모으기라고 말했지요.

앞서 용주–중주라는 보통 군주론을 이야기했습니다. 기억하실 겁니다. 무위도 말했지요. 보통 군주론과 군주의 무위를 말했으니, 용중·용지·결지는 너무도 당연한 귀결입니다. 군주는 보통 사람에 불과하고 자신이 직접 일을 챙기면 안 되니 집단의 힘과 지성을 활용해야지요. 제가 〈팔경〉 편에 이런 말을 했습니다.

하질의 군주는 자기 능력을 다하고 중질의 군주는 다른 사람의 힘을 다 쓰며 상질의 군주는 다른 사람의 지혜를 다 쓴다. 이런 까닭에 일이 생기면 지혜를 모아 한 사람 한 사람의 지혜를 다 쓴다.[152]

제일 못난 군주는 자기 능력만으로 통치하는 사람입니다. 그다음 수준의 군주는 곁에 있는 측근의 능력을 활용합니다. 가장 윗길의 군주는 뭇사람의 지혜를 모읍니다. 정말로 결지하는 것으로 이것이 바로 용지이며 용중이지요. 다른 사람의 힘을 빌릴 수 있어야 명군입니다.

자, 옛사람들은 자기 눈으로 자신을 보기가 어렵기 때문에 거울을 가지고 얼굴을 보았으며, 자기 지혜로 자신을 알기가 어렵기 때문에 도道를 가지고 자기 자신을 바로잡았습니다. 사람 눈에는 거울이 없기에 스스로 수염이나 눈썹을 가지런히 할 수 없습니다. 그러니 다른 사람의 도움을 받아야겠지요.

서문표는 성미가 급해 가죽 끈을 찰 여유를 가지려 했고 동안우는 마음이 너무 느긋한 탓에 활시위를 찰 스스로를 다잡았습니다. 외부의 힘을 빌려야 합니다. 군주는 늘 그래야 합니다.

천하에는 확실히 확인할 수 있는 세 상황이 있습니다. 첫째, 지혜가 있더라도 공을 세울 수가 없는 경우. 둘째, 힘이 있더라도 들어 올릴 수 없는 경우. 셋째, 강하더라도 이길 수 없는 경우. 그러므로 비록 요임금과 같은 지혜가 있다고 하더라도 많은 사람의 도움이 없다면 큰 공을 세우지 못할 것이며, 오획 같은 힘이 있더라도 남의 도움을 얻지 못하면 자신의 몸조차 들어 올리지 못할 것입니다. 중요한 것은 남의 힘을, 특히 많은 사람으로 이루어진 집단의 힘을 빌리는 것입니다.

현명한 군주의 길이란 지혜 있는 자로 하여금 생각을 모두 다 짜내게 하는 것입니다. 그것을 활용해 일을 해결하려고 해야 군주로서의 지혜가 막다른 데 이르지 않습니다. 또 슬기 있는 자로 하여금 그 재능을 스스로 알게 하여 군주가 그것을 근거로 일을 맡기므로 군주로서의 능력이 막다른 데 이르지 않습니다.

국력을 키우고 나라를 안정시키는 것은 군주의 힘만으로 달성되는 일이 아니지요. 신하들의 힘, 엘리트 집단의 힘이 필요합니다. 신하들에 대한 경계와 견제도 필요하지만 그들의 힘을 뽑아내고 조직하는 것도 절실히 필요합니다. 그래서 용중과 용지입니다.

## 경청의 힘

여러 사람의 힘을 빌리려고 하면 앞서 말한 대로 무위의 자세를 군주가 염두에 두어야 합니다. 무위는 기본입니다. 그래야 군주가 타인의 지혜를 빌릴 수 있겠지요. 하지만 무위만으로는 안 됩니다. 경청의 자세도 필요합니다.

> 군주는 나라 전체의 수많은 눈으로 보기 때문에 그보다 더 분명하게 볼 수 있는 사람은 없다. 나라 전체의 귀로 듣기 때문에 그보다 더 명확히 들을 수 있는 사람은 없다. 하지만 알고 있는 이들이 말을 하지 않는다면 그는 누구의 눈과 귀를 활용할 것인가?[153]

여기서 저는 '가차假借'라는 말을 썼습니다. '빌린다'는 뜻의 가차라는 말을 가장 먼저 쓴 사람이 저 한비자입니다.

군주는 가차하는 사람입니다. 수많은 사람의 눈과 귀를 빌려야지요. 하지만 가차는 어려운 일입니다. 거슬리는 것도 보고 들어야 하기 때문이지요. 좋은 약은 입에 쓰다는 '양약고어구良藥苦於口', 제가 〈외저설 좌상〉 편에서 한 말입니다.

> 대저 좋은 약은 입에 쓰지만 지혜로운 자가 힘써 그것을 마시게 하는 것은 그것이 몸의 병을 고쳐준다는 것을 알기 때문이라고 했다. 충고하는 말도 귀에 거슬리지만 현명한 군주는 귀를 기울여 듣는다. 그래야 일을 이룰 수 있다는 것을 알기 때문이다.[154]

더불어, '충언불어이忠言拂於耳'입니다. 충실한 신하의 말이 귀에 거슬릴 때가 많습니다. 하지만 명군은 귀를 기울입니다.

편작과 오자서의 이야기가 있습니다. 편작이 병을 치료할 때 칼로 뼈를 찔렀다고 합니다. 명의라면 그럴 수 있어야 합니다. 그리고 성인은 위급한 나라를 구할 적에 충언으로 귀를 거슬리게 했다고 합니다. 바로 그 사람이 오나라의 충신 오자서지요.

뼈를 찌르게 되면 당장은 아프지만 몸에는 긴 이득을 보게 되는데 귀에 거슬리는 말 역시 마찬가지입니다. 마음을 불편하게 하지만 나라가 오래 복을 받게 하지요. 심한 병에 걸린 사람이 통증을 참아내듯이 아픈 말도 수용할 수 있어야 합니다. 신하들의 충언을 헛되게 흘리지 말아야 합니다.

이러한 경청의 자세가 바로 나라를 오래 살게 하는 '수안지술壽安之術'입니다. 국가의 안정을 위해서 경청의 예를 발휘해야지요.

군주가 신하의 의견을 듣는 방법은 마치 취한 모습과 비슷하다고 할 수 있다. 신하가 입술을 열고 말문을 트도록 군주가 먼저 시작하지 않는다. 신하가 말문을 트고 입술을 열도록 군주는 바보 같은 모습으로 듣고 있을 뿐이다. 신하들은 그들 스스로 의견을 분석하게 되고 군주는 이를 통해 신하들의 의견을 상세하고 철저하게 파악할 수 있다. 시시비비 다른 의견들이 폭주하더라도 군주는 이에 상대하여 겨루지 않는다.[155]

일이 있으면 회의에 붙이고 논의를 이끌어야 합니다. 신하들이 의견을 내게 해야 하는데, 그때 군주가 절대 먼저 의견을 내면 안 됩니다. 최대한 입을 닫아야 합니다. 신하들이 편하게 말하게 해야 하지요. 서로 의견을 개진하도록 도와줘야 합니다. 군주 자신은 아무런 생각이나 의견, 감정이 없어 보이도록 해야 합니다.

이것이 바로 제가 생각하는 경청의 도, '청언지도聽言之道'입니다. 여기에서 특히 중요한 게 신하와 논쟁해선 안 된다는 점입니다. 군주가 아랫사람과 지혜를 겨루려고 한다? 그러면 절대 지혜를 빌릴 수 없습니다.

위魏나라 무후에 관한 일화가 있었습니다. 그는 독단적이고 거만한 탓에 늘 신하들과 지혜를 겨루려고 했지요. 청언지도를 모르는 사람이었습니다. 어느 날 조정에서 회의가 벌어졌습니다. 당시 무후가 신하들과 국정을 논의하였는데 신하들의 생각이 모두 자신보다 못해 보였나 봅니다. 회의를 파하고 난 뒤 무후의 얼굴에는 희색이 만연하였습니다. 자신이 제일 낫다고 생각해 흡족했던 거지요. 그때 오기가 강하게 충고했습니다.

옛날 초나라의 장왕이 국가의 일을 논의하는데 신하들 모두가 장왕에 미치지 못하였습니다. 그러자 조회가 끝난 뒤 장왕의 얼굴에 근심이 가득했습니다. 그때 신공申公이란 사람이 물었습니다. "주군께선 어찌하여 근심하는 기색이 있으신지요?" 장왕이 대답하길 "세상에는 성인이 있고 나라에는 현자가 있으니 능히 훌륭한 스승을 얻는 자는 왕자王者가 되고 능히 훌륭한 벗을 얻는 자는 패자霸者가 된다 하였소. 지금 과인은 재주가 없는데도 과인에게 미치는 자가 없으니 우리 초나라가 장차 위태로워질 것 아니오?"라고 하였습니다. 이처럼 장왕이 근심한 일을 군주께서는 기뻐하시니 신은 두렵습니다.[156]

초나라 장왕은 제나라 환공과 진晉나라 문공에 이은 3대 패자입니다. 그는 회의나 논의의 장에서 신하들의 의견과 지혜가 자신보다 못하면 심히 걱정했다고 합니다. 위나라 무후는 외려 그런 상황에서 좋아했나 봅니다. 이를 본 오기가 무후에게 쓴소리를 용기 있게 날린 것입니다. 신하들이 군주보다 못하다는 것은 절대 기뻐할 일이 아니고, 외려 걱정해야 할 일입니다. 참으로 오기답습니다. 더 나아가 오기는 회의에 임하는 군주의 자세, 즉 회의에서는 절대 아랫사람들과 지혜를 겨루지 말아야 함을 말하고 싶었던 것이지요.

사실 군주가 지혜를 겨루려고 하면 어느 신하가 쓴소리를 하고 좋은 대안을 말하려고 할까요? 지혜를 겨루려 함은 신하들의 말에 하나하나 반박하고 공격적으로 대응하는 것인데, 경청할 마음도 수용할 의지도 없다는 뜻이지요. 그러면 결국 그들의 지혜를 빌릴 수 없겠지요.

무후라는 위인은 그러했습니다. 무후의 아버지 문후는 늘 대신들을 존중하고 그들의 능력을 빌리고자 했지만, 무후는 아버지와 달랐습니다. 독선적이었고 신하들의 지성을 빌리지 못했지요. 정말 문제는 저렇게 행동하면 단순히 신하들의 지혜를 빌리지 못할 뿐 아니라, 자신이 신하들에게 노출되어 틈을 줄 수도 있다는 점입니다. 자신의 습관, 호오, 허점 등을 내보일 수 있으니 무후는 자신의 권위까지 스스로 깎아 먹는 짓을 한 셈입니다.

입보다는 귀입니다. 잘 들어야 합니다. 거슬려도 기분 나빠도 개의치 말고.

## 집단지성 활용에서 주의할 점

역사적 사례를 더 들어보겠습니다. 역시 위나라에서 있었던 일입니다.

장의張儀란 사람이 위나라에 와서는 진秦나라, 한나라, 위나라의 군대를 합하여 제나라와 초나라를 치자고 주장하였습니다. 그러나 혜시惠施는 반대로 제나라, 초나라와 동맹을 맺어 전쟁을 그만두자고 주장하였습니다. 두 사람은 논쟁을 벌였지요.

신하들과 측근들은 모두 장의의 편을 들었습니다. 모두 장의를 위해 발언하면서 제나라와 초나라를 치는 것이 위나라에 이득이 된다고 주장했지요. 반면에 혜시의 의견에 동조하는 사람은 없었습니다. 결국 군주는 장의의 주장을 받아들였고 혜시의 주장을 물리쳤습니다.

안 되겠다 싶어 혜시는 직접 군주를 대면했습니다. 군주가 먼저 말하기를 "선생은 아무 말도 하지 마시오. 제나라와 초나라를 도모하는 일은 결국 득이 될 것이오. 온 나라가 모두 그렇다고 생각하지 않소?" 이에 혜시가 말했습니다. "주장이란 것은 깊이 살펴 따져보지 않을 수 없습니다. 도대체 제나라와 초나라를 치는 일이 정말 이득이 된다면 온 나라가 모두 다 이롭다고 여기는 것이 어찌 지혜로운 자가 많아서이겠습니까? 또한 제나라와 초나라를 치는 일이 정말 이롭지 못하다면 온 나라가 모두 다 이롭다고 여기는 것이 어찌 어리석은 자가 많아서이겠습니까? 대개 의논을 한다는 것은 헷갈리는 일이기 때문입니다. 헷갈리는 일이 정말로 헷갈린다고 하면 그것을 옳다고 생각하는 자가 반일 것이며 옳지 않다고 생각하는 자도 반일 것입니다. 지금 온 나라가 모두 다 옳다고 생각하고 있으니 군주께서는 나머지 반쪽을 잃은 것입니다. 신하에게 위협받는 군주란 본래부터 그 반쪽을 잃어버린 것입니다."

〈내저설 상〉에 있는 이야기입니다. 중요한 국가 대사가 있어 논의할 안건으로 상정했고 논의를 해서 결과가 나왔나 본데 여기서 혜시는 대체 무슨 말을 하고 싶었을까요? 왜 군주가 반쪽을 잃어버렸다고 말했을까요?

안건을 논쟁에 붙인 상황에서 의견이 한쪽으로 전부 쏠리는 현상 자체가 뭔가 이상하다 싶습니다. 혜시는 이를 지적한 것이지요. 그런데 왜 의견이 전부 한쪽으로 쏠렸을까요? 팽팽하게 격론이 벌어질 중요한 국가 대사이기에 논쟁에 붙였을 텐데 말입니다.

자, 비슷한 이야기가 또 있습니다.

노나라 애공哀公이 공자에게 물었다. "시골 속담에 이르기를 여러 사람이 함께 하면 헤매지 않는다고 한다. 지금 내가 일을 하면서 여러 신하와 함께 고려하는데도 나라가 더욱 어지러운 까닭은 무엇인가?" 공자가 대답하기를 "현명한 군주가 신하에게 물으면 어느 사람은 그것을 알고 어느 사람은 그것을 모릅니다. 이와 같아야만 현명한 군주가 위에 있고 신하들이 아래에서 솔직하게 의논할 수 있습니다. 지금은 신하들이 계손씨의 말로써 하나로 맞추고 똑같은 행동을 하지 않는 자가 없어 노나라가 온통 다 하나로 되어버렸습니다. 그러니 군주께서 비록 나라 안 모든 사람에게 물어본다 하더라도 오히려 어지러운 데에서 벗어나지 못할 것입니다".[157]

이 또한 〈내저설 상〉에 있는 이야기입니다. 이쯤 되면 혜시가 했던 말이 이해가 되는지요? 신하들이 말을 하나로 맞추고 있답니다. 행동을 똑같이 하고요. 군주 모르는 사이에 신하들이 한통속이 되어 있지요. 특정인에게 줄을 서서 그 사람의 의사대로 움직입니다. 바로 계손씨. 회의를 한다면 찬반양론이 맞서고 제3의 의견도 나오면서 지혜를 모아야 하는데, 조정에 권력을 쥔 대신이 있어 모두가 그자의 눈치를 보고 있다면 어찌 될까요?

다른 사례가 또 있습니다.

일설에 말하기를 안영晏嬰이 사자가 되어 노나라를 방문하였다고 한다. 애공이 묻기를 "속담에 이르기를 세 사람이 함께하면 헤매지 않는다고 한다. 지금 내가 온 나라 사람들과 함께 의논하고 있는데도 노나라가 어지러운 데서 면하지 못하니 왜 그런가?"하였다. 안영이 말하기를 "옛날에 이른바 세 사람이 함께하면 헤매지 않는다고 한 것은 한 사람은 틀리더라도 두 사람이 맞으면 세 사람으로도 충분하기 때문입니다. 그래서 세 사람이 함께하면 헤매지 않는다고 했습니다. 지금 노나라의 신하는 몇천 몇백을 헤아리지만 계손씨의 개인 이익에 말을 맞추고 있습니다. 사람 수는 많지 않다고 할 수 없으나, 그 하는 말은 한 사람이 하는 것과 똑같습니다".<sup>158</sup>

노나라 계손씨, 숙손叔孫씨, 맹손孟孫씨라고 해서 삼환三桓이라고 있었습니다. 노나라에서 희공僖公이란 사람이 환공의 아들들을 영지 내에 봉했는데 이들이 삼환의 시조이지요. 환공의 후손들이고 나라를 삼분한 상태이기에 삼환이라고 불렀습니다. 군주는 허수아비였고 이들이 실권을 쥐고 있었습니다. 특히 계손씨의 힘이 막강했습니다. 위에서 안영이란 사람이 애공에게 말을 하고 있습니다. 신하가 아무리 많으면 뭐하나, 조정에 실세가 따로 있고 그 사람이 군주의 권력을 능가하는 실정인데 뭔가 안건에 붙이고 널리 의견을 구해봤자 소용없다. 모두가 계손씨의 눈치만 보고 계손씨 의견에 따를 것이 뻔하다고 했지요.

역시나 조정에 중신이 없어야 합니다. 중신이 만든 파당이 없어야 합니다. 조정이 이질적 인사로 구성되어야 하지요. 서로 간에 결탁과 유착이 없고, 서로가 서로의 눈치를 보지 말고 소신껏 발언할 수 있어야 하며, 배경이 변변치 않아도 능력과 공적대로 평가받고 상을 받을 수 있다는 믿음이 있어야 합니다. 앞서 말한 대로 신하들이 정치 서비스를 제공하는 '1인 기업'이 되어 서로 경쟁해야 집단지성 활용이 가능합니다.

아무리 군주가 경청의 자세를 가진다고 해도 중신이 있고 파당이 있으면 아무 소용 없지요. 입을 맞추고 똑같은 소리만 할 테니까요. 독점된 상황에서 단 한 가지 정치 상품이 공급되는 셈인데, 군주는 듣는 자세를 건강하게 만들기 이전에 담합과 유착이 일어나지 않게 하는 등, 관료 사회가 건강하도록 관리하고 단속해야 할 것입니다. 그들 사이에 카르텔이나 독과점이 형성되지 않도록 평소에 관리해야지요.

의견이 통일되고 쉽사리 만장일치가 되면 군주는 경계심을 가져야 합니다. '뭔가 있구나! 특정 세력가를 중심으로 결탁한 게 아닌가?' 하면서. 그렇기에 군주는 늘 신하들이 발언하는 배경을 유심히 살필 줄 알아야 합니다. 이 사람이 저 신하가 왜 그런 의견을 내놓는지 반드시 생각해야 할 것입니다.

혜시의 말을 다시 한 번 보십시오. 군주가 신하들에게 정식으로 논의하게 한 것은 애초에 쉽게 결론 내릴 수 없는 사안이어서일 텐데, 의견이 한쪽으로 쏠리고 모든 사람이 특정인 한 사람의 의견을 지지하다니요. 이럴 때 의심 안 하는 군주는 바보입니다. 안건에 붙일 정도면 서로 간에 말들이 다르고 찬성에 반대가 맞서고 치열하게 갑론을박해야 하는데, 다수의 조언이 한 사람의 의견과 같다면 단순히 의심해야 할 정도가 아니라 국정 운영과 군주의 권력 유지에 적신호가 켜진 것입니다.

## 조언을 가장한 아부

조언과 의견 개진이 하나같을 때 의심해봐야 한다고 했습니다. 더불어 이런 것도 조심해야 합니다. 조언을 가장한 아부, 의견 개진을 가장한 아첨이 있을 수 있습니다. 유세의 어려움을 다룬 〈세난〉 편에 이런 말이 있습니다.

간언한다고 하고 충언한다고 가장하지만 그저 군주가 듣고 싶은 이야기만 하는 경우가 많습니다. 그래야 군주에게 잘 보여 군주의 총애를 받을 수 있으니까요. 군주의 부족한 점을 용기 있게 지적하고 군주가 하지 못하는 생각을 하고 군주가 보지 못하는 점을 지적할 수 있어야 합니다만, 조언이랍시고 쓴소리하는 척하면서 군주가 듣고 싶어 하는 말만 들려줍니다.

이는 평소 군주의 취향과 호오에 대해 간파하고 있었기에 가능합니다. 조언을 가장한 아부를 통해 환심을 사고 총애를 얻으면, 군주의 권력을 나누어 가지려고 하고 사적 욕심을 채우겠지요. 그러니 군주는 평소 호오를 드러내면서 틈을 주지 말아야지요.

신하들이 의견을 말할 때 정말 그들 자신의 의견인지 잘 보이려는 욕구가 투영된 행위인지 살필 수 있어야 합니다. 신하는 군주의 속마음, 취향, 성향을 봐가면서 의견을 내는 쪽으로 가기 마련인데, 군주가 명예를 좋아하면 명예로, 이익을 좋아하면 이익으로, 군주가 무엇을 좋아하고 싫어하는지에 따라 초점을 바꿔 의견을 진술하기 마련입니다.

딱히 신하가 나쁜 마음을 먹지 않아도 권력자 앞에서 말하다 보니 그렇게 하기 쉽습니다. 만일 나쁜 마음까지 먹고 있다면 어떻게 될까요? 군주는 조언, 간언을 수용하다가 시나브로 간신에게 기회를 주고 자기 권력을 잃을 수도 있습니다. 그러니 군주는 자신을 늘 무無로 만들어야 합니다.

집단지성, 용중·용지·결지란 게 참으로 쉽지 않습니다. 신하들의 힘을 빌리고 최대한 활용하는 것이 이렇게나 어렵습니다. 그럼에도 노력해야지요.

## 이인치인

저는 관료 제도를 역설했습니다. 관료 제도를 위한 관료 제도가 아니라 철저히 용중, 용지를 위한 것이고 국가와 인민을 제대로 다스리기 위한 일입니다.

자, 불을 끄는 일을 가지고 설명해보지요. 불을 끄려 할 때 한 사람 한 사람에게 독을 들고 불속으로 달려가게 하면 이는 한 사람을 가지고 불을 끄는 것일 뿐입니다. 대신 채찍과 깃발을 들고 지휘하여 사람들을 몰아 시키면 만 사람을 다룰 수 있지요.

채찍과 깃발이 되는 게 바로 신하입니다. 제가 이런 말을 했습니다. "성인은 인민을 직접 대하지 않고 현명한 군주는 작은 일을 몸소 하지 않는다." 사람을 시켜 사람을 부려야지요. 이게 바로 한비자의 이인치인以人治人입니다.

> 나무를 흔드는 자가 그 잎을 하나하나 잡아당기면 힘만 들고 전체로 미치지는 못한다. 그 대신 좌우에서 줄기를 잡고 흔들면 모든 잎이 흔들린다. 그물을 잘 치는 사람은 그물의 벼리만 잡고 그물의 눈 하나하나를 잡아당기지 않는다. 그물의 눈을 일일이 잡아당겨 그물을 펼친다면 힘들고 어렵다. 그물의 벼리만 잡아당기면 그물은 이미 펼쳐져서 물고기가 들어온다. 관리는 인민에 대해서는 나무의 줄기이자 그물의 벼리다. 그러므로 성인은 관리를 다스리지 인민은 다스리지 않는다.**159**

군주는 혼자고 지혜와 능력은 한도가 있고 인민은 무수히 많습니다. 그러니 관료를 통해 다스려야 합니다. 그래야 통치가 효율적으로 이루어지는데, 그러기에 앞에서 말한 대로 성인은 관리를 다스릴 뿐 인민을 다스리지 않는다고 한 것이지요. 성인치리불치민聖人治吏不治民! 여기서 치리治吏는 바로 관료를 다스림을 말합니다.

어쩌면 제가 주장하는 다스림은 현대적 의미의 행정이랄 수 있겠습니다. 사실 전 관료제라는 말을 한 번도 쓰지 않았습니다만, 관료제 도입을, 인사행정학을 주장한 사람입니다. 어떻게 신하들을 뽑을지, 어떻게 그들에게 업무를 분배할지, 어떻게 그들을 통제 관리하고 동기를 부여할지에 대해서 분명히 이야기했습니다. 체계적 제도로 틀을 만들고 인사들을 그 틀에 넣어 국사를 처리하자고 주장했으니, 정말 관료제를 주창한 셈이지요.

## 공정한 발탁이 관료제의 시작

실제 일은 사방에 맡겨두고 그 요체만을 중앙에서 군주가 장악한다. 현명한 군주가 그 요체를 단단히 쥐고 있으면 사방에서 신하들이 모여서 각자 그 성과를 보고할 것이다. 마음을 비우고 기다리고 있으면 신하들은 스스로 임무를 다할 것인데 신하들을 사방에 붙박이로 앉혀두면 사방의 실정을 분명히 파악할 수 있을 것이다.[160]

일을 그들에게 맡겨둡니다. 실무를 모두 위임합니다. 신하들에게 실무를 맡겨둔다고 해서 군주의 권한이 약화되지 않습니다. 군주 권력에 비로소 손발이 달릴 뿐입니다. 맨 위에서 중앙에서 요체, 즉 핵심만 장악하면 관료들이 힘을 다해 자신들의 임무를 다하고 그 결과를 보고해올 것인데, 이 말은 군주를 정점으로 해서 효율적으로 돌아가는 관료제를 행하라는 뜻입니다.

군주는 일하지 않고 그 핵심만을 쥐고 있으면 됩니다. 중요한 것은 관료와 신하를 다루는 기본 원리이며 그들에게 약속한 관료 사회의 인사행정의 대원 칙이지요. 이것만 고수하면 됩니다. 그 원칙이 어려운 것이 아닙니다.

먼저, 사람을 제대로 골라야 합니다. 관료제의 핵심은 공정한 발탁이 가장 먼저입니다. 관직은 사회적 신분에 따라 결정되어서는 안 된다고 제가 〈난일〉 편에서 말했습니다. 〈현학〉 편에서는 현명한 군주라면 재상을 시골에서 발탁 하고 용장을 병졸 가운데서 발탁할 수 있어야 한다고 했지요. 중요한 것은 배 경이 아니라 능력입니다. 관직을 맡아 국가의 사무, 공동체의 문제를 처리해 나갈 능력이 있느냐 없느냐를 봐야 합니다. 능력을 우선으로 채용하고 승진 시키는 것이 관료제의 기본입니다.

> 칭찬받은 자라고 하여 천거될 수 없고 비방당한 자라고 하여 물러나게 하는 일
> 이 없어야 한다.[161]

대신들의 칭찬만을 근거로 해서 능력자라 여겨 발탁하고 승진시킨다면 어 찌 되겠습니까? 사적 패당이 궁중 안에 조성되도록 힘을 실어주는 꼴입니다. 몹쓸 파당이 생기겠지요. 그런 파당에 휩쓸려 관리를 등용한다면 사람들은 갈수록 사적인 교제에만 힘을 쓰고 법에 의한 임용은 무시할 터인데, 그럼 궁 중에 능력자가 발을 들일 수 있겠습니까?

항상 공정한 기준에 입각해 등용하고 벼슬자리를 주고 승진시키고 상과 벌 을 내려야 합니다. 특히 등용과 발탁이 공정해야 합니다. 그래야 전문 관료 제도가 제대로 시행될 수 있습니다. 추천과 천거, 평판을 참고는 해야겠지만, 이런 것에만 의존해서는 안 됩니다. 어디까지나 참고에 그쳐야 하지요.

더불어 용모, 외양, 언사, 변설에 의존해도 곤란합니다. 관료 제도의 기본인

능력 중심의 선발과 승진에 해가 되기 때문이지요.

> 담대자우澹臺子羽는 군자의 용모를 가졌으므로 공자는 그것을 보고 취하였지만 오래 지내고 보니 그 행동이 용모와 맞지 않았다. 재여는 말이 우아하고 찬란하므로 공자가 그것을 보고 취하였는데 오래 지내고 보니 그 지혜가 언변을 채우지 못했다. 그러므로 공자는 용모를 보고 사람을 취하였지만 자우로 실수하고 언사를 보고 사람을 취하였지만 재여로 실패하였다고 실토했다. 이처럼 지혜로운 공자도 인재를 잘못 선택해서 오명을 얻었다.[162]

용모만 믿고 담대자우라는 사람을 뽑았습니다. 하지만 업무를 제대로 하지 못했나 봅니다. 재여는 언사만 가지고 선발했습니다. 그 역시 일을 못했나 봅니다. 용모가 훌륭하고 언사가 번지르르하다고 해서 일을 잘하란 법은 없습니다. 그가 좋은 대리인, 훌륭한 관료가 될 거라고 장담 못 합니다. 용모와 언변은 실무 능력과 상관이 없습니다.

> 용모를 보고서는, 말만 듣고서는 공자도 사람을 제대로 판단할 수 없다. 관직으로 시험하고 공적으로 평가해야 보통 사람일지라도 어리석은 이와 지혜로운 이를 헷갈리지 않을 것이다.[163]

시지관직試之官職, 과기공벌課其功伐. 시험을 쳐서 관직을 부여하고 일을 시켜본 다음 결과와 실적으로 평가하면 됩니다. 그러면 용인庸人, 즉 평범한 인간일지라도 뽑으려는 사람이 유능한지 아닌지 판단할 수 있을 것입니다. 이것만 봐도 제가 관료제를 주장했다는 것을 수긍할 수 있을 겁니다.

자, 앞서 언급한 용모, 외양, 언설의 배제는 신분 문제와도 관련이 있습니다. 이런 요소들은 실무 능력과 상관이 없는 정도가 아니라 주로 상류층 사람들에게 매우 유리하게 작용합니다. 아무래도 귀족 사회 구성원들이 기품도 있어 보이고 말하는 데 품위도 있고 교양도 있어 보이지요. 배경이 든든하기에 자신감도 있지 않겠습니까?

흙 속에 진주, 배경은 없지만 특출한 능력을 가진 이들을 군주가 부려야 하는데, 용모와 언사가 채용 기준이 되면 능력자들을 선발할 수 없을 것입니다. 그러면 벼슬자리가 귀족 사회 안에서 세습밖에 더 되겠습니까? 귀족 가문이 관직을 계속 장악해간다면 전문 관료 제도가 유명무실해지지요. 이뿐만 아니라 왕권이 약해져 사회 유동성이 사라지고 국력 자체가 쪼그라들고 맙니다.

제가 주장한 전문 관료제는 한편으로는 전통적인 세경世卿제도를 정면으로 부정한 것이기도 합니다. 저는 세경제도의 철폐를 주장했습니다. 이는 쉽게 말해 대를 이어 벼슬하는 제도입니다. 춘추시대를 관통하는 궁중 인사의 전통인데 전국시대까지 이어졌지요. 당시 적지 않은 나라에서 귀족들이 대를 이어 벼슬자리를 독점하고 있었습니다. 저는 이걸 부수자고 한 것입니다. 기득권, 귀족이 저 한비자와 법가를 왜 싫어 했는지 알 수 있는 대목이지요.

정치하는 것은 어렵지 않으니 큰 가문에 잘못하지 않으면 된다. 큰 가문이 사모하여 따르면 온 나라가 사모하여 따르고 온 나라가 따르면 온 천하가 사모하여 따른다. 그래서 도도히 흐르는 덕의 가르침은 사해에 가득 차게 된다.[164]

맹자가 제나라 선왕宣王을 만나 말했다. "소위 오래된 나라라는 것은 오래된 나무가 있음을 말하는 것이 아니요, 대를 이어 내려온 신하가 있음을 말하는 것

입니다."<sup>165</sup>

맹자가 한 말들입니다. 나라 안의 큰 가문에 죄를 짓지 말랍니다. 기득권을
가진 귀족 집안을 존중해주라는 뜻이지요. 세신들을 존중해주라는데, 세습
귀족들의 기득권을 무시하지 말라는 뜻입니다. 자신의 능력으로 그 자리에
오른 관료 말고 좋은 집안 덕을 보아 정치를 하는 신하들이 있어야 소위 말해
뼈대 있는 나라랍니다.

유가는 이처럼 귀족의 기득권을 인정합니다. 인정하는 정도가 아니라 적극
옹호하고 대변하지요. 능력 중심의 인사 행정을 말하는 법가와 대척점에 서
있습니다. 유가는 관료제에 반대했습니다. 왜 법가와 유가가 많이 싸웠는지
알 수 있지요. 실력대로 능력대로를 주장하고 차등적 신분질서를 부정한 법
가를 유가로서는 절대 좋게 볼 수 없었을 겁니다.

제가 〈팔설八說〉 편에서 말했습니다. 임인이사任人以事, 존망치란지기야存亡
治亂之機也, 즉 사람에게 일 맡기는 것이 존망과 치란이 갈리는 계기입니다. 신
분, 가문, 전통과 관습을 모두 버리고 객관적인 기준과 능력만으로 인사를 해
야지요. 이를 법에 박고 그 법을 준수해야 합니다.


## 법에 맡겨라


제나라 환공이 관중에게 말했다. "관직은 적은데 찾는 사람이 많으니 과인은
이게 근심스럽소." 관중이 말했다. "군주께서 측근들의 청탁을 받아들이지 마
십시오. 능력에 따라 봉록을 주고 업적을 기록하여 벼슬자리를 준다면 감히 벼
슬을 구하지 않을 것입니다. 군주께서 무엇을 걱정하십니까."<sup>166</sup>

벼슬자리를 두고 청탁하는 무리가 많았나 봅니다. 환공이 고민을 말하니 관중은 능력과 업적으로 대답합니다. 그것만을 기준으로 삼아 벼슬자리를 내리라 했지요.

원시 법가 혹은 초기 법가에 속하는 관중이 한 말입니다. 사실, 관중이 제나라에서 환공을 보좌할 때 구귀족을 무시하고 그들의 기득권을 모두 배제한 채 국정을 이끌어간 것은 아닙니다. 귀족 인맥의 천거, 추천에다가 관료제적 요소를 서서히 입히면서 국정을 끌어가려고 시동을 걸었습니다. 그를 그래서 초기 법가라고 하지요. 아무튼 그는 객관적 요소를 기준으로 삼아 사람을 뽑아 쓰면 사적 청탁이 없을 것이라고 했습니다.

노단魯丹의 사례도 살펴보겠습니다.

노단은 세 번이나 중산국中山國의 군주에게 의견을 말하였으나 받아들여지지 않았다. 그래서 돈 오십 금을 뿌려 그 측근들을 구슬렸다. 그 뒤 군주를 다시 만나 뵈었는데 미처 말도 하기 전에 군주가 그에게 식사를 대접하였다. 노단은 물러나와 숙소로 돌아가지 않고 그대로 중산국을 떠나려 하였다. 시종이 말하기를 다시 만나 뵈어 이윽고 우리를 잘 대해주었습니다. 무슨 까닭으로 떠나려 하십니까? 노단이 말하기를 "도대체 남의 말을 들어서 나를 잘 대해준다면 반드시 남의 말을 듣고서 나를 벌할 수도 있다"라고 하였다.[167]

중산국에서 벼슬을 해보려고 한 노단. 노력을 기울였으나 군주에게 외면당하다 보니 안 되겠다 싶어 군주의 측근들을 구워삶았나 봅니다. 그러자 중산국 군주가 극진히 대해줬다지요. 그런데 웬걸 군주가 대접을 잘해주는데도 급히 서둘러 중산국을 떠납니다. 남의 말을 들어서 자신을 잘 대해준다면 역시 남의 말을 듣고서 자신을 벌할 수 있기 때문입니다.

노단이 군주 주변 사람들을 구워삶은 것은 아무래도 떠보려는 방편이었나 봅니다. 그 결과 제대로 된 원칙으로 인사를 하지 않음을 알았고, 그런 나라에서는 일할 마음이 없었던 것이지요. 측근들 청탁이나 받고 벼슬을 주고 예우한다면 측근들의 모함으로 언제든 화를 입을 수 있습니다.

제가 〈유도〉 편에서 이런 말을 했습니다. "현명한 군주라면 법이 사람을 고르도록 하고 자기 임의로 등용하지 않으며 또한 법이 공적을 헤아릴 수 있도록 하고 자기 임의로 그것을 헤아리지 말아야 한다"고. 명주사법택인明主使法擇人, 불자거야不自擧也, 사법량공使法量功, 불자도야不自度也! 자도自度하면 안 됩니다. 사적인 의사로 사람을 헤아려선 안 됩니다. 자거自擧, 사적인 의사로 천거하면 안 됩니다. 법에 맡겨야지요. 공정한 법이 사람을 고르고 헤아리도록 해야 합니다. 주관적 기준과 잣대가 아니라 객관적 기준과 잣대로 인사행정을 해야 합니다.

객관적 기준에 입각해 인재를 등용한다고 하면, 과거 시험을 떠올릴 분이 많을 겁니다. 동양에서는 과거 시험으로 인재를 많이 뽑았지요. 객관적 근거와 기준으로 사람을 뽑는다는 점에서 상당히 법가적인 제도입니다. 비록 유가 경전을 근거로 출제하고 시험을 보긴 했지만, 집안 배경과 혈연, 추천과 천거를 배제하고 사람을 최대한 객관적으로 뽑는다는 점에서 법가도 좋아하는 제도이지요.

사실, 과거 시험을 도입할 때 기득권을 가진 귀족 세력이 거세게 반발하고 저항했습니다. 유교적 교양으로 무장한 호족과 귀족 세력이 반발했는데, 어찌 보면 공정한 채용은 늘 귀족의 기득권을 건드리는 일입니다. 그럼에도 군주는 마땅히 그리해야 합니다. 그래야 행정에 전문성을 기하고 국력을 신장시킬 수 있으니까요.

한국의 고려 때도 광종이 과거제도를 처음 도입할 때 귀족들 반발이 심했다고 알고 있습니다. 최승로 같은 유학자는 과거로 들어온 사람들을 대놓고 무시했다고 하지요.

## 겸관 겸사 금지

능력을 가진 사람을 뽑아 임용했습니다. 그다음에는 어떻게 해야겠습니까? 그 사람의 적성에 맞게 일을 맡겨야겠지요. 제가 〈양권〉 편에서 "대저 사물이란 각각의 적성이 있으며 쓸 데가 따로 있어서 각각 거기에 걸맞게 구실을 하게 해야 한다"라고 말했습니다. 능력대로 뽑은 인재들 각자가 가진 특기, 재능, 적성을 제대로 파악해서 관직과 직무를 줘야 합니다. 그래야 전문 관료제도를 제대로 운영한다고 할 수 있지요. 닭에게는 새벽을 알리게 하고 고양이에게는 쥐를 잡게 하듯이 말입니다.

> 인민은 함께 거주하지만 각자 할 수 있는 일이 다르다. 할 수 있는 일이 서로 다름이 인민의 실제 상황이다. 현명한 군주는 지존무상이니 인민을 포용한다는 것은 서로 다른 인민의 능력을 모두 사용할 수 있다는 것이다. 현명한 군주는 인민의 재능을 국가 통치를 위한 자원으로 삼고 이들을 모두 포용해야 하며 이는 취사선택할 수 있는 것이 아니다. 군주는 한쪽 방면으로만 사람을 구하지 않기 때문에 인재를 구함에 부족함이 없는 것이다.[168]

현명한 군주는 고의로 신하에게 까다롭게 하지 말아야 한다. 그래야 다양한 인

재를 충분히 선발할 수 있고 신하가 쉽게 일을 할 수 있기 때문이다.[169]

단점만 보거나 모든 것을 원하면 쓸 사람이 없습니다. 반대로 장점과 특기를 찾아보면 버릴 사람이 없지요. 유가처럼 전인적인 존재? 법가가 생각하는 관료 제도는 두루 잘하는 사람을 원치 않습니다. 잘하는 바, 즉 타인과 차별된 특기만 있으면 됩니다. 군주는 차별된 특기와 적성을 잘 살펴 알맞은 일을 맡기면 됩니다.

그런데 법가의 관료제 원칙에서 적성대로 임무를 부여하는 것만을 기억해서는 안 됩니다. '겸직과 겸관 금지'라는 원칙도 알아야 합니다. 일과 직위를 겸하게 하면 안 된다는 뜻입니다. 한 사람에게 둘 이상의 관직을 맡기거나, 하나의 관직이 여러 임무를 담당하는 자리여선 안 된다는 의미이지요.

현명한 군주의 길은 한 사람이 관직을 겸직하지 못하게 하고 한 관리가 여러 일을 못 하게 하는 것이다.[170]

일인불겸관—人不兼官, 한 사람에겐 하나의 관직을, 일관불겸사—官不兼事, 한 직책에는 한 가지 일을! 고양이에게 쥐 잡는 일도 시키고 집도 지키다가 새벽이 오는 걸 알리게까지 해서야 되겠습니까? 집 지키는 것은 개에게 맡기고 새벽을 알리는 것은 닭에게 맡겨야지요. 일을 전문화시키고 업무 분담을 명확히 해야 합니다. 그러지 않으면 서로 자신의 일이라고 다투거나 상호 간에 업무를 떠넘기는 사례가 발생할 수 있지요.

현명한 군주는 임무를 각기 서로 충돌하지 않게 시키므로 분규가 없게 하고 관료로 하여금 여러 벼슬을 겸직시키지 않으므로 각자의 기능이 발달하며 사람들로 하여금 같은 공을 노리도록 시키지 않으므로 다투는 일이 없다.[171]

한 가지 직분과 한 가지 임무만 맡겨야 막송莫訟합니다. 관료들끼리 다툴 일이 없어지지요. 관료들끼리 불필요한 갈등이 사라진다는 겁니다. 거기에 더해 기장技長합니다. 자신의 직무에 숙련도와 전문성을 발휘할 수 있다는 말입니다.

이처럼 겸관과 겸사를 하지 못하게 해야 신하가 관료가 되고 전문 행정인으로 거듭날 수 있습니다. 한 사람에게 하나의 관직을, 한 직책에는 하나의 일을 주어야지요.

신하란 능력에 따라 직분이 주어지면 안심이 되지만 한 몸에 두 일을 맡으면 괴로워한다. 현명한 군주는 신하의 괴로움을 없애줘야 한다.[172]

신하는 두 가지 일을 맡는 것을 괴로워합니다. 군주는 일을 시킬 때 신하의 부담을 덜어줘야지요.

자, 저는 관료제의 원칙을 논하면서 겸관과 겸사만이 아니라, 월권과 월관도 금해야 한다고 주장했습니다. 관료들이 자신의 사적 판단으로 다른 관료의 일과 업무에 나서면 안 되겠지요. 그런 행동을 철저히 금해야 합니다.

현명한 군주는 신하를 부릴 때 충성을 다하게 되지만 직분을 넘어서지 않게 하고 직분은 관위를 넘지 않게 한다. 그런 까닭으로 신하들은 잘못을 통해서 스스로를 수양하면 감히 자신이 스스로 잘한다고 교만해지지 않을 것이다. 직분을 잘 엄수하는 관리는 사람마다 그 맡은 바 일에 힘을 쓰니 감히 그 직분을 넘어서지 않을 것이다. 사람들이 그 경륜을 공경함으로써 관직의 직무가 바로 설 것이고 군주를 공경함으로써 통치가 순조롭게 된다. 만약 이렇게 된다면 국가의 통치는 가장 이상적인 경지에 도달할 것이다.[173]

군주는 신하에게 한 가지 관직과 임무만 주어야 하고, 관료도 한 가지 일만 하려고 해야 합니다. 월권과 월관도 금지입니다. 관료는 스스로의 판단으로 다른 관료의 일에 끼어들면 안 됩니다. 군주가 두 일을 줘서 문제가 아니라 스스로 남의 일에 끼어들어서 문제가 될 수도 있습니다.

옛날에 한나라의 소후가 술에 취하여 선잠을 잔 일이 있었습니다. 머리에 쓰는 모자를 담당하는 관리가 그만 군주가 추울 것이라고 여겨 군주의 몸 위에 옷을 덮어주었습니다. 군주가 잠에서 깨 좋아하며 좌우측근에게 물어봤지요. 옷을 덮어준 자가 누구냐고. 좌우가 말했습니다. 모자 담당 관리라고. 그 이야기를 듣고 소후는 옷을 담당하는 자와 모자를 담당하는 자를 함께 처벌하였습니다. 옷을 담당한 자를 처벌한 것은 그가 자신의 일을 하지 않았기 때문이고 모자를 담당한 자를 처벌한 것은 자기 직분을 넘어서서 일을 했기 때문이지요. 소후가 추운 것을 싫어하지 않아서도 아니고, 따뜻하게 잔 것을 싫어해서 그런 것이 아닙니다. 직분을 넘어 다른 관료의 일에 끼어드는 일이 있어선 안 되기 때문입니다. 현명한 군주는 자신의 직분과 일을 게을리하는 것만을 금하고 벌주는 게 아니라 직분을 넘어서 공을 세우려고 하는 것도 금해야 합니다.

자, 군주는 신하에게 적성과 특기대로 임무를 주고 한 가지 관직과 임무만 맡게 합니다. 일을 맡겼으면 권한을 주고 시간을 두고 기다려야 합니다. 임무를 줬는데 간섭하고 권한을 이양하지 않고 또 성급하게 결과를 기다린다면, 그건 행정이 아닙니다. 관료제라 할 수 없지요. 앞서 강조한 무위의 원칙에 위배되는 일인데, 제가 〈팔설〉 편에서 말했습니다. 임인자任人者, 사유세야使有勢也. "사람에게 일을 맡긴다 함은 권세를 갖도록 하는 것이다"라고요. 일을 시켰으면 그만한 권한을 줘야 하지요.

이야기를 하나 들어보겠습니다.

제나라 경공이 발해 바닷가에 나가 노닐 때였습니다. 파발이 도성에서 도착했는데 사람이 달려와 보고했습니다. "재상 안영의 병이 심하여 위독합니다. 공께서 늦으실까 걱정입니다"라고 하였지요. 나라의 기둥 재상이 위독하다기에 경공이 황급하게 일어서는데 그새 또 파발이 도착하였습니다. 안영의 상태가 굉장히 심각했나 본데 경공이 말하기를 "서둘러 번차煩且란 명마에 마부 한추韓樞로 하여금 몰도록 하라"라고 했습니다. 수레를 타고 급히 돌아가는데 수백 걸음 달려가다가 마부가 말을 빨리 몰지 않는다고 여긴 경공은 고삐를 빼앗아 대신 몰았습니다. 다시 수백 걸음 달려가다가 말이 잘 못 달린다고 여긴 경공은 수레를 버리고 맨발로 달려가기 시작했습니다. 번차처럼 좋은 말과 한추처럼 뛰어난 마부가 모는 수레조차 자신이 맨발로 뛰는 것보다 못하다고 여긴 것이지요.

〈외저설 좌상〉에 있는 이야기입니다. 신하와 군주의 일을 구분하지 못하고, 신하들을 믿지 못해 참견하고 간섭하는 어리석은 군주를 풍자했지요. 본인이 말보다 빨리 달릴 수 있다고 생각했는지, 마부보다 수레를 잘 몰 수 있다고 생각했는지 모르겠지만, 경공처럼 해서는 안 됩니다. 업무를 부여했으면 믿어야 합니다. 기다릴 수 있어야 합니다. 그러지 못하면 관료제를 시행한다고 할 수 없고, 신하의 능력을 자신의 것으로 삼을 수 없습니다.

자, 전문 관료 제도 이야기를 해보았습니다. 어쩌면 저 한비자란 사람은 단순히 '정치를 잘해보자'가 아니라 '제대로 된 국가행정을 해보자'고 한 사람일지도 모르겠습니다. 분업과 전문화된 행정을 통해 통치를 체계화해 밀도를 높이고자 했습니다. 국정 운영과 국가 사무를 진정 제대로 된 틀을 가지고 해보고자 했지요. 단순히 법치가 아니라 말 그대로 '행정'을 역설했습니다.

정리하자면, 배경을 보지 말고 뽑고 적성대로 임무를 부여하라고 했습니다. 한 가지 일만 맡기고 함부로 다른 사람의 일과 직분에 한눈팔지 못하게 하라 했습니다. 이는 우리 법가의 자랑이 아닐 수 없습니다. 행정의 맥락에서 논한 것이 많다는 점, 전문 행정을 위한 논의를 했다는 점에서 말입니다.

사실 앞서 말한 대로 병가의 영향을 받은 것이지요. 당장 이겨야 하고 살아남아야 하니 군대 쪽은 신분을 묻지 않고 파격적으로 발탁해 쓰는 일이 적지 않습니다. 또 군대의 일은 주특기별로 임무를 부여해 맡기고 책임 소재를 명확히 하기 위해 겸직과 월권, 월관 모두를 엄히 금지했습니다.* 군문 안의 일 없이 법가의 지혜는 만들어지지 않았을 것입니다.

뒤에서 언급할 '형명의 술'이라고 신하의 관리, 감독, 통제에 관한 것도 군문의 지혜에서 크게 영향을 받았지요. 이제 형명의 술 이야기를 해보도록 할까요?

---

* 군사의 일에서 경영과 조직에 대한 이론이 만들어지는 경우가 많다. 아주 많은 사람을 징집하고, 징집할 사람을 다룰 체계와 시스템을 만들고, 그 시스템을 담당할 중간 관리자와 지휘관을 교육하고 관리하는 등 군사 조직을 관리하는 노하우와 기술이 민간 영역에 적용되면서 경영학, 행정학, 조직론이 만들어진다. 고대 동아시아에서만 그랬던 게 아니다. 서양도 마찬가지다. 지금도 동서양을 막론하고 군 조직의 일은 민간으로 전파되어 조직론과 경영학, 행정학의 발전에 크게 영향을 준다.

· 19장 ·

# 성인은 인민을 다스리지 않는다

**술에 대하여**

## 이술어신

관료제는 전국시대 초기부터 여러 나라에서 시행되고 있었습니다. 각국이 처한 정치·경제적 조건과 현실에 따라 시행 시기도 다르고 밀도와 수준도 달랐지만, 대부분의 나라에서 관료제가 서서히 자리를 잡아가고 있었습니다.

각 나라는 나라 안의 사민 계층을 어떻게든 군주의 권력 기반과 국력의 핵심으로 삼아야 했습니다. 그러다 보니 혈연과 신분이 아니라 능력을 기준으로 삼아 사민 계층 가운데 두드러지는 이들을 관리로 기용하기 시작하였지요. 그러면서 세경 제도가 허물어지고 관료 제도가 생겨나자 새로운 군신 관계가 확립되었습니다. 정치 제도와 통치 방식, 지방행정 제도 등 모든 것에 혁명적 변화가 일어났습니다.

이 시기가 바로 법가가 흥하던 때였습니다. 전국시대에는 늘 그러했는데, 가장 두드러진 변화는 문무의 분리, 경대부의 위상 약화, 재상의 등장 그리고 신하·관료 집단의 규모화라고 할 수 있습니다.

경대부라는 직책이 있었습니다. 춘추시대 때 이야기인데, 경대부라는 귀족의 수장이 있었지요. 안으로는 대부들을 대표해 국정을 총괄하고 비상시에는 밖에 나가 군사의 일을 총괄하였지요. 그런데 전국시대 들어 재상이라는 존재가 등장했습니다. 군사의 일은 장수가 담당하고 재상은 내정에만 주력했습니다. 관료 제도의 정점에 바로 재상이 있었지요.

관중에서 시작된 재상은 전국시대 들어 보편화되었는데, 전쟁 시 장수로도 나섰던 경대부와 달리 내치에만 주력합니다. 군주를 보좌하며 정부의 백관을 통솔하고 국무를 총괄했습니다. 이는 문무의 분리와 전문 행정화를 상징하는 사건이었지요. 또 세습 귀족 중심의 정치가 아니라 군주 중심의 국가를 상징했습니다. 여러모로 전국시대적 현상이었습니다.

문무로 대변되는 국방과 정치만이 아니라 사법, 재정, 교육 등 여러 국가 사무가 분화되었습니다. 지방에는 토착 귀족을 대신해 지방행정을 펼칠 군수, 현령 등이 필요했습니다. 전국시대 들어선 지식과 행정 능력을 갖춘 전문 관료의 대대적 충원이 필요한 실정이었지요. 국가의 덩치가 커지고 통치와 사무가 세분화된 상황에서 자연스레 어떻게 관료가 될 사람들을 선발하고 임용할 것인지가 군주의 큰 고민이 되었습니다.

이에 법가 사상가들이 머리 싸매고 답을 내보려 했습니다. 적성과 재능에 대한 판별과 검증, 임용 이후 관리·감독 방법 등에 관해 고심했습니다.

법가 가운데 이를 가장 먼저 구체적으로 논한 사람은 신불해입니다. 이것을 저 한비자가 이어받았지요. 사실 신불해는 군주의 입장에서 군주가 주변 신하와 관료를 부리고 다루고 제어할 수 있는 술치 사상을 제시하긴 했지만, 아직 이론이라고 하기엔 조악했습니다. 술치 사상은 저 한비자에게 와서야 이론적으로 완성되었지요.

저의 술치 사상을 바로 '형명의 술'이라고 합니다. 형명의 술로 신하를 빈틈없이 다룰 수 있습니다. 관료 제도 운용 원칙은 대략의 기본 틀인데, 형명의 술은 구체적 기술이자 테크닉입니다. 신하들을 확실히 장악하고 빈틈없이 관리하기 위한 구체적 방법입니다. 그래서 이술어신以術御臣이라고 합니다. 술術로써 신하를 길들이고 다스려야지요.

'술'이라는 것은 관료 제도 전반을 다루고 관리하는 기술이지만, 먼저 주변 신하를 철저히 다루는 방법입니다. 주변과 측근을 단속하고 제어해 찬탈과 시해, 반역의 여지를 막기 위함입니다. 저는 술의 필요성을 이야기하면서 제나라 민왕閔王과 조나라 무령왕武靈王의 사례를 들었습니다. 초나라의 요치淖治가 제나라에 등용되어 권력을 장악하자 민왕의 힘줄을 뽑아 죽였고, 이태李兌가 조나라에 등용되자 무령왕을 굶겨서 죽였습니다. 군주 된 자가 술을 잡지 못한 까닭입니다.

술은 앞서 언급한 대로 신불해가 제일 먼저 주장했고(술치術治), 상앙이 법치를 주장했으며, 저는 그 둘을 종합했습니다. 술의 신불해는 신하를, 법의 상앙은 인민을 봅니다. 술치의 술은 인민과는 아무 상관이 없습니다. 상앙은 신하 이야기는 하지 않고 인민을 대상으로 한 법만을 말했지요. 술을 말한 신불해는 법을 등한시했고 법을 강조한 상앙은 술을 몰랐습니다. 그러나 술과 법 모두가 필요합니다.

누가 물었습니다. "신불해와 상앙의 말 가운데 어느 말이 나라에 더 진요한가?" 저는 "이는 측정할 수 없습니다. 사람이 열흘 동안 먹지 않으면 죽으며 큰 추위가 한창일 때 입지 않으면 역시 죽습니다. 이를 가리켜 의와 식 어느 쪽이 사람에게 진요한가라고 묻는 것과 같이 하나도 없으면 안 되는 양생하는 조건입니다"라고 답했습니다. [174]

## 법술병용

인민이 약하면 나라가 강해지고, 인민이 강하면 나라가 약해진다. 그러므로 통치술의 도가 있는 나라는 인민을 약하게 하는 데 힘쓴다. [175]

옛날에 천하를 통제할 수 있었던 사람은 반드시 자기 인민을 먼저 통제하는 자였으며, 강적을 제압할 수 있었던 사람은 반드시 자기 인민을 먼저 제압하는 자였다. 인민을 제압하는 근본은 인민을 통제하는 데에 있으니, 이것은 마치 대장장이가 쇠를 불려 두들기고 토기장이가 진흙을 주무르는 것과 같다. 근본이 견고하지 않으면 인민은 마치 나는 새나 달리는 짐승과도 같아 누가 그들을 통제할 수 있겠는가. 인민을 제압하는 근본은 법이다. 그러므로 잘 다스리는 사람은 법으로써 인민을 제압하니, 그렇게 되면 명성과 땅이 더해진다. [176]

상앙은 저와 달리, 신하보다 인민에 관해 많이 이야기했습니다. 어떻게 인민의 힘을 짜내고 인민을 꼼짝 없이 통제해볼까를 고민했는데, 그래서인지 상앙은 술이라는 것을 몰랐습니다.

상앙이 십오제로 연좌시켜 함께 죄를 묻고 상을 후하게 틀림없이 하고 형을 무겁고 확실하게 했습니다. 그래서 인민은 일하여 지치더라도 쉬지 않았고 적과 싸워 위태로워도 물러나지 않았습니다. 이 때문에 나라가 부유해지고 군대가 강해졌습니다. 그러나 술로써 간신을 알아내지 못했기에 그 부강은 신하에게 도움을 줄 따름이었습니다. 효공과 상앙이 죽고 혜왕이 즉위함에 이르러 진秦나라의 법이 아직 폐지되지 않았는데도, 장의가 진나라를 가지고 한나라와 위나라로부터 이득을 취하였습니다. 혜왕이 죽고 무왕이 즉위하자 감무甘茂가 진나라를 가지고 주나라로부터 이득을 취하였습니다.

제가 〈정법〉 편에서 상앙을 거론하면서 한 이야기입니다. 이를 보면, 왜 법과 술을 같이 써야 하는지를 알 수 있습니다. 장의와 감무, 양후穰侯, 응후應侯 등을 언급했는데, 이들은 진나라에서 신하로서 이름을 떨친 사람들입니다. 국가의 힘을 취해 자기 봉토를 넓히고 사적 이득을 취하며 왕권을 위협했던 나라의 실세들이지요. 진나라가 법으로 강해졌고 대외적으로 공포를 주는 나라가 되었지만, 안으로는 문제가 많았습니다. 이들 실세들이 군주와 나라를 들었다 놓았다 했기 때문입니다. 상앙이 법만을 말하고 술을 말하지 않기에 진나라에 이러한 고질적인 우환이 있었지요. 술을 모르는 진나라 군주들은 신하들을 제어할 수 없었습니다.

장의가 변설을 놓아 한나라, 위나라에 유리하도록 일을 도모하여 자신의 이름값만 천하에 높인 일. 무왕 때 감무가 진나라가 아닌 주나라에 유리하도록 일을 처리한 일. 소양왕 때 양후가 제나라를 정벌하였으나 5년 동안 한 치의 땅도 얻지 못했고, 응후는 한나라를 8년 동안 쳤으나 결과는 신통치 못했습니다. 그런데도 여남 땅에 봉지를 얻어 호사스런 생활을 누렸지요.

결국 진나라는 법치를 통해 부국강병을 이루었지만 부국강병으로 얻어진 것을 신하들이 누리게 되는 모순에 빠져버렸습니다. 이들의 명성만 높아지고 이들의 개인 토지만 넓어졌습니다. 국가와 군주, 인민에게는 돌아가는 것이 없었습니다. 군주 정(진시황)이 등극하여 여불위를 제거할 때까지 이런 일이 거듭되었지요.

법만 가지고는 안 됩니다. 법과 술을 같이 운용해야지요. 이것이 저 한비자가 상앙과 달리 차별화되는 부분입니다. 그래서였을까요? 진시황이 절 보고 싶었다는 데에는 이런 이유가 있지 않았나 싶습니다. 진시황이 제 글을 읽고 반해 이런 사람과 대화를 나눌 수 있다면 원이 없겠다고 했다고 합니다.

> 신불해는 한나라 소후를 보좌하였다. 한나라에 진晉나라에서 분리된 국가로 진나라의 옛 법이 아직 없어지지 않았다. 한나라에 새 법이 생기고 선왕의 명령이 아직 거두어지지 않았는데 신왕의 명령이 또 내려졌다. 신불해는 그 법을 처단하지 못하고 명령을 통일하지 못하였으므로 간신들의 변고가 많았다. 그래서 이익이 옛 법과 앞 법령에 있으면 거기에 따르고 새 법과 뒤 법령에 있으면 거기에 따랐다. 옛 법과 새 법이 상반되고 앞 법령과 뒤 법령이 서로 어긋나므로 신불해가 수십 년 동안 한소후에게 술을 쓰게 하였어도 간신들은 오히려 그 말을 속일 수가 있었다. 그러므로 만승의 강국에 십칠 년간이나 의탁하고 있었으나 한나라 군주가 패왕이 되지 못한 것은 비록 위에서는 술을 쓰고 있었으나 아래를 관리하는 법을 잘 시행하지 못하였기 때문이다.[177]

위에서 언급한 바와 같이 한나라는 북방의 진나라에서 떨어져 나왔습니다. 서방의 진秦나라와 북방의 진晉나라를 헷갈리면 안 됩니다. 다시 한 번 이야기하지요. 춘추시대 북방의 패권 국가는 진晉나라였습니다. 이 나라가 삼분되어 한·위·조가 생겼고, 그래서 삼진이라고 했습니다.

한나라는 진나라에서 분리 독립한 이후에도 진나라의 법령과 습관을 일시에 버리거나 고치질 못했습니다. 구체제의 법령이 그대로 존속되는 와중에 새로운 법령이 제정되어 추가되었지요. 구법과 신법이 얽힌 상태였습니다. 그러니 혼란이 없을 수 있을까요?

그런데도 말입니다. 신불해는 재상직에 무려 17년간이나 있으면서도 신구 법령을 통일하여 혼란과 무질서를 바로잡지 못하고 오히려 방치해두었습니다. 사람들은 자신의 이해관계에 따라 구법과 신법 사이를 왔다 갔다 했지요. 특히 귀족들이 그랬습니다. 양법을 자신에게 유리한 대로 이용했습니다. 신불해의 책임이 상당했지요. 아무리 군주가 술을 사용하고 있어도 아래에서 법이 통일되어 시행되지 않으면 수많은 관리와 인민을 다스리는 데 한계가 있을 수밖에 없습니다.

상앙은 법만 알고 술을 몰랐고, 신불해는 술만 알고 법을 몰랐다 했습니다. 법과 술을 병용해야 합니다. 궁중과 국가 전체를 제대로 다스리기 위해선 법술을 모두 써야 합니다.

## 형명의 술, 이름으로 책임을 묻다

신불해에게서 이어받아 제가 완성한 '한비자의 술'이라는 것을 '형명의 술'이라 했습니다. 형명의 술은 말 그대로 '형'과 '명'으로 이루어진 정치 테크닉입니다. 사실 신불해보다 손자의 영향을 더 크게 받아 만든 것입니다.

또 손자 이야기를 해보지요.《손자병법》〈세〉편에 많은 병력을 지휘할 때, 적은 병력을 지휘해서 싸우듯이 할 수 있는 것은 형명形名 때문이라고 했습니다. 형명의 방법으로써 많은 병사를 손쉽게 부릴 수 있다고 했는데, 제가 이것을 보고 형명의 술을 만들었지요. 형과 명, 어려울 거 하나 없습니다. 병법 사상에서 기원했으니 군대의 일로 비유해보겠습니다.

명名은 군인의 보직이거나 그에게 맡겨진 임무입니다. 형形은 밖으로 드러 난 것으로 결과, 행위, 전적, 성과이지요. 보직이 있고 임무가 있습니다. 그것 이 명인데 이를 기준으로 일궈낸 결과, 행위, 전적 등을 평가합니다. 보직 수 행을 잘했고 임무를 이루어냈다면 상을 줍니다. 보직 수행을 소홀히 했고 임 무를 잘해내지 못했다면 벌을 줍니다. 이렇게 장수가 부하를 다루는 방식으 로 군주 역시 신하를 다루고 통제해야 한다는 내용입니다. 형명을 가지고 신 하를 다루면 그들이 간사한 일을 꾸미거나 군주를 기만하지 못하게 하는 데 좋습니다.

관직을 맡고 있는 궁중의 신하에겐 직위가 있고 마땅히 완수해야 할 임무 가 있지요. 직위, 직책, 임무가 바로 명입니다. 군주가 그 명을 기준으로 그들 을 살피고 관리합니다. 형은 신하의 정치 활동과 결과, 실적인데 형이 명에 부합하는지 살펴보아야 합니다. 명을 보고 형을 가늠하고 평가합니다. 신하 가 자신의 직위와 임무에 합당하게 일을 처리했고 실적을 만들어냈으면, 즉 명에 부합하게 형을 만들어냈으면 상을 주고, 그렇지 않으면 벌을 내리라는 말이지요. 그러면 신하를 수월하게 관리하고 통제할 수 있다는 겁니다.

이런 원칙으로 형명의 술을 운영하는데, 조정에서 군주가 견지해야 할 관 료제 운영의 기술이자 원칙이지요. 이름으로 책임을 묻는다고 해서 순명책실 循名責實이라고도 했습니다. 신하는 이름에 걸맞은 실제를 만들어내려고 노력 해야지요. 군주는 명과 실이 부합한지 아닌지로 신하를 관리해야 합니다. 이 름과 결과를 동同, 즉 같게 하면 되는데, 이를 형명참동形名參同이라 합니다.

신하가 형명참동하면 군주는 할 일이 없어집니다. 그러면 제가 강조하는 무위를 할 수 있겠지요. 무위의 이상은 형명참동의 원리대로 움직이는 관료제하에서 실현될 수 있습니다. 이름만 보고, 이름만을 기준으로 평가하고 검증하는 일을 빼곤 군주의 일이 없어지게 됩니다.

## 부와 계

형명의 술에는 또 다른 원칙이 있습니다. 명은 단순히 타인이 부여한 과제나 임무만이 아니라, 스스로 진술한 자신의 의견과 자임한 임무이기도 합니다.

어떤 안건과 의제가 있다고 합시다. 결정해야 할 중요한 정치적 안건인데, 그때 군주가 곧바로 자신의 의견이나 답을 내면 안 됩니다. 군주는 무위해야 하니까요. 신하들의 지혜를 빌릴 줄 알아야 하는데, 안건이 중요할수록 자신의 생각을 철저히 보류하고 신하들에게 물어 각자의 생각을 말하게 해야 합니다. 신하들이 주저하지 않게 도와 스스럼없이 의견을 내게 해, 의견을 낸 사람에게 일을 맡깁니다. 그리고 스스로 실적을 올리게 해봅니다.

군주는 다만 기다리다가 나중에 살펴볼 뿐입니다. 스스로 제시한 의견(名)과 결과로 일궈낸 것(形)이 얼마나 부합하고 일치했는지 따져봅니다. 부합했으면 상을 줍니다. 부합하지 못했으면 벌을 줍니다. 이렇게 해서 형명의 술을 통해 신하들을 관리하고 통제합니다. 성과 관리 제도라 이해하셔도 좋은데, 여기서 부계符契라는 일종의 계약서가 등장합니다. 대나무를 쪼개어 만드는 것으로 다시 합하면 꼭 들어맞겠지요. 이것으로 신하들을 다루어야 합니다. 군주가 한 말에 신하가 응해오면 그 약조로 안건별로 부계를 사용합니다. 관료 자신이 하겠다는 것과 이루겠다는 것을 부계에 쓰게 하여 증거로 삼은 뒤, 이를 토대로 상과 벌을 주라고 했지요.

군주가 취할 길은 조용히 물러앉는 겸허한 몸가짐을 귀중한 보배로 여기는 것이다. 군주는 정사를 스스로 맡아 하지 않고 그 일이 잘되고 못된 것만을 분간하며 일의 계획을 스스로 짜내지 않고 복과 재앙의 조짐만을 알아내려고 해야 한다. 그러므로 군주가 말을 하지 않아도 신하가 잘 응하며 약조를 하지 않아도 일이 잘 진척된다. 군주가 한 말에 신하가 응해오면 그 약속으로 한쪽 계契를 잡아두고 이미 그 일이 진척되면 약조한 또 한쪽의 부符를 손에 쥐어 든다. 부와 계가 맞추어지는 곳이 상과 벌이 시작되는 곳이다. 여기서 신하들은 의견을 말로 진술하며 군주는 그 진술한 말에 일을 맡겨주고 그 일의 성과를 요구한다.[178]

중요한 일이 생기면 본인 생각으로 바로 판단해서 일을 시키지 말고, 회의에 붙이고 신하들의 의견을 물어야 합니다. 이때 부계를 활용하는 것이지요. 신하들을 평가하고 관리하는 데 정확성을 기하기 위함입니다. 신하들의 의견을 부계에 적습니다. 부계에 쓰인 대로 성과가 나오고 결과를 냈다면 상을 주고 그렇지 못하면 벌을 주는데, 현명한 군주가 취할 길은 신하로 하여금 자신이 의견을 진술한 대로 성과를 내도록 하는 것입니다. 관료가 스스로 사전에 이렇게 해보자, 내가 이렇게 해보겠다고 진술한 것은 명이고, 관료가 해낸 사후 결과는 형인데 이 둘을 매번 대조해서 상과 벌을 내리는 겁니다.*

---

\* 입찰에 응하고 수주하고 계약해서 계약대로 결과를 만들어내려 노력해보고, 결과에 따라 해당 사업체는 시장의 상벌을 받는다. 자본주의 사회에서 흔히 볼 수 있는 일인데 한비자 사상은 시장경제, 자본주의와 역시나 호환시켜 이해할 수 있는 부분이 많다.

성과가 맡긴 일에 걸맞고 맡긴 일이 진술한 말에 걸맞으면 상을 주고 그 성과가 맡긴 일과 맞지 않고 맡긴 일이 진술한 말과 맞지 않으면 벌을 준다. 현명한 군주가 취할 길은 신하로 하여금 자기 의견을 진술하게 하여 그 말이 실제 성과와 일치하지 않을 수 없게 하는 것이다.[179]

진술한 의견이 명이고 실제 성과가 형, 이렇게 명과 형이 일치하도록, 형명이 참동하도록 하면 됩니다. 명이란 보직·관직·벼슬 등의 명이기도 하고, 계약서 등에 기재한 의견과 임무이기도 합니다. 군주는 이에 맡게 신하가 성과를 내도록 하면 되지요. 제가 〈이병二柄〉 편에서 부연 설명을 좀 했습니다.

군주가 간신을 막기 위해 실적과 명목이 일치하는가를 살핌은 신하가 진술한 말과 실제 일한 성과를 살핌을 가리킨다. 남의 신하 된 자가 어떤 일에 대하여 자기 의견을 진술하면 군주는 진술한 말에 걸맞은 일을 맡겨주고 오로지 그 일에 맞추어 성과를 요구한다. 성과가 일과 들어맞고 일이 말과 들어맞으면 상을 준다. 성과가 일과 들어맞지 않고 일이 말과 들어맞지 않으면 벌을 준다. 그러므로 의견은 크면서 성과가 작은 신하는 벌한다. 이는 단순히 성과가 작다고 벌하는 것이 아니라 성과가 명목과 들어맞지 않아서 벌하는 것이다.[180]

중요한 안건에 군주(주인)가 바로 직접 나서서 일하는 게 아니라 신하(대리인)들의 의견을 묻고 진술하도록 해서 일을 맡기고 나중에 결과를 살펴 진술과 결과를 대조해 상벌을 내리라고 했습니다.

신하 가운데 이런 사람이 있을 수도 있습니다. 자신의 의견을 내지 않고 그저 묻어가려는 자 말입니다. 임무를 자임하지 않았기에 상도 안 받지만 벌과 불이익도 받지 않기에 그저 말없이 묻어가려는 신하입니다. 혹, 이런 자가 적극적으로 뭔가 일을 해보려는 신하보다 이익을 더 크게 누릴 수도 있지 않을까요? 그래서 제가 〈남면〉 편에 분명히 밝혔습니다. 신하의 침묵을 좌시하지 말라고요.

> 군주가 취할 길이란 신하로 하여금 반드시 발언에 책임질 수 있게 하고 또한 발언하지 않은 책임도 질 수 있게 하는 것이다. 발언이 시종 일관성이 없는 경우 이를 발언에 따르는 책임이라 한다. 한편 발언하지 않음으로 책임을 면하면서 계속 중요한 직위에 있는 경우 이를 발언하지 않는 데 따르는 책임이라 한다. 군주가 신하로 하여금 발언하게 한 것에 대하여 반드시 그 처음 의견을 기억해두고 실제 성과를 책임 추궁하되, 발언하지 않는 것에 대하여도 반드시 그 찬부를 물어서 책임 추궁한다면 신하가 감히 아무렇게 망언할 수 없을 것이며, 또한 감히 침묵만 지켜 가만히 있을 수도 없을 것이다. 이를 발언과 침묵에 모두 책임이 있는 것이라고 한다.[181]

관료 사회는 늘 복지부동이 문제인가 봅니다. 군주는 복지부동을 좌시하면 안 됩니다. '묻어가게' 하면 안 되지요. 침묵에도 책임을 물어야 합니다. 무릇, 자신의 명을 밝히게 해야지요. 그래야 신하들을 장악할 수 있습니다.

자, 이렇게 형명의 술에 관해 이야기했습니다. 명이 무엇이고 형이 무엇인지, 그것으로 어떻게 관료 집단을 이끌어갈 것인지 감을 잡으셨나요? 법술범용, 즉 법과 술 모두를 활용해 국가를 다스려야 합니다. 신하들이 반드시 국가와 군주를 위해 일하고, 주권자의 권력이 반드시 안정적으로 행사되어, 공동체의 문제가 반드시 해결되면, 제 조국 한나라같이 약한 소국도 반드시必 생존할 수 있지요. 법술범용으로 정치적 필연성을 만들어내 나라와 인민을 구하자는 게 제 사상의 핵심이자 결론입니다.

   그러면, 이제 정치적 필연성의 핵심이랄 수 있는 개념을 알아보겠습니다. 바로 군주의 권력과 힘이라고 일컬어지며, 술과 법이라는 양 날개에 의지해 나는 새라고 하는 '세勢'에 관해 말입니다.

## 20장

# 바람의 힘을 타면 약한 화살도 멀리 간다

**세에 대하여**

## 세란 무엇인가

현명한 자가 어리석은 자에게 몸을 굽히는 것은 세가 가볍고 지위가 낮기 때문
이고, 어리석은 자가 현명한 자를 굴복시키는 것은 어리석은 자라도 가지고 있
는 세가 무겁고 지위가 높기 때문이다. 요임금도 신분이 낮은 보통 사람이었
다면 아마 가족도 다스릴 수 없었을 것이다. 하나라의 폭군 걸도 천자의 자리
에 있었기 때문에 천하를 마음대로 통치하여 어지럽힌 것 아닌가. 그러니 세
력과 자신의 지위는 믿을 수 있어도 개인의 재능과 지혜는 부러워할 게 못 된
다. 활의 힘이 약해도 화살이 높이 올라가는 것은 바람의 힘을 탔기 때문이고,
어리석지만 명령이 잘 시행되는 것은 군주란 지위 때문이다. 요임금이 노비의

지위에 있었다면 아무리 가르치려 해도 인민은 그 가르침을 듣지 않았을 것이다.[182]

말이 무거운 짐을 실은 수레를 끌면서 먼 길을 갈 수 있는 것은 말의 근육이 큰 덕분이다. 나라가 크건 작건 간에 군주가 천하를 통치하고 패자의 명령을 따르지 않는 제후를 토벌할 수 있는 것은 세가 있는 덕분이다. 세는 군주의 힘의 근원이다.[183]

권력자는 힘을 가져야 합니다. 자신의 명령과 의사대로 사람을 부릴 수 있고 명령을 관철시킬 수 있어야지요. 특히 주권자라면 그 힘을 당연히 가지고 안정적으로 행사할 수 있어야지요. 당시 주권자는 바로 군주였습니다. 군주는 군대 안에서 절대적인 권위를 가지는 장수처럼 자신만의 배타적 힘을 가져야 했지요. 강력한 권위가 필요했습니다. 이러한 군주의 힘, 군주의 권위, 군주의 배타적 권력, 그것이 바로 '세'입니다.

세는 신하들과 비교해서 가지는 힘의 우위, 더 나아가 군주를 둘러싼 모든 정치적 상황과 조건이라 할 수 있습니다. 사실 세는 본래 상황과 조건이라는 의미였습니다. 사람과 집단을 둘러싼 상황과 조건을 이르는 개념이었는데, 병가에 수용되어 전쟁터에서 아군을 둘러싼 상황과 조건으로 그리고 법가에 수용되어 군주를 둘러싼 상황과 조건으로 의미가 변했습니다.

날아가는 뱀이 안개 속에 노닐고 날아가는 용이 구름을 타는데 만약 구름과 안개가 걷힌다면 이들은 지렁이와 다를 바 없게 된다. 이것은 이들이 의지할 바를 상실했기 때문이다.[184]

신도가 한 말입니다. 제아무리 용이어도 구름을 끼고 있지 않으면 소용없습니다. 뱀이어도 안개가 없으면 지렁이와 다를 바 없습니다. 구름과 안개라는 상황과 조건을 상실한 탓이지요. 군주도 마찬가지입니다. 자신에게 유리한 상황과 조건을 만들고 유지해야 군주의 권위가 강해집니다.

군주의 권력이나 군주를 둘러싼 상황과 조건이나 똑같은 말이지요. 저는 군주의 권력과 군주를 둘러싼 상황과 조건에 천착했습니다. 조건과 상황이 좋아야 힘을 쓰기 때문입니다.

결국, 세는 통치의 필연성이자 정치적 필연성으로 이어집니다. 필연적으로 정치가 이루어져 결과를 거두기 위함으로, 군주가 힘이 있고 군주를 둘러싼 상황과 조건이 좋으면 정치를 확실하게 할 수 있지요. 필연성을 담보할 수 있다는 말입니다.

저는 정치적 필연성이라는 세를 어떻게 하면 만들 수 있을지, 강하게 할 수 있을지를 고민했습니다. 그러자면 세를 단순히 군주의 권력과 권위라고만 여겨서는 안 됩니다만, 그렇게 알고 시작하는 편이 좋습니다. 철학사에서도 일반적으로 그렇게 통하는 실정이니까요.

다시 강조하자면, 《한비자》는 곧 세입니다. 저는 지겨울 정도로 세에 관해 논했습니다. 저 한비자를 법가라고 하지만 사실 《한비자》 텍스트를 일관하고 있는 문제의식은 법이 아니라 세라고 할 수 있지요. 법을 통해서만 군주는 세를 가질 수 있다고 보았기에 법을 집중적으로 논한 것일 뿐, 법은 어디까지나 세를 위한 수단인 셈입니다.

결국 세가 없으면 안 됩니다. 세가 없으면 인민을 위한 확실한 정치를 할 수 없지만 무엇보다 군주에게 확실한 생존의 길이 열리지 않습니다. 역사가 증명합니다. 세를 잃고도 나라를 유지한 군주는 단 한 사람도 없습니다.

## 인의로는 세를 만들 수 없다

군주의 세는 군주의 도덕성이나 지혜에 달린 것이 아닙니다. 군주가 덕이 있어 인의를 베푼다고 해서 세를 만들 수는 없지요.

공자는 천하의 성인이었습니다. 덕을 닦아 온 천하를 돌아다녔습니다. 온 천하가 공자의 어짊을 좋아하고 그의 의로움을 찬미하였으나 공자의 제자는 70명뿐이었습니다. 공자의 권위를 존중하고 공자의 말을 듣는 이가 단 70명이었을 뿐이라는 말입니다.

공자는 주로 노나라에서 활동했는데 당시의 군주 애공은 신하들에게 농락당하는 처지였습니다. 하지만 남면하여 나라의 군주 노릇을 하자 경내의 인민이 감히 신하가 되지 않을 수 없었지요. 어쨌거나 군주였고 세가 있었기 때문입니다.

공자는 덕이 있었지만 세가 없었고 애공은 하질의 군주였지만 세가 있었습니다. 그래서 공자는 애공의 신하가 되어 그에게 부림을 받았던 것입니다. 덕이 있어봐야 소용없습니다. 인간이란 존재는 본래 세에 굴복하기 때문입니다. 힘에 고개 숙이기 마련이지요.

지금 학자들은 군주를 설득하면서 세에 의존하지 말고 인의를 힘써 행하면 군주 노릇을 할 수 있다고 합니다. 어이없습니다. 비현실적이지요. 군주가 공자처럼 성인이 되기를 바라나 본데 가능성 없는 일입니다. 설령 군주가 공자처럼 된다고 하더라도 세상 사람이 공자의 제자처럼 군주에게 고개를 숙이겠습니까? 비현실적입니다.

세상의 학자들은 군주에게 자기 의견을 말할 때 권력의 세를 몰아 간악한 신하들을 혼내주라 하지 않고, 모두 인의라든가 혜애惠愛가 있어야 한다고 말한다. 한편 세상의 군주는 인의라는 명분에 이끌려 그 실상을 간파하려고 하지 않는다. 이런 까닭에 심할 경우에는 나라를 망치고 자신도 죽으며 그만 못할 경우에라도 영토가 깎이고 군주의 권위가 낮아진다.[185]

매나 채찍의 위협과 재갈 물리는 준비가 없으면 비록 조보라 할지라도 능히 말을 달리게 할 수 없다. 규구나 승묵의 규준이 없으면 비록 왕이라 할지라도 능히 네모나 둥근 원을 그려낼 수 없다. 상벌의 법으로 만들어진 강력한 세가 없으면 비록 요임금과 순임금이라 할지라도 능히 세상을 잘 다스릴 수 없다.[186]

앞에서도 한 이야기입니다만, 인과 의로 군주의 권위를 만들 수 있을까요? 은혜와 사랑으로 군주의 권력을 공고히 다질 수 있을까요? 군주가 사람 좋아서 뭐하겠습니까? 사람 좋아서 신하들에게 얕잡혀 보이고 휘둘리면 나라가 어디로 가겠습니까?

답은 세입니다. 세를 만들어서 압박해야지요. 관료가 군주를 위해 제대로 일하지 않을 수 없게 세를 키워야 합니다. 대리인이 반드시 주인의 이익을 위해 전력을 하도록 세를 조성해 압박하는 상황을 만들어야 합니다. 인의로써 타이른다? 안 될 말입니다.

세에 잘 맡기면 나라가 안전하고 그 태세(조건)에 따를 줄 모르면 나라가 위태롭게 된다.[187]

임세任勢, 세에 맡겨야지요. 세에 잘 맡겨야 국안國安, 나라가 편안해집니다.

세를 이용할 줄 모르면 국위國危, 나라는 위태롭게 되지요. 위태로운 제 조국 한나라도 세를 잘 활용해서 편안해져야 할 텐데…. 어짊, 사랑, 은혜로 신하들을 대해선 나라가 편안해질 수 없습니다. 그런 것들로는 어떤 필연성도 기대할 수 없다는 말입니다.

## 주어진 세와 만들어진 세

앞서 잠깐 언급했듯, 본래 세는 '정치적' 조건과 상황이 아니라 '인간을 둘러 싼' 조건과 상황이란 뜻이었습니다. 인간을 둘러싼 환경 그 자체라고도 할 수 있지요. 세는 자연적으로 형성되어 있을 수도 있고 적극적으로 만들어 조성한 것일 수도 있습니다. 따라서 주어진 조건과 상황으로서의 세가 있고, 인간의 인위적 노력으로 만들어진 세가 있다는 뜻입니다.

저는 둘 다 이야기했습니다. 특히 후자의 세를 강조했지요. 적극적인 인간의 노력으로 정치적 조건과 상황을 개선시켜야 하기 때문입니다. 주어진 세에 제약되어 세가 좋지 못하다고 그저 비관만 해선 안 됩니다. 노력으로 조건과 상황을 바꾸어야 합니다.

대저 세란 것은 명칭은 하나이지만 그 변화는 수없는 것이다. 세가 반드시 자연에 관한 것만이라면 세에 대하여 논할 말이 없다. 내가 논하는 세는 사람이 만든 것을 말한다. 이제 말하기를 "요임금과 순임금이 세를 얻어 세상을 잘 다스렸고, 걸왕과 주왕이 세를 얻어 세상을 어지럽혔다"고 한다. 나도 요임금이나 걸왕이 그렇지 않다고는 생각하지 않는다. 그러나 그 세는 사람이 만든 것이 아니었다.[188]

〈난세〉 편에서 두 종류의 세를 말했습니다. 앞서 말했듯, 자연적인 세와 인간의 세이지요. 인간의 세는 사람이 노력해서 조성한 것으로 필연성으로 작용하기도 합니다. 예를 들어 설명해보겠습니다.

견고한 수레나 우수한 말 위에 몸을 맡기면 그것으로 가히 험난한 고갯길의 어려움을 넘어갈 수 있으며 안전한 배를 타고 편리한 노를 가지고 저으면 그것으로 가히 물에서 창장강이나 황허강의 어려움도 넘어갈 수 있다.[189]

고개, 황허강, 창장강 등은 주어진 세입니다. 황허강은 사람이 수영해서 건널 수 없는 필연성이 있습니다. 하지만 튼튼한 배를 만들어 노를 젓는다면 이야기가 달라집니다. 그러면 반드시 고갯길을 넘을 수 있고 강을 건널 수 있습니다. 인간 스스로 노력해 필연성을 만들어낼 수 있다는 말입니다. 일이 되도록, 문제가 해결되도록 상황과 조건을 만들면 됩니다.

군주의 권력 역시 반드시 안정적으로 펼쳐지도록 상황과 조건을 만들면 되지요. 수레, 배, 노와 같은 도구를 준비하면 되는데, 그것이 바로 상과 벌로 대변되는 법입니다. 상과 벌로 군주의 일이 반드시 가능해지고 국사가 반드시 잘 꾸려지도록 상황과 조건을 만들 수 있습니다. 궁중에 나쁜 대리인이 많고 사회가 혼란스러워도 군주가 행동하면 됩니다. 필연적인 조건과 상황, 그 필연성을 충분히 만들어낼 수 있습니다.

나라를 다스리는 데 있어 법술과 상벌을 갖춘다는 것은 마치 육지를 갈 경우 견고한 수레나 우수한 양마가 있으며 물을 건너갈 경우 경쾌한 배와 편리한 노가 있는 것과 같다. 이것을 타고 가면 도달할 수 있으며 이것을 손에 쥐면 공을

이룰 수 있다.[190]

기억하세요. 먼 길을 떠나는 이에게는 좋은 말과 수레가 반드시 있어야 합니다. 강을 건너려는 사람에게는 배와 노가 반드시 있어야 하지요. 나라를 다스리려는 군주에게는 상과 벌이 있어야 군주가 반드시 질서를 잡고 신하들이 제대로 일하게 할 수 있습니다. 필연적으로 일이 되도록 할 수 있습니다. 이렇게 세를 만들 수 있습니다.

## 상벌의 장악

조보가 제나라 군주의 예비 말을 돌보는 구종이 되어 말에게 물을 안 먹이고 길들여냈다고 한다. 농장 안에서 수레를 끄는 시험을 하였다. 목마른 말이 연못을 발견하자 수레를 버리고 연못으로 달려가 수레 끄는 데에 실패하였다. 왕어기王於期가 조나라 간주簡主의 길잡이가 되어 천리 밖까지 다투어 달려갔다. 출발할 때 돼지가 도랑 속에 엎드려 있었다. 왕어기가 한꺼번에 고삐를 잡고 채찍질을 하며 나아가는데 돼지가 갑자기 도랑 속에서 뛰어나와 말이 놀라 수레를 끄는 데에 실패하고 말았다.[191]

조보란 사람이 애써 말을 길들였건만 말이 수레를 버리고 연못으로 달려갑니다. 목이 너무 마른 나머지 주인이고 수레고 돌보지 않았습니다. 또 왕어기란 사람이 말을 몰고 길을 재촉해서 갔는데 돼지가 나타나니 말이 놀라 채찍으로도 다룰 수 없는 상황이 되었습니다. 연못이 없었더라면 말이 도망가지 않았을 것이고 돼지가 나타나지 않았더라면 말을 다루는 데 문제가 없었을 테지요.

이 일화는 상벌을 군주가 장악해야 함을 말합니다. 상도 군주만이 줄 수 있어야 하고 벌도 군주만이 줄 수 있어야 하지요. 그렇지 않으면 군주의 제어가 통하지 않습니다. 원하는 것을 군주가 아닌 다른 사람도 줄 수 있고, 두려워하는 것을 군주가 아닌 다른 사람도 내릴 수 있으면 군주의 말과 명령을 제대로 들을 리 없겠지요.

> 남의 신하 된 자는 처벌을 두려워하고 상 받는 것을 이득으로 생각한다. 그러므로 군주 자신이 직접 형을 집행하고 덕을 베푼다면 신하들은 그 위세를 두려워하며 이득 쪽으로 향해 갈 것이다.[192]

〈이병〉 편에서 한 이야기인데, 이병二柄이란 두 개의 무기입니다. 군주만이 움켜쥐어야 할 '권력의 무기'인지라 '권병權柄'이라고도 하는데, 바로 형刑과 덕德을 말합니다.

그러면 무엇을 일컬어 형과 덕이라고 할까요? 벌을 내리고 강하게 징계하는 게 형이고, 칭찬하여 상주는 것을 덕이라 합니다. 형은 벌이며 덕은 상인데, 유가의 덕과 달리 한비자의 덕은 눈에 보이는 상을 주는 겁니다.

주인이 대리인에게 상을 주는 것이지요. 주인의 이익을 늘렸을 시에 대리인도 이익을 보게 하는 것인데, 군주는 무조건 형과 덕, 상벌을 장악해야 합니다. 그래야 신하들이 군주를 두려워하지요. 세를 만드는 기본은 상과 벌의 장악입니다.

또한 군주는 상벌 권한을 반드시 혼자서 움켜쥐어야 합니다. 권력은 두 사람이 행사해서는 안 되며, 그 통제 역시 마찬가지입니다. 신하들은 항상 틈을 노립니다.

> 사악한 신하는 늘 그러하다. 자기가 미워하는 자에 대해 군주로부터 교묘하게
> 권한을 얻어 처벌하고, 자기가 좋아하는 자에 대해 역시 군주로부터 교묘하게
> 권한을 얻어 상을 주려 한다. 만일 군주가 그런 신하에게 휘둘려서 상벌의 이
> 득과 위세를 직접 자신으로부터 나오도록 하지 못하고 신하에게 맡겨 그 신하
> 가 상벌을 행사하도록 한다면, 온 나라 사람이 모두 그 신하만을 무서워하고
> 군주는 깔보게 된다. 신하 쪽으로 향배를 돌려 군주를 버리게 될 것이다. 이는
> 군주가 상벌의 권한을 잃어서 생기는 환란이다. 대저 호랑이가 능히 개를 굴복
> 시킬 수 있는 까닭은 발톱과 어금니를 가졌기 때문이다. 가령 호랑이가 발톱과
> 어금니를 버리고 개로 하여금 그것을 쓰도록 한다면 호랑이가 도리어 개에게
> 굴복할 것이다. 군주란 형과 덕을 가지고 신하를 제어하는 사람이고 형과 덕이
> 있기에 군주다. 만일 군주가 형과 덕이란 무기를 놓아두고 그걸 신하에게 준다
> 면 도리어 신하에게 제어당할 것이다.[193]

송나라에서 있었던 일입니다. 사성자한司城子罕이란 중신이 송나라 군주에
게 제안을 했습니다. "상주는 일은 인민이 좋아하는 것이니 군주께서 행하십
시오. 죽이거나 처벌하는 일은 인민이 싫어하는 것이니 제가 그것을 담당하
고 싶습니다." 이 제안에 송나라 군주는 넘어가 버렸다. 군주는 상주는 일을
자신이 할 테니 악역을 사성자한이 맡으라 했지요. 그래서 인민을 죽이거나
대신을 처형할 경우에는 자한과 의논하라고 공포했습니다. 1년이 지나자 사
람을 죽이거나 살리는 명령을 자한이 결정한다는 사실을 온 나라 사람이 알
게 되었습니다. 그러자 모든 사람이 자한에게 몰렸고, 결국 자한이 군주를 위

협하여 정권을 빼앗았다지요. 군주는 국법이 있었지만 저항조차 할 수 없었다고 합니다.

〈외저설 우하〉에 수록한 이야기인데, 군주가 무기를 빼앗겼으니 군주의 권위와 권력은 사라졌고 결국 모든 것을 잃고 말았습니다.

> 권세란 남에게 빌려줄 수 없는 것이다. 군주가 그 하나를 잃으면 신하는 그것을 백배로 한다. 그러므로 신하가 그것을 빌릴 수만 있다면 세력이 강해지고, 세력이 강해지면 안과 밖이 그를 위하여 일하게 되며, 안과 밖이 일하게 되면 군주의 이목이 닫힌다.[194]

송나라 군주의 사례는 군주가 자신의 권위를 빌려줄 때 일어나는 참극을 보여줍니다. 상을 내리는 권한, 벌을 내리는 권한 그 어느 것도 내줘서는 안 됩니다. 그런데 상벌 권한을 직접 드러내놓고 빌려가거나 빼앗아가는 경우만 있지는 않습니다. 그렇지 않은 경우도 많지요.

> 상벌이란 것은 나라를 다스리는 이기利器다. 군주 편에 있으면 신하를 제압하지만 신하 편에 있으면 군주를 해친다. 군주가 상 줄 뜻을 보이면 신하 쪽이 그것을 줄여서 은덕으로 삼으며, 군주가 처벌할 뜻을 보이면 신하 쪽이 그것을 더하여 위엄으로 삼으려고 한다. 군주가 상 줄 뜻을 내보여서 신하가 그 권세를 이용하고 군주가 처벌할 뜻을 내보여서 신하가 그 위력을 타게 되는 것이다. 그러므로 노자가 말하기를 나라의 이기를 남에게 보여서는 안 된다는 것이다.[195]

군주에게 직접 상벌 권한을 달라고 할 만큼 간이 크거나 어리석은 신하가 얼마나 되겠습니까? 영악한 간신은 은근슬쩍 묻어가려고 합니다. 상을 내릴 때도 벌을 내릴 때도 군주가 내리지만 자신이 상을 내리는 데 힘을 쓰는 것처럼 보이려 하고, 군주가 벌 내릴 때에도 자신이 종용하는 것처럼 외부에 보이려고 합니다.

사성자한처럼 대담하게 거래하는 경우보단 은근슬쩍 군주의 뜻에 영합해서 권력을 조금이라도 공유하는 척하고, 그 정도를 늘려가는 경우가 많습니다. 그러다가 결국 권력을 빼앗지요. 묻어가면서 조금씩 공유해가고 시나브로 빼앗아 가는 것인데, 그렇기에 상벌을 내릴 때 시작부터 끝까지 누구든 나서지 못하게 해야 합니다. 외부의 입김과 손짓 모두 철저히 차단해야지요.

군주에게 있어 세는 '물고기에게 있어 연못'과 같습니다. 연못을 자기도 모르게 벗어나거나 못 속의 물이 사라지는 일이 생길 수도 있지요. 군주는 상벌 권한을 독점해 신하들이 접근하지 못하게 막아야 합니다. 또한 앞서 말한 대로 상벌 권한 독점을 형명의 술과 함께 발휘해야 신하들이 감히 군주의 권위에 도전할 생각조차 품지 못하게 할 수 있습니다.

자, 그런데 군주가 세를 공고하게 다지는 데에는 다른 것이 더 필요합니다.

## 세는 인민의 지지도 중요

군주의 세를 크게 하고 완전히 하려면 시야를 인민으로 옮겨서 볼 필요가 있습니다. 세를 만들고 유지하는 데에 상벌이 가장 중요하고 술 역시 중요하지만, 상벌로 대변되는 법과 신하 통제 관리의 기술만이 아니라 인민의 지지도 있어야 하지요.

이야기를 하나 들어보겠습니다.

자정茲鄭이란 사람이 손수레를 끌고 높은 다리 위를 오르려고 하였으나 버틸 수 없었다. 자정이 멍에 채에 걸터앉아 노래를 부르자 앞에 가던 자가 멈추고 뒤에 오던 자가 달려와 수레가 이내 올라갔다. 만일 자정에게 사람들을 끌어모을 재주가 없었다면 자신이 비록 힘을 다하여 죽게 되더라도 손수레는 올라가지 못하였을 것이다. 지금 자신이 수고를 하지 않고서도 손수레를 올라가게 할 수 있었던 것은 사람들을 끌어모으는 재주를 가졌기 때문이다.[196]

자정이란 사람이 사람들의 도움을 받아 수레를 높은 곳으로 끌고 갔습니다. 혼자 힘으로 수레를 끈 게 아니라 노래를 불러 사람들을 모아 수레를 옮겼지요. 위 사례는 세를 만들고 유지하는 데 인민의 힘이 필요하다는 점을, 더 정확히 말해 인민의 지지를 받아야 함을 보여줍니다.

군주는 상을 내려 유인하고 벌을 내려 통제해야지요. 그런데 그렇게 한다고 군주의 세가 완성되고 안정되게 유지되지는 않습니다. 인민의 지지가 필요합니다. 좋은 정치를 베풀어 인민의 삶을 실질적으로 개선시켜야 하지요. 그래서 '우리 군주가 정치를 잘하는구나', '군주가 우리 인민 편이구나', '군주의 법치와 개혁이 우리 삶을 더욱 나아지게 하는구나' 이런 믿음을 인민에게 주어야 합니다.

인민을 자신의 편으로 만들수록 군주의 세는 더 공고해집니다. 신하들이 군주를 무시 못 하고 군주의 권위에 복종하게 되지요. 투표권도 없고 정치적 의견도 낼 수 없었던 전근대 시절이라고 해서 인민의 목소리, 민심을 무시해도 그만이었던 게 절대 아닙니다. 민심은 늘 커다란 압력이자 공기였지요. 인민이 지지하고 존경하면 정치적 필연성과 확실성을 만드는 데 큰 도움이 됩니다.

다른 이야기도 한번 보겠습니다.

> 도도라는 새가 있다. 머리가 무겁고 꼬리 쪽이 굽었다. 혼자 연못가에서 물을 마시려고 하면 반드시 뒤엎어졌다. 이에 다른 새가 그 날개를 입에 물 때 물을 마시는데, 사람의 경우도 마찬가지다. 만약 혼자서 물을 잘 마시지 못하는 사람이 있다면 자신을 도와줄 사람을 찾지 않을 수 없다.[197]

혼자서 물을 먹지 못하니 다른 새의 도움을 빌려야 하는 새가 있습니다. 인간도 생명의 원천인 물을 마시지 못할 경우 도와줄 사람을 찾아야 하지요. 군주 역시 마찬가지입니다. 인민의 도움을 얻어야 합니다. 그러기 위해 정치를 더욱 잘해야 합니다. 간신의 발호를 막고 공명정대한 법대로 일을 처리하고 생산력을 진흥시켜 실질적으로 인민 삶을 개선시켜야 하지요. 그래야 세가 강해집니다. 늘 인민을 보고 챙길 수 있어야 합니다.

자, 세를 위해 인민에게 잘하라고 했습니다. 그런데 인민에게 잘하려면, 즉 주권자가 제대로 국사를 다스리려면 애초에 세가 있어야 합니다. 군주의 권위가 있어야 통치에 힘이 실리는 것이 당연하니까요. 반대로 정치를 잘해야 주권자의 세가 강해지는 것도 사실입니다. 세가 있어야 정치를 잘할 수 있고 또 역으로 좋은 정치를 해야 세가 강화되지요. 이처럼 세와 정치는 상호 되먹임 관계라고 할 수 있겠지요.

군주란 천하가 힘을 합쳐서 함께 추대하므로 편안할 수 있고 많은 사람이 마음

을 같이하여 함께 내세우므로 존엄할 수 있다.[198]

옛날에 능히 공과 명성을 다 이룰 수 있었던 자는 많은 사람이 힘으로 돕고 측
근이 정성으로 친분을 맺고 먼 자가 명성으로 칭찬하며 신분이 높은 자가 세를
가지고 추대하였기 때문이다. 이와 같이 하므로 태산 같은 공을 길이 국가에
세우고 일월 같은 명성을 오래도록 천지에 드러낼 수 있었다.[199]

군주 혼자서 공을 세울 수는 없습니다. 사람들이 도와야 하지요. 신하의 도
움은 물론 뭇 인민의 도움도 필요하지요. 그런데 인민의 도움은 거저 얻을 수
없습니다. 인민을 잘살게 해주고 좋은 정치를 해야 합니다. 그럴 때 군주의
권력과 권위가 궁극적으로 안정됩니다.

애초에 군주란 말입니다, 사회적 필요와 인민의 필요 때문에 생긴 겁니다.
그러니 당연히 군주는 그들의 필요를 충족시켜줘야지요. 그래야 군주가 군주
다워지고 권력이 권력다워지지요. 우리 법가는 유가가 말하는 천명天命 같은
것은 모릅니다. 군주는 현실을 사는 인간의 필요에 의해 생겼으니 철저히 그
필요를 잘 충족시켜 그들의 지지를 이끌어내면서 강해진 힘과 권위로 더욱
좋은 정치를 해야 할 뿐입니다.

세를 계속 강조했는데 세가 한비자 사상의 궁극이 아닙니다. 세가 수단일
수도 있어요. 제일 중요한 수단이지 결코 궁극의 목적이 아닙니다.

## 입군위민

천하를 위해 천자를 세운 것이지 천자를 위해 천하를 세운 것이 아니다.[200]

신도가 한 말입니다. 천자를 위해 천하가 있는 게 아니라 천하를 위해 천자가 있다. 군주를 위해 나라가 있는 게 아니라 어디까지나 나라를 위해 인민을 위해 군주가 있습니다.

사람들은 저 한비자를 포함한 법가는 군주의 '절대 권력'을 주장했다고 합니다. '전제 왕권의 이론적 시녀'라는 비판을 많이 받지요. 하지만 군주를 수단적 존재로 사고했고, 군주가 도구적 존재임을 분명히 말한 게 우리 법가입니다. 군주가 현실적 필요로 인한 존재라고 했지, 신비적이고 신적 권능을 가진 존재라고 말하지 않습니다. 신비적 수사로 군주의 권력을 설명하는 것을 철저히 배격했지요.

법가와 달리 유가의 군주관을 봅시다. 그들은 늘 하늘이나 천명을 이야기합니다. 군주가 하늘로부터 명을 받아 인민을 다스린답니다. 그러니 군주의 권력이 신성하고 사람들이 이에 따라야 한다고 하지요. 이처럼 신비스럽고 다소 주술적인 언어로 통치와 권력의 정당성이나 정통성, 합법성을 이야기했지요. 인민을 사랑하는 하늘의 뜻을 군주가 대행해서 지상에서 실현한다나요? 천명을 내세운 주나라의 군주관을 유가가 이어받았기에 그들은 늘 '왕권천수설王權天授說'을 주장하는데, 법가더러 전제 왕권의 시녀라니요? 법가는 그런 것 모릅니다.

그런데 왜 제가 세를 강조할까요? 왜 군주의 세가 든든하길 바라느냐 하면, 세가 든든해야 정치가 잘되고 인민이 잘살 수 있기 때문입니다. 인민을 잘살게 해서 그들의 지지를 이끌어내라고 주장한 것입니다.

옛날에 사람들은 한곳에 모여 생활하면서 무리지어 살았는데 질서가 어지러워졌기 때문에 우두머리를 갖기를 구했다. 그러한즉 천하 사람들이 우두머리

갖기를 즐겨한 것은 그에 의지함으로써 사회가 다스려지게 하려함이었다. 그런데 이제 군주는 있으나 법이 없다면 그 해악은 군주가 없는 것과 똑같고, 법은 있으나 혼란을 극복하지 못한다면 법이 없는 것과 똑같다. 천하 사람들은 군주가 없는 것을 원치 않으면서도 군주의 법에서 벗어나기를 즐거워하니 온 세상 사람들이 미혹되었다고 생각한다. (중략) 무릇 천하 사람들을 이롭게 하는 것으로는 잘 다스리는 것보다 더 중대한 것이 없으며, 잘 다스리는 것은 군주를 세우는 것보다 더 중요한 것이 없으며, 군주를 세우는 방법은 법을 실행하는 것보다 더 큰 것이 없다.[201]

군주는 수단입니다. 도구일 뿐입니다. 질서를 만들기 위해, 사회가 다스려지기 위해 군주를 세웠고 법을 만든 것입니다. 인민이 있어 군주가 있고 인민이 있어 법이 있지, 군주가 있어 인민이 있고 법이 있어 인민이 있는 게 아닙니다. 다 인민이 잘살게 하고 인민을 이롭게 하기 위함이지요.

이제 제가 왜 이렇게 군주의 세를 강조하는지 아실 것입니다. 책임지지 않는 나쁜 대리인이 군주와 권력을 공유하면서 국가를 이끌어가는 것보다, 귀족과 간신이 국정을 농단하는 것보다, 국가와 운명을 같이하는 군주의 권력이 공고해지는 편이 인민의 삶에 이롭기 때문입니다. 인민과 군주 사이에 끼어 있는 중간 지배층의 힘이 지나치게 강한 것보다는 그들의 기득권과 부패를 줄이고 군주와 인민이 직접 대면하게 하기 위함이지요.

자, 지금까지 저의 군주관과 세에 대해 이야기했습니다. 그런데 세가 단순히 군주의 힘이나 권력을 말할까요? 아닙니다. 또 군주만을 위해 필요할까요? 이 역시 아닙니다. 인민을 위한 것이고 인민을 잘살게 하기 위한 정치적 필연성, 즉 필연적인 정치의 조건이라고 해야 옳습니다. 제가 궁극적으로 만들고자 한 세는 바로 그것이지요.

## 세의 넓은 의미

세는 군주의 권력과 권위라고 했습니다. 특히 신하와 상대해서 가지는 군주의 권위이자 힘이지요. 신하들을 빈틈없이 통제하고 관리해야 세가 생긴다고 했지요. 세를 키우고 단단히 하는 데 있어 인민의 동의와 지지도 중요하다고 했습니다. 세를 튼튼히 해서 선정을 베푸는 것이 저 한비자의 이상이라고도 했습니다.

그런데 앞서 이런 말도 했습니다. 주인과 대리인의 모순이 군신 관계에서도 발생합니다. 군주의 세가 강하면, 즉 주인의 세가 강하면 대리인이 주인의 이익을 위해 일하겠지요. 대리인이 딴생각하지 못하게 통제하고 주인의 이익을 늘릴 때에 자신의 사익과 사적 욕망을 이룰 수 있게 법과 술을 통해 동기를 부여하는 상황과 조건을 만들어야 합니다. 대리인이 주인의 이익을 해치면 벌을, 이익을 늘리면 상을 줍니다. 대리인을 주먹구구식으로 다룰 게 아니라 틀 안에 넣고 그의 적성과 재능에 따라 확실한 직책과 임무를 부여하되 사후 빈틈없이 평가해서 승진과 퇴출을 결정해야 하지요.

결국, 세를 군주의 힘이나 권력이라고만 보지 마시고, 넓은 의미로 대리인인 관료나 신하가 군주로 대변되는 국가의 이익과 공익을 위해 일하게 하는 상황과 조건이라고 이해하면 더욱 좋겠습니다.

제가 애초에 군주만을 위해 세를 말한 게 아닙니다. 군주를 위해 제 사상을 펼친 게 아니지요. 군주의 말을 따르지 않을 수 없게 세를 만들어야 한다기보다는 군주로 대변되는 국가의 이익과 공익 그리고 인민의 삶을 위해 정치인이 일하지 않을 수 없게 해야 합니다.

궁극적으로 세는 인민을 위한 것이지요. 공동체가 위危→안安, 약弱→강強, 빈貧→부富, 란亂→치治로 가기 위한 모든 정치적 조건이라고 생각해도 좋습니다. 넓은 의미에서 군주와 신하는 늘 그러한 의미의 세를 만들고 유지해야 하지요.

넓은 의미의 세를 고려하면 시스템도 세라고 할 수 있습니다. 앞서 용주와 중주를 말했지요. 보통 사람이 군주인, 그의 지력과 총기가 뭇사람과 다를 바 없는 경우를 상정했다고 했습니다. 군주 개인의 지력, 총명, 덕이 아니라 시스템이 일하게 해야지요. 그러니 넓은 의미의 세에는 시스템도 포함된다고 할 수 있습니다.

저 한비자는 전제군주를 위한 이론적 시녀가 아닙니다. 단순히 부국강병만을 고민한 학자 또한 아닙니다. 어떻게 하면 인민을 위한 정치가 필연적으로 행해질 수 있게 해볼까 고심한 사람이지요. 좁은 의미의 세만이 아니라 넓은 의미의 세까지 늘 치열하게 사유하려 했음을 기억해주십시오.

· 21장 ·

# 삶을 즐기지 못하면 존중받지 못한다

**법에 대하여**

세를 논하면서 법을 강조했습니다. 상벌로 대표되는 법을 늘 준수하고 법대로 행해야 좁은 의미의 세든 넓은 의미의 세든 강해지기 때문이지요. 저 한비자가 말하는 법, 진정 무수히도 말했던 그 법에 대해 자세히 이야기해보겠습니다. 제가 내세우는 통치 규범인 법이 무엇을 생명이자 근본으로 삼아야 하는지를 알아보려 합니다. 법철학이라고도 할 수 있는 영역까지 가보지요.

## 객관주의

국가를 통치하는 규범은 철저히 객관적이어야 하며, 객관주의를 지향해야 합니다. 사적 감정과 변덕 등 주관으로 국가를 이끌어가면 그 자체가 재앙이지요. 법가는 철저히 국가 규범의 객관성을 지향했습니다. 철두철미한 객관주의! 그렇기에 앞서 군주의 무위를 주장했고, 거기에 더해 공포성·투명성·성문성을 중시했습니다. 이것이 우리 법가의 법입니다.

법이라는 것은 문서로 엮어 관청에 비치하고 인민에게 공포하는 것이다.[202]

법이라는 것은 내건 명령이 관청에 명시되어야 하고 형벌은 반드시 인민의 마음속에 새겨져야 한다.[203]

사람들이 법을 알아야 합니다. 무조건 사람들이 인지할 수 있어야 하지요. 법을 몰라서 어겨 억울하게 처벌받고, 몰라서 속고 권리를 빼앗기고, 몰라서 귀족에게 당하는 일이 없도록 해야지요. 그러기 위해 성문화해서 공개해야 합니다.

앞서 정자산의 이야기 기억나십니까? 그가 처음으로 법을 성문화해 발표했다고 했습니다. 누구든 볼 수 있게 공지했는데 귀족 세력의 반발이 심했다고 했지요. 귀족들이 왜 반발했을까요?

옛사람들이 말하기를 마음은 알기가 어렵고 희로의 감정은 맞추기가 어렵다고 한다. 그러므로 표식으로 눈에 보여주고 북으로 귀에 알려주며 법으로 마음에 가르쳐주는 것이다. 군주 된 자가 세 가지 용이한 방법을 놓아두고 한 가지 알기 어려운 마음을 따라 행하려 한다. 이와 같이 한다면 노여움이 군주에게 쌓이며 원한이 인민에게 쌓일 것이다. 쌓인 노여움을 가지고 쌓인 원한을 통어하면 양쪽이 위험해진다.[204]

귀족의 심기에 왔다 갔다. 높은 분의 변덕에 따라 왔다 갔다 하면 인민의 삶을 보호할 수 없습니다. 군자의 덕이니 인의니 폐쇄적 귀족 사회의 에티켓인 예니, 이런 것들로 국가를 통치하면 소수 귀족 집단의 심사와 감정대로 인민을 다스리는 꼴입니다. 사람 속을 알 도리가 있습니까? 귀족의 변덕에 따라 관습이나 예는 다르게 해석될 여지가 있지요.

주관을 배격해야지요. 유가는 주관주의를 말했지만 주관주의는 절대 안 될 말입니다. 문자화 활자화는 국가 규범을 만드는 데 있어 기본입니다. 그러고 나서 모든 사람이 볼 수 있도록 투명하게 내걸어놓습니다. 아무나 언제든 확인할 수 있도록 하는 겁니다. 인민이 법을 알지 못해 법에 의해 화를 당하는 일이 없도록 해야지요. 또 법을 근거로 자신의 권리를 주장하거나 보호할 수 있게 해야 합니다.

상앙은 법에 대한 교육과 홍보를 주장했습니다. 아예 따로 국가에서 법 전문 관리와 공무원을 뽑아 인민에게 법을 홍보하고 교육하라고 했지요. 현명한 군주가 법을 말하면 나라 안의 무지렁이까지 그것을 알도록 해야 합니다. 그래서 제가 '필지必知'라고 말했지요. 모두가 반드시 알게 해야 합니다. 그런데 필지의 대상은 법의 내용과 규정만이 아닙니다. '필벌必罰'도 알게 해야 하지요. 법은 언제나 작동하고, 법을 어기면 무조건 적발하여 누구든 처벌받을 수 있다는 점 역시 반드시 알게 해야 합니다. 필벌도 필지의 대상입니다.

대저 간악이 반드시 알려진다면 조심하고 반드시 처벌된다면 그만둔다. 알려지지 않는다면 방자해지고 처벌이 안 된다면 행해진다. 대저 하찮은 재화라도 어두운 곳에 벌려놓으면 비록 증삼이나 사추라 하더라도 의심받을 수 있다. 백금을 시장에 내걸면 비록 큰 도둑이라 할지라도 취하지 않는다. 알려지지 않는다면 증삼이나 사추도 어두운 곳에서는 의심받을 수 있으나 반드시 알려진다면 큰 도둑도 시장에 내건 돈은 취하지 않는다. 그러므로 현명한 군주는 나라를 다스리면서 감시자를 많이 두고 죄를 무겁게 한다.[205]

법의 내용만이 아니라 법을 어기면 반드시 벌을 받는다는 점도 알게 해야 하는데, 이는 단순히 겁을 주자는 뜻이 아닙니다. 그것이 인민을 정직하게 만들고 궁극적으로 인민을 보호하는 길이기 때문입니다.

그런데 인민이 법을 필지하게 하려면 어떻게 해야 할까요?

## 가지성과 법적 주체성

명철한 사람이라야 능히 알 수 있는 것을 영으로 삼을 수는 없다. 대저 인민이 다 명철하지 못하기 때문이다. 현자라야 능히 행할 수 있는 것을 법으로 삼을 수도 없다. 대저 인민이 다 현명하지 못하기 때문이다.[206]

현명한 군주가 세운 표식은 보기가 용이하므로 약속이 잘 지켜지고, 그 가르침은 알기 쉬우므로 이르는 말이 잘 들리며, 그 법도 실행하기가 용이하므로 명령이 잘 행해진다. 이 세 가지가 확립되고 군주가 사심을 안 갖는다면 신하는 법에 따라 다스릴 수 있다.[207]

법을 성문화해 널리 공포하되, 가지可知성도 있어야 합니다. 애초에 법이 알기 쉽고 이해할 수 있어야 한다는 뜻이지요. 알아볼 수 없는 문자와 어려운 문장, 복잡하게 꼬인 논리로 법을 만들면, 아무리 공개하고 성문화해도 소용 없지 않겠습니까? 법이 어려우면 특권층의 전유물이 될 테고 사유화의 대상으로 전락하겠지요. 그러면 그들이 비틀고 왜곡시킬 여지가 많아 법치의 생명인 객관성이 사라집니다. 법이 그들만이 가진 강력한 무기가 되면 인민의 삶은 피폐해집니다.

가지성이 없으면 법치의 객관성과 공정성마저 사라집니다. 법이 법이 아니게 되지요. 그래서 법가 사상가들은 이해하기 쉽게 법을 만들라고 강조했습니다. 이것만 봐도 법가가 말하는 법이 단순히 사람들을 강하게 통제하기 위한 수단이 아니라는 사실을 알 수 있지요. 즉, 선량한 인민을 보호하기 위한 장치이기도 했습니다. 그들이 생산의 주체이고 병역과 조세의 자원인데 당연히 보호해야지요.

이해하기 쉽게 만듭니다. 그것을 성문화해 널리 알리고 공지하고 공포합니다. 그래서 인민 하나하나가 법으로 스스로 판단하는 주체가 되게 해야지요.

나라가 다스려지는 데 몇 가지 형태가 있다. 인민 자신의 집에서 시비 및 당부에 대한 판단이 내려지는 나라는 천하를 호령하는 왕자가 되고, 관원에 의해 시비가 결정되는 나라는 무력을 보유한 강국이 군주에 의해 시비가 결정되는 나라는 안위를 걱정하는 약국이 된다.[208]

상앙이 이렇게 말했습니다. 스스로 어떻게 행동해야 하는지 알고 특정 행위와 행동이 법에 어떻게 저촉되는지 알면, 누가 나에게 못된 짓을 했을 때 단순히 억울하다고 느끼는 게 아니라 그것이 위법행위임을 분명히 인지할 수 있습니다.

나라가 잘 다스려지면 인민이 집에서 옳고 그름을 판단하며 나라가 어지러우면 군주가 판단한다. 나라를 다스리는 데에는 아랫사람인 인민이 판단하는 것이 귀중하다. 그러므로 열 마을에서 옳고 그름을 판단하는 나라는 쇠약해지고 다섯 마을에서 옳고 그름을 판단하는 나라는 강성해진다.[209]

인민 하나하나가 법을 알고 법적 판단의 주체가 되는 나라가 강성해질 수밖에 없지요. 어떻게 행동해야 할지 알고 윗사람들 심기 살피느라 시간 허비하지 않고 규범대로 행하면 되니 부정부패에 불가피하게 연루되지 않아 사회적 신뢰가 두터워집니다. 이런 나라는 강성해질 수밖에요.

인민이 집에서 판단하면 일을 처리하는 시간이 남는다. 그러므로 낮에 그날 일을 처리하는 나라는 천하에 왕 노릇을 한다. 관리가 일을 판단하면 처리하는 시간이 부족하다. 그러므로 밤에서야 그날의 일을 처리하는 나라는 그나마 강성하다. 군주가 판단하면 시간이 없어서 혼란스럽다. 그러므로 하룻밤을 넘겨서야 일을 처리하는 나라는 쇠약해진다. 그러므로 도가 있는 나라는 관리가 일을 처리할 때 군주의 말을 듣지 않으며, 인민이 일을 처리할 때에 관리의 말에 따르지 않는다.[210]

인민이 스스로 판단할 수 있어야 합니다. 매번 관리에게 쪼르르 달려가 판단을 맡겨서야 되겠습니까? 윗사람들 네까짓 게 뭘 아느냐며 찍어 누른 채 내가 판단할 테니 너는 잠자코 기다리기나 하라면 일이 되겠습니까? 그리하면 경제활동을 비롯한 사람들의 각종 사회적 행위가 위축되고 부패가 싹틀 수밖에 없지요.

인민이 스스로 판단을 내려 알아서 할 수 있어야지요. 그걸 돕기 위해 법이 알기 쉽게 만들어져서 널리 알려져야 합니다. 그리고 법 규정에 애매모호함이 없어야지요. 애매모호하면 관리들의 재량권이 개입될 여지가 많습니다. 갑질과 부패가 싹틀 여지 말입니다. 특히 문제인 것이 상행위나 거래 및 경제 관련 행동이 위축되고 비효율성이 높아집니다. 기술을 개발하고 생산성을 올리며 원가를 절감해야 할 시간에 법적 판단을 독점하다시피한 관리들에게 가서 아부를 하든 뇌물을 바치든 해야 하지 않겠습니까?

> 기물이 인민의 집에서 만들어지면 그것이 관청에서 통용되는 것은 일의 이치가 인민의 집에서 판단되기 때문이다. 그러므로 왕 노릇을 하는 나라는 형벌을 주어야 할 것인지 상을 주어야 할 것인지가 인민의 마음속에서 판단되며 기물과 용구가 좋고 나쁨은 인민의 집에서 판단된다.[211]

뭔가 만들어 팔려고 하고 뭔가 만들어 생산에 활용하려고 하고 뭔가 만들어 납품하려고 하는데, 자신도 모르는 법적 규제가 있어 규제에 걸리는지 안 걸리는지 늘 관청과 국가에 문의해서 한참을 기다려야 한다면 경제 생산성은 오르기 힘들 것입니다. 그러면 부국강병에 큰 해가 될 터이지요.

고난의 땅 중원에 터 잡은 한나라, 국가 체급이 작아도 괜찮습니다. 사방에 강적이 있어도 괜찮습니다. 다만 생산성과 효율성이 개선되어 거래가 활성화되면 경제의 힘이 커져 잘살 수 있습니다. 투명한 법과 재량적 개입의 최소화 등을 통해 모든 플레이어가 법을 알고 자신 있게 법적 판단을 하면 됩니다.

그렇습니다. 법가가 지향하는 법의 기본과 근본은, 다시 말해 우리가 생각하는 법의 생명과 철학은 경제 생산성의 문제에 있습니다. 사민 세력의 지원 문제에 있지요. 사민 세력이 더욱 많은 부를 일구어 안심하며 생산에 종사하게 해 국부 자체를 키우는 데 법이 도와야 합니다.

> 정치가 분명하면 인민의 옳고 그른 판단이 군주와 같고 정치가 어두우면 군주와 달라진다. 인민의 판단이 군주와 같으면 정치적 명령이 실행되고 다르면 실행되지 않는다. 정치적 명령이 실행되면 나라가 잘 다스려지고 실행되지 않으면 나라가 어지러워진다.[212]

합법인 줄 알고 사업을 시작했는데 갑자기 나라에서 불법이라고 합니다. 합법인 줄 알고 새로운 것을 만들었는데, 합법인 줄 알고 거래 계약을 했는데, 국가에서 갑자기 하면 안 된다고 합니다. 나의 판단이 국가의 판단과 같아야 하는데 다르고, 어제까지는 같았지만 하루아침에 달라진다면, 정치의 문제만이 아니라 경제의 문제가 심각해지지요. 강병을 하고 싶으면 먼저 국가가 부유해져야 합니다. 부유해지고 싶으면 모두가 법을 신뢰하고, 신뢰하는 법을 자신 안에 넣어 스스로 판단하는 주체가 되어 사회생활과 경제생활을 영위할 수 있어야겠지요.

## 가행성과 합리성 - 상하의 은혜가 맺어지도록

"주막집 개가 사나우면 술이 쉰다." "문둥이가 왕을 불쌍하게 본다." "먼 데의 물은 가까운 데의 불을 끌 수 없다." "집안에 일정한 생업이 있으면 비록 흉년이 든다 해도 굶지 않으며 나라에 좋은 상법이 있으면 비록 위험한 때라도 망하지 않는다."

제가 남긴 명언이 정말 많지요. 〈안위〉 편에도 있습니다.

사람들이 생을 즐기지 못하면 군주가 존중받지 못하고 죽음을 두려워하지 않으면 명령이 행해지지 않는다.[213]

국가를 제대로 보존하는 원칙과 위기를 극복하는 방식을 여러 항목으로 분류해 구체적으로 설명할 때 나오는 명언이지요. 법이 삶을 즐기게 도와줄 수 있어야 하며, 최소한 방해는 하지 말아야 한다는 점을 명심해야 국가를 안전하게 보존할 수 있습니다. 궁극적으로 법치에서 이 말을 잊지 말아야 사직이 위태롭지 않다고 강조한 것이지요.

인민이 죽는 것을 무서워하지 않으면 국가의 통제가 통할 수 없습니다. 무슨 말이냐, 법이 합리적이어야 한다는 뜻입니다. 합리성을 담보해 누구든 법을 지킬 수 있고, 지키면 자신에게 득이 됨을 잘 인지할 수 있다면 국가의 통치가 신뢰받겠지요. 법 자체가 인민이 보기에 '납득이 가고, 이해가 되며, 지킬 만하고, 득이 되는구나. 내 삶을 보호해주는구나' 해야 한다는 의미입니다.

지키기 힘든 법, 너무도 가혹한 법, 잔인할 정도의 법, 이렇게 합리성이 없는 법들이 만들어지고 그 법대로 다스리면 인민이 나라를 어떻게 생각하고 군주를 어떻게 바라보겠습니까? 통치에 순응하기는커녕 모진 마음을 품기가 쉽습니다. 이래 죽으나 저래 죽으나 매한가지라면 자기 삶을 포기하거나 나라에 저항할 테지요.

법은 인민에게 납득될 수 있어야 합니다. 〈안위〉 편의 저 말은 그런 합리성을 강조한 것입니다. 법은 합리적이어야 하는데, 특히 법의 합리성으로 사람들이 자신의 기본 소망과 욕망을 이룰 수 있게 돕는 것이 중요하지요. 진정으로 법과 법치는 인민의 인지상정에서 벗어나지 말아야 합니다. 이게 저 한비자가 생각하는 법의 합리성입니다.

법가 사상가 신도가 이렇게 말했습니다.

> 나라의 법이란 하늘에서 떨어진 것이 아니고 땅에서 솟아난 것도 아니다. 이것은 사람들에 의해서 발생한 것이고 민심에 부합되고 인민의 정서에도 적합한 것이다. 이는 마치 물을 다스리는 자는 물의 상황과 세력에 따라 인도해야 하는 것과 같다.[214]

그렇습니다. 법이란 것은 잘살고 싶어 하는 욕망, 그러한 인간의 인지상정의 세계 안에 있어야지요. 합리성에서 가장 중요한 것은 역시 가행성可行性이겠지요. 지킬 수 있고 따를 수 있는 법 말입니다!

> 군주가 법을 만들 때에는 누구나 다 받을 수 있는 상을 제정하고 또 누구나 피할 수 있는 벌을 설정한다.[215]

아무리 어리석은 사람이라도 지킬 수 있게 법을 제정해야 합니다. 필부라도, 삼척동자라도, 신분이 한미하고 교육 수준이 낮은 사람이라도 법을 지킬 수 있어야지요. 법 준수도 힘들지 않아야 합니다. 행하기 힘들면 법이 아닙니다. 누구든 노력하면 지키고 따를 수 있게 만들어야 법이지요.

> 지키기 어려운 것을 군주가 법으로 삼고 이에 미치지 못한다고 죄를 주면 사사로운 원한을 가지게 된다.[216]

어진 자가 상 받으려고 힘쓰지만 자서 같은 화를 당하지 않고, 못난이가 죄를 지을 일을 적게 하여 꿈추의 등이 찢어지는 일을 당하지 않으며, 눈 먼 이가 평지에 살게 되어 깊은 골짜기를 만나지 않고, 어리석은 자라도 평정을 지켜 위험한 정황에 빠지지 않을 것이다. 이와 같이 된다면 상하 은애의 정이 맺어질 것이다.[217]

약자에게 잔인한 법이어선 안 됩니다. 사회 최하층민이 법의 철퇴를 맞지 않게 해야 합니다. 사회적 약자까지 모두가 지킬 수 있는 법을 만들어서 준수하라고 해야지요. 그러지 않으면 원한이 쌓이고 국가 근본이 허물어질 수 있습니다. 법은 사람들을 벌주고 겁박하기 위한 수단이 아니라 위험에서 보호하기 위한 장치여야 합니다. 지킬 수 있는 법, 그래서 모두를 보호하는 법. 그래야 상하 간의 신뢰, 위정자와 인민 간의 은애가 맺어질 것입니다.

이처럼 법의 가행성이 중요하듯, 당연히 형벌의 남용이 있어선 안 됩니다. 그러면 누가 법과 법치를 합리적이라고 생각할까요? 저는 잔혹한 형벌에 분명히 반대했습니다.

상을 지나치게 남발하는 지도자는 도리어 인민의 마음을 잃을 것이며 형벌을 지나치게 가하는 지도자는 도리어 인민이 두려워하지 않게 될 것이다. 상으로 인민의 선행을 권하기 어렵고 형벌로 인민의 악행을 금하기 어려우면 나라가 비록 크더라도 반드시 위태로워질 것이다.[218]

상도 법도 남발하면 안 됩니다. 공을 세운 사람만 공을 세운 만큼 상을 받아야 하고, 죄지은 사람만 그만큼 벌을 받아야지요. 상과 벌이 남용되면, 특히 벌이 남용되면 누가 국가의 정치를 납득하고 신뢰할까요? 저는 벌의 남용을 반대합니다. 벌의 남용은 법의 합리성에 있어 큰 적일 뿐입니다.

## 법불아귀-법가의 평등주의

법가가 말하는 법, 한비자가 말하는 법, 이 법의 성격과 지향하는 바에서 가장 중요한 요소는 공정성입니다. 저는 이것을 가장 강조하고 싶습니다. 바로 여기에 법가의 법이 지향하는 바와 한비자 법철학의 생명이 담겨 있다고 생각합니다.

> 법을 가지고 나라를 다스리는 것은 지극히 쉬울 따름이다. 법은 귀한 사람이라 아첨하지 않고 승묵은 나무가 휘었다고 하여 급혀가며 잴 수 없다. 법을 적용하는 데 있어서는 지혜로운 자라고 해서 변명하며 피할 수 없고 완력이 센 자라고 해도 감히 다투거나 시비할 수 없다. 죄지은 자를 벌하는 데 있어서는 대신이라고 해도 피할 수 없고 선행을 상 주는 데 있어서는 서민이라고 하여 빠뜨릴 수 없다. 따라서 윗자리에 있는 자의 잘못을 바로잡고 아랫사람의 사악함을 꾸짖고 얽힌 것을 풀고 어그러진 것을 끊고 넘치면 물리치고 바르지 못하면 가지런하게 하여 인민이 지킬 규범을 하나로 하는 데에는 법보다 좋은 것이 없다.[219]

법불아귀法不阿貴. 한비자가 남긴 명언 가운데 가장 인상적이라고들 합니다. 이 말을 들어보니 속이 다 후련한가 봅니다. 법은 귀한 사람이라 아첨하지 않고, 신분이 높다고 봐주지 않는다는 뜻이지요. 현실에서 법은 강자의 무기이자 강자에게 약한 경우가 많습니다. 그러나 한비자의 법은 강자라고 피해 가지 않습니다. 신분이 높다고 권력자라고 관대해지지 않습니다. 누구든 법 적용을 피할 수 없고 법 앞에 동등하게 설 수밖에 없습니다.

현명한 군주가 상을 줄 적에는 포근함이 마치 시우時雨와 같아서 인민은 그 혜택을 좋아하며, 벌을 줄 적에는 무서운 것이 마치 천둥소리와 같아서 신성神性일지라도 그 노여움을 달랠 수 없다. 그래서 현명한 군주는 상을 마음대로 주지 않으며 형벌을 내려야 할 때 역시 마음대로 용서하지 않는다. 상을 임의로 주면 공신도 그가 할 일을 게을리하게 되고 벌을 내릴 때 임의로 용서하면 간신이 쉽게 죄를 저지르게 될 것이다. 정말 공이 있다면 비록 멀고 낮은 신분의 사람일지라도 반드시 법에 규정된 대로 상을 주어야 하며, 정말 허물이 있다면 비록 친근하고 총애하는 사람일지라도 반드시 법에 규정된 대로 처벌해야 한다. 멀고 낮은 신분인 자도 반드시 상을 받게 되고 친근하고 총애받는 자도 반드시 처벌당하게 된다면, 멀고 낮은 신분인 자가 일을 게을리하지 않을 것이며 친근하고 총애받는 자도 방자하게 굴지 않을 것이다.[220]

공정함이 생명이지요. 상벌에 있어 누구도 예외가 될 수 없고 같은 법의 적용을 받아야 합니다. 그래야 방자하게 구는 자가 없어지고 모두 열심히 일하게 됩니다. 특히 하층민이 의욕을 가지고 살게 되지요. 하층민도 상 받을 기회, 능력껏 부귀영화를 누릴 수 있는 기회가 있다는 것은 곧 사회가 그들에게도 욕망을 개방한다는 뜻이지요. 법이 그 욕망을 보장하니 욕망을 충족하기 위해 열심히 일하겠지요. 그러면 국가는 당연히 부유해집니다.

이는 모두 법의 공정성이 전제가 되어야 하는 이야기입니다. 법의 공정성은 우리 법가가 절대 양보할 수 없는 것이지요. 법의 생명이고 법이 늘 지향해야 할 바입니다.

초나라 장왕莊王의 일화를 보실까요? 국법의 공정함을 강조하는 대표적인 사례입니다.

일설에 따르면 초나라 장왕이 급히 태자를 불러들였다고 한다. 초나라 법은 수레가 묘문茅門(조정의 안과 밖을 가르는 관문)에까지 이르지 못하게 되어 있다. 그런데 그날 비가 내려 마당에 물이 괴자 태자는 그대로 수레를 몰아 묘문까지 가려 했다. 그때 옥사를 다루는 이가 나서서 태자를 저지했다. "수레를 묘문까지 끌고 갈 수 없습니다. 그리하면 불법입니다." 하지만 태자가 말을 듣지 않았다. "아버님께서 급히 부르시어 고인 물이 마를 때까지 기다릴 수 없다"라고 하고는 끝내 수레를 몰아 달렸다. 그러자 정리가 무기를 들어 말을 치고 태자의 수레를 부수었다. 태자가 궁 안에 들어가 군주인 아버지를 향해 울면서 말했다. "마당에 괸 물이 많아 수레를 몰아 묘문까지 대었는데 정리가 불법이라 하면서 무기를 들어 저의 말을 치고 저의 수레를 부수었습니다. 아버님께서 반드시 그를 벌해주십시오." 그러자 초 장왕이 답했다. "법이란 종묘를 받들고 사직을 높이기 위한 것이다. 그러므로 능히 법을 내세우고 명령에 따라 사직을 높이 받드는 자를 사직의 신하라 한다. 어찌 그를 주살할 수 있겠는가. 그리고 법을 어겨가며 명령을 쳐버리고 사직을 높이 받들지 않는 자가 있다면 그런 사람은 신하이면서도 감히 군주의 지위를 넘보고 아래로서 위를 능멸하는 자이다. 신하가 군주를 넘보면 군주가 권위를 잃고 아래가 위를 능멸하면 윗자리가 위태로워진다. 권위를 잃고 자리가 위태로워지면 사직을 지킬 수 없는데 그렇다면 내가 무엇을 자손에게 물려주겠는가?"[221]

장왕은 태자의 말을 단호히 물리쳤습니다. 이에 태자가 바로 돌아가 3일 동안 집을 떠나 노숙하고 북면하고 재배하며 죽을죄를 지었으니 벌을 내려달라 청하였다고 합니다.

법은 절대 신분을 묻지 않아야 합니다. 누구든 법 앞에서는 같은 무게의 사람이어야지요. 그게 법가의 법입니다. 상앙이 가장 먼저 분명하게 한 일이 '법 앞에 만인이 늘 평등해야 한다'는 것입니다.

상앙은 '일壹'이라 말했습니다. '하나같이 한다', '똑같이 한다', '통일한다'는 뜻이지요. 상도 벌도 일입니다. 일상壹賞, 일벌壹罰. 그리고 일교壹敎가 있습니다. '교화'도 똑같이. 모두가 공통의 사회 상식을 자신의 가치관으로 삼아 법 앞에서 모두가 동등할 따름입니다. 예외는 없습니다. 하층민부터 귀족과 왕실에 이르기까지 예외가 있어선 안 된다고 했는데, 이것이 바로 '상앙의 일'입니다.

성인이 나라를 다스릴 때는 상을 통일하고 형벌을 통일하고 교화를 통일한다. 상을 통일하면 군대가 천하에 적수가 없고 형벌을 통일하면 명령이 집행되고 교화를 통일하면 아랫사람이 군주를 따른다. (중략) 이른바 상을 통일한다는 것은 이익, 녹봉, 관직, 작위가 오로지 전쟁의 공로에 의해서만 나오고 그 밖에는 달리 베푸는 기준이 없다는 말이다. 그러므로 지혜로운 자나 우둔한 자나, 존귀한 자나 비천한 자나, 용감한 자나 겁내는 자나, 어진 자나 어질지 못한 자나 모두들 자기 가슴속의 지혜를 다 짜내고 자기 팔다리의 힘을 다 써서 군주를 위해 애쓰게 된다.[222]

이른바 형벌을 통일한다는 것은 형벌을 시행할 때 사람의 등급을 따지지 않아 재상과 장군으로부터 대부와 서민에 이르기까지 군왕의 명령을 따르지 않거나 나라의 금지령을 범하거나 군주의 법제를 어지럽게 하는 자가 있으면 사형에 처하고 사면하지 않는 것이다.[223]

상앙은 법의 공정함을 이처럼 분명히 했습니다. 실제 그는 태자가 법을 어기자 태자까지 처벌하려고 했지요. 그러나 태자를 처벌할 수 없자 태자의 스승과 보좌진을 처벌했습니다. 법가가 법의 공정성에 얼마나 지독히 천착했는지 알 수 있는 대목이지요. 법 앞에서는 모두가 똑같은 존재로 환원되어야 할 뿐입니다.

공정함을 거론하다 보니 '평등주의'가 강하게 읽히기도 할 겁니다. 차별적 신분질서와 귀족의 기득권을 인정하는 유가와 달리, 법가는 법 앞에 동등한 존재를 강조하고 체제의 외곽에서 재상과 장수를 뽑으라고 주장하는 등 강한 평등주의를 지향했다고 볼 수 있지요. 평등주의를 통해 유동성을 만들어 '나도 할 수 있다', '나도 잘살 수 있다' 같은 사람의 욕망을 자극해 국력을 높이고자 했기 때문입니다.

사실, 평등주의라기보다는 '기회의 평등'이고 '욕망의 평등'이며 더 나아가 '욕망의 개방'이라고 볼 수 있지요. 누구나 잘살고 싶은 욕망이 있다는 점에서 똑같습니다. 그러니 욕망을 잠가놓고 가둬놓지 마라, 기회를 줘라, 욕망을 개방시켜 국력을 키우자, 법으로 이것을 보장해주자, 능력과 실적만 가지고 신분이 상승하고 사회적 자원을 누리도록 법이 보장하자고 했지요.

객관주의·공포성·투명성·성문성·가행성을 비롯한 합리성, 그리고 가장 중요한 공정성과 평등주의까지, 법가와 한비자의 법이 근본이자 생명으로 삼는 바를 말했습니다. 여기에서 우리 법가 사상가들의 법철학과 제가 꾸는 꿈이 드러났다고 생각합니다. 특히 '생을 즐기게 도와줘야 한다'는 말을 기억하면 좋겠습니다. 인민이 생을 즐기게 함이 법치가 목적하는 바입니다. 이것이 바로 '민본주의' 아닐까요?

> 나라를 다스릴 때 명확한 법을 설정하고 엄격한 형벌을 제시하여 그것으로 모든 사람의 혼란을 구하고 천하의 재앙을 물리쳐야 한다. 그래야 강자가 약자를 침해하지 않고 다수가 소수를 학대하지 않고 노인이 수명을 다 누리고 어린 고아가 성장하고 변경이 침략당하지 않고 군신이 서로 친밀해지고 부자가 서로 감싸주고 다투다가 사망하거나 붙잡히는 염려가 없게 된다. 이것이 바로 최상의 공적이라고 하는 것이다.[224]

약자가 겁박당하지 않고 소수자가 학대당하지 않도록, 이들이 반듯한 사회 구성원으로 성장할 수 있게 보호하고 지켜줘야지요. 인민이 생을 즐기도록 돕고, 특히 약자가 안심하고 살 수 있도록 보호하는 민본주의이야말로 저 한비자의 꿈과 이상이라 할 수 있습니다.

민본주의는 본래 유가의 것이 아니라 법가의 것이지요. 중국 철학자들 사이에서 "진정 민중을 위하는 이들은 법가다. 민본주의는 유가가 말했지만 법가를 통해 달성할 수 있다"라는 말이 괜히 나온 게 아닙니다.

앞서 군주의 세를 말할 때, 어떻게 세를 만들고 유지할 것인가를 말할 때 인민의 지지를 강조했었지요. 그때도 저 한비자의 민본주의가 드러났습니다.

법가는 구시대의 나쁜 잔재를 청소했고 사회질서를 잡았으며 국력을 증가시켰습니다. 법가는 통일제국 진나라의 근본적 힘이었다고 긍정의 평을 듣습니다. 그러면서도 법가를 두고 수단적인 통치 사상일 뿐 근본적인 청사진이 없다고 하지요. 특히 스토아학파의 사상적 세례를 받은 로마 만민법과 비교해, 보편주의·만민평등주의·천부인권주의가 없기 때문에 법가의 사상은 국가 권력을 위한 실정법주의에 불과하다고 많이들 비판합니다.

그러나, 분명 그렇지 않습니다. 뚜렷한 목적이 있고 약자와 인민에 대한 보호를 말하고 있고 평등을 이야기했습니다. 진나라에서 법가와 함께 일했던 묵자 철학과 합쳐졌으면 더욱 탄탄한 철학과 자연법적 장점을 갖춘 사상으로 진화할 여지도 있었지요. 로마 만민법에 비해 조악하다니요!

## 개인의 발견

이제, 개인, 개인주의 이야기도 해보겠습니다.

> 한 집에 남자가 둘이 있는데 분가하지 않으면 부세를 두 배로 한다.[225]

형제가 한 집에 살지 못하게 상앙이 강제로 분가시켰습니다. 왜 그랬을까요? 단순히 인구 및 호수 증강책일까요? 세수 확대를 위한 정책일까요? 그렇지 않습니다. 궁극적으로 법치와 법치를 통한 직접 지배를 위함입니다.

법 앞에선 모두가 동등해야 합니다. 법적 책임, 의무, 권리를 모든 사람에게 똑같이 부과해야 하지요. 동시에 군주가 법을 근거로 인민을 직접 지배해야 합니다. 그러기 위해선 사람들을 쪼개야 합니다. 그런데 군주와 인민 사이에 귀족이나 토착 세력 등이 있어, 군주는 간접 지배를 할 수밖에 없었습니다. 법치가 제대로 이루어지고 법치의 생명이 관철되기 위해서는 한 사람 한 사람이 통치 단위가 되고, 한 사람 한 사람이 법적 주체와 개체가 되도록 최대한 사람들을 분화해야 했지요. 그래서 상앙이 강제적인 분가 정책을 밀어 붙였습니다.

영예와 치욕은 자신에게 달려 있는 것이지 남에게 달려 있는 것이 아니다.[226]

잘되고 못되고, 잘살고 못살고, 국가에 의해 보호받고 국가에 의해 처벌받고는 모두 자신에게 달려 있습니다. 남에게 달린 게 아니지요.

국가가 알기 쉽게 법을 만듭니다. 또 분명히 알 수 있게 최대한 배려해줍니다. 나는 법을 지키면 됩니다. 법에 규정한 의무를 다하면 될 뿐이지요. 신분이 한미해도 배경이 미미해도 나의 노력과 능력으로 돌파할 수 있습니다. 부모 때문에 출세가 제한되는 일이 없고, 지방 사람이라고, 다른 민족이라고 기회를 부여받지 못하거나 엉뚱하게 처벌받는 일은 없습니다. 법은 개인만 바라보기 때문입니다.

춘추시대까지 남아 있던 씨족공동체란 울타리에서 사람들을 분화시킨 다음, 의무와 권리를 부과하고 동등하게 법치를 적용할 때 법 앞에서 동등한 '한 사람의 개인'으로 설 수 있겠지요. 이것이 진정한 법치 아니겠습니까? 이를 법가가 지향했습니다.

만일 공 있는 자가 반드시 상을 받는다면 상 받는 자는 군주의 덕이라 하지 않을 것이다. 노력이 가져온 것이기 때문이다. 죄지은 자가 반드시 처벌을 당한다면 처벌당한 자는 군주를 원망하지 않을 것이다. 죄가 낳은 것이기 때문이다. 인민은 처벌이나 상이 모두 자신에게서 기인하는 것을 알기 때문에 일에 있어 공의 성과에 힘쓰며 군주에게서 은사를 받으려 하지 않는다. 최상의 군주

는 그 밑에 있는 인민의 존재를 알 뿐이다.[227]

상을 받든 벌을 받든, 책임은 철저히 개인에게 있을 뿐이고 법이 그것을 보장합니다. 법 앞에 동등하게 선 개인은 법만 의식하면 되지 맨 위에 있는 나라님을 의식할 필요가 없습니다. 법이 하지 말라는 것을 하지 않으면 되고, 법이 부과한 의무를 이행하면 되며, 법에 보장된 권리를 챙기면 될 뿐입니다. 오직, 법 앞에 홀로 선 개인 자신만이 있을 뿐입니다.

법가와 저 한비자가 말하는 개인은 근대 서구에서 말하는 개인과는 개념이 다릅니다. 사실 거기까지 나아가지 못했습니다. 로마 만민법에서 말하는 천부적 권리를 말하지 못했고, 법 이전에 모두가 신 앞에서 동등하다는 신학적 수사와 거기서 발전한 법철학적 기초도 없었습니다. 근대 시민사회에서 말하는 개인, 그러한 개인의 발견, 개인주의, 개인 간의 계약과 그 보호를 말하는 단계까지는 발전하지 못했지요.

그럼에도 원시적이나마 개인을 보려고 했고, 법 앞에 세우려 했으며, 개인주의의 씨앗이 보인다는 점에서 점수를 줘도 되지 않을까 싶습니다. 서기전 400년 즈음 영광과 치욕, 부귀빈천을 스스로 선택하고 거기에 책임을 지는 개인을 미약하게나마 주장했다는 데 큰 의미가 있습니다.

· 22장 ·
# 군생의 어지러움을 구해 천하의 화를 없앤다

**구세지사의 다짐**

당시에 국가는 범위가 날로 확대되었고 조직이 날로 복잡해졌다. 옛날의 '인간 사회를 다스리는 도'는 이미 적용되지 않았고 새로운 것이 필요하게 되었다. 한비의 무리는 '법술을 수립하고 제도를 설정하면' 충분히 인민의 이익과 서민의 안녕을 도모할 수 있다고 고취했는바, 역시 적극적인 구세의 선비救世之士라 할 수 있겠다.*

평유란馮友蘭(풍우란)이라는 사람이 저를 이렇게 평했다지요. 구세의 선비고 진정으로 민중을 아끼는 사람이었다고. 사실 평유란이란 철학자는 주자학

---

* 평유란, 《중국철학사》, 박성규 옮김, 까치, 1999.

을 근본으로 삼은 사람으로 성리학자 특유의 시선과 관점이 많습니다. 그런 시각이 제자백가 학자를 평할 때 잘 드러난다고 합니다. 특히, 묵자를 보는 시각에 성리학자 특유의 시각이 잘 드러난다고 하지요.

그런데 예외적으로 다른 성리학자와는 다르게 저 한비자를 높이 샀습니다. 대개 성리학자는 법가 사상가를 악마로 취급하는 경우가 많지만, 펑유란은 저를 '구세의 선비'라 했지요. 다른 것은 몰라도 인민을 위하는 진정성과 세상을 구하고자 하는 치열한 정신만큼은 인정하지 않을 수 없었나 봅니다. 진실로 저 한비자는 민본주의자임에 틀림없습니다.

## 네 번의 생명

신도의 텍스트 《신자》 마지막 편을 보면 법가의 이상, 특히 민본 의식과 구세 의식이 잘 드러납니다. 인민의 장수와 네 번째 생명 등을 이야기하지요.

> 주나라 성왕이 죽자에게 물었다. "성인이 윗자리에 있어야지 인민은 풍족하게 장수할 수 있다고 했소. 인민이 풍족하게 하는 것은 할 수 있지만 인민이 장수하게 하는 것은 하늘이 결정하는 것 아니오?" 이에 죽자가 답하길 "성인이 윗자리에 거하면 천하는 전쟁이 발생하는 일이 없게 됩니다. 제후들도 사사로운 이익을 위해 정벌하는 일이 없게 되고, 인민 사이에도 이익 다툼이 없게 됩니다. 그렇게 되면 인민은 편안하게 일생을 지낼 수 있습니다. 성왕이 윗자리에 거하면 군주는 공덕을 쌓아 인민을 교화하고 인민은 최선을 다해 경전에 종사합니다. 부녀는 최선을 다해 방직에 힘쓰고 남자는 최선을 다해 식량을 생산하니 인민이 얼어 죽거나 굶어 죽는 것을 피하게 됩니다. 이는 인민이 두 번째 생

명을 얻은 것이나 다를 바 없습니다. 성인이 위에 거하면 군주는 인의를 쌓는 데 힘쓰고 관리들은 인민을 위해 힘쓰고 인민은 마음으로 순종하게 됩니다. 이런 나라에서는 형벌이 폐지되고 인민은 무고하게 주살되지 않습니다. 이는 곧 인민이 세 번째 생명을 얻는 것과 같습니다. 성왕이 윗자리에 거하면서 때에 따라 인민을 부리고 시절에 따라 인민을 이용하면 인민은 병들거나 고통스러워하지 않습니다. 이는 인민이 네 번째 생명을 얻는 것과 마찬가지입니다.[228]

　신도가 죽자란 사람의 입을 통해 자신의 정치적 꿈과 통치 이상을 말하고 있는 게 아닌가 싶습니다. 그는 인민이 풍족하게 살게 하는 선에서 그치지 말고 장수하게 하자고 합니다. 단순히 잘살게 해주는 정도가 아니라 장수하게, 그것도 생명을 네 번이나 얻게 해주자는데, 전쟁이 사라지고 치안이 안정되니 첫 번째 생명을 얻습니다. 각자 안심하고 생업에 종사하니 두 번째 생명을 얻지요. 통치를 늘 신뢰하며 살고 안정된 법치가 유지되니 세 번째 생명을 얻습니다. 합리적으로 부역이 부과되고 행정이 돌아가니 무려 네 번째 생명을 얻습니다.

　이를 보면, 인민이 잘살고 오래 살고 생명을 늘 간직하고 누리는 세상이 보입니다. 신도의 이상이 잘 드러나지요. 이 구절이 괜히 《신자》의 가장 마지막에 나온 게 아닙니다. 법가의 민본주의가 잘 보이기 때문이지요. 민본주의 하면 유가이고 유가의 상징으로 여기는데 그렇지가 않습니다. 평유란이 말했듯 귀족이 아니라 민중의 편을 든 법가가 진정 민초와 인민을 생각하고 아끼는 민중주의자, 민본주의자였지요. 저 또한 이를 〈간겁시신〉 편과 〈대체〉 편에서 분명히 피력했지요.

나라를 다스릴 때 명확한 법을 설정하고 엄격한 형벌을 제시하여 그것으로 모든 사람의 혼란을 구하고 천하의 재앙을 물리쳐야 한다. 그래야 강자가 약자를 침해하지 않고 다수가 소수를 학대하지 않고 노인이 수명을 다 누리고 어린 고아가 성장하고 변경이 침략당하지 않고 군신이 서로 친밀해지고 부자가 서로 감싸주고 다투다가 사망하거나 붙잡히는 염려가 없게 된다. 이것이 바로 최상의 공적이라고 하는 것이다.[229]

다시 한 번 인용했는데, 구救-군생지란群生之亂, 거去-천화지화天下之禍를 말했습니다. 군생의 어지러움을 구하고 천하의 화를 제거한다. 약자가 억울하게 당하고 핍박당하는 일이 없게 한다!

법가의 민본주의자, 한비자의 꿈이 잘 보이십니까? 저의 구세 의식이 잘 보이십니까?

## 한비자의 행동과 내심

이른바 방이란 내심과 외모가 서로 맞고 언행이 서로 일치함을 말한다. 이른바 염이란 반드시 생사를 명으로 받아들이고 재화에 담담함을 말한다. 이른바 직이란 주장이 반드시 공정하고 마음이 한쪽으로 치우치지 않음을 말한다. (중략) 여기서 도술을 터득한 사람은 자신이 비록 내심과 외모가 성실하고 바르더라도 그것을 가지고 비뚤어지고 바르지 못한 자를 비방하지 않는다. 자신이 비록 절의에 죽을 각오를 하고 재화에 담담하더라도 그것을 가지고 겁 많고 탐욕스러운 자를 모욕하지 않는다. 자신이 비록 행동을 바르게 하고 패거리를 짜지 않더라도 그것을 가지고 사악한 자를 물리치거나 사리를 챙기는 자를 벌주지 않는다. 자신이 비록 권세가 높고 복장이 화려하더라도 그것을 가지고 낮은 자에게 자랑하거나 가난한 자를 업신여기지 않는다.[230]

〈해로〉 편에 있는 이야기입니다. 저의 꿈만이 아니라 내심과 속을 보여드리기 위함인데, 여기서 '방'과 '염', '직'을 이야기합니다. 방方은 언행일치 및 신념과 행동의 일치를, 염廉恥은 생사를 명으로 받아들이고 재물에 무관심함을, 직直은 신념과 주장이 공정함을 뜻하지요. 제가 갖추려고 한 덕목들로, 이와 관련해 처세를 논했습니다.

나는 욕심이 없지만 탐욕스러운 자를 함부로 모욕하지 않고, 나는 바르게 살지만 삐뚤어진 무리에게 시비 걸지 않고, 또 신분이 높아지더라도 약한 자를 무시하지 않는다고 했습니다. 제 자신이 그런 처세의 방식으로 살려고 했지요. 왜 그랬을까요? 어째서 제가 그렇게 살고자 했을까요? 이는 세상이 너무도 어지럽고 혼란스럽기 때문이었습니다.

그렇게 하는 까닭은 무엇인가? 가령 길을 잃은 자로 하여금 익숙하거나 잘 아는 이에게 묻고 듣게 한다면 헤매는 일이 없을 것이다. 지금 많은 사람이 성공하기를 바라면서도 도리어 실패하게 되는 원인은 도리를 알지 못하면서도 굳이 잘 아는 이에게 묻거나 능력 있는 자에게 의견을 들으려고 하지 않는 데에서 생긴다. 일반 사람이 굳이 잘 아는 이에게 묻거나 능력 있는 자에게 의견을 들으려고 하지 않는데도 성인이 억지로 그 실패를 꾸짖으면 도리어 원망을 하게 된다.[231]

길을 잃었으면 길을 아는 자에게 길을 물어야 합니다. 성공하기를 바라면 이치를 아는 사람들에게 물어야 하지요. 하지만 길을 아는 자에게 묻지 않고 능력자에게 묻지 않습니다. 사람들은 거꾸로 길을 모르는 자, 무능한 자에게 길을 묻습니다. 길을 알려주고 일이 되게 하려 조언하면 외려 배척하고 공격합니다. 세상이 이러합니다. 그러니 타인이 무능하다고 특정 집단이 썩었다고 비판하거나 공격하면 안 되겠지요.

> 일반 사람은 많고 성인은 적다. 적은 수가 많은 수를 이기지 못하는 것은 정해진 이치이다. 지금 행동을 취하여 천하 사람과 원수 사이가 되는 것은 몸을 온전히 하여 오래도록 사는 길이 아니다. 그래서 절도에 맞게 행동하면서 세상과 함께한다는 것이다. 그러므로 노자가 말하기를 "올바르게 하면서도 남을 해치지 않고 깨끗이 하면서도 남에게 상처 입히지 않으며 곧게 하면서도 제 마음대로 하지 않고 영광이 있으면서도 남에게 교만하지 않는다"라고 한다.**232**

맞습니다. 소수가 다수를 이길 수 없습니다. 소수의 선각자, 선지자가 어리석은 다수를 이길 수는 없고 당장 권력을 쥔 사람을 당해낼 수는 없습니다. 그러니 몸을 사려야지요. 저도 그런 생각을 안 해본 것이 아닙니다. 그러니 이렇게 말한 것이지요.

> 대저 능히 나라를 보유하고 몸을 잘 보존할 수 있는 자는 반드시 도를 체득하게 된다. 도를 체득하면 지혜가 깊어지고 지혜가 깊으면 계략이 원대해지며 계략이 원대하면 일반 사람은 그 끝 간 데를 능히 알아볼 수 없다. 오직 일의 끝 간 데를 알아볼 수 없게 하는 자만이 몸을 보존하고 나라를 보유한다. 그러므로 노자가 말하기를 "그 지극함을 알아보지 못하게 하라. 천하 사람이 그 지극

함을 보지 못한다면 가히 나라를 보유할 수 있다"라고 한다.[233]

저 같은 법술지사의 시야와 통찰력, 총명함은 뭇사람과 비할 바가 아니지요. 사람들이 우리의 내공을 알아볼 수는 없습니다. 또 그렇게 해야 합니다. 알게 하려고 싸우고, 싸워 화를 스스로 불러일으킬 필요가 없지요. 역시 〈해로〉 편에 있는 이야기인데 처세의 원칙을 말한 노자의 이야기를 불러와서 '이렇게 살아보겠다. 이런 방식으로 살면서 제 명에 죽지 못하는 일이 없도록 해보겠다'며 다짐하는 장면이지요.

그런데 말입니다. 《노자》를 보면서 처세의 원칙과 방향을 잡았건만, 제 실제 모습은 그렇지 않았나 봅니다. 팔자와 성격을 못 고쳤기 때문인지 늘 화씨의 구슬에 나오는 사람처럼 살았나 봅니다. 군주에게 다가가 개혁의 콘텐츠를 바치며 '이렇게 나라를 고쳐봅시다. 안 그러면 우리 한나라 망합니다'라고 하면서요. 중신의 위협과 협박이 노골적이었지만 늘 그렇게 나아가고 때론 싸웠나 봅니다.

전 세상을 구하고 싶었을 따름이지요. 한나라를 살리고 인민을 살리고 싶었을 뿐입니다. 그래서 법치와 개혁을 주장했지요. 끊임없이 법으로 나라를 다스리자, 간신을 몰아내고 유능한 대리인과 법술지사로 궁중을 채우자고 싸웠습니다. 노자의 입을 빌어 스스로 말한 처세의 원칙과는 반대로 말입니다.

그런데 그러던 저에게 어떤 사람이 와서 다음과 같이 충고했습니다. 당계공이란 사람이었습니다.

# 나는 그래도 세상을 구할 것이다

제가 듣기로는 예를 지키고 겸손한 것이 몸을 온전하게 하는 술이며 행동을 삼가고 지혜를 감추는 것이 일을 이루는 길이라 합니다. 지금 선생은 법술을 내세우고 제도를 만들고 있습니다. 저는 마음속으로 그것이 자신에게 위험하고 몸도 위태롭다고 생각합니다. 어떻게 그것을 알까요? 선생에게 술에 대해 들을 때 선생이 말하기를 "초는 오기를 등용하지 않아 깎이고 진은 상앙을 등용하여 부강해졌다. 두 사람의 주장이 틀림없었기 때문이다. 그러나 오기는 사지가 찢기고 상앙도 거열을 당했으니 이는 세상을 잘못 만나고 군주를 제대로 만나지 못한 재앙이다"라고 하였습니다. 만남이란 반드시 가능한 것이 아니며 재앙이란 인간이 물리칠 수 있는 것이 아닙니다. 도대체 몸을 온전하게 가지면서 일을 해내는 길을 버리고 위험한 행동을 마음대로 하는 것은 선생을 위해서 취해선 안 될 바입니다.[234]

당계공이 저에게 예를 지키고 겸손해야 몸을 지킨다고 했습니다. 당신은 오기와 상앙을 말하면서 개혁하자 법치를 하자고 하는데, 그 두 사람 모두 비참하게 죽지 않았느냐? 그들의 말로를 답습하고 싶지 않으면 더 이상 개혁한다고 싸우지 말고 물러나 있으라고 말입니다. 훌륭한 군주를 만나야 개혁안이 받아들여질 텐데 이는 사람 마음대로 될 수 없고, 재앙을 피하는 일 역시 사람 뜻대로 될 수 없으니 저에게 그만하라고 충고했지요.

사람들이 〈문전〉 편의 이 글을 보고는 저 한비자의 안부가 걱정되어 충고한 것으로 해석들을 해왔습니다. 그런데 충고가 아니라 협박이었습니다. 기득권 가운데 비교적 온건한 사람이 나서서 부드러운 언사로 제게 경고한 것

- 364 -

이지요. 핏대 올리고 씩씩거리면서 하는 협박보다 조곤조곤 온건하게 하는 협박이 더 무서운 법입니다.

이에 저는 이렇게 답했습니다.

선생님 말씀은 잘 알겠습니다. 천하를 다스릴 도구와 인민을 평등하게 다스릴 법도를 갖추어 실행하는 것은 진실로 어렵습니다. 그러나 선생님의 충고는 거절하고 감히 미천한 제가 취하는 바를 고집하려는 이유는 법술을 만들고 제도를 정비하는 것이 진정 인민의 이익을 위하고 하층민의 안녕을 도모하는 길이기 때문입니다.[235]

천하를 다스릴 도구를 만들고 정비합니다. 법과 제도 말입니다. 개혁안을 말함이지요. 이는 인민을 평등하게 다스릴 도구인데, 이것을 가지고 실제 세상에 실행하는 일은 참으로 어렵습니다. 개혁의 콘텐츠를 밀어붙이다가 중신, 간신, 귀족의 견제에 죽임을 당할 수도 있지요. 하지만 저는 멈출 수 없었습니다. 법술을 만들어 개혁을 성공시켜야만 인민을 이롭게 할 수 있기 때문입니다. 그래야 하층민이 편안하게 살 수 있습니다.

리민맹편중서지도利民萌便衆庶之道. 리민맹利民萌, 민맹을 이롭게 합니다. 여기서 민맹은 단순히 인민이라기보다는 하층민, 살기 힘든 무지렁이 인민이란 뜻이 담겨 있지요. 인민에 대한 저의 측은지심이 녹아든 표현입니다. 힘없는 사람들, 그들을 이롭게 해야 합니다.

편중서便衆庶, 중서 역시 단순히 인민이라기보다는 힘들게 살아가는 하층민이란 의미가 강하지요. 그들이 조금이라도 편히 살게 해야지요. 그래서 법치를 밀어붙여 개혁해야 합니다. 정치의 필연성을 만들어내려 안간힘을 써야지요. 목숨 따위 잃는 것을 개의치 말고!

난세의 군주나 암우한 군주를 만나는 재난을 꺼리지 않고 반드시 인민의 이득
에 고르게 도움을 주는 것은 인인지자仁人知者(어질고 지혜로운 자)의 행동입
니다. 난세의 군주나 암우한 군주를 만날 재난을 꺼려 죽게 될 위험을 피하여
그 자신만을 알고 인민의 이득에 도움 줄 일을 돌보지 않음은 탐욕스럽고 야비
한 행위입니다. 저는 탐욕스럽고 야비한 행위를 차마 하고자 하지 않으며, 인
인지자의 행동을 감히 손상시킬 수 없습니다. 선생께서 저를 아끼는 생각을 가
지셨으나 오히려 저를 크게 다치게 하는 것입니다.[236]

법치를 말하고 개혁의 콘텐츠를 만들었지만 결국 그것이 시행되고 말고는
군주에게 달린 일이지요. 그런데 군주가 우매하다면? 암군이라면? 암군까지
는 아니어도 중신의 포로라면 어떻게 될까요? 개혁은 수용되지 않겠지요. 나
아가 중신들에게 저를 먹잇감으로 던져주겠지요. 화씨의 구슬 이야기처럼.
하지만 그런 재앙이 두려워 몸을 사려야 되겠습니까? 인민은 고통을 받고
조국 한나라는 휘청거리는 등 망국의 위기가 눈앞에 놓여 있는 상황에서 몸
을 사리는 행동은 야비할 뿐입니다. 저는 인인지자의 길을 가려고 했던 구세
의 선비로서 죽음을 두려워할 수 없었습니다.

대저 인의란 것은 천하의 해악을 근심하고 한나라의 환난에 달려가 천시나 굴
욕도 피하려고 하지 않음을 가리킨다. 그러므로 이윤은 중국이 어지럽다고 생
각하여 요리를 맡음으로 탕나라를 섬기려 하였고 백리해는 진나라가 어지럽
다고 생각하여 노예가 됨으로써 섬기려 하였다. 모두가 천하의 해악을 근심하

고 한나라의 환난에 달려가 천시나 굴욕도 피하려고 하지 않았기 때문에 이를 가리켜 인의라고 한다.[237]

유가에만 충성이 있지 않고 유가에만 인의가 있지 않습니다. 대리인으로 국가 사무를 충실히 하고 공익과 국익을 위해 헌신함이 바로 한비자의 충입니다. 천하의 해악을 걱정하고 나라의 환난을 없애려 위험을 무릅쓰는 게 한비자의 인의입니다.

법가에도 인과 의가 있고 충성과 지혜가 있습니다. 인민을 이롭게 편안하게 함이 인인지자의 길인데 그 길을 가야지요. 그 길이 제 삶이고 제가 사는 이유였습니다.

제가 듣기로 예전에 나라를 잘 다스리는 이들은 옛 제도를 고치지 않고 기존의 법을 바꾸지 않는다고 합니다. 또한 저는 병기란 흉기요, 싸움이란 덕을 거스르는 것이라 들었습니다. 지금 어른께서는 남몰래 덕을 거스르는 일을 도모하고, 흉기(병기)를 쓰는 것을 즐겨 남들이 꺼리는 일(군대를 쓰는 일)을 시작하려 합니다. 이는 크게 이치를 거스르는 음일淫佚한 일이니 행하면 이롭지 않습니다. 어른은 억지로 노나라 군대를 이끌고 제나라를 쳐서 뜻을 이뤘고, 위나라 군대를 이끌고 진나라를 쳐서 뜻을 이뤘습니다. 저는 '남을 해치지 않으면 자신도 해를 입지 않는다'고 들었습니다. 저는 정말 우리 군주가 하늘의 도를 수차례 거스르고 지금까지 화를 입지 않음을 괴이하게 생각하고 있었는데, 아! 어른을 기다린 것이었군요, 드디어 당신이 와서 화를 입히려 하고 있습니다.[238]

누가 오기에게 와서 건넨 말입니다. 오기도 저와 유사한 일이 있었나 봅니다. 초나라에서 재상이 되어 개혁을 한참 이끌고 있을 때로 보입니다. 당시 초나라는 오기의 개혁으로 국력이 크게 일신되어 예전의 위용을 되찾아가고 있었다지요. 그런데 기득권을 빼앗긴 귀족의 불만은 외려 커졌답니다. 귀족들은 오기에게 앙심을 품고 있다가 오기의 뒤를 봐주던 도왕이 죽자 곧장 오기를 죽여버렸지요. 아마도 그 사건이 있기 전에 있었던 일인 것 같습니다. 오기에게 말을 건넨 저 사람도 앞서 당계공처럼 점잖은 충고를 가장한 협박을 했지요. 계속 그렇게 개혁 드라이브를 강경하게 걸고 법치만을 고수하면 당신은 화를 당할 수밖에 없다고 말입니다.

오기 선배가 이렇게 답했다지요.

저 오기는 남을 위해 도모하는 사람일 뿐입니다.
起之爲人謀.

사실 여러 말이 필요 없습니다. 남을 위하는 사람이라는 오기의 말이 참 시원하고 분명하니, 저도 그리 말하면 되겠습니다. 인민을 위하는 사람이었을 뿐이라고. 그리고 조국 한나라를 위하는 사람이었을 뿐이라고.

진나라의 감옥에서 죽을 날만을 기다리고 있고, 곧 목숨을 잃겠지만 저는 조금의 후회도 없습니다. 저, 한비자는 남을 위해 도모하는 사람일 뿐이니….

조국을 사랑한 사람이 있었습니다.
인민을 사랑한 사람이 있었습니다.
세상을 바꾸려 했지만 미움과 분노에만 휩싸이지 않은 사람이 있었습니다.

분노를 치열한 사유의 힘으로 전환한 사람이 있었습니다.
위대한 통찰의 힘과 지혜를 겸비한 사람이 있었습니다.
구세의 열정으로 끝까지 싸운 사람이 있었습니다.

바로, 한비자. 한비자 그가 바랍니다.

한국 사회에 신뢰라는 자원이 많아지기를.
믿음과 관념이 사실을 압도하는 것이 아니라,
사실이 믿음과 관념을 대체하는 사회로 가기를.
고난의 땅 조선반도에 작지만 강한 나라가 우뚝 서기를.
그 나라가 언제나 자존을 지켜가기를!

1 鄭簡公謂子産曰: 國小, 迫於荊, 晉之間. 今城郭不完, 兵甲不備, 不可以待不虞. 子産曰: 臣閉其外也已遠矣, 而守其內也已固矣, 雖國小猶不危之也. 君其勿憂. 《한비자》〈외저설外儲說 좌상〉

2 火見, 鄭其火乎. 火未出, 而作火以鑄刑器, 藏爭辟焉, 火如象之, 不火何爲. 《좌전》

3 民知有辟, 則不忌於上, 倂有爭心. 以徵於書, 而徼幸以成之, 弗可爲矣. 夏有亂政而作禹刑, 商有亂政而作湯刑, 周有亂政而作九刑. 三辟之興, 皆叔世也. 今吾子相鄭國, 作封洫, 立謗政, 制參辟, 鑄刑書, 將以靖民, 不亦難乎? (중략) 民知爭端矣, 將棄禮而徵於書. 錐刀之末, 將盡爭之. 亂獄滋豊, 賄賂倂行. 終子之世, 鄭其敗乎? 肸聞之, 國將亡, 必多制, 其此之謂乎! 《한비자》〈초견진〉

4 若吾子之言, 僑不才, 不能及子孫. 吾以救世也. 旣不承命, 敢忘大惠. 《좌전》

5 晉其亡乎. 失其度矣! 夫晉國將守唐叔之所受法度. 以經緯其民者也. 卿大夫以序守之, 民是以能遵其道而守其業. 貴賤不愆, 謂度也. 文公是以作執秩之官, 爲被廬之法, 以爲盟主. 今棄是度也, 而爲刑鼎, 民在鼎矣, 何以尊貴! 貴何業之守! 貴賤無序, 何以爲國! 《좌전》

6 厲憐王. 《한비자》〈간겁시신姦劫弑臣〉

7 諺曰: 厲憐王. 此不恭之言也. 雖然, 古無虛諺, 不可不察也. 此謂劫殺死亡之主言也. 《한비자》〈간겁시신〉

8 子夏曰: 春秋之記, 臣殺君, 子殺父者, 以十數矣. 《한비자》〈외저설 우상〉

9 主施其法, 大虎將怯. 主施其刑, 大虎自寧. 法刑狗信, 虎化爲人, 復反其眞. 《한비자》〈양권揚權〉

10 毋富人而貸焉. 毋貴人而逼焉. 毋專信一人而失其都國焉. 《한비자》〈양권〉

11 人主之患在於信人. 《한비자》〈비내〉

12 信人則制於人. 《한비자》〈비내〉

13 春秋所記, 犯法爲逆以成大姦者, 未嘗不從尊貴之臣也. 然而法令之所以備, 刑罰之所以誅, 常於卑賤, 是以其民絶望, 無所告愬. 《한비자》〈비내〉

14 倉廩之所以實者耕農之本務也, 而綦組錦繡刻劃爲末作者富. 名之所以成, 城池之所以廣者戰士也, 今死士之孤飢餓乞於道. 《한비자》〈궤사〉

15 賞祿所以盡民力易下死也, 今戰勝攻取之士勞而賞不霑, 而卜筮視手理狐蠱爲順辭於前者日賜. 《한비자》〈궤사〉

16 韓事秦三十餘年, 出則爲扞蔽, 入則爲蓆薦, 秦特出銳師取韓地, 而隨之怨懸於天下, 功歸於
强秦. 且夫韓入貢職, 與郡縣無異也. 今臣竊聞貴臣之計, 舉兵將伐韓. 夫趙氏聚士卒, 養從
徒, 欲贅天下之兵, 明秦不弱, 則諸侯必滅宗廟, 欲西面行其意, 非一日之計也. 今釋趙之患,
而攘內臣之韓…. 《한비자》〈존한〉

17 夫韓, 小國也, 而以應天下四擊, 主辱臣苦, 上下相與同憂久矣. 修守備, 戒强敵, 有蓄積, 築
城池以守固. 《한비자》〈존한〉

18 臣斯甚以爲不然. 秦之有韓, 若人之有腹心之病也, 虛處則㤥然, 若居濕地, 著而不去, 以極走
則發矣. 夫韓雖臣於秦, 未嘗不爲秦病. 《한비자》〈존한〉

19 非之來也, 未必不以其能存韓也, 爲重於韓也. 辯說屬辭, 飾非詐謀, 以釣利於秦, 而以韓利闚
陛下. 夫秦, 韓之交親, 則非重矣, 此自便之計也. 臣視非之言, 文其淫說, 靡辯才甚. 臣恐陛
下淫非之辯而聽其盜心, 因不詳察事情. 《한비자》〈존한〉

20 韓不可信也. 秦與趙爲難, 荊蘇使齊, 未知何如. 以臣觀之, 則齊趙之交未必以荊蘇絶也. 若不
絶, 是悉趙而應二萬乘也. 夫韓不服秦之義而服於强也. 今專於齊趙 則韓必爲腹心之病而發
矣. 韓與荊有謀, 諸侯應之, 則秦必復見崤塞之患. 《한비자》〈존한〉

21 不別親疏, 不殊貴賤, 一斷於法. 《사기》〈태사공자서太史公自序〉

22 王太仁於薛公, 而太不忍於諸田. 太仁薛公則大臣無重, 太不忍諸田則父兄犯法. 大臣無重則
兵弱於外, 父兄犯法則政亂於內. 兵弱於外, 政亂於內, 此亡國之本也. 《한비자》〈내저설 상〉

23 魏惠王謂卜皮曰: 子聞寡人之聲聞亦何如焉? 對曰: 臣聞王之慈惠也. 王欣然喜曰: 然則功且
安至? 對曰: 王之功至於亡. 王曰: 慈惠, 行善也, 行之而亡何也? 卜皮對曰: 夫慈者不忍, 而
惠者好與也. 不忍則不誅有過, 好予則不待有功而賞. 有過不罪, 無功受賞, 雖亡不亦可乎?
《한비자》〈내저설 상〉

24 聖王之立法也, 其賞足以勸善, 其威足以勝暴, 其備足以必完法. 治世之臣, 功多者位尊, 力極
者賞厚, 情盡者名立. 善之生如春, 惡之死如秋, 故民勸極力而樂盡情, 此之謂上下相得. 《한비
자》〈수도守道〉

25 衛嗣君之時, 有胥靡逃之魏, 因爲襄王之后治病, 衛嗣君聞之, 使人請以伍十金買之, 伍反而
魏王不予, 乃以左氏易之. 群臣左右諫曰: 夫以一都買胥靡可乎? 王曰: 非子之所知也. 夫治
無小而亂無大, 法不立而誅不必, 雖有十左氏無益也. 法立而誅必, 雖失十左氏無害也. 魏王
聞之曰: 主欲治而不聽之, 不祥. 因載而往, 徒獻之. 《한비자》〈내저설 상〉

26 同列而相臣妾者, 貧富之謂也. 同實而相幷兼者, 强弱之謂也. 有地而君或强或弱者, 治亂之
謂也. 苟有道里, 地足容身, 士民可致也. 苟容市井, 財貨可聚也. 有土者不可以言貧, 有民者
不可以言弱. 地誠任, 不患無財; 民誠用, 不畏强暴. 《상군서商君書》〈조법錯法〉

27 人臣循令而從事, 案法而治官, 非謂重人也. 重人也者, 無令而擅爲, 虧法以利私, 耗國以便家, 力能得其君, 此所爲重人也. 《한비자》〈고분孤憤〉

28 宋人有酤酒者, 升概甚平, 遇客甚謹, 爲酒甚美, 縣幟甚高, 著然不售, 酒酸, 怪其故, 問其所知閭長者楊倩, 倩曰: 汝狗猛耶? 曰: 狗猛則酒何故而不售? 曰: 人畏焉. 或令孺子懷錢, 挈壺甕而往酤, 而狗迓而齕之, 此酒所以酸而不售也. 《한비자》〈외저설 우상〉

29 夫國亦有狗. 有道之士早懷其術以欲以明万乘之主, 大臣为猛狗迎而齕之, 此人主之所以蔽脅, 而有道之士所以不用也. 《한비자》〈외저설 우상〉

30 賢者之爲人臣, 北面委質, 無有二心, 朝廷不敢辭賤, 軍旅不敢辭難, 順上之爲, 從主之法, 虛心以待令, 而無是非也. 故有口不以私言, 有目不以私視, 而上盡制之. 爲人臣者, 譬之若手, 上以脩頭, 下以脩足, 淸暖寒熱, 不得不救, 入, 鏌邪傅體, 不敢弗搏. 無私賢哲之臣, 無私事能之士. 《한비자》〈유도〉

31 故君臣異心. 君以計畜臣, 臣以計事君. 君臣之交, 計也. 害身而利國, 臣弗爲也. 《한비자》〈식사〉

32 楚人和氏得玉璞楚山中, 奉而獻之厲王. 厲王使玉人相之, 玉人曰: 石也. 王以和爲誑, 而刖其左足. 及厲王薨, 武王卽位, 和又奉其璞而獻之武王, 武王使玉人相之, 又曰: 石也. 王又以和爲誑, 而刖其右足. 武王薨, 文王卽位, 和乃抱其璞而哭於楚山之下, 三日三夜, 泣盡而繼之以血. 王聞之, 使人問其故, 曰: 天下之刖者多矣, 子奚哭之悲也? 和曰: 吾非悲刖也, 悲夫寶玉而題之以石, 貞士而名之以誑, 此吾所以悲也. 王乃使玉人理其璞而得寶焉, 遂命曰: 和氏之璧. 《한비자》〈화씨和氏〉

33 大臣太重, 封君太衆. 若此則上偪主, 而下虐民. 此負國弱兵之道也. 不如使封君之子孫三世而收爵祿. 纔減百吏之祿秩, 損不急之枝官, 以奉選練之士. 《한비자》〈화씨〉

34 吳起爲楚悼王立法, 卑減大臣之威重, 罷無能, 廢無用, 損不急之官, 塞私門之請, 一楚國之俗, 禁游客之民, 精耕戰之士, 南收楊越, 北幷陳蔡, 破橫散從, 使馳說之士無所開其口, 禁朋黨以勵百姓, 定楚國之政, 兵震天下, 威服諸侯. 功已成矣, 而卒枝解. 《사기》〈범수채택열전范睢蔡澤列傳〉

35 臣聞之, 疑行無成, 疑事無功. 君亟定變法之慮, 殆無顧天下之議之也. 且夫有高人之行者, 固見負於世; 有獨知之慮者, 必見訾於民. 語曰: 愚者闇於成事, 知者見於未萌. 民不可與慮始, 而可與樂成. 郭偃之法曰: 論至德者, 不和於俗, 成大功者, 不謀於衆. 《상군서》〈경법更法〉

36 今上急耕田墾草以厚民産也, 而以上爲酷; 修刑重罰以爲禁邪也, 而以上爲嚴; 徵賦錢粟以實倉庫, 且以救饑饉備軍旅也, 而以上爲貪; 境內必知介, 而無私解, 幷力疾鬥所以禽虜也, 而以上爲暴. 此四者所以治安也, 而民不知悅也. 夫求聖通之士者, 爲民知之不足師用. 《한비자》〈현학〉

37 使私不得害公, 讒不得蔽忠, 言不取苟合, 行不取苟容, 不爲危易行, 行義不辟難, 然爲霸主彊國, 不辭禍凶.《사기》〈범수채택열전〉

38 夫龍之爲蟲也, 柔可狎而騎也, 然其喉下有逆鱗徑尺, 若人有嬰之者則必殺人. 人主亦有逆鱗, 說者能無嬰人主之逆鱗, 則幾矣 《한비자》〈세난說難〉

39 人主不能明法而以制大臣之威, 無道得小人之信矣.《한비자》〈남면南面〉

40 吳起出, 遇故人而止之食, 故人曰: 諾, 今返而御. 吳子曰: 待公而食. 故人至暮不來, 起不食待之, 明日早, 令人求故人, 故人來方與之食.《한비자》〈외저설 좌상〉

41 曾子之妻之市, 其子隨之而泣, 其母曰: 女還, 顧反爲女殺彘. 妻適市來, 曾子欲捕彘殺之, 妻止之曰: 特與嬰兒戲耳. 曾子曰: 嬰兒非與戲也. 嬰兒非有知也, 待父母而學者也, 聽父母之教, 今子欺之, 是教子欺也. 母欺子, 子而不信其母, 非所以成教也. 遂烹彘也.《한비자》〈외저설 좌상〉

42 李悝警其兩和曰: 謹警敵人, 旦暮且至擊汝. 如是者再三而敵不至, 兩和懈怠, 不信李悝, 居數月, 秦人來襲之, 至, 幾奪其軍, 此不信患也.《한비자》〈외저설 좌상〉

43 楚厲王有警, 爲鼓以與百姓爲戍, 飮酒醉, 過而擊之也, 民大驚, 使人止之. 曰: 吾醉而與左右戲, 過擊之也. 民皆罷. 居數月, 有警, 擊鼓而民不赴, 乃更令明號而民信之.《한비자》〈외저설 좌상〉

44 小信成則大信立, 故明主積於信.《한비자》〈외저설 좌상〉

45 陵夷至於戰國, 貴詐力而賤仁誼, 先富有而後禮讓. 是時, 李悝爲魏文侯作盡地力之敎….《한서漢書》〈식화지食貨志〉

46 民可以樂成, 不可與慮始. 今父老子弟雖患苦我, 然百歲後期令父老子孫思我言.《사기》〈골계열전〉

47 今境內之民皆言治, 藏商, 管之法者家有之, 而國愈貧, 言耕者衆, 執未者寡也: 境內皆言兵, 藏孫, 吳之書者家有之, 而兵愈弱, 言戰者多, 被甲者少也.《한비자》〈오두〉

48 戰士怠於行陳者則兵弱也, 農夫惰於田者則國貧也. 兵弱於敵, 國貧於內, 而不亡者, 未之有也,《한비자》〈외저설 좌상〉

49 磐石千里, 不可謂富; 象人百萬, 不可謂强.《한비자》〈현학〉

50 人君有爵行而兵弱者, 有祿行而國貧者, 有法立而治亂者, 此三者, 國之患也.《상군서》〈조법〉

51 南宮敬子問顔涿聚曰: 季孫養孔子之徒, 所朝服與坐者以十數, 而遇賊, 何也? 曰: 昔周成王近優侏儒以逞其意, 而與君子斷事, 是能成其欲於天下. 今季孫養孔子之徒, 所朝服而與坐者以十數, 而與優侏儒斷事, 是以遇賊. 故曰: 不在所與居, 在所與謀也.《한비자》〈외저설 좌하〉

52  用一人爲門戶者, 可亡也. 《한비자》〈망징亡徵〉

53  夫日兼燭天下, 一物不能當也. 人君兼燭一國, 一人不能壅也. 故將見人主者夢見日. 夫灶, 一人煬焉, 則後人無從見矣. 今或者一人有煬君者乎? 則臣雖夢見灶, 不亦可乎? 《한비자》〈내저설 상〉

54  凡人臣之所道成姦者有八術: 一曰在同床. 何謂同床? 曰: 貴夫人, 愛孺子, 便僻好色, 此人主之所惑也. 託於燕處之虞, 乘醉飽之時, 而求其所欲, 此必聽之術也. 爲人臣者內事之以金玉, 使惑其主, 此之謂同床. 二曰在旁. 何謂在旁? 曰: 優笑侏儒, 左右近習, 此人主未命而唯唯, 未使而諾諾, 先意承旨, 觀貌察色以先主心者也. (중략) 三曰父兄. 何謂父兄? 曰: 側室公子, 人主之所親愛也, 大臣廷吏, 人主之所與度計. 《한비자》〈팔간〉

55  臣有議當途之失, 用事之過, 毁臣之情, 人主不心藏而漏之近習能人, 使人臣之欲有言者, 不敢不下適近習能人之心, 而乃上以聞人主, 然則端言直道之人不得見, 而忠直日疏. 《한비자》〈삼수〉

56  ①明君之於內也, 疾其色而不行其謁, 不使私請. ②其於左右也, 使其身必責其言, 不使益辭. ③其於父兄大臣也, 聽其言也必使以罰任於後, 不令妄擧. ④其於觀樂玩好也, 必令之有所出, 不使擅進不使擅退, 群臣虞其意. ⑤其於德施也, 縱禁財, 發墳倉, 利於民者, 必出於君, 不使人臣私其德. ⑥其於說議也, 稱譽者所善, 毁疵者所惡, 必實其能, 察其過, 不使群臣相爲語. ⑦其於勇力之士也, 軍旅之功無踰賞, 邑鬥之勇無赦罪, 不使群臣行私財. ⑧其於諸侯之求索也, 法則聽之, 不法則距之. 《한비자》〈팔간〉

57  兵者, 國之大事. 死生之地 存亡之道 不可不察也. 《손자병법》〈계〉

58  姦僞無益之民六, 而世譽之如彼. 耕戰有益之民六, 而世毁之如此. 《한비자》〈육반六反〉

59  ① 畏死難, 降北之民也, 而世尊之曰貴生之士.

     ② 學道立方, 離法之民也, 而世尊之曰文學之士.

     ③ 遊居厚養, 牟食之民也, 而世尊之曰有能之士.

     ④ 語曲牟知, 僞詐之民也, 而世尊之曰辯智之士.

     ⑤ 行劍攻殺, 暴憿之民也, 而世尊之曰磏勇之士.

     ⑥ 活賊匿姦, 當死之民也, 而世尊之曰任譽之士.

60  ① 赴險殉誠, 死節之民, 而世少之曰失計之民也.

     ② 寡聞從令, 全法之民也, 而世少之曰樸陋之民也.

     ③ 力作而食, 生利之民也, 而世少之曰寡能之民也.

     ④ 嘉厚純粹, 整穀之民也, 而世少之曰愚戇之民也.

     ⑤ 重命畏事, 尊上之民也, 而世少之曰怯懾之民也.

⑥ 挫賊遏姦, 明上之民也, 而世少之曰謟讒之民也.

61　① 行小忠.

② 顧小利.

③ 行僻自用, 無禮諸侯.

④ 不務聽治而好伍音.

⑤ 貪愎喜利.

⑥ 耽於女樂.

⑦ 離內遠遊而忽於諫士.

⑧ 過而不聽於忠臣.

⑨ 內不量力, 外恃諸侯.

⑩ 國小無禮, 不用諫臣.

62　宋人有耕田者. 田中有株, 兎走觸株, 折頸而死. 因釋其耒而守株, 冀腹得兎. 兎不可腹得, 而身爲宋國笑. 今欲以先王之政治當世之民, 皆守株之類也. 《한비자》〈오두〉

63　上古之世, 人民少而禽獸衆, 人民不勝禽獸蟲蛇, 有聖人作, 搆木爲巢以避群害, 而民悅之, 使王天下, 號曰有巢氏. 民食果蓏蚌蛤, 腥臊惡臭而傷害腹胃, 民多疾病, 有聖人作, 鑽燧取火以化腥臊, 而民說之, 使王天下, 號之曰燧人氏. 中古之世, 天下大水, 而鯀, 禹決瀆. 近古之世, 桀, 紂暴亂, 而湯, 武征伐. 今有搆木鑽燧於夏后氏之世者, 必爲鯀, 禹笑矣. 有決瀆於殷, 周之世者, 必爲湯, 武笑矣. 然則今有美堯, 舜, 湯, 武, 禹之道於當今之世者, 必爲新聖笑矣. 《한비자》〈오두〉

64　孔子, 墨子俱道堯, 舜, 而取舍不同, 皆自謂眞堯, 舜, 堯, 舜不復生, 將誰使定儒, 墨之誠乎? 今乃欲審堯, 舜之道於三千歲之前, 意者其不可必乎! 無參驗而必之者, 愚也, 弗能必而據之者, 誣也. 故明據先王, 必定堯, 舜者, 非愚則誣也. 愚誣之學, 雜反之行, 明主弗受也. 《한비자》〈현학〉

65　饑歲之春, 幼弟不饟; 穰歲之秋, 疏客必食: 非疏骨肉愛過客也, 多少之實異也. 《한비자》〈오두〉

66　古者丈夫不耕, 草木之實足食也; 婦人不織, 禽獸之皮足衣也. 不事力而養足, 人民少而財有餘, 故民不爭. 是以厚賞不行, 重罰不用, 而民自治. 今人有伍子, 不爲多, 子又有伍子, 大父未死, 而有二十伍孫. 是以人民衆而貨財寡, 事力勞而供養薄, 故民爭, 雖倍賞累罰, 而不免於亂. 《한비자》〈오두〉

67　一兎走, 百人逐之, 非以兎爲可分以爲百, 由名之未定也. 夫賣兎者滿市, 而盜不敢取, 由名分

- 375 -

已定也, 故名分未定. 堯舜禹湯且皆如騖 焉而逐之. (중략) 名分定, 則大詐貞信, 民皆愿愨, 而各自治也. 《상군서》 〈정분定分〉

68  今夫與人相若也, 無豐年旁入之利而獨以完給者, 非力則儉也. 與人相若也, 無饑饉疾疚禍罪之殃, 獨以貧窮者, 非侈則惰也. 侈而惰者貧, 而力而儉者富. 今上徵斂於富人以布施於貧家, 是奪力儉而與侈惰也. 而欲索民之疾作而節用, 不可得也. 《한비자》 〈현학〉

69  宰相必起於州部, 猛將必發於卒伍. 《한비자》 〈현학〉

70  澹臺子羽, 君子之容也, 仲尼幾而取之, 與處久而行不稱其貌. 宰予之辭, 雅而文也, 仲尼幾而取之, 與處而智不充其辯. 故孔子曰: 以容取人乎, 失之子羽; 以言取人乎, 失之宰予. 故以仲尼之智而有失實之聲. 《한비자》 〈현학〉

71  凡治天下, 必因人情. 《한비자》 〈팔경〉

72  父母之愛不足以敎子, 必待州部之嚴刑者, 民固驕於愛. 《한비자》 〈오두〉

73  鱓似蛇, 蠶似蠋. 人見蛇則驚駭, 見蠋則毛起. 然而婦人拾蠶, 漁者握鱓, 利之所在, 則忘其所惡, 皆爲孟賁. 《한비자》 〈내저설 상〉

74  衛人有夫妻禱者, 而祝曰, 使我無故, 得百束布. 其夫曰, 何少也? 對曰, 益是, 子將以買妾. 《한비자》 〈내저설 하〉

75  好利惡害, 夫人之所有也. 《한비자》 〈난이難二〉

76  安利者就之, 危害者去之, 此人之情也. 《한비자》 〈간겁시신〉

77  人情而有好惡: 故民可治也. 人君不可以不審好惡: 好惡者, 賞罰之本也. 夫人情好爵祿而惡刑罰, 人君設二者以御民之志, 而立所欲焉. 夫民力盡而爵隨之, 功立而賞隨之, 人君能使其民信於此明如日月, 則兵無敵矣. 《상군서》 〈조법〉

78  且夫死力者, 民之所有者也, 情莫不出其死力以致其所欲. 而好惡者, 上之所制也, 民者好利祿而惡刑罰. 上掌好惡以御民力. 《상군서》 〈제분制分〉

79  故王良愛馬, 越王勾踐愛人, 爲戰與馳. 醫善吮人之傷, 含人之血, 非骨肉之親也, 利所加也. 故輿人成輿則欲人之富貴, 匠人成棺則欲人之夭死也, 非輿人仁而匠人賊也, 人不貴則輿不售, 人不死則棺不買, 情非憎人也, 利在人之死也. 《한비자》 〈비내〉

80  矢人豈不仁於函人哉? 矢人唯恐不傷人, 函人唯恐傷人. 巫匠亦然, 故術不可不慎也. 《맹자》 〈공손추公孫丑 상〉

81  今世之學士語治者多曰: 與貧窮地以實無資. 今夫與人相若也, 無豐年旁入之利而獨以完給者, 非力則儉也. 與人相若也, 無饑饉疾疚禍罪之殃獨以貧窮者, 非侈則惰也. 侈而惰者貧, 而力而儉者富. 今上徵斂於富人以布施於貧家, 是奪力儉而與侈惰也. 而欲索民之疾作而節

用, 不可得也. 《한비자》〈현학〉

82  不事力而衣食則謂之能, 不戰功而尊則謂之賢. 賢能之行成而兵弱而地荒矣. 《한비자》〈오두〉

83  民不敢犯法, 則上內不用刑罰, 而外不事利其產業. 上內不用刑罰, 而外不事利其產業則民蕃息, 民蕃息而畜積盛, 民蕃息而畜積盛之謂有德. 《한비자》〈해로解老〉

84  令民爲什伍, 而相牧司連坐. 不告姦者腰斬, 告姦者與斬敵首同賞, 匿姦者與降敵同罰. 《사기》
    〈상군열전商君列傳〉

85  國以善民治姦民者, 必亂至削: 國以姦民治善民者, 必治至强. 《상군서》〈거강去强〉

86  用善, 則民親其親: 任姦, 則民親其制. 合而復之者, 善也: 別而規之者, 姦也. 章善則過匿, 任姦則罪誅. 過匿則民勝法, 罪誅則法勝民. 民勝法, 國亂: 法勝民, 兵强. 故曰: 以良民治, 必亂至削: 以姦民治, 必治至强. 《상군서》〈설민說民〉

87  明主者, 使天下不得不爲己視, 天下不得不爲己聽. 故身在深宮之中而明照四海之內, 而天下弗能蔽. 《한비자》〈간겁시신〉

88  不相信, 以至無姦. 《한비자》〈내저설 상〉

89  服虎而不以, 禁奸而不以法, 塞僞而不以符, 此賁育之所患, 堯舜之所難也. 《한비자》〈수도〉

90  挾夫相爲則責望, 自爲則事行. 故父子或怨譙, 取庸作者進美羹. 《한비자》〈외저설 좌상〉

91  且臣盡死力以與君市, 君垂爵祿以與臣市, 君臣之際, 非父子之親也, 計數之所出也. 《한비자》
    〈난일〉

92  君以計畜臣, 臣以計事君. 君臣之交計也. 害身而利國臣弗爲也, 害國而利臣君不爲也. 臣之情害身無利, 君之情害國無親. 君臣也者以計合者也. 《한비자》〈식사〉

93  臣主之利與相異者也. 何以明之哉? 曰: 主利在有能而任官, 臣利在無能而得事: 主利在有勞而爵祿, 臣利在無功而富貴: 主利在豪傑使能, 臣利在朋黨用私. 《한비자》〈고분〉

94  知臣主之異利者王, 以爲同者劫, 與共事者殺. 《한비자》〈팔경〉

95  越王攻鳴王, 鳴王謝而告服, 越王欲許之. 范蠡大夫種曰: 不可. 昔天以越與鳴, 鳴不受, 今天反夫差, 亦天禍也. 以鳴予越, 再拜受之, 不可許也. 太宰嚭遺大夫種書曰: 狡免盡則良犬烹, 敵國滅則謀臣亡. 大夫何不釋鳴而患越乎? 《한비자》〈내저설 하〉

96  君臣之利異, 故人臣莫忠, 故臣利立而主利滅. 是以姦臣者, 召敵兵以內除, 擧外事以眩主, 苟成其私利, 不顧國患. 《한비자》〈내저설 하〉

97  欲爲其國, 必伐其聚, 不伐其聚, 彼將聚衆. 《한비자》〈양권〉

98  大臣挾愚汚之人, 上與之欺主, 下與之收利侵漁, 朋黨比周, 相與一口, 惑主敗法, 以亂士民,

使國家危削, 主上勞辱. 《한비자》〈고분〉

99 滕文公爲世子, 將之楚, 過宋而見孟子. 孟子道性善, 言必稱堯舜. 《맹자》〈등문공 상〉

100 孟子曰: 由堯舜至於湯, 伍百有餘歲, 若禹, 皐陶, 則見而知之; 若湯, 則聞而知之. 由湯至於
文王, 伍百有餘歲, 若伊尹, 萊朱則見而知之; 若文王, 則聞而知之. 由文王至於孔子, 伍百有
餘歲. 《맹자》〈진심盡心 하〉

101 且夫百日不食以待粱肉, 餓者不活; 今待堯, 舜之賢乃治當世之民, 是猶待粱肉而救餓之說
也. 夫曰良馬固車, 臧獲御之則爲人笑, 王良御之則日取乎千里, 吾不以爲然.. 夫待越人之善
海遊者以救中國之溺人, 越人善游矣, 而溺者不濟矣. 《한비자》〈난세難勢〉

102 子貢曰: 紂之不善, 不如是之甚也. 是以君子惡居下流, 天下之惡皆歸焉. 《논어論語》〈자장子張〉

103 且夫堯, 舜, 桀, 紂千世而一出, 是比肩隨踵而生也. 世之治者不絶於中, 吾所以爲言勢者, 中
也. 中者, 上不及堯, 舜, 而下亦不爲桀, 紂. 《한비자》〈난세〉

104 君之智, 未必最賢於衆也. 以未最賢而欲以善盡被下, 則不瞻矣. 《신자》〈민잡〉

105 度數已立, 而法可修. 故人君者不可不慎己也. 夫離朱見秋豪百灸之外, 而不能以明目易人;
烏獲擧千鈞之重, 而不能以多力易人. 夫聖人之存體性, 不可以易人; 然而功可得者, 法之謂
也. 《상군서》〈조법〉

106 行海者, 坐而至越, 有舟也; 行陵者, 立而至秦, 有車也. 秦, 越遠途也, 安坐而至者, 械也. 《신
자》〈덕립德立〉

107 厝鈞石, 使禹察錙銖之重, 則不識也. 懸於權衡, 則釐發之不可差, 則不待禹之智, 中人之知,
莫不足以識之矣. 《신자》〈일문逸文〉

108 夫待古之王良以馭今之馬, 亦猶越人救溺之說也, 不可亦明矣. 夫良馬固車, 伍十里而一置,
使中手御之, 追速致遠, 可以及也, 而千里可日致也, 何必待古之王良乎! 《한비자》〈난세〉

109 伯樂敎其所憎者相千里之馬, 敎其所愛者相駑馬. 千里之馬時一, 其利緩, 駑馬日售, 其利急.
《한비자》〈설림說林 하〉

110 一曰. 孟獻伯拜上卿, 叔向往賀, 門有御, 馬不食禾, 向曰: 子無二馬二輿何也? 獻伯曰: 吾觀
國人尙有飢色, 是以不秣馬. 班白者多以徒行, 故不二輿. 向曰: 吾始賀子之拜卿, 今賀子之
儉也. 向出, 語苗賁皇曰: 助吾賀獻伯之儉也. 苗子曰: 何賀焉! 夫爵祿旂章, 所以異功伐別賢
不肖也. 故晉國之法, 上大夫二輿二乘, 中大夫二輿一乘, 下大夫專乘, 此明等級也. 且夫卿必
有軍事, 是故循車馬, 比卒乘, 以備戎事. 有難則以備不虞, 平夷則以給朝事. 今亂晉國之政,
乏不虞之備, 以成節, 以絜私名, 獻伯之儉也可與? 又何賀! 《한비자》〈외저설 좌하〉

111 季康子問政於孔子. 孔子對曰: 政者, 正也. 子帥以正, 孰敢不正? 《논어》

112 子曰: 其身正, 不令而行; 其身不正, 雖令不從. 《논어》

113 夫嬰兒相與戲也, 以塵爲飯, 以塗爲羹, 以木爲胾, 然至日晩必歸饟者, 塵飯塗羹可以戲而不可食也. 夫稱上古之傳頌, 辯而不愨, 道先王仁義而不能正國者, 此亦可以戲而不可以爲治也. 《한비자》〈외저설 좌상〉

114 以家爲鄕, 鄕不可爲也. 以鄕爲國, 國不可爲也. 以國爲天下, 天下不可爲也. 以家爲家, 以鄕爲鄕, 以國爲國, 以天下爲天下. 《관자管子》〈목민牧民〉

115 景公與晏子遊於少海, 登柏寢之臺而還望其國, 曰: 美哉! 泱泱乎, 堂堂乎! 後世將孰有此? 晏子對曰: 其田成氏乎! 景公曰: 寡人有此國也, 而曰田成氏有之, 何也? 晏子對曰: 夫田成氏甚得齊民. 其於民也, 上之請爵祿行諸大臣, 下之私大斗斛區釜以出貸, 小斗斛區釜以收之. 殺一牛, 取一豆肉, 餘以食士. 終歲, 布帛取二制焉, 餘以衣士. 故市木之價, 不加貴於山; 澤之魚鹽龜鱉蠃蚌, 不加貴於海. 君重斂, 而田成氏厚施. 齊嘗大飢, 道旁餓死者不可勝數也, 父子相牽而趨田成氏者, 不聞不生. 故周秦之民相與歌之曰: 謳乎, 其已乎! 苞乎, 其往歸田成子乎! 〈詩〉曰: '雖無德與女, 式歌且舞.' 今田氏之德而民之歌舞, 民德歸之矣. 故曰: 其田成氏乎! 公法然出涕曰: 不亦悲乎! 寡人有國而田成氏有之. 今爲之奈何? 《한비자》〈외저설 우상〉

116 何謂民萌? 曰: 爲人臣者散公財以說民人, 行小惠以取百姓, 使朝廷市井皆勸譽己, 以塞其主而成其所欲, 此之謂民萌. 《한비자》〈팔간〉

117 讀衆而木折, 隙大而墻壞. 《상군서》〈수권修權〉

118 解狐薦其讎於簡主以爲相, 其讎以爲且幸釋己也, 乃因往拜謝, 狐乃引弓送而射之, 曰: 夫薦汝公也, 以汝能當之也. 夫讎汝, 吾私怨也, 不以私怨汝之故擁汝於吾君. 故私怨不入公門. 《한비자》〈외저설 좌상〉

119 管仲束縛, 自魯之齊, 道而飢渴, 過綺烏封人而乞食, 烏封人跪而食之, 甚敬, 封人因竊謂仲曰: 適幸及齊不死而用齊, 將何報我? 曰: 如子之言, 我且賢之用, 能之使, 勞之論, 我何以報子? 封人怨之. 《한비자》〈외저설 좌하〉

120 公儀休相魯而嗜魚, 一國盡爭買魚而獻之, 公儀子不受, 其弟諫曰: 夫子嗜魚而不受者何也? 對曰: 夫唯嗜魚, 故不受也. 夫卽受魚, 必有下人之色, 有下人之色, 將枉於法, 枉於法則免於相, 雖嗜魚, 此不必能自給致我魚, 我又不能自給魚. 卽無受魚而不免於相, 雖嗜魚, 我能長自給魚. 此明夫恃人不如自恃也, 明於人之爲己者不如己之自爲也. 《한비자》〈외저설 좌상〉

121 若夫周滑之, 鄭王孫申, 陳公孫寧, 儀行父, 荊芊尹, 申亥, 隨少師, 越種干, 吳王孫頟, 晉陽成泄, 齊竪刁, 易牙, 此十二人者之爲其臣也, 皆思小利而忘法義, 進則揜蔽賢良以陰闇其主, 退則撓亂百官而爲禍難; 皆輔其君, 共其欲, 苟得一說於主, 雖破國殺衆. 《한비자》〈설의〉

122 故爲人臣者破家殘眸, 內構黨與, 外接巷族以爲譽, 從陰約結以相固也, 虛相與爵祿以相勸也. 曰: 與我者將利之, 不與我者將害之. 衆貪其利, 劫其威. 彼誠喜, 則能利己, 忌怒, 則能害己. 衆歸而民留之. 《한비자》〈설의〉

123 夫陳善田利宅, 所以厲戰士也, 而斷頭裂腹‧播骨乎平原野者, 無宅容身, 身死田奪; 而女妹有色, 大臣左右無功者, 擇宅而受, 擇田而食, 賞利一從上出, 所以善制下也; 而戰介之士不得職, 而閒居之士尊顯. 上以此爲敎, 名安得無卑, 位安得無危? 《한비자》〈궤사〉

124 古之全大體者: 望天地, 觀江海, 因山谷, 日月所照, 四時所行, 雲布風動; 不以智累心, 不以私累己; 寄治亂於法術, 託是非於賞罰, 屬輕重於權衡…. 《한비자》〈대체〉

125 法非從天下, 非從地出, 發於人間, 合乎人心而已. 治水者. 《신자》〈일문〉

126 故明主愼法制. 言不中法者, 不聽也: 行不中法者, 不高也: 事不中法者, 不爲也. 《상군서》〈군신君臣〉

127 世之爲治者, 多釋法而任私議, 此國之所以亂也. 先王縣權衡, 立尺寸, 而至今法之, 其分明也. 夫釋權衡而斷輕重, 廢尺寸而意長短, 雖察, 商賈不用, 爲其不必也. 故法者, 國之權衡也. 《상군서》〈수권修權〉

128 聖人之道, 去智與巧, 智巧不去, 難以爲常. 《한비자》〈양권〉

129 好以智矯法, 時以行集公, 法禁變易, 號令數下者, 可亡也. 《한비자》〈망징〉

130 凡法令更則利害易, 利害易則民務變, 務變之謂變業. (중략) 大國而數變法則民苦之, 是以有道之君貴靜, 不重變法, 故曰: 治大國者若烹小鮮. 《한비자》〈해로〉

131 人主釋法用私, 則上下不別矣. 《한비자》〈유도〉

132 君人者, 舍法而以身治, 則誅賞予奪, 從君心出矣. 然則受賞者雖當, 望多無窮: 受罰者雖當, 望輕無已. 君舍法, 而以心裁輕重, 則同功殊賞, 同罪殊罰矣, 怨之所由生也. 《신자》〈군인君人〉

133 故曰: 大君任法而弗躬, 則事斷於法矣. 法之所加, 各以其分, 蒙其賞罰而無望於君也. 是以怨不生而上下和矣. 《신자》〈군인〉

134 君見其所欲, 臣自將雕琢: 君無見其意, 君見其意, 臣將自表異. 《한비자》〈주도主道〉

135 一日: 齊宣王問弋於唐易子曰: 弋者奚貴? 唐易子曰: 在於謹廩. 王曰: 何謂謹廩? 對曰: 鳥以數十目視人, 人以二目視鳥, 奈何不謹廩也? 故曰: 在於謹廩也. 王曰: 然則爲天下何以爲此廩? 今人主以二目視一國, 一國以萬目視人主, 將何以自爲廩乎? 對曰: 鄭長者有言曰: 夫虛靜無爲而無見也. 其可以爲此廩乎. 《한비자》〈외저설 우상〉

136 人主之道, 靜退以爲寶. 《한비자》〈주도〉

137 寂乎其無位而處, 漻乎莫得其所. 明君無爲於上, 群臣竦懼乎下. 《한비자》〈주도〉

138 不謹其閉, 不固其門, 虎乃將存. 不愼其事, 不掩其情, 賊乃將生. 弑其主, 代其所, 人莫不與, 故謂之虎. 處其主之側, 爲姦臣, 聞其主之式, 故謂之賊. 《한비자》〈주도〉

139 韓昭侯使人藏弊袴, 侍者曰: 君亦不仁矣, 弊袴不以賜左右而藏之. 昭侯曰: 非子之所知也, 吾聞明主之愛, 一嚬一笑, 嚬有爲嚬, 而笑有爲笑. 《한비자》〈내저설 상〉

140 齊桓公好服紫, 一國盡服 紫, 當是時也, 伍素不得一 紫, 桓公患之, 謂管仲曰: 寡人好服 紫, 紫貴甚, 一國百姓好服 紫不已, 寡人奈何? 管仲曰: 君欲何不試勿衣 紫也, 謂左右曰, 吾甚 惡 紫之臭. 於是左右適有衣 紫而進者, 公必曰: 少郤, 吾惡 紫臭. 公曰: 諾. 於是日郎中莫衣 紫, 其明日國中莫衣 紫, 三日境內莫衣 紫也. 《한비자》〈외저설 좌상〉

141 形兵之極 至于無形. 無形 則深間不能窺. 智者不能謀. 《손자병법孫子兵法》〈허실虛實〉

142 微乎微乎 至于無形, 神乎神乎 至于無聲, 故能爲敵之司命. 《손자병법》〈허실〉

143 晉文公問於狐偃曰: 寡人甘肥周於堂, 巵酒豆肉集於宮, 壺酒不淸, 生肉不布, 殺一牛遍於國中, 一歲之功盡以衣士卒, 其足以戰民乎? 狐子曰: 不足. 文公曰: 吾弛關市之征而綏刑罰, 其足以戰民乎? 狐子曰: 不足. 文公曰: 吾民之有喪資者, 寡人親使郎中視事: 有罪者赦之: 貧窮不足者與之: 其足以戰民乎? 狐子對曰: 不足. 此皆所以慎產也. 而戰之者, 殺之也. 民之 從公也, 爲愼產也, 公因而迎殺之, 失所以爲從公矣. 曰: 然則何如足以戰民乎? 狐子對曰: 令無得不戰. 公曰: 無得不戰奈何? 狐子對曰: 信賞必罰, 其足以戰. 公曰: 刑罰之極安至? 對曰: 不辟親貴, 法行所愛. 文公曰: 善. 明日令田於圃陸, 期以日中爲期, 後期者行軍法焉. 於是公有所愛者曰顚頡後期, 吏請其罪, 文公隕涕而憂. 吏曰: 請用事焉. 遂斬顚 頡之脊, 以 徇百姓, 以明法之信也. 而後百姓皆懼曰: 君於顚 頡之貴重如彼甚也, 而君猶行法焉, 況於我 則何有矣? 文公見民之可戰也, 於是遂興兵伐原, 克之.伐衛, 東其畝, 取伍鹿. 攻陽, 勝虢, 伐 曹.南圍鄭, 反之陴, 罷宋圍, 還與荊人戰城濮, 大敗荊人, 返爲踐土之盟, 遂成衡雍之義. 一舉 而八有功. 所以然者, 無他故異物, 從狐偃之謀, 假顚 頡之脊也. 《한비자》〈외저설 우상〉

144 宓子賤治單父, 有若見之曰: 子何臞也? 宓子曰: 君不知賤不肖, 使治單父, 官事急, 心憂之, 故臞也. 有若曰: 昔者舜鼓伍絃之琴, 歌南風之詩而天下治. 今以單父之細也, 治之而憂, 治 天下將奈何乎? 故有術而御之. 《한비자》〈외저설 좌상〉

145 聰明睿智天也, 動靜思慮人也. 人也者, 乘於天明以視, 寄於天聰以聽, 託於天智以思慮. 故視 則目不明, 聽甚則耳不聰, 思慮過度則智識亂. 目不明則不能決黑白之分, 耳不聰則不能別 濁之聲, 智識亂則不能審得失之地. 目不能決黑白之色則謂之盲, 耳不能別淸濁之聲則謂之聾, 心不能審得失之地則謂之狂. 《한비자》〈해로〉

146 書之所謂治人者, 適動靜之節, 省思慮之費也. 所謂事天者, 不極聰明之力, 不盡智識之任. 苟 極盡則費神多, 費神多則盲聾悖狂之禍至, 是以嗇之. 嗇之者, 愛其精神, 嗇其智識也. 故曰:

治人事天莫如嗇.《한비자》〈해로〉

147 力不敵衆, 智不盡物. 與其用一人, 不如用一國.《한비자》〈팔경〉

148 明君之道, 使智者盡其慮, 而君因以斷事, 故君不窮於智; 賢者敕其材, 君因而任之, 故君不窮於能; 有功則君有其賢, 有過則臣任其罪, 故君不窮於名. 是故不賢而爲賢者師, 不智而爲智者正. 臣有其勞, 君有其成功, 此之謂賢主之經也.《한비자》〈주도〉

149 君仁莫不仁, 君義莫不義. 君正莫不正. 一正君而國定矣.《맹자》〈이루 상〉

150 夫獵者, 託車輿之安, 用六馬之足, 使王良佐轡, 則身不勞而易及輕獸矣. 今釋車輿之利, 捐六馬之足與王良之御, 而下走逐獸, 則雖樓季之足無時及獸矣, 託良馬固車則臧獲有餘.《한비자》〈외저설 우상〉

151 故以衆勇無畏乎孟賁矣, 以衆力無畏乎烏獲矣, 以衆視無畏乎離婁矣, 以衆知無畏乎堯, 舜矣. 夫以衆者, 此君人之大寶也.《여씨춘추呂氏春秋》〈용중用衆〉

152 下君盡己之能, 中君盡人之力, 上君盡人之智. 是以事至而結智.《한비자》〈팔경〉

153 人主以一國目視, 故視莫明焉; 以一國耳聽, 故聽莫聰焉. 今知而弗言, 則人主尙安假借矣?《한비자》〈정법定法〉

154 夫良藥苦於口, 而智者勸而飮之, 知其入而已己疾也. 忠言拂於耳, 而明主聽之, 知其可以致功也.《한비자》〈외저설 좌상〉

155 聽言之道, 溶若甚醉. 脣乎齒乎, 吾不爲始乎, 齒乎脣乎, 愈惛惛乎. 彼自離之, 吾因以知之. 是非輻湊, 上不與構.《한비자》〈양권〉

156 昔楚莊王嘗謀事, 群臣莫能及. 罷朝而有憂色. 申公問曰: 君有憂色, 何也? 曰: 寡人聞之, 世不絶聖, 國不乏賢. 能得其師者王, 能得其友者霸. 今寡人不才而群臣莫及者, 楚國其殆矣. 此楚莊王之所憂而君說之, 臣竊懼矣.《오자병법吳子兵法》〈도국圖國〉

157 魯哀公問於孔子曰: 鄙諺曰: 莫衆而迷. 今寡人擧事, 與群臣慮之, 而國愈亂, 其故何也? 孔子對曰: 明主之問臣, 一人知之, 一人不知也. 如是者, 明主在上, 群臣直議於下. 今群臣無不一辭同軌乎季孫者, 擧魯國盡化爲一, 君雖問境內之人, 猶不免於亂也.《한비자》〈내저설 상〉

158 一曰. 晏子聘魯, 哀公問曰: 語曰: 莫三人而迷. 今寡人與一國慮之, 魯不免於亂何也? 晏子曰: 古之所謂莫三人而迷者, 一人失之, 二人得之, 三人足以爲衆矣, 故曰莫三人而迷. 今魯國之群臣以千百數, 一言於季氏之私, 人數非不衆, 所言者一人也, 安得三哉?《한비자》〈내저설 상〉

159 搖木者——攝其葉則勞而不遍, 左右拊其本而葉遍搖矣. 臨淵而搖木, 鳥驚而高, 魚恐而下. 善張網者引其綱, 不一一攝萬目而後得則是勞而難, 引其綱而魚已囊矣. 故吏者, 民之本綱者

也, 故聖人治吏不治民. 《한비자》〈외저설 우하〉

160 事在四方, 要在中央. 聖人執要, 四方來效. 虛而待之, 彼自以之. 四海旣藏. 《한비자》〈양권〉

161 譽者不能進, 非者弗能退. 《한비자》〈유도〉

162 澹臺子羽, 君子之容也, 仲尼幾而取之, 與處久而行不稱其貌. 宰予之辭, 雅而文也, 仲尼幾而取之, 與處而智不充其辯. 故孔子曰: 以容取人乎, 失之子羽; 以言取人乎, 失之宰予. 故以仲尼之智而有失實之聲. 《한비자》〈현학〉

163 觀容服, 聽辭言, 仲尼不能以必士: 試之官職, 課其功伐, 則庸人不疑於愚智. 《한비자》〈현학〉

164 孟子曰: 爲政不難, 不得罪於巨室. 巨室之所慕, 一國慕之: 一國之所慕, 天下慕之: 故沛然德教溢乎四海. 《맹자》〈이루離婁 상〉

165 孟子見齊宣王曰: 所謂故國者, 非謂有喬木之謂也, 有世臣之謂也. 《맹자》〈양혜왕梁惠王 하〉

166 桓公謂管仲曰: 官少而索者衆, 寡人憂之. 管仲曰: 君無聽左右之謂請, 因能而受祿, 錄功而與官, 則莫敢索官, 君何患焉. 《한비자》〈외저설 좌상〉

167 魯丹三說中山之君而不受也, 因散伍十金事其左右, 復見, 未語, 而君與之食. 魯丹出, 而不反舍, 遂去中山. 其御曰: 反見, 乃始善我, 何故去之? 魯丹曰: 夫以人言善我, 必以人言罪我. 《한비자》〈설림 상〉

168 民雜處而各有所能, 所能者不同, 此民之情也. 大君者, 太上也, 兼畜下者也. 下之所能不同, 而皆上之用也. 是以大君因民之能爲資, 盡包而畜之, 無能去取焉. 是故不設一方以求於人, 故所求者無不足也. 《신자》〈민잡〉

169 大君不擇其下, 故足. 不擇其下, 則易爲下矣. 《신자》〈민잡〉

170 明主之道, 一人不兼官, 一官不兼事. 《한비자》〈난일〉

171 明君使事不相干, 故莫訟: 使士不兼官, 故技長, 使人不同功. 《한비자》〈칙령飭令〉

172 人臣安乎以能受職, 而苦乎以一負二. 故明主除人臣之所苦. 《한비자》〈용인用人〉

173 明主之使其臣也, 忠不得過職, 而職不得過官. 是以修於身, 而下不敢以善驕矜. 守職之吏, 人務其治, 而莫敢淫偸其事. 官正以敬其業, 和順以事其上, 如此則至治已. 《신자》〈지충知忠〉

174 問者曰: 申不害, 公孫鞅, 此二家之言孰急於國? 應之曰: 是不可程也. 人不食, 十日則死: 大寒之隆, 不衣亦死. 謂之衣食孰急於人, 則是不可一無也, 皆養生之具也. 《한비자》〈정법〉

175 民弱國强, 民强國弱, 故有道之國, 務在弱民. 《상군서》〈약민弱民〉

176 昔之能制天下者, 必先制其民者也: 能勝强敵者, 必先勝其民者也. 故勝民之本在制民, 若冶於金, 陶於土也. 本不堅, 則民如飛鳥走獸, 其孰能制之? 民本, 法也. 故善治者, 塞民以法,

而名地作矣. 名尊地廣以至於王者. 《상군서》〈획책劃策〉

177 申不害, 韓昭侯之佐也. 韓者, 晉之別國也. 晉之故法未息, 而韓之新法又生: 先君之令未收, 而後君之令又下. 申不害不擅其法, 不一其憲令則姦多故. 利在故法前令則道之, 利在新法後令則道之, 利在故新相反, 前後相勃. 則申不害雖十使昭侯用術, 而姦臣猶有所譎其辭矣. 故託万乘之勁韓, 七十年而不至於霸王者, 雖用術於上, 法不勤飾於官之患也. 《한비자》〈정법〉

178 人主之道, 靜退以爲寶. 不自操事而知拙與巧, 不自計慮而知福與咎. 是以不言而善應, 不約而善增. 言已應則執其契, 事已增則操其符. 符契之所合, 賞罰之所生也. 故群臣陳其言, 君以其言授其事, 事以責其功. 《한비자》〈주도〉

179 功當其事, 事當其言則賞: 功不當其事, 事不當其言則誅. 明君之道, 臣不陳言而不當. 《한비자》〈주도〉

180 人主將欲禁姦, 則審合刑名者, 言異事也. 爲人臣者陳而言, 君以其言授之事, 專以其事責其功. 功當其事, 事當其言, 則賞: 功不當其事, 事不當其言, 則罰. 故群臣其言大而功小者則罰, 非罰小功也, 罰功不當名也. 《한비자》〈이병〉

181 主道者, 使人臣必有言之責, 又有不言之責. 言無端末, 辯無所驗者, 此言之責也. 以不言避責, 持重位者, 此不言之責也. 人主使人臣言者必知其端以責其實, 不言者必問其取舍以爲之責, 則人臣莫敢妄言矣, 又不敢默然矣, 言默則皆有責也. 《한비자》〈남면〉

182 賢人而詘於不肖者, 則權輕位卑也: 不肖而能服於賢者, 則權重位尊也. 堯爲匹夫不能治三人, 而桀爲天子能亂天下, 吾以此知勢位之足恃, 而賢智之不足慕也. 夫弩弱而矢高者, 激於風也: 身不肖而令行者, 得助於衆也. 堯教於隸屬而民不聽. 《한비자》〈난세〉

183 夫馬之所以能任重引車致遠道者, 以筋力也. 萬乘之主, 千乘之君所以制天下而征諸侯者, 以其威勢也. 威勢者, 人主之筋力也. 《한비자》〈인주人主〉

184 飛龍乘雲, 雲罷霧霽, 與蚯蚓同, 則失其所乘也. 신자愼子 위덕威德편

185 皆曰仁義惠愛而已矣. 世主美仁義之名而不察其實, 是以大者國亡身死, 小者地削主卑. 《한비자》〈간겁시신〉

186 無捶策之威, 銜橛之備雖造父不能以服馬. 無規矩之法, 繩墨之端, 雖王爾不能以成方圓. 《한비자》〈간겁시신〉

187 故善任勢者國安, 不知因其勢者國危. 《한비자》〈간겁시신〉

188 夫勢者, 名一而變無數者也. 勢必於自然, 則無爲言於勢矣. 吾所爲言勢者, 言人之所設也. 《한비자》〈난세〉

189 託於犀車良馬之上, 則可以陸犯阪阻之患: 乘舟之安, 持楫之利, 則可以水絶江河之難. 《한비

- 384 -

190 治國之有法術賞罰, 猶若陸行之有犀車良馬也, 水行之有輕舟便楫也, 乘之者遂得其成.《한비자》〈간겁시신〉

191 一曰. 造父爲齊王駙駕, 渴馬服成, 效駕圃中, 渴馬見圃池, 去車走池, 駕敗. 王子於期爲趙簡主取道爭千里之表, 其始發也, 彘伏溝中, 王子於期齊轡筴而進之, 彘突出於溝中, 馬驚駕敗.《한비자》〈외저설 우하〉

192 明主之所導制其臣者, 二柄而已矣. 二柄者, 刑, 德也. 何謂刑德? 曰: 殺戮之謂刑, 慶賞之謂德. 爲人臣者畏誅罰而利慶賞, 故人主自用其刑德, 則群臣畏其威而歸其利矣.《한비자》〈이병〉

193 故世之姦臣則不然, 所惡則能得之其主而罪之, 所愛則能得之其主而賞之. 今人主非使賞罰之威利出於己也, 聽其臣而行其賞罰, 則一國之人皆畏其臣而易其君, 歸其臣而去其君矣, 此人主失刑德之患也. 夫虎之所以能服狗者, 爪牙也, 使虎釋其爪牙而使狗用之, 則虎反服於狗矣. 人主者, 以刑德制臣者也, 今君人者, 釋其刑德而使臣用, 則君反制於臣矣.《한비자》〈이병〉

194 權勢不可以借人, 上失其一, 臣以爲百. 故臣得借則力多, 力多則內外爲用, 內外爲用則人主壅.《한비자》〈내저설 하〉

195 賞罰者, 邦之利器也, 在君則制臣, 在臣則勝君. 君見賞, 臣則損之以爲德: 君見罰, 臣則益之以爲威. 人君見賞而人臣用其勢, 人君見罰而人臣乘其威. 故曰: 邦之利器不可以示人.《한비자》〈해로〉

196 子引輦上高梁而不能支. 茲鄭踞轅而歌, 前者止, 後者趨, 輦乃上. 使茲鄭無術以致人, 則身雖絶力至死, 輦猶不上也. 今身不至勞苦而輦以上者, 有術以致人之故也.《한비자》〈외저설 우하〉

197 鳥有翢翢者, 重首而屈尾, 將欲飮於河則必顚, 乃銜其羽而飮之. 人之所有飮不足者, 不可不索其羽也.《한비자》〈설림 하〉

198 人主者, 天下一力以共載之, 故安: 衆同心以共立之, 故尊.《한비자》〈공명공명〉

199 古之能致功名者, 衆人助之以力, 近者結之以成, 遠者譽之以名, 尊者載之以勢. 如此, 故太山之功長立於國家, 而日月之名久著於天地.《한비자》〈공명〉

200 立天子以爲天下, 非立天下以爲天子也.《신자》〈위덕威德〉

201 古者民聚生而群處亂, 故求有上也. 然則天下之樂有上也, 將以爲治也. 今有主而無法, 其害與無主同: 有法不勝其亂, 與無法同. 天下不安無君, 而樂勝其法, 則擧世以爲惑. (중략) 夫利天下之民者, 莫大於治: 而治莫康於立君: 立君之道, 莫廣於勝法: 勝法之務, 莫急於去姦: 去姦之本, 莫深於嚴刑. 故王者以賞禁, 以刑勸: 求過不求善, 藉刑以去刑.《상군서》〈개색開塞〉

202 法者, 編著之圖籍, 設之於官府, 而布之於百姓者也.《한비자》〈난삼難三〉

203 法者, 憲令著於官府, 刑罰必於民心.《한비자》〈정법定法〉

204 古之人曰: 其心難知, 喜怒難中也. 故以表示目, 以鼓語耳, 以法敎心. 君人者釋三易之數而
行一難知之心, 如此, 則怒積於上而怨積於下. 以積怨而御積怒, 則兩危矣.《한비자》〈용인〉

205 夫姦必知則備, 必誅則止: 不知則肆, 不誅則行. 夫陳輕貨於幽隱, 雖曾, 史可疑也: 懸百金於
市, 雖大盜不取也. 不知則曾, 史可疑於幽隱, 必知則大盜不取懸金於市. 故明主之治國也衆
其守, 而重其罪.《한비자》〈육반〉

206 察士然後能知之, 不可以爲令, 夫民不盡察. 賢者然後能行之, 不可以爲法, 夫民不盡賢.《한비
자》〈팔설〉

207 明主之表易見, 故約立: 其敎易知, 故言用: 其法易爲, 故令行. 三者立而上無私心, 則下得循
法而治.《한비자》〈용인〉

208 國治: 斷家王, 斷官强, 斷君弱.《상군서》〈설민〉

209 治則家斷, 亂則君斷. 治國貴下斷, 故以十里斷者弱, 以伍里斷者强.《상군서》〈설민〉

210 家斷則有餘, 故曰日治者王. 官斷則不足, 故曰夜治者强. 君斷則亂, 故曰宿治者削. 故有道之
國, 治不聽君, 民不從官.《상군서》〈설민〉

211 器成於家而行於官, 則事斷於家. 故王者刑賞斷於民心, 器用斷於家.《상군서》〈설민〉

212 治明則同, 治闇則異. 同則行, 異則止. 行則治, 止則亂.《상군서》〈설민〉

213 人不樂生則人主不尊, 不重死則令不行也.《한비자》〈안위〉

214 法非從天下, 非從地出, 發於人間, 合乎人心而已. 治水者, 茨防決塞, 九州四海, 相似如一,
學之於水, 不學之于禹也.《신자》〈일문〉

215 明主立可爲之賞, 設可避之罰.《한비자》〈용인〉

216 人主立難爲而罪不及, 則私怨生.《한비자》〈용인〉

217 故賢者勸賞而不見子胥之禍, 不肖者少罪而不見僵剖背, 盲者處平而不遇深谿, 愚者守靜而不
陷險危. 如此, 則上下之恩結矣.《한비자》〈용인〉

218 故用賞過者失民, 用刑過者民不畏. 有賞不足以勸, 有刑不足以禁, 則國雖大, 必危.《한비
자》〈식사〉

219 故以法治國, 擧措而已矣. 法不阿貴, 繩不撓曲. 法之所加, 智者弗能辭, 勇者弗敢爭. 刑過不
避大臣, 賞善不遺匹夫. 故矯上之失, 詰下之邪, 治亂決繆, 絀羨齊非, 一民之軌, 莫如法.《한
비자》〈유도〉

220 明君之行賞也, 曖乎如時雨, 百姓利其澤: 其行罰也, 畏乎如雷霆, 神聖不能解也. 故明君無

- 386 -

偷賞, 無赦罰. 賞偷則功臣墮其業, 赦罰則姦臣易爲非. 是故誠有功則雖疏賤必賞, 誠有過則雖近愛必誅. 近愛必誅, 則疏賤者不怠, 而近愛者不驕也. 《한비자》〈주도〉

221 荆莊王有茅門之法曰: 群臣大夫諸公子入朝, 馬蹄踐霤者, 廷理斬其輈, 戮其御. 於是太子入朝, 馬蹄踐霤, 廷理斬其輈, 戮其御. 太子怒, 入爲王泣曰: 爲我誅戮廷理. 王曰: 法者所以敬宗廟, 尊社稷. 故能立法從令敬社稷者, 社稷之臣也, 焉可誅也? 夫犯法廢令不尊敬社稷者, 是臣乘君而下尚校也. 臣乘君則主失威, 下尚校則上位危. 威失位危, 社稷不守, 吾將何以遺子孫? 於是太子乃還走, 避舍露宿三日, 北面再拜請死罪. 《한비자》〈외저설 우상〉

222 聖人之爲國也: 壹賞, 壹刑, 壹敎. 壹賞則兵無敵, 壹刑則令行, 壹敎則下聽上. 夫明賞不費, 明刑不戮, 明敎不變, 而民知於民務, 國無異俗. 明賞之猶, 至於無賞也: 明刑之猶, 至於無刑也: 明敎之猶, 至於無敎也. (중략) 所謂壹賞者, 利祿官爵, 摶出於兵, 無有異施也. 夫固知愚, 貴賤, 勇怯, 賢不肖, 皆盡其胸臆之知, 竭其股肱之力, 出死而爲上用也. 《상군서》〈상형賞刑〉

223 所謂壹刑者, 刑無等級. 自卿相將軍以至大夫庶人, 有不從王令, 犯國禁, 亂上制者, 罪死不赦. 《상군서》〈상형〉

224 故其治國也, 正明法, 陳嚴刑, 將以救群生之亂, 去天下之禍, 使强不陵弱, 衆不暴寡, 耆老得遂, 幼孤得長, 邊境不侵, 君臣相親, 父子相保, 而無死亡係虜之患, 此亦功之至厚者也. 《한비자》〈간겁시신〉

225 民有二男以上不分異者, 倍其賦. 《사기》〈상군열전〉

226 榮辱之責在乎己, 而不在乎人. 《한비자》〈대체〉

227 今有功者必賞, 賞者不得君, 力之所致也: 有罪者必誅, 誅者不怨上, 罪之所生也. 民知誅罰之皆起於身也, 故疾功利於業, 而不受賜於君. 太上, 下智有之. 此言太上之下民無說也. 《한비자》〈난삼〉

228 周成王問鬻子曰: 寡人聞聖人在上位, 使民富且壽. 若夫富, 則可爲也: 若夫壽, 則在天乎? 鬻子對曰: 夫聖王在上位, 天下無軍兵之事, 故諸侯不私相攻, 而民不私相鬪也, 則民得盡一生矣. 聖王在上, 則君積於德化, 而民積於用力, 故婦人爲其所衣, 丈夫爲其所食, 則民無凍餓, 民得二生矣. 聖人在上, 則君積於仁, 吏積於愛, 民積於順, 則刑罰廢而無夭遏之誅, 民則得三生矣. 聖王在上, 則使人有時, 而用之有節, 則民無癘疾, 民得四生矣. 《신자》〈일문〉

229 故其治國也, 正明法, 陳嚴刑, 將以救群生之亂, 去天下之禍, 使强不陵弱, 衆不暴寡, 耆老得遂, 幼孤得長, 邊境不侵, 君臣相親, 父子相保, 而無死亡係虜之患, 此亦功之至厚者也. 《한비자》〈간겁시신〉

230 所謂方者, 內外相應也, 言行相稱也. 所謂廉者, 必生死之命也, 輕恬資財也. 所謂直者, 義必公正, 心不偏黨也. (중략) 今有道之士, 雖中外信順, 不以誹謗窮墮: 雖死節輕財, 不以侮罷

- 387 -

羞貪; 雖義端不黨, 不以去邪罪私; 雖勢尊衣美, 不以夸賤欺貧. 《한비자》〈해로〉

231 其故何也? 使失路者而肯聽習問知, 即不成迷也. 今衆人之所以欲成功而反爲敗者, 生於不知道理而不肯問知而聽能. 衆人不肯問知聽能, 而聖人强以其禍敗適之, 則怨. 《한비자》〈해로〉

232 衆人多而聖人寡, 寡之不勝衆, 數也. 今擧動而與天下之爲讎, 非全身長生之道也, 是以行軌節而擧之也. 故曰: 方而不割, 廉而不劌, 直而不肆, 光而不耀. 《한비자》〈해로〉

233 夫能有其國, 必能安其社稷, 能保其身, 必能終其天年, 而後可謂能有其國, 能保其身矣. 夫能有其國, 保其身者必且體道, 體道則其智深, 其智深則其會遠, 其會遠衆人莫能見其所極. 唯夫能令人不見其事極, 不見事極者爲保其身, 有其國, 故曰: 莫知其極: 莫知其極, 則可以有國. 《한비자》〈해로〉

234 臣聞服禮辭讓, 全之術也: 修行退智, 遂之道也. 今先生立法術, 設度數, 臣竊以爲危於身而殆於軀. 何以效之? 所聞先生術曰: 楚不用吳起而削亂, 秦行商君而富强, 二子之言已當矣, 然而吳起支解而商君車裂者, 不逢世遇主之患也. 逢遇不可必也, 患禍不可斥也, 夫舍乎全遂之道而肆乎危殆之行, 竊爲先生無取焉. 《한비자》〈문전〉

235 韓子曰: 臣明先生之言矣. 夫治天下之柄, 齊民萌之度, 甚未易處也. 然所以廢先王之教, 而行賤臣之所取者, 竊以爲立法術, 設度數, 所以利民萌便衆庶之道也. 《한비자》〈문전〉

236 不憚亂主闇上之患禍, 而必思以齊民萌之資利者, 仁智之行也. 憚亂主闇上之患禍, 而避乎死亡之害, 知明夫身而不見民萌之資利者, 貪鄙之爲也. 臣不忍嚮貪鄙之爲, 不敢傷仁智之行. 先王有幸臣之意, 然有大傷臣之實. 《한비자》〈문전〉

237 夫仁義者, 憂天下之害, 趨一國之患, 不避卑辱謂之仁義. 故伊尹以中國爲亂, 道爲宰于湯: 百里奚以秦爲亂, 道爲虜于穆公, 皆憂天下之害, 趨一國之患, 不辭卑辱, 故謂之仁義. 《한비자》〈문전〉

238 吾聞昔善治國家者不變故, 不易常. 今子將均楚國之爵而平其祿, 損其有餘而繼其不足, 是變其故而易其常也. 且吾聞兵者凶器也, 爭者逆德也. 今子陰謀逆德, 好用凶器, 殆人所棄, 逆之至也, 淫泆之事也, 行者不利. 且子用魯兵不宜得志於齊而得志焉; 子用魏兵不宜得志於秦而得志焉. 吾聞之曰: 非禍人不能成禍. 吾固怪吾主之數逆天道, 至今無禍. 嘻! 且待夫子也. 《설원說苑》〈지무指武〉